Trau dich, reich zu werden

Suze Orman (sprich »Susi«) ist Finanzberaterin und *der* Money-Coach in den USA. In eher ärmlichen Verhältnissen aufgewachsen, jobbte sie nach dem Studium als Kellnerin, bevor eine Fortbildung zur Börsenhändlerin den Wendepunkt brachte. Heute leitet sie ihr eigenes Finanzberatungsunternehmen und ist Autorin des Bestsellers *The 9 Steps to Financial Freedom*. Suze Orman lebt in Kalifornien.

Suze Orman

Trau dich, reich zu werden

Was man selbst tun kann, um sich den Traum
vom guten Leben zu erfüllen

Aus dem Amerikanischen
von Ingrid Proß-Gill

Campus Verlag
Frankfurt/New York

Die amerikanische Originalausgabe erschien erstmals 1999 unter dem Titel
»The Courage to Be Rich« bei Riverhead Books, a member of Penguin Putnam Inc.
New York
Copyright © 1999 by Suze Orman

Das Buch wurde für die deutsche Ausgabe überarbeitet und angepasst,
einige Informationen wurden auch ergänzt.

Deutsche Bearbeitung:

Teil 3: Julia Hegazi, Marburg
Beate Schwenk, Ingelheim
Teil 4: Christian Walter, Rosenheim
Teil 5: Michael Brückner, Ingelheim

Redaktion: Birgitte Blähr, Wiesbaden

Die Deutsche Bibliothek – CIP-Einheitsaufnahme

Ein Titeldatensatz für die Publikation ist bei
Der Deutschen Bibliothek erhältlich
ISBN 3-593-36415-8

Das Werk einschließlich aller seiner Teile ist urheberrechtlich geschützt. Jede
Verwertung ist ohne Zustimmung des Verlags unzulässig. Das gilt insbesondere für
Vervielfältigungen, Übersetzungen, Mikroverfilmungen und die Einspeicherung und
Verarbeitung in elektronischen Systemen.
Copyright © 2000 Campus Verlag GmbH, Frankfurt/Main
Umschlaggestaltung: Guido Klütsch, Köln
Umschlagmotiv: Fotografie der Autorin. © Dana Fineman/Sygma
Satz: Fotosatz L. Huhn, Maintal-Bischofsheim
Druck und Bindung: Friedrich Pustet, Regensburg
Gedruckt auf säurefreiem und chlorfrei gebleichtem Papier.
Printed in Germany

Besuchen Sie uns im Internet: www.campus.de

Dieses Buch ist meiner Mutter gewidmet, die mich durch ihre mutigen und reichen Handlungen inspiriert hat. Alles, was ich bin, verdanke ich dir!

Inhalt

Einleitung
Der Mut, die Zukunft in Besitz zu nehmen
11

Teil I
Der Mut, die Vergangenheit abzustreifen
19

1. Der Mut zum Blick nach innen 21
2. Der Mut, mehr zu haben und mehr zu werden 43
3. Der Mut, Platz für mehr Geld zu schaffen 57

Teil II
Der Wert des Geldes
75

4. Der Mut, Geld zu schätzen 77
5. Die richtige Einstellung zum Geld 90
6. Der Mut, dem Unbekannten ins Auge zu blicken 103
7. Gedanken, die Sie weiterbringen 121

Teil III
Liebe und Geld
135

8. Öffnen Sie Ihr Herz und Ihre Hände! 137
9. Das Geschäft der Liebe 160
10. Dein Geld, mein Geld, unser Geld 175
11. Den Schmerz einer Scheidung überwinden 192
12. Nach dem Tod des Partners weiterleben 212
13. Ein neuer Anfang 224

Teil IV
Ein Haus kaufen
235

14. Der Traum von den eigenen vier Wänden 237
15. Die Hypothek 267
16. Ihr Heim und Ihre Zukunft 280

Teil V
Vorsorge für die Zukunft
293

17. Der Mut, seine finanzielle Zukunft selbst zu bestimmen . . 295
18. Die Altersversorgung in die eigene Hand nehmen 309
19. Aktien und Anleihen 335
20. Mit Fonds und Zertifikaten ein Vermögen schaffen 359

Teil VI
Der Mut zum Reichtum
379

21. Der Mut, richtig zu geben 381
22. Der Mut zum Reichtum 393

Danksagung
400

Sachregister
404

Einleitung
Der Mut, die Zukunft in Besitz zu nehmen

Was wäre notwendig, damit Sie den Kurs Ihres Lebens ändern? Um sich sowohl im Hinblick auf Ihre finanzielle Lage als auch in Ihrem Herzen, Ihrer Seele und Ihrem Alltagsleben reich zu fühlen? Was würden Sie brauchen, um laut zu Ihrem Spiegelbild sagen zu können: »Von heute an wird alles anders!«? Was würden Sie brauchen, um es zu glauben? Um es wahr zu machen?

Um den Kurs Ihres Lebens zu ändern, brauchen Sie vor allem Mut. Sehr viel Mut!

Können Sie sich noch daran erinnern, wie viel Mut Sie aufbringen mussten, um einen Rückschlag zu verarbeiten oder ein Hindernis in Ihrem Leben zu überwinden – Ihre unerwartete Entlassung, die Krankheit eines nahen Angehörigen, die vernichtende Zurückweisung durch jemand, den Sie liebten? An das Gefühl, morgens mit diesem Schmerz in der Magengrube aufzuwachen, einem Schmerz, der den ganzen Tag über nicht von Ihnen wich, sodass Sie das Gefühl hatten, wie von Nebel umgeben zu sein, und sich fragten, wie Sie damit bloß fertig werden sollten, wie Sie es zustande bringen sollten, weiterzumachen, ganz zu schweigen davon, Ihr Leben wieder neu aufzubauen. Doch Sie haben es geschafft! Und was war der Grund dafür, nicht aufzugeben? Ihr Mut!

Man braucht Mut, um mit Geldnöten zu leben, und – so unglaublich das klingen mag – man braucht auch Mut, um reich zu werden. Wieso? Nun, wenn Sie sich Reichtum zum Ziel gesetzt haben, müssen Sie sich allem, was mit Ihrem Geld zu tun hat, tapfer, ehrlich und mutig stellen – und das fällt den meisten von uns sehr, sehr schwer. Doch Sie können es schaffen!

Was würden Sie machen, wenn Sie alles verloren hätten?

Meine Geschichte

Nach dem College arbeitete ich sieben Jahre als Kellnerin. Dann bewarb ich mich um eine Stelle als Wertpapiermaklerin bei Merrill Lynch – und bekam sie erstaunlicherweise auch! Ich bin bis heute davon überzeugt, dass sie mich nur als Quotenfrau eingestellt haben, aber was macht das schon? Ich hatte die Stelle! Meine Mutter war vor Freude ganz aus dem Häuschen und hatte wohl auch ein bisschen Angst. Zur Feier des Tages schenkte sie mir eine Halskette, die ihr sehr viel bedeutete. Sie war aus kleinen Diamantsplittern ihres Verlobungsrings angefertigt worden, und sie dachte, ich würde darin aussehen, als ob ich bereits zur Firma dazugehörte. Sie kaufte mir sogar eine schöne Armbanduhr, damit die Leute denken sollten, ich hätte Geld, und dann vielleicht mit mir Geschäfte machen würden.

Vom ersten Tag an tauchte ich ein in eine Welt, die ganz anders war als alles, was ich bis dahin gekannt hatte. Ich kam mir vor wie in einem Traum – die Arbeit in diesem hektischen Büro, wo die anderen Makler so selbstsicher wirkten, als ob es ganz selbstverständlich wäre, viel Geld zu verdienen. Ich hatte aber auch Erfolg, und ich erinnere mich daran, dass meine Mutter sehr stolz darauf war, als ich mir Jahre später zum ersten Mal ein teures Auto und eine Armbanduhr aus schwerem Gold kaufen konnte. Ich trug Designermode und verbrachte meinen Urlaub auf traumhaften Inseln. Und ich stieg weiter auf – Jahre später nahm ich das Angebot an, Vizepräsidentin der Investmentabteilung bei Prudential-Bache zu werden.

Kurz darauf beschloss ich, selbst eine Firma zu gründen. Am 1. Mai 1987 öffneten sich dann zum ersten Mal die Türen der Suze Orman Financial Group. Als Partner hatte ich einen guten Freund gewählt, der ein hervorragender Fachmann auf dem Gebiet der Nachlassverwaltung war, und in unserem Büro herrschte von Anfang an eine Atmosphäre der Stärke und der Zuversicht. Es war ganz anders als in den engen, hektischen Büros der Wall-Street-Firmen, an die ich gewöhnt war. Bis zum Morgen des 22. Juni 1987 – da entdeckten wir nämlich, dass wir bestohlen worden waren: Eine Frau, die für mich arbeitete, hatte mitten in der Nacht alles ausgeräumt, meine Akten, meinen Terminkalender, meine ganzen Computerprogramme und Berichte, einfach alles. Warum, weiß ich bis heute nicht. Tagelang war ich wie betäubt, wie in einem Schockzustand. Trotzdem versuchte ich, meine Kunden zu warnen. Am Anfang glaubte ich, nach ein oder zwei Monaten würde alles wieder so sein wie vorher, doch ich musste bald feststellen, dass es sehr zeitraubend ist, Akten zu rekonstruieren und vor Gericht seine Rechte geltend zu machen. Es dauerte schließlich drei Jahre und viele, viele Tage vor Gericht, bis ich mein früheres Leben wieder fortsetzen konnte. In diesen drei Jahren voller Verzweiflung verlor ich meinen ganzen Mut.

Zuerst durchlebte ich die verschiedensten Gefühle – Wut, Selbstmitleid, furchtbare Angst. Manchmal dachte ich, dass ich es nie wieder in die Welt der Geldgeschäfte schaffen würde – sollte ich nicht besser wieder als Kellnerin arbeiten? Vielleicht war ja jenes Leben, das ich so gut kannte, meine eigentliche Bestimmung, und vielleicht war es falsch gewesen, mehr zu verlangen.

Ich verbarg meine Angst vor meinen Freunden und erzählte ihnen nicht, was passiert war, ich lud sie weiterhin zum Essen, ins Kino und ins Theater ein. Obwohl ich keine Einnahmen hatte, ließ ich es mir an nichts fehlen. Ich verbrauchte meine Ersparnisse und das, was ich als Altersvorsorge zurückgelegt hatte. Als diese Geldquellen versiegt waren, nahm ich eine weitere Hypothek auf mein Haus auf und lebte von diesem Geld und meinen

Kreditkarten (später brauchte ich mehrere Jahre, um diese Schulden abzuzahlen). Früher war ich arm gewesen, aber voller Energie und Mut. Jetzt genoss ich die Annehmlichkeiten des Reichtums, hatte jedoch kein Geld. Mein Leben war eine Lüge! Ich hatte nicht einmal mehr den Mut, arm zu sein.

Im Laufe dieser Jahre fand ich aber dennoch die Kraft, mir ein paar wirklich unangenehme Fragen zu stellen. Was war der wahre Grund dafür, dass mir das passiert war? Wer war ich jetzt, nachdem ich mein ganzes Geld verloren hatte? Wer war ich vorher gewesen, als ich geglaubt hatte, reich zu sein und es geschafft zu haben? Wie konnte ich mich aus der Spirale, die mich emotional, mental und finanziell immer weiter in die Tiefe riss, befreien?

Ich fing auch an, mich mit ganz anderen Augen zu betrachten, und das, was ich sah, gefiel mir nicht besonders. Ich hatte begonnen, mich für etwas Besseres zu halten, weil ich zu Reichtum gekommen war. Ich hatte angefangen, auf die Welt herabzusehen, sogar dann noch, als ich immer weniger Geld besaß. Der Wendepunkt kam, als ich eines Tages in einem Restaurant saß und über alles, was passiert war, nachdachte. Plötzlich sah ich mir die Kellnerin, die mich bediente, genauer an, und langsam wurde mir klar, dass sie mit ziemlicher Sicherheit mehr Geld hatte als ich. Ich mochte reicher aussehen, mit meinem Designerkostüm und dem tollen Auto, das ich draußen geparkt hatte. Aber ich wusste, dass das Einzige, was ich in diesem Augenblick besaß, rote Zahlen waren. Dann schaute ich noch einmal zur Kellnerin hin und konnte ganz deutlich sehen, dass sie auch glücklicher war als ich, und ehrlicher. Die wirklich Arme war ich, innerlich wie äußerlich. Wo konnte ich den Mut finden, den ich brauchte, den Mut, mich und mein Leben zu ändern?

Ich gewann dann Kraft durch Meditation, ich dachte mit einem Hunger, den ich bislang nicht verspürt hatte, über die Lehren der Großen Meister nach. Allmählich betrachtete ich alles, was mir passiert war, als eine Mahnung, die für mich gedacht war. Wenn ich diese Jahre als ein Geschenk verstehen könnte, das ich auspacken musste, würde es mir vielleicht gelingen, mich nicht erniedrigt, sondern erhöht zu fühlen, nicht verbittert, sondern dankbar. Ich dachte auch an meine Eltern, an die Stärke und den Mut, die sie trotz der vielen Rückschläge und der finanziellen Schwierigkeiten gezeigt hatten, und an einen Spruch, den ich einmal gelesen hatte und der mich daran erinnerte, wie meine Eltern jeden Tag gelebt hatten: Sei eine Kriegerin! Wende dich nicht vom Schlachtfeld ab. *Ich beschloss, das zu meinem Leitspruch zu machen.*

Nach Jahren, in denen die Mühlen der Justiz nur sehr langsam gemahlen hatten, wurde das Urteil gefällt. Jetzt war ich endlich frei, ich konnte die Vergangenheit hinter mir lassen. Wenn ich heute zurückblicke, wird mir jedoch klar, dass die schwierigere Schlacht die innere war, bei der ich darum kämpfte, wieder neuen Mut zu fassen. Ich hatte meine Lektion erhalten: Meine Einstellung zum Geld hatte mich arm gemacht, und solange ich diese Einstellung nicht änderte, hätte mich auch noch so viel Geld nicht reich gemacht – der Reichtum musste von innen heraus kommen! Ich hatte gelernt, dass Geld keinen Mut hervorbringt, sondern dass es umgekehrt ist. Als ich das begriffen und beherzigt hatte, fing ich an, mein Leben wieder aufzubauen.

Wir brauchen in allen Bereichen unseres Lebens Mut, um über unsere Grenzen hinauszugehen, unsere Macht einzusetzen und unser Potenzial auszuschöpfen. Das gilt auch für den finanziellen Bereich. In einer Kultur wie der unseren, die auf den sofortigen Konsum und Genuss ausgerichtet ist, benötigt man Mut, um heute die Entscheidungen zu treffen, die uns morgen reich machen können. Man braucht Mut, um der Tatsache ins Auge zu sehen, dass wir alle sterblich sind, eines Tages alt sein werden und dafür Vorsorge treffen müssen. Man braucht auch Mut, um großzügig zu sein, egal, wie viel Geld man hat. Ich habe in meinem eigenen Leben und auch im Leben meiner Leser und Klienten oft gesehen, wie leicht es ist, in den vertrauten Grenzen der Armut – wie man »Armut« auch definieren mag – und in den Grenzen, die wir uns selbst setzen oder die uns von anderen gesetzt werden, zu leben. Man braucht Mut, um das zu verlangen, was man haben will. Und man braucht Mut, um ehrlich und klug zu sein und sich selbst – und seinem Verlangen nach mehr – treu zu bleiben.

Ganz hoch hinaus!

Was hält Sie davon ab, reich zu werden? In den meisten Fällen ist es einfach mangelnder Glaube. Um reich zu werden, muss man daran glauben, dass man es schaffen kann, und man muss alles tun, was nötig ist, um das Ziel zu erreichen. Es ist nichts falsch daran, mehr zu wollen. Sie brauchen keine Schuldgefühle zu haben, weil Sie höher hinaus wollen. Wenn Sie aber nicht daran glauben, dass Sie zu mehr fähig sind, werden Sie ein Opfer der heutigen Zeitumstände, und zwar auf Kosten Ihrer Zukunft.

Ich möchte Ihnen eine Frage stellen: Welche Gefühle empfinden Sie im Zusammenhang mit Ihrem Geld? Die meisten von uns haben Angst, unabhängig davon, wie viel Geld sie tatsächlich besitzen. Wir befürchten, dass heute nicht genug da ist und dass auch morgen nicht genug da sein wird. Wir machen uns darüber Sorgen, was wir mit unserem Geld nicht gemacht haben, und wir machen uns darüber Sorgen, was wir mit ihm gemacht haben. Auch wenn wir versuchen, diese Ängste wegzuschieben, sie zu verdrängen, schleichen sie sich immer wieder in unsere Gedanken ein, und dann müssen wir sie wieder beiseite schieben. Wenn Sie Ihr ganzes Leben damit verbringen, Ihre Ängste zurückzudrängen, schieben Sie aber letztendlich auch Geld weg. Der Mut zum Reichtum liegt in der entgegengesetzten Einstellung, bei der man sich selbst das Geschenk macht, an mehr zu glauben.

In meinem ersten Buch, *You've Earned It, Don't Lose It*, habe ich mich mit der zunehmenden – und in meinen Augen durchaus berechtigten – Angst vieler Menschen beschäftigt, im Alter nicht genug Geld zu haben. Ich wollte vor den gefährlichen Fehlern warnen, die uns der finanziellen Sicherheit berauben können, für die wir unser ganzes Leben hindurch so hart gearbeitet haben. Wie wichtig es ist, sich vor diesen Fehlern zu hüten, hatte ich bei vielen meiner älteren Klienten gesehen, die aufgrund falscher Entscheidungen, schlechter Planung oder unzureichender oder unzutreffender Informationen nicht einmal das Nötigste besaßen.

Nachdem das Buch erschienen war, kamen bei meinen Lesungen und Vorträgen Hunderte von Menschen zu mir und erzählten mir ihre Geschichte. Viele andere schrieben mir Briefe. Ich hörte mir ihre Sorgen und Probleme an und kam zu der Überzeugung, dass es nicht ausreichte, ihnen das praktische Rüstzeug zur Verfügung zu stellen, mit dem sie die Fehler hätten korrigieren können, die sie bei ihren Geldangelegenheiten gemacht hatten. Ich musste ihnen außerdem dabei helfen, den Zusammenhang zwischen dem emotionalen und dem finanziellen Bereich ihres Lebens wirklich zu verstehen. Deshalb schrieb ich dann *The 9 Steps to Financial Freedom*.

Durch dieses Buch wollte ich meinen Lesern helfen, ihre Vergangenheit zu bewältigen, damit sie mit ihrer Gegenwart fertig werden konnten. Ich bin immer noch davon überzeugt, dass das, was ich damals geschrieben habe, richtig ist. Allmählich bekam ich aber das Gefühl, dass es Zeit für eine neue Botschaft war, für eine Lehre, die wir in das neue Jahrtausend mitnehmen könnten. Da ich glaube, dass wir aus der Vergangenheit für die Zukunft lernen können, blickte ich hundert Jahre zurück und dachte über die Einstellung nach, mit der unsere Groß- und Urgroßeltern ins 20. Jahrhundert eintraten. In der Kraft ihrer Hoffnung und ihrer Träume von einer besseren Zukunft sah ich die perfekte Verkörperung von Mut und ein anregendes Beispiel, dem wir, die jetzt am Beginn eines neuen Jahrtausends stehen, nacheifern sollten. *Trau dich, reich zu werden* habe ich nicht geschrieben, um die Punkte, die ich in meinen beiden früheren Büchern behandelt habe, noch einmal durchzugehen (obwohl gewisse Überschneidungen im finanziellen Bereich sich nicht vermeiden lassen), sondern um auf dieser Grundlage einen neuen Weg für uns alle aufzuzeigen, durch den wir die Zukunft in Besitz nehmen können – mit Glaube, Entschlossenheit und Mut.

Sie wissen genauso gut wie ich, dass man schon enorm viel Mut braucht, um weiterzumachen, um hart zu arbeiten, damit man jeden Monat seine Rechnungen bezahlen kann, um sich dem nächsten finanziellen oder persönlichen Problem zu stellen. Wenn man sich traut, reich zu werden, sprengt man aber die Fesseln und Beschränkungen unserer Gedanken sowie der heutigen Lebensumstände und bringt das Morgen – wenn die Niederlage von gestern schon lange hinter uns liegen wird – in das Heute. Durch diesen Mut können wir verhindern, dass Fehlschläge von heute uns den Weg in die Zukunft verstellen. Dabei geht es nicht darum, gerade so über die Runden zu kommen oder einfach nur die Karten zu akzeptieren, die wir in der Hand halten. Wir müssen vielmehr all die Schranken überwinden, selbst wenn es finanziell ganz düster aussieht (und das kommt ja bei jedem von uns hin und wieder vor). Der Mut zum Reichtum gibt uns die materiellen und mentalen Mittel, durch die wir einen Weg aus der Dunkelheit zum Licht finden können, einen Weg, an dessen Ende wahrer Reichtum auf uns wartet. Mut ist Glaube. Vielleicht der Glaube an ein höheres Wesen, vielleicht auch der Glaube daran, dass es in der Welt gerecht zugeht, dass richtige Handlungen und Überzeugungen nicht nur an sich schon Lohn genug sind, sondern sich auch auszahlen werden. Gibt es einen großen Gesamtplan für die Welt? Das weiß ich auch nicht. Wenn wir unser Leben aber Tag für Tag so führen, als ob es diesen Plan gäbe, und wenn wir Mut zeigen, dann leben wir auf der höchsten, reichsten Ebene dieser Erde, unabhängig davon, wie die Antwort lautet.

Teil I
Der Mut, die Vergangenheit
abzustreifen

Kapitel 1
Der Mut zum Blick nach innen

Seit vielen Jahren arbeite ich nun schon mit Menschen und ihrem Geld. In dieser ganzen Zeit habe ich versucht, die Antwort auf eine Frage zu finden, die mich von Anfang an fasziniert hat: Warum haben manche Leute Geld, andere dagegen nicht? Das ist doch wirklich sehr erstaunlich. Tag für Tag habe ich es mit Menschen zu tun, die unter ähnlichen Umständen aufgewachsen sind, in etwa die gleichen Chancen bekommen haben und mehr oder weniger das gleiche Gehalt beziehen – und trotzdem können ihre finanziellen Verhältnisse ganz unterschiedlich sein! Kennen Sie nicht selbst auch tüchtige, hart arbeitende Menschen, denen immer nur sehr wenig übrig bleibt? Und andere, die eigentlich weniger haben sollten, tatsächlich aber mehr haben? Oder Menschen, die es immer fast zu schaffen scheinen, doch dann passiert irgendetwas, und sie müssen wieder ganz von vorn anfangen?

Blickt irgendein höheres Wesen vom Himmel auf uns alle herab und wählt diejenigen aus, die beim Glücksspiel des Lebens gewinnen? Das bezweifle ich. Oder liegt es daran, dass diejenigen, die Geld im Überfluss haben, es stärker wollten als die anderen? Meiner Erfahrung nach nicht.

In meinen neunzehn Jahren als Finanzberaterin bin ich noch nie einem Klienten oder einer Klientin begegnet, die nicht den Wunsch nach mehr Geld gehabt hätten oder die Intelligenz und die Fähigkeit besessen hätten, diesen Wunsch zu verwirklichen. Kein einziges Mal! Weshalb gelang es ihnen trotzdem nicht? Aus dem gleichen Grund, der auch Ihnen im Weg steht: wegen der finanziellen Hindernisse.

Und wie sehen diese finanziellen Hindernisse, die sich vor uns auftürmen, aus? Manche stammen von außen, und man kann sie leicht erkennen: Geldmangel oder keine Chancen, die Familie, in die wir hineingeboren werden, fehlendes finanzielles Wissen oder vielleicht einfach nur Trägheit. Zumindest manche dieser Hürden sind nicht von der Hand zu weisen, doch in all den Jahren meiner Arbeit mit Menschen, die reicher oder auch – oh ja! – ärmer waren, als Sie es heute sind, habe ich immer wieder gesehen, dass man sie überwinden kann. Sie sind die einfachen Widerstände, denn was man erkennen kann, das kann man auch bewältigen.

Schwerer zu erkennen und viel schwerer zu überwinden sind die inneren, die emotionalen Hindernisse. Sie verhindern, dass wir bekommen, was wir haben wollen, und genießen, was wir haben.

Ich bin zu dem Schluss gekommen, dass der entscheidende Faktor, von dem es abhängt, wie viel wir letztendlich besitzen, unsere Gedanken und Gefühle gegenüber unserem Geld sind. Der wichtigste tiefere Grund dafür, dass manche von uns kein Geld haben, ist, dass unsere Gedanken und Gefühle zu einer inneren Blockade dem Geld gegenüber geworden sind, die dazu führt, dass wir das, was wir wollen, nicht bekommen oder behalten können. Dass andere Geld haben, liegt umgekehrt daran, dass sie sich durch ihre Gedanken und Gefühle die Möglichkeit eröffnet haben, das, was sie wollen, zu bekommen und zu behalten. Anders ausgedrückt: Meiner Ansicht nach sind unsere Gedanken und Gefühle dem Geld gegenüber grundlegende Faktoren dafür, wie viel Geld jeder von uns in seinem Leben »machen« und behalten kann.

Was ich von meinen Klienten gelernt habe

Als ich nach jahrelanger Arbeit als Finanzberaterin allmählich begriffen hatte, wie wichtig unsere Gedanken und Gefühle für unsere finanzielle Situation sind, fing ich an, meinen Klienten andere Fragen zu stellen – nicht mehr nur die Frage nach dem »Wie viel«, sondern Fragen nach dem »Wie« und dem »Weshalb«. Ich versuchte nun, zum Kern ihrer Gefühle in Bezug auf Geld vorzustoßen: »Weshalb haben Sie das ganze Geld zehn Jahre lang auf einem Bankkonto liegen lassen, wo es Ihnen nur magere zwei Prozent brachte?« Oder: »Wie sind Sie überhaupt in diesen Schuldenkreislauf geraten?« Oder: »Über welche finanziellen Probleme streiten Sie sich mit Ihrem Mann/Ihrer Frau?« Oder: »Sie haben doch viel mehr Geld als die meisten von uns – weshalb haben Sie trotzdem das Gefühl, so arm zu sein?«

Unabhängig davon, um wie viel Geld es tatsächlich ging, klangen die Antworten erstaunlich ähnlich: »Ich habe Angst davor, mein Geld zu investieren. Ich fühle mich nur sicher, wenn ich es nicht anrühre.« – »Frau Orman, ich schäme mich so wegen meiner Schulden, dass ich nicht einmal meinem Mann davon erzählen kann!« – »Ich bin einfach furchtbar wütend darüber, wie er unser Geld ausgibt!« – »Ich habe Angst. Was soll ich nur tun, wenn ich alles verliere?«

Ich achtete genau auf die Worte, die meine Klienten immer wieder benutzten, wenn sie auf meine Fragen antworteten oder einfach nur über ihre finanzielle Lage sprachen. Dabei fiel mir ein wichtiger Punkt auf: Alle, die vor Geldproblemen standen – ob sie nun Schulden hatten oder ihnen nach vielen Jahren harter Arbeit noch immer nichts übrig geblieben war, ob sie nicht wussten, wovon sie das Essen für den nächsten Tag bezahlen sollten, oder das Gefühl hatten, dass nie genug Geld vorhanden war –, schienen etwas gemeinsam zu haben: Wie ihr persönliches Problem auch aussehen mochte – sie alle benutzten in ihren Antworten auf meine Fragen die gleichen Wörter, ihre Antworten enthielten immer mindestens eines von drei Wörtern: *Scham. Angst. Wut.*

Wenn eine Klientin zu mir kommt, weil sie bis über beide Ohren in Schulden steckt und Hilfe braucht, um einen Ausweg zu finden, und ich sie frage: »Wie fühlen Sie sich angesichts dieses Schuldenbergs?«, spiegelt sich in ihrer Antwort fast immer zumindest eines dieser drei Gefühle wider: »Ich schäme mich so! Ich will nicht, dass irgendjemand von meinen Schulden erfährt.« – »Ich habe solche Angst! Ich kann mir nicht vorstellen, wie ich jemals meine Schulden abzahlen soll.« – »Ich bin so wütend auf mich, weil ich mich in diese Situation hineinmanövriert habe!« – *Scham. Angst. Wut.* Die emotionalen Hindernisse für Reichtum.

Bei wirklich erdrückenden Schulden kann man diese Gefühle ja verstehen, doch wenn genug Geld vorhanden zu sein scheint oder die Lebensgrundlage des Betreffenden zumindest nicht unmittelbar bedroht ist, verwundern sie auf den ersten Blick. Ich könnte aber unzählige Klienten als Beispiel anführen, die aufgrund tief verwurzelter Gefühle zu keinem größeren Wohlstand – sei es nun in Form emotionaler oder finanzieller Sicherheit – gekommen waren. Angst, Verlust, Scham wegen der Vergangenheit. Wut über die Lebensumstände, gegen die man ankämpfen muss.

Sich den Gefühlen stellen

Vielleicht denken Sie jetzt: »Wie ist das möglich? Was hat meine Angst denn damit zu tun, dass ich kein Geld habe? Ist es nicht eher umgekehrt? Dass ich Angst habe, weil ich kein Geld habe?«

So denken die meisten Menschen. Vor allem diejenigen, die wenig Geld haben – und die sich auch nicht trauen, reich zu werden. Es ist leicht, den eigenen Gemütszustand auf die finanzielle Situation zurückzuführen. Ich bin nach vielen Gesprächen mit Klienten aber zu der Überzeugung gekommen, dass es sich umgekehrt verhält: Ihre finanzielle Situation wird letztendlich durch Ihre Gefühle bestimmt.

Ich habe festgestellt, dass Geld nicht rein und gleichmäßig fließt, wenn negative Gefühle das Portemonnaie und die Brieftasche beherrschen. Wenn es um Geld geht, können unsere Empfindungen die Vernunft oder Sachzwänge in den Hintergrund drängen. Ihre Gefühle, die sich darin niederschlagen, was Sie mit Ihrem Geld machen, haben Sie dahin gebracht, wo Sie jetzt stehen, und sie werden auch Ihre finanzielle Zukunft bestimmen, wenn Sie nichts dagegen tun. Solange Scham, Angst oder Wut am Ruder bleiben, sind Sie mit Sicherheit nicht auf einem Kurs, der zum Reichtum führt. Wenn Sie aber den Mut aufbringen, sich Ihren inneren Blockaden zu stellen und sie zu überwinden, werden Sie Ihre finanzielle Lage für immer verändern.

Übung, Teil 1

Ich möchte, dass Sie ein paar Minuten lang darüber nachdenken, wie Sie sich im Augenblick angesichts Ihrer finanziellen Lage fühlen. Dabei geht es nicht um Zahlen, die Rechnungen, die Höhe Ihrer Schulden oder Ihrer Ersparnisse, sondern darum, wie Sie sich angesichts Ihrer finanziellen Situation wirklich fühlen. Machen Sie sich ständig Gedanken über Geld – über das Geld, das Sie ausgegeben haben, das Geld, das Sie besitzen, das Geld, das Sie brauchen? Haben Sie das Gefühl, nicht gut genug zu sein, um das zu bekommen, was Sie wollen, oder das, was Sie haben, nicht zu verdienen? Ist es Ihnen peinlich, dass Sie viel Geld haben? Sind Sie neidisch auf das, was andere besitzen, wütend darüber, dass Sie diese Dinge nicht haben? Ich möchte, dass Sie sich ehrlich mit Ihren Gefühlen beschäftigen und Ihre Gedanken und Emotionen dann aufschreiben. Sie haben nicht genug Geld, um Ihre Rechnungen zu bezahlen? Dann schreiben Sie auf, wie man sich fühlt, wenn man nicht genug Geld hat. Sie haben Schulden? Dann schreiben Sie auf, was Sie dabei empfinden. Sie haben viel mehr Geld als Ihre Freunde? Dann schreiben Sie auf, wie Sie sich in dieser Situation fühlen. Auch wenn Sie glauben, dass zwischen Ihnen und Ihrem Geld gar keine emotionale Bindung besteht, sollten Sie diese Übung nicht einfach überspringen – Sie könnten dabei nämlich zu Ihrer Überraschung Gefühle entdecken, die seit langem verschüttet waren. Ich möchte, dass Sie die Augen schließen und tief in sich hineinblicken, bis in Ihrem Bewusstsein nur noch Sie selbst und Ihre Gefühle gegenüber Ihrer finanziellen Lage existieren.

Nachdem Sie eine Weile über Ihre Situation nachgedacht haben, halten Sie bitte mit ein paar Sätzen so genau wie möglich fest, wie Sie sich angesichts dieser Situation fühlen.

Das könnte zum Beispiel so aussehen:

»Es macht mir furchtbare Angst, dass wir durch die Kinder und alles andere in nur fünf Jahren so hohe Schulden angehäuft haben. Es wäre mir so peinlich, wenn meine Eltern das wüssten. Ich befürchte, dass wir es nicht schaffen werden, bis die Kinder mit der Schule fertig sind – und an ihr Studium darf ich gar nicht erst denken!«

Sehen Sie sich nun das, was Sie selbst geschrieben haben, genau an. Betrachten Sie die einzelnen Wörter nicht als bloße Wörter, sondern als Ihre *gegenwärtigen Wahrheiten* – als Aussagen, die nicht nur Ihre momentane Gefühlslage beschreiben, sondern auch so viel Kraft und einen so hohen Wahrheitsgehalt haben, dass sie Ihre Einstellung und damit auch Ihre zukünftigen Handlungen bestimmen können. Unterstreichen Sie alle Wörter, die etwas mit Ihren Empfindungen zu tun haben, oder heben Sie sie mit einem Marker hervor. In unserem Beispieltext wären das die Wörter *Angst*, *peinlich* (drückt Scham aus) und *befürchte* (beschreibt Angst).

Obwohl ich nicht sehen kann, was Sie geschrieben haben, bin ich sicher, dass auch Sie Wörter benutzt haben, die Scham, Angst oder Wut wiedergeben. Das ist kein Trick von mir, sondern es zeigt, wie verbreitet diese Gefühle im Hinblick auf Geld sind.

Geld, Macht und Achtung

Auch wenn Ihnen das seltsam vorkommen mag – Menschen, die stark sind, die das Geld achten und offen dafür sind, es zu empfangen, ziehen Geld an. Ich möchte, dass Sie darüber nachdenken, denn ich bin fest davon überzeugt und habe es immer wieder gesagt: Geld verhält sich wie ein Mensch und reagiert wie ein Mensch – wenn Sie sich um Geld kümmern und es gut behandeln, wird es wachsen und gedeihen; wenn Sie aber nachlässig mit ihm umgehen oder es verachten, wird es Ihnen zwischen den Händen zerrinnen. Wenn Sie das Geld achten und ihm die Aufmerksamkeit schenken, die es braucht, wird es umgekehrt auch Sie achten – so einfach ist das!

Andererseits beeinträchtigen Scham, Angst und Wut Ihr Urteilsvermögen in finanziellen Angelegenheiten und berauben Sie Ihrer Macht über Ihr Geld. Wenn diese Gefühle ausschlaggebend dafür sind, wie Sie Ihr Geld ausgeben, oder dazu führen, dass Sie die Wahrheit über Ihr Geld nicht erkennen wollen, werden sie Sie nicht nur in ein finanzielles Chaos stürzen, sondern auch Geld von Ihnen fern halten. Das soll nicht heißen, dass es keine Menschen gibt, die voller Scham, Angst oder Wut sind, aber trotzdem Geld im Überfluss haben – natürlich gibt es viele solche Menschen! Trotz ihres guten Geldpolsters sind sie aber nicht reich in dem Sinn, dass sie ein erfülltes, nach außen gerichtetes und zufriedenes Leben führten. Und es gelingt ihnen häufig nicht, ihr Geld zusammenzuhalten. Die Boulevardpresse berichtet doch oft genug über Reiche, die ihr Vermögen durch Drogen, Scheidungen, skrupellose Geschäftspraktiken oder auf ähnlich unschöne Weise verloren haben! Weshalb passiert das wohl immer wieder? Ich glaube, es liegt daran, dass die tief verwurzelten Gefühle dieser Menschen so viel zerstörerisches Potenzial enthalten, dass sich dadurch sogar große Vermögen in nichts auflösen. Macht und Achtung – sich selbst, anderen und auch Ihrem Geld gegenüber – ziehen Reichtum an, Machtlosigkeit und Missachtung stoßen ihn ab, und zwar unabhängig davon, wie viel Geld Sie bereits haben.

Die Wurzeln dieser Gefühle liegen in unserer Kindheit. Sie sind so stark, dass sie auch dann wachsen, wenn wir versuchen, sie zu ignorieren, sodass sie schließlich die Macht gewinnen, unsere Gedanken, Worte, Handlungen und unsere finanzielle Situation zu beherrschen. Daher müssen wir etwas gegen sie unternehmen. Wir alle haben schon Scham, Angst und Wut empfunden – die Gefühle der Armut. Und wir haben alle die Macht, uns ihnen zu stellen und sie zu vertreiben. Ich habe immer wieder erlebt, dass Menschen ihren Umgang mit Geld änderten, nachdem sie sich mit diesen zerstörerischen Gefühlen auseinander gesetzt hatten. Auch Sie können das schaffen! Um Ihrer Träume willen sollten Sie den Mut aufbringen, sich Ihren Gefühlen jetzt zu stellen!

Scham

Wie sieht finanziell bedingte Scham aus? Sie hält den Kopf gesenkt und schlägt die Augen nieder. Obwohl sie in uns verschlossen und verborgen ist, zeigen sich die Auswirkungen ihrer Existenz. Sie ist das am tiefsten verwurzelte Gefühl überhaupt, denn sie stößt bis in den Kern Ihres Ichs vor und sagt, Sie seien nicht gut genug, verdienten das nicht, was Sie haben, weniger als andere, unabhängig davon, wie viel Sie haben. Wer auch nur einmal Scham empfunden hat, wird das nicht so leicht vergessen.

Marks Geschichte

Ich muss damals ungefähr neun oder zehn gewesen sein, und wir machten diese Wanderung. Alle Jungen in meiner Klasse wollten vormittags über den Naturlehrpfad gehen und dann gemeinsam in einem Lokal essen. Unser Lehrer war sehr beliebt, und deshalb war es eine ziemlich große Sache. An den Naturlehrpfad kann ich mich überhaupt nicht mehr erinnern, aber das Mittagessen werde ich nie vergessen. Wir waren ungefähr zehn und setzten uns zusammen an einen großen Tisch. Alle bestellten Co-

la, in einem riesigen Glas mit Strohhalm. Ich aß einen Hamburger und Pommes frites, und zum Nachtisch wollten wir alle Eis. Als dann die Rechnung kam, legten die anderen Kinder alle zehn Mark auf den Tisch – und ich erstarrte. Ich hatte keine zehn Mark! Ich hatte überhaupt kein Geld, meine Eltern hatten mir kein Geld mitgegeben. Keinen Pfennig. Ricky, der manchmal mein Freund war, manchmal aber auch nicht, merkte das und sagte: »He, warum bezahlst du nicht?« Ich wäre am liebsten im Erdboden versunken. Alle sahen mich an, und es war ganz still. Ich erinnere mich daran, dass mir heiß wurde, und dann brach ich in Tränen aus, was es natürlich noch schlimmer machte. Sie starrten mich alle an. Ich schämte mich so! Das werde ich nie vergessen.

Diese Erinnerung hat so große Macht über Mark, dass er bis heute dafür bezahlt, sie auszulöschen. Er ist immer derjenige, der andere einlädt, und der Erste, der nach dem Scheck greift, er gibt viel Trinkgeld und ist überhaupt sehr spendabel. Die Scham, die er an jenem Tag empfand, hat einen so starken Eindruck bei ihm hinterlassen, dass er jetzt unbedingt allen zeigen will, dass er genug Geld zum Ausgeben hat. Die anderen wissen aber nicht, dass er sein ganzes Geld ausgibt, sodass für ihn nichts übrig bleibt und er letztendlich immer noch so arm und voller Scham ist wie vor all den Jahren bei jener Wanderung.

Haben Sie sich als Kind geschämt, weil Ihre Familie weniger hatte als die anderen Familien, die Sie kannten? Oder weil Sie nicht die richtige Kleidung, nicht das richtige Spielzeug hatten? Weil Ihre Mutter als Einzige berufstätig war (deshalb habe ich mich damals geschämt)? Weil nicht genug Geld da war, sodass Sie nicht wie Ihre Freunde auf die Uni gehen oder Ihr Studium nicht abschließen konnten? Bei manchen ist es die Scham des »Warum gerade ich?«, weil sie mehr besaßen als alle anderen und das Gefühl hatten, das nicht zu verdienen. Ihre eigene Scham könnte auf ein bestimmtes Erlebnis zurückgehen, wie bei Mark, oder auch auf eine ganze Reihe von Erlebnissen, die Sie nie vergessen haben. Von Scham können wir uns jedenfalls nicht leicht befreien. Sie kann unseren Stolz, unsere Selbstachtung und unseren Selbstwert zerstören und letztendlich dazu führen, dass wir arm bleiben oder werden.

Wie wirkt Scham sich nun finanziell im Leben Erwachsener aus? Wer das Gefühl des »weniger als« hat, wird mehr ausgeben – vielleicht sogar mehr, als er hat –, um ein Gefühl des »mehr« zu bekommen. Wer das Gefühl hat, das, was ihm gehört, nicht zu verdienen, wird sein Geld vernachlässigen, es wird nicht wachsen und schließlich stagnieren. Wer das Gefühl hat, dass ihm sein Geld nicht zusteht, wird nie echte Freude an ihm und dem, was er damit tun könnte, haben. Wer glaubt, dass er die Dinge, die er wirklich will, eigentlich nicht verdient, dem werden sie nie gehören. Niederlagen werden für all diese Menschen kein Problem sein – wohl aber Erfolge.

Angst

Wie sieht finanziell bedingte Angst aus? Beobachten Sie einmal eine Schlange an irgendeiner Kasse – wie geben die Leute der Kassiererin das Geld oder ihre Kreditkarte? Angst kann man sehen! Manche Kunden umklammern ihr Geld regelrecht, halten es eine Sekunde länger fest, als nötig wäre, strecken die Hand schon aus, bevor die Kassiererin das Wechselgeld parat hat, oder halten den Atem an, bis das Gerät ihre Kreditkarte akzeptiert. Andere dagegen distanzieren sich von ihrem Geld, geben es der Kassiererin zu schnell, werfen oder schieben es ihr hin. Angst im Hinblick auf Geld bewirkt eine ständige Einengung oder gar Lähmung, sie ist wie eine Stimme in Ihrem Kopf, die Sie an all die Rechnungen erinnert, die Sie bezahlen müssen; sie verdirbt Ihnen Erlebnisse, die eigentlich schön sind, und lässt Sie nachts keinen Schlaf finden. Diese Angst kann sich auf zwei verschiedene Arten auswirken: Sie kann Sie daran hindern, mit Ihrem Geld das zu tun, was Sie mit ihm tun sollten, oder sie kann dazu führen, dass Sie mit Ihrem Geld etwas tun, was Sie nicht tun sollten.

Andreas Geschichte

Meine ganze Kindheit hindurch trug meine Mutter ihr »Geldkleid«. Es war ein königsblaues Hemdkleid, das über und über mit dunklen Goldmünzen bedruckt war. Der Kragen war weiß, der Gürtel aus rotem Lackleder, und die Gürtelschnalle und die Knöpfe waren auch Münzen. Sie trug es mit Handschuhen, wenn wir zum Gottesdienst gingen, und sie trug es, als sie uns am ersten Schultag begleitete oder wenn sie zum Elternabend ging – einfach immer, wenn sie hübsch aussehen wollte, nehme ich an. Wir nannten es das Geldkleid, und wenn sie es anhatte, wussten wir, dass es ein besonderer Anlass war. Ich war immer stolz auf sie, wenn sie dieses Kleid trug. Ich konnte spüren, wie gut sie sich in ihm fühlte, und ihr Stolz schien ansteckend zu sein. Als ich dann ungefähr elf war, wollten wir eines Tages zu meiner Großmutter fahren, weil meine Kusinen zu Besuch kommen wollten. Wir sollten alle unsere besten Sachen anziehen, und als ich fertig war, ging ich ins Schlafzimmer meiner Eltern. Meine Mutter saß in einem weißen Slip auf der Bettkante, hielt ihr Geldkleid in der Hand und weinte. Ich hatte sie noch nie weinen sehen. Erst da sah ich, dass der Lackledergürtel Risse hatte und das »Gold« an den Knöpfen abblätterte. Dann kam mein Vater herein und schrie sie an, er könne es sich nicht leisten, ihr ein neues Kleid zu kaufen, sie solle das Kleid endlich anziehen und sich fertig machen. Sie weinte noch bitterlicher, und er brüllte weiter. Da verstand ich: Es ging gar nicht um das Geldkleid, sondern um Geld – und wir hatten keins! Ich hatte so große Angst, dass ich hinausrannte. Aber das Schluchzen und das Geschrei konnte ich immer noch hören.

Andrea ist ihre Angst bis heute nicht losgeworden. Sie und ihr Mann sind beide berufstätig, und sie verdienen mehr als genug, aber sie haben trotzdem Geldsorgen. Andrea geht einfach zu verschwenderisch mit dem Geld um, und je mehr Geld sie verdient, desto mehr Schulden häuft sie auf ihrer Kreditkarte an. Ihr Schrank ist übervoll mit Kleidern, die wirklich »Geldkleider« sind, und ihre Kinder haben von allem nur das Beste – aber zu einem Preis, der die finanziellen Möglichkeiten von Andrea und ihrem Mann bei weitem übersteigt. Sie wohnen in einer sehr guten Gegend, fahren teure Autos und zittern ständig vor dem Augenblick, in dem ihr finanzielles Kartenhaus in sich zusammenfallen wird.

Haben Ihre Eltern sich wegen des Geldes gestritten, als Sie ein Kind waren? Sind Sie mit dem Gefühl aufgewachsen, dass die Familie nicht genug hatte? Dann haben Sie heute mit ziemlicher Sicherheit Angst im Zusammenhang mit Geld. Diese Angst muss gar nichts mit Ihrer tatsächlichen finanziellen Lage zu tun haben, man kann durchaus Geld haben und trotzdem von Angst erfüllt sein. Wer mit dieser Angst lebt, kann aber nicht reich – wirklich reich – werden oder bleiben. Wenn Sie befürchten, nicht genug Geld zu haben, werden Sie irgendwie dafür sorgen, dass es wirklich so kommt – auch dann, wenn Sie heute genug Geld besitzen! Oder Sie schlagen den anderen Weg ein und werden ein Geizhals, Sie klammern sich ebenso verzweifelt an Ihr Geld wie an Ihre Angst, können sich nicht an einem einzigen Pfennig erfreuen, den Sie ausgeben, und sind nicht fähig, großzügig zu sein; das wird Sie in jeder Hinsicht arm machen.

Wut

Wie sieht finanziell bedingte Wut aus? Verkniffen: geballte Fäuste, zusammengepresste Lippen, in Falten gezogene Stirn. Sie sehen dann verschlossen und unnachgiebig aus. Diese Wut ist alles andere als einladend, und sie stößt Geld genauso ab wie andere Menschen. Vielleicht sind Sie auf sich selbst wütend, wegen etwas, das Sie mit Ihrem Geld gemacht oder auch nicht gemacht haben. Oder auf Ihren Chef, der Ihnen eine Gehaltserhöhung verweigert hat. Oder auf Ihre Eltern, weil Sie noch immer das Gefühl haben, von ihnen im Stich gelassen worden zu sein. Oder auf Ihre Freunde, die mehr haben als Sie, auf Ihren Exmann, der Sie verlassen hat, sodass Sie nun machtlos und ohne einen Pfennig dasitzen, oder ganz allgemein auf die Ungerechtigkeit des Lebens – und die Ungerechtigkeit des Geldes. Ihre Wut kann sehr gut versteckt sein, sich aber trotzdem in Schulden und Unehrlichkeit sich selbst gegenüber im Hinblick auf das, was Sie mit Ihrem Geld machen oder auch nicht machen, niederschlagen.

Stefans Geschichte

Meine Familie ist von Deutschland nach Amerika ausgewandert, als ich elf Jahre alt war. Das war für uns alle eine wirklich traumatische Zeit. Besonders für meine Mutter, denn sie musste ihre kranke Mutter und ihren Zwillingsbruder zurücklassen. Wir waren sehr traurig, denn irgendwie hatten wir das Gefühl, dass wir die beiden nie wiedersehen würden. Ich erinnere mich daran, dass wir vor unserer Abreise alles verkaufen mussten, was wir hatten. Die meisten unserer Möbel waren weder neu noch hübsch, also kamen die Nachbarn einfach vorbei und bezahlten für alles – die Betten, den Küchentisch und die Stühle, das Geschirr –, was sie erübrigen konnten. Ungefähr ein halbes Jahr vorher, als wir noch nicht wussten, dass wir auswandern würden, hatte meine Mutter aber zwei bequeme Polstersessel gekauft. Ich sehe diese Sessel immer noch vor mir. Meine Mutter war so stolz auf sie, und es fiel ihr sehr schwer, sich von ihnen zu trennen. Als sie dann aber wusste, dass sie sie verkaufen musste, wollte sie wenigstens einen guten Preis für sie bekommen. Fast alles andere war schon verkauft worden, und so standen nur noch diese beiden geblümten Sessel in unserem kleinen Wohnzimmer. Ein Mann kam, ich glaube, es war ein Händler, und er zahlte ihr nur halb so viel, wie sie erwartet hatte. Sie versuchte, mit ihm zu handeln – eigentlich flehte sie ihn an –, doch er ließ nicht mit sich reden. Als er ging und die Sessel mitnahm, weinte sie, und sie weinte dann stundenlang in dem leeren Haus. Ich war so wütend auf diesen Mann, wie hatte er es wagen können, die Lage meiner

Mutter so auszunutzen? Ich erinnere mich noch daran, dass ich damals dachte, wenn man etwas Wertvolles besitzt, versuchen die anderen immer, es einem wegzunehmen.

Stefan ist immer noch über die Ungerechtigkeit der Welt wütend, so wütend, dass er bis heute davon überzeugt ist, dass er sich und jeden Pfennig, den er besitzt, beschützen muss, weil sonst jemand kommen und ihn ausnutzen wird. Tatsächlich kauft er immer noch zu hohen Preisen und verkauft zu niedrigen. Er hat bei zwei Firmen gekündigt, weil er befürchtete, entlassen zu werden. Er glaubt, dass wahrscheinlich jeder, vom Händler an der Ecke bis zu den Leuten, die seine Telefonrechnung erstellen, darauf aus ist, ihn zu »kriegen«. Er hortet sein Geld. Durch seine Wut ist er fest davon überzeugt, dass die Welt ein finanzielles Minenfeld ist, und so hat er sich praktisch aus ihr zurückgezogen.

Die Wut von Erwachsenen ist die gleiche wie die Wut von Kindern – Wut darüber, dass man nicht bekommt, was man will. Als Erwachsene haben wir jedoch die Kontrolle darüber (oder sollten sie jedenfalls haben), wir haben selbst die Macht, Ja oder Nein zu sagen. Wenn Sie etwas unbedingt haben wollen, etwas, das Sie sich eigentlich nicht leisten können, werden Sie wütend sein, wenn Sie es sich zugestehen, aber auch, wenn Sie es sich verweigern. Sie können also nicht gewinnen! In dieser Situation gibt es kein Ventil für Ihre Wut, die daher in Ihnen bleiben kann und dann Ihr ganzes Leben hindurch großen Schaden anrichten wird. Falls Sie wütend darüber sind, dass Sie etwas entbehren müssen, halten Sie diese Entbehrung möglicherweise aufrecht, damit Ihre Wut lebendig bleibt, oder Sie dreschen auf Ihre Wut ein, indem Sie Ihr Geld hemmungslos verschwenden. Vielleicht sind Sie von dem Argwohn erfüllt, dass alle versuchen, Sie übers Ohr zu hauen – dieses Misstrauen spüren dann auch andere. Wenn Wut ein immer wiederkehrendes Thema in Ihrem Leben ist, werden Sie mit Ihrem Geld unwillig und knauserig umgehen, bis es nur noch ganz spärlich fließt.

Falls Sie durch Ihre Lebensweise den Anschein erwecken, über mehr Geld zu verfügen, als Sie tatsächlich besitzen, sind Sie wütend. Falls Sie mehr Geld in das Heute investiert haben als in das Morgen, sind Sie wahrscheinlich auch wütend. Wen oder was Sie auch für Ihre Wut verantwortlich machen – letztendlich werden Sie selbst die Person sein, über die Sie besonders verärgert sind.

Wenn emotionale Reflexe unsere finanziellen Handlungen steuern, handeln wir gegen unsere eigenen Interessen. Die Geschichten von Mark, Andrea und Stefan sollten Ihnen zeigen, dass Sie nicht reich werden können, wenn Sie von Scham, Angst oder Wut erfüllt sind. Sie müssen Ihr Leben von diesen Gefühlen befreien, sodass sie Ihre Handlungen nicht mehr beeinträchtigen! Nur dann können Sie andere Entscheidungen treffen und Ihr finanzielles Weltbild über das Heute hinaus ausdehnen, sodass es auch das Morgen umfasst.

Sie haben Fehler gemacht – na und? Wir machen alle Fehler. Haben Sie jemandem vertraut, dem Sie nicht hätten vertrauen sollen? Dann können Sie lernen, sich selbst zu vertrauen. Haben Sie Schulden? Die können Sie abtragen – das haben schon Millionen von Menschen geschafft. Wenn Sie Ihre derzeitige finanzielle Situation so sehen, wie sie tatsächlich ist, können Sie damit anfangen, sie zu verändern, heute ein bisschen, morgen vielleicht ein bisschen mehr.

Doch zuerst müssen Sie Ihre Angst, Scham oder Wut besiegen, sodass diese Gefühle ihre Macht über Sie und Ihr Geld verlieren.

Übung, Teil 2

Sie können natürlich versuchen, sich zu sagen: »Also gut, keine Wut mehr!«, aber damit werden Sie nicht weit kommen. Gefühle haben nämlich ein eigenes Leben, und daher ist es schwierig, sie zu erkennen, ihnen direkt in die Augen zu blicken und sie dann wegzuschicken. Sie müssen zunächst herausfinden, wie sie entstanden sind, und sie dann aus Ihrer heutigen Erwachsenenperspektive – und mit Mitleid! – betrachten. Das ist der erste Schritt bei dem Prozess, durch den diese Gefühle ihre Macht verlieren.

Ich möchte, dass Sie sich jetzt ein ruhiges Plätzchen suchen und das Blatt mitnehmen, auf dem Sie beschrieben haben, welche Gefühle Sie heute gegenüber Ihrem Geld hegen. Sehen Sie sich den Absatz, den Sie am Anfang dieses Kapitels geschrieben haben, genau an. Die entscheidende Frage ist nun, woher diese Gefühle stammen.

Im Grunde bitte ich Sie, zeitlich zurückzugehen. Gehen Sie bis in Ihre Kindheit zurück, um – falls möglich – das Erlebnis zu finden, das die Scham, die Angst, die Wut in Sie einpflanzte. Benutzen Sie das Wort, das Ihre heutigen Gefühle im Hinblick auf Ihre finanzielle Lage am besten beschreibt, als eine Art Kennwort oder Schlüssel, mit dem Sie schmerzhafte Erlebnisse aufschließen können, die – wenn auch unterbewusst – bis heute in Ihrem Leben nachwirken. Wie sahen diese Ereignisse aus? Boten die Nachbarinnen Ihnen einst ihre abgelegten Sachen an, weil sie dachten, Sie wären zu arm, um sich selbst Kleidung zu kaufen? Könnte das der Ursprung Ihrer Scham sein? Oder nahm Ihre Mutter Sie einmal zum Einkaufen mit, lud den ganzen Wagen voll und merkte dann, dass sie ihr Portemonnaie vergessen hatte und die Waren nicht bezahlen konnte? Könnte das der Grund Ihrer Angst sein? Oder fuhren in den Sommerferien einmal alle Ihre Freunde weg, während Sie einen Job annehmen mussten? Könnte das die Ursache Ihrer Wut sein? Hatte Ihre Familie genug, zu viel oder nie genug? War Geld eine Quelle von Glück oder von Verzweiflung?

Nehmen wir zum Beispiel an, dass Sie sich wegen der Schulden, die Sie angehäuft haben, so sehr schämen, dass Sie sie sogar vor den Menschen verheimlichen, die Ihnen am nächsten stehen. Dann sind Scham und Heimlichkeit Ihre Schlüsselwörter. Durchforschen Sie Ihr Gedächtnis. Welche

Erinnerungen beschwören diese Kennwörter herauf? Vielleicht erinnern sie Sie an die Scham, die Sie als Teenager empfanden, weil Sie das Gefühl hatten, nicht gut genug zu sein und den anderen etwas vorspielen zu müssen, um von ihnen akzeptiert zu werden. Sie dürfen aber nicht bei der ersten Erinnerung aufhören. Wenn Sie noch weiter zurückgehen, werden Sie sich vielleicht daran erinnern, wo Sie das gelernt haben – hat Ihre Mutter Sie in Ihrer Kindheit aufgefordert, Ihren Freunden nichts von den Geldproblemen Ihrer Familie zu erzählen, weil sie Sie möglicherweise nicht mehr gemocht hätten, wenn sie erfahren hätten, dass Sie arm waren?

Volltreffer! Wenn Sie schließlich zum Kern der Sache vorgestoßen sind, wird er so klar und deutlich vor Ihnen liegen, als ob plötzlich ein Blitzlicht aufgeflammt wäre. Geben Sie also nicht auf, machen Sie weiter, bis Sie diesen Augenblick der Klarheit erreichen! Den Prozess, durch den ich Sie eben geführt habe, habe ich übrigens selbst durchlaufen, um herauszufinden, woher die Schamgefühle wegen meiner Schulden kamen. Jene Erinnerungen, jene Geheimnisse waren meine eigenen Erinnerungen und Geheimnisse.

Wenn Sie den Moment des Verstehens erreicht haben, schreiben Sie Ihre Erinnerung bitte auf das gleiche Blatt, das Sie schon im ersten Teil der Übung benutzt haben.

Nun wollen wir noch tiefer vordringen. Was tun Sie heute, als Erwachsener, damit dieses Gefühl fortbestehen und Ihren Umgang mit Geld weiterhin beherrschen kann? Falls Sie beispielsweise glauben, dass Sie das, was Sie haben, nicht verdienen oder dass Sie das, was Sie haben wollen, nicht bekommen können, gehen diese Gefühle der Unwürdigkeit wahrscheinlich auf die Scham zurück, die seit Ihrer Jugend an Ihnen nagt. Falls Sie überzeugt sind, dass Sie alles verlieren könnten, was Sie haben, oder dass Sie sich in finanzieller Hinsicht niemals sicher fühlen werden, gibt Ihre heutige

Angst der Angst aus Ihrer Kindheit neue Nahrung. Falls es Ihnen scheint, dass alle anderen mehr besitzen und dass Sie selbst nie genug haben werden, sorgen Ihre Gefühle der Unzulänglichkeit und Feindseligkeit dafür, dass jene früheren Gefühle im Erwachsenenalter weiter bestehen.

Schreiben Sie jetzt auch noch auf Ihr Blatt, was Sie heute durch Ihre Handlungen, Gedanken und Gefühle in Bezug auf Geld tun, um Ihre Scham, Wut und Angst am Leben zu erhalten, sodass sie unverändert Macht über Sie und Ihr Geld ausüben.

Bei Mark zum Beispiel ist seine heutige Geldverschwendung ein Versuch, die Scham von gestern auszulöschen, doch in Wirklichkeit erweckt sie dieses Gefühl immer wieder zu neuem Leben. Andrea, die weit über ihre Verhältnisse lebt, versucht heute, den Schmerz ihrer gestrigen Armut zu lindern, doch durch ihr Verhalten hat sie noch mehr Angst, die Rechnungen nicht bezahlen zu können. Stefans von Argwohn und Geiz geprägtes Finanzgebaren hält seine Wut am Leben – und die Welt auf Abstand. Jeder von ihnen zahlt heute einen emotionalen und auch einen finanziellen Tribut.

Jetzt ist die Zeit gekommen, die Macht der Gefühle, die Sie zurückhalten, zu unterbinden, so, wie man bei einer offenen Wunde eine Aderpresse anlegt. Denken Sie über Ihre Erinnerungen und Ihre fehlgeleiteten Handlungen in der heutigen Zeit nach. Wie könnten sie mit Ihrer Vergangenheit zusammenhängen? Denken Sie an das Kind, das Sie waren, als die Erinnerung entstand, und an die Ursache, die Ihre Gefühle auslöste. Berücksichtigen Sie dabei, wer Sie damals waren. Sie waren machtlos. Sie waren ein Kind und hatten das Recht, sich so zu fühlen! Denken Sie auch daran, wer Sie jetzt sind und welche Macht Sie aufbringen können, um sich zu ändern.

Sie müssen sich aus dem Klammergriff Ihrer Erinnerungen befreien. Sie können es sich nicht mehr leisten, in der

Vergangenheit zu leben. Machen Sie die Gegenwart zu dem Zeitpunkt, ab dem Sie rechnen! Nur das Heute und das Morgen zählen. Übernehmen Sie von diesem Augenblick an die Verantwortung für Ihr Leben und für Ihr Geld. Trauen Sie sich, reich zu werden!

Ziehen Sie einen Schlussstrich unter die Vergangenheit!

Die emotionalen Hindernisse, die zwischen Ihnen und mehr Geld stehen, können Sie nur durch Verzeihung überwinden. Verzeihen Sie den Menschen, die dabei geholfen haben, jene Erinnerungen in Ihre junge Seele einzubrennen. Verzeihen Sie sich selbst dafür, dass diese Gefühle sich bisher so negativ auf Ihren Umgang mit Geld ausgewirkt haben. Ziehen Sie einen Schlussstrich unter die Vergangenheit und die Gegenwart, damit die Zukunft wie eine unberührte Steinplatte vor Ihnen liegt, in die Sie andere Ziele und andere Zahlen meißeln können.

Wir wissen alle, wie schwer es ist zu vergeben – aber wir alle kennen auch die heilende Kraft der Vergebung. Ich selbst wurde bis weit in mein Leben als Erwachsene hinein von der Scham, der Angst und der Wut beherrscht, die ich darüber empfand, dass ich – zumindest meiner Ansicht nach – als die arme kleine Suze Orman in einem sehr armen Teil der Stadt aufgewachsen war, als Tochter eines Mannes, der seinen Lebensunterhalt damit verdiente, Hühner zu rupfen. Auch wenn es mir gut ging und ich viel Geld verdiente, fühlte ich mich doch nie gut genug, klug genug, attraktiv genug. Diese Minderwertigkeitsgefühle erfüllten mein gesamtes Sein – für andere, großzügigere Gefühle war kein Platz. Ich war überzeugt, kein Recht auf Liebe und Freundschaft und schon gar kein Recht auf Geld zu haben. Heute kann ich ehrlich sagen, dass diese Gedanken und Gefühle mich sehr lange davon abhielten, reich zu werden.

Selbst als ich im Laufe jener Jahre immer unglücklicher, einsamer und wütender wurde, war mir nicht klar, dass diese Gefühle mich in so starkem Ausmaß beherrschten. Doch dann kam die große Wende: Eines Tages machte ich mich fertig, um zur Arbeit zu gehen. Ich fühlte mich erbärmlich schlecht und wollte gerade duschen. So, wie wir alle Gott anrufen, wenn wir wirklich ganz am Boden sind, schrie ich innerlich zu ihm hinauf: Warum kann ich nicht auch das haben, was alle anderen auf dieser Welt haben? Ist das alles, was das Leben für mich bereithält?

Ich erinnere mich daran, als wäre es gestern gewesen – an meine Qual und dann an das Gefühl der Ruhe, als mein Flehen durch ein Gebet beantwortet wurde, das ich als Kind gelernt hatte und das mir plötzlich wieder einfiel. Ich sprach es mir immer wieder vor, als ob es meine Erlösung wäre, und vielleicht war es tatsächlich so. Bei diesem Gebet ging es um Vergebung.

Für mich war Vergebung ein Prozess, und es dauerte lange, bis er abgeschlossen war – ich vergab meinen Eltern, die schließlich ihr Bestes getan hatten, und ich vergab mir selbst so weit, um zu der Überzeugung zu gelangen, dass ich mich so, wie ich war, akzeptieren konnte und dass ich ein Recht auf alles hatte, was ich mir erarbeiten und erreichen konnte. Auf diese Weise gelang es mir nach und nach, mich aus dem Griff jener furchtbar zerstörerischen Gefühle zu befreien und endlich Platz für mehr zu schaffen.

Übung, Teil 3

Lesen Sie das, was Sie bei den bisherigen Übungen notiert haben, noch einmal durch. Ergänzen Sie es, falls Ihnen weitere Einzelheiten eingefallen sind. Streifen Sie alle Aspekte der Erinnerung ab, indem Sie sie auf das Papier übertragen.

Lesen Sie das, was Sie aufgeschrieben haben, dann noch ein letztes Mal durch.

Jetzt möchte ich, dass Sie Ihr Blatt nehmen und es verbrennen. Sehen Sie zu, wie das Papier sich in Asche verwandelt. Betrachten Sie das Feuer als eine Form des Feuers der Liebe, das in Ihrem Herzen brennt, und die Asche als alles, was von den Verletzungen übrig geblieben ist, die Sie in der Vergangenheit erleiden mussten; streifen Sie die Verletzungen und den Schmerz ab; lassen Sie die Vergangenheit los!

Es ist Zeit für einen Neuanfang. Es ist Zeit, zu verzeihen – Ihrer Mutter, Ihrem Vater, der Welt und vor allem sich selbst. Sie müssen die Worte der Verzeihung finden, die Ihnen die Erlösung bringen. Sprechen Sie über Ihre Gefühle, vertrauen Sie Ihre Geschichte einem Freund an.

Tun Sie das jetzt! Jetzt ist die Zeit gekommen, dem Kind zu verzeihen, das Sie damals waren, dem Kind, das sich schämte, wütend war oder Angst hatte. Sie waren nur ein Kind! Verzeihen Sie sich Ihre Scham. Sie reagierten so, wie jedes Kind reagiert hätte, und heute ist Ihnen klar, dass das, wofür Sie sich damals schämten, vorübergehen und letztendlich nicht wichtig sein würde. Verzeihen Sie sich Ihre Angst. Woher kam diese Angst? Entstand sie durch Ihre Eltern, die ihr Bestes taten, damit alles in Ordnung war? Sie versuchten, Sie zu beschützen. Verzeihen Sie ihnen. Lassen Sie Ihre Wut los. Über das, was Sie gestern verärgert gemacht hat, sind Sie heute nicht mehr wütend. Streifen Sie Ihre Wut ab, verzeihen Sie sich dafür. Sie haben das, was Sie haben. Das ist Ihr Ausgangspunkt.

Jeden Tag passieren Dinge, die Sie immer davon abhalten, Ihren Weg zum Reichtum zu finden, und die zu kaum erträglichen Nöten führen und furchtbare Narben hinterlassen können. Verzeihung ist ein Prozess, der niemals endet. Es reicht nicht aus, nur das zu verzeihen, was in der Vergangenheit geschehen ist. Sie können aus den Rückschlägen von heute lernen, sie überwinden und weitergehen. Im Laufe der Zeit werden Sie dann aufhören, Ihre Vergangenheit für Ihre Gegenwart verantwortlich zu machen, und lernen, die Verantwortung für Ihre Handlungen – nicht nur im finanziellen Bereich! – zu übernehmen, und zwar für immer. Nehmen Sie Ihr finanzielles Schicksal selbst in die Hand!

Kapitel 2
Der Mut, mehr zu haben und mehr zu werden

Was denken Sie, wenn Sie über Ihr Geld nachdenken?
Was sagen Sie, wenn Sie über Ihr Geld sprechen?
Was haben Sie bisher mit Ihrem Geld gemacht?
Wenn es um Ihr Geld geht, bestimmen Ihre Gedanken Ihre Worte und Ihre Worte wiederum Ihre Handlungen – und durch diese Handlungen bestimmen Sie Ihr Schicksal. Wahrer Reichtum beginnt mit Gedanken an wahren Reichtum, wahre Größe mit Gedanken an wahre Größe, und das Potenzial für Größe schlummert in uns allen.

Im Laufe der Jahre habe ich von vielen Menschen gehört, sie hätten nicht genug und würden wohl auch nie genug haben oder sein; sie *könnten einfach nicht* aus ihren Schulden herauskommen, nicht ausreichend für die Ausbildung ihrer Kinder sorgen, sich der Zukunft nicht stellen. Menschen, die sich Fakten gegenübersahen, die sie selbst geschaffen hatten, haben mir Geschichten voller Traurigkeit, Hoffnungslosigkeit und Verzweiflung erzählt. Der Wirklichkeit ins Auge zu blicken – so düster sie im Augenblick auch aussehen mag – ist aber etwas ganz anderes als zu glauben, dass man nichts gegen sie unternehmen kann. Ob Sie nun reich sind oder arm – die erdrückenden Gedanken, die Ihnen sagen, dass Sie nichts dagegen tun können, haben ungeheure Macht und furchtbare Zerstörungskraft. Ich nenne sie die Gedanken der Armut. Diese Gedanken sind heimtückisch; sie führen zu Worten der Armut oder Niederlage und schließlich zu Handlungen der Armut und einem

Erbe der Armut, das über Generationen hinweg weitergegeben werden kann. Wir müssen lernen, diese Gedanken zum Schweigen zu bringen.
Das habe ich aus dem Leben meines Vaters gelernt.

Die Geschichte meines Vaters

Die Geschichte meines Vaters ist auch meine Geschichte: Am Anfang akzeptieren Kinder die Welt, in die sie hineingeboren werden. Die Welt meiner Familie waren ein paar kleine Stände, an denen mein Vater Hühner verkaufte. Das Geschäft ging manchmal recht gut, meistens aber eher schlecht. Ich fühlte mich arm, weil ich in einer Familie lebte, in der das Schicksal oft zugeschlagen hatte – mein Vater wäre fast bei einem Brand ums Leben gekommen und behielt davon ein Emphysem zurück, mächtige Geflügelkonzerne bedrohten unsere Existenz, mehr als einmal ließ unser jeweiliger Vermieter das Geschäft meines Vaters schließen.

Als ich dann größer wurde, hatte ich nie Zweifel daran, dass dieses Leben uns vom Schicksal bestimmt war. Ich kam gar nicht auf den Gedanken, dass das Leben meines Vaters und damit unser aller Leben anders hätte verlaufen können. Bei einem Familientreffen, nicht lange nach dem Tod meines Vaters, sagte einer meiner Cousins dann ganz nebenbei: »Ich finde es ja immer noch sehr schade, dass dein Vater sein Jurastudium nicht abgeschlossen hat!« Was? Ich hatte das Gefühl, einen elektrischen Schlag bekommen zu haben. Jurastudium? Mein Vater hatte Jura studiert? Wie hatte er da als kleiner Hühnerzüchter enden können? Und warum hatte er mir das nie erzählt?

Nach und nach erfuhr ich dann, dass mein Vater tatsächlich auf die Universität gegangen war. Nebenher hatte er stundenweise in einem Blumengeschäft gejobbt, und am Wochenende war er mit einem kleinen Wagen herumgezogen und hatte Blumen verkauft, um sein Studium finanzieren zu können. Er hatte zusammen mit seinen Eltern und seinem Bruder in einer Zwei-

zimmerwohnung gelebt und einen Teil seines Geldes abgegeben. Kurz vor Beginn seines letzten Studienjahres hatte mein Großvater ihn jedoch um Geld gebeten, weil er einen neuen Geflügelladen eröffnen wollte. Mein Vater hatte seine Träume aufgegeben und das Geld, das er für die letzten beiden Semester vorgesehen hatte, meinem Großvater überlassen, dem er dann im Geschäft half. So war er nie Anwalt geworden. Und warum nicht? Weil er sich von seinem Ziel hatte ablenken lassen. Er hatte sich den Verhältnissen angepasst und den Mut verloren. Vielleicht hatte er sich auch einfach nur dafür entschieden, die Gedanken seines Vaters zu seinen eigenen zu machen. Niemand weiß, warum, und der Grund spielt eigentlich auch gar keine Rolle. Mein Vater kam jedenfalls zu der Überzeugung, dass das seine Bestimmung war, nicht jenes andere Leben, von dem er eine Zeit lang zu träumen gewagt hatte.

Es war ein großer Schock für mich, zu erfahren, dass unser Leben ganz anders hätte verlaufen können. Mein Vater hatte in meinem Leben eine so wichtige Rolle gespielt, und ich hatte die Lektion meiner Kindheit gut gelernt. Das war der Plan für uns. Wer war ich denn, dass ich hätte denken können, ich könnte mehr haben, mehr sein? Heute kann ich sehen, dass ich lange dachte, das Schicksal meines Vaters sei auch mein eigenes, weil die Botschaft, die an mich weitergegeben worden war, die Lektion vom Weniger und die Gedanken des Ich kann nicht! *gewesen waren.*

Heute – im Rückblick und nach vielen Gesprächen mit anderen Familienmitgliedern – ist mir klar, dass die Gedanken meines Vaters immer Gedanken der Armut waren, dass seine innere Stimme sagte: Du kannst nicht! *Er hatte es ja versucht, er hatte härter gearbeitet als alle, die ich kenne, an jedem einzelnen Tag seines Lebens. Dreimal hatte er Investoren überredet, ihr Geld in neue Hühnerställe zu stecken, dreimal hatte er wieder mit nichts angefangen. Mut hatte er auch besessen, zumindest in meinen Augen mehr als die meisten anderen, er hatte sogar erstaunlich viel Mut gehabt. Trotzdem hatten meine Brüder und auch ich selbst ihn mehr als einmal sagen hören: »So ist es uns bestimmt worden, und ich kann überhaupt nichts dagegen tun.«*

Als ich dann als Erwachsene alles überdachte, was ich vom Leben meines Vaters wusste, verstand ich plötzlich: So sehr er sich auch bemühte, er konnte seine Pläne nie in die Tat umsetzen, weil er tief innen nie daran glaubte, dass es ihm gelingen könnte, nie daran glaubte, dass es ihm gelingen würde. Er dachte, er würde es nie schaffen, und er dachte das so oft, bis er es glaubte, sagte und dafür sorgte, dass es so kam. Ein einziges Mal brachte er die innere Stimme, die Ich kann nicht! sagte, zum Schweigen: als er auf die Universität ging. Doch dann ließ er sie wieder sprechen, und so bekam er seinen Abschluss nicht. Was für ein entscheidender Punkt im Leben eines Mannes! Er tat alles, was er konnte, um zu versuchen, es zu schaffen – außer zu denken, dass er es tatsächlich konnte, zu sagen, dass er es wollte, und dann aus dieser Position der Stärke und Klarheit heraus so zu handeln, dass er ein reiches und erfülltes Leben haben würde. Er bestimmte durch seine Gedanken sein eigenes Schicksal, wie wir es alle tun.

Mutige Gedanken

Unsere Gedanken begleiten uns Tag für Tag überallhin: zur Arbeit, bei den Mahlzeiten, im Privatleben – wir schlafen sogar mit unseren Gedanken ein! Manchmal können sie um ein bestimmtes Thema kreisen, zum Beispiel nach einem Streit mit dem Ehepartner oder wenn Ihr Chef Sie unberechtigterweise »abgekanzelt« hat. Meistens fließen sie aber frei. Sie erinnern Sie daran, dass Sie Ihre Mutter mal wieder anrufen müssten, dass Sie einen Termin beim Zahnarzt haben, dass Sie abends bei der Party Ihre neuen Schuhe anziehen werden. Glückliche Gedanken, unwillkommene Gedanken, alltägliche Gedanken sind immer bei Ihnen. Und auch die Gedanken über Geld, die Gedanken, die Ihnen sagen, wie viel Sie haben, wie viel Sie brauchen und wie viel Sie haben wollen. Schließlich verraten diese Gedanken Ihnen mehr über sich selbst als Ihre Kontoauszüge – sie sagen Ihnen, wer Sie sind und wer Sie werden können. Wenn es Ihnen gelingt, die Gedanken, die Ihnen sagen *Du kannst nicht!*, in Gedanken zu verwandeln, die Ihnen sagen *Du kannst!*, können Sie Ihre finanzielle Lage für immer ändern.

Die Kraft des positiven Denkens ist natürlich kein neues Konzept, sondern sie hat schon vielen Menschen auf ganz unterschiedliche Weise geholfen – bei ihren Beziehungen, bei ihrer Arbeit oder wenn sie mit einem Verlust fertig werden mussten. Stellen Sie sich jetzt vor, dass Sie diese Kraft für Ihr Geld einsetzen! Wenn es um Geld geht, spricht man nur selten von positivem Denken, es ist keiner der Leitsprüche, die in den Büros von Finanzberatern hängen. Doch die meisten Probleme, mit denen wir uns im täglichen Leben herumschlagen müssen, haben etwas mit Geld zu tun, und natürlich beschäftigen wir uns gedanklich mit ihnen. Wenn Sie wirklich ein reiches Leben führen wollen, muss dieser Prozess in Ihrem Kopf anfangen, mit positiven Gedanken.

Wie können Sie Ihre Gedanken über Geld nun so tief greifend ändern? Genauso, wie Sie all Ihre Gedanken in eine bestimmte Richtung lenken. Stellen Sie sich Ihre Gedanken als Schauspieler vor, die in Ihrem Kopf wirken; Sie sind der Regisseur, der bestimmt, wo sie stehen sollen – in der Mitte der Bühne, im Hintergrund – und wann sie sprechen dürfen. Wenn Sie eine Diät machen und entschlossen sind abzunehmen, wird es Ihnen durch entsprechende Regieanweisungen gelingen, den Gedanken an einen großen Eisbecher zum Schweigen zu bringen. Wenn ängstliche Gedanken Ihnen sagen, Sie sollten im Büro anrufen und sich krank melden, können Sie sie ausschalten, indem Sie sich daran erinnern, dass das der Tag Ihrer großen Präsentation ist und dass Sie nicht die Absicht haben, sie zu verpassen, nur weil Sie Lampenfieber haben. Auf diese Weise kann man jeden negativen, schädlichen oder unproduktiven Gedanken über Geld ersetzen, ihm eine andere Richtung geben und ihn von der Bühne verbannen. Wenn Ihre Gedanken sich Ihren Schulden zuwenden und Ihnen sagen, dass Sie sie nie loswerden können, müssen Sie sie durch den Gedanken *Ja, ich habe Schulden, aber es gibt Möglichkeiten, sie abzutragen – das haben schon Millionen von Menschen geschafft, und mir wird es auch gelingen!* ersetzen. Wenn Ihre Gedanken sich mit Ihren Eltern beschäftigen, die schon alt sind und denen es nicht gut geht, können Sie auch diese Gedanken ändern: *Es gibt Ämter und Organisationen, die einem dabei helfen, und ich werde mich erkundigen, wo ich Hilfe für sie und für mich bekomme.* Wenn Ihre Gedanken sich mit der Frage befassen, wie in aller Welt Sie jemals das Geld für die Ausbildung Ihrer Kinder aufbringen sollen, können Sie ihnen eine andere Richtung geben: *Ich wünschte, ich hätte inzwischen mehr auf der hohen Kante, aber ich werde trotzdem mein Möglichstes tun, mich über Darlehen und Stipendien informieren und herausfinden, was für uns das Beste ist.* Ersetzen Sie jeden Gedanken der Machtlosigkeit durch einen starken Gedanken, durch einen Gedanken, der sagt *Ich kann!*, und bewegen Sie sich dann von dem ersten Gedanken weg. Denken Sie an etwas anderes. Das heißt nicht, dass Sie Ihre Probleme verdrängen sollen! Sie schieben sie ja nicht beiseite, Sie begegnen ihnen nur anders, frontal, mit der Kraft, die Ihre neuen positiven Gedanken Ihnen verleihen.

Jeden Tag sehen Menschen sich mit widrigen Umständen konfrontiert – mit zerstörerischen Naturkatastrophen, tragischen Krankheiten, Rechnungen, die ihnen über den Kopf wachsen, dem Einsturz ihres Hauses, einem Leben, das auf eine Art und Weise in Trümmer gesunken ist, wo nur noch Geld helfen kann. Weshalb triumphieren manche über diese Schicksalsschläge, während andere sich ihnen beugen? Ihre Handlungen lassen sich auf ihre Gedanken zurückführen. Wenn sie glauben, dass sie triumphieren werden, werden sie sich das immer wieder sagen und alles tun, was dafür nötig ist. Bringen Sie die Gedanken, die Ihnen sagen *Ich kann nicht!*, zum Schweigen, denn *Sie können.* Fangen Sie gleich heute damit an, blicken Sie einer besseren Zukunft entgegen, lassen Sie die Vergangenheit hinter sich. Der Wille zur Veränderung beginnt mit Ihren Gedanken und gewinnt dann durch Ihre Worte Kraft.

Die Macht der Sprache

Solange überhaupt Geld fließt, können Sie diesen Fluss verstärken, selbst wenn es sich nur um ein Rinnsal handelt. Auch wenn Sie das nicht glauben können – es spielt fast keine Rolle, wie viel oder wie wenig Geld Sie jeden Monat bekommen. Geld hat immer die Macht, zu wachsen oder abzunehmen, und wenn Sie starke Gedanken auch nur auf kleine Geldsummen anwenden, werden Sie bald größere haben. Ihre Gedanken über sich selbst, über die Umstände und all die Chancen, die die Zukunft bereithält, sind der entscheidende Faktor, durch den Sie allmählich reicher werden können.

Wohin bringen unsere Gedanken uns? Sie bringen uns zu unseren Worten, zu den Worten, die wir benutzen – oder auch nicht benutzen –, wenn wir über Geld sprechen.

Der Zusammenhang zwischen unseren Worten und unserer finanziellen Lage ist bisher noch kaum erforscht, er hat mich aber fasziniert, seit ich als Finanzberaterin arbeite und angefangen habe, auf die Worte zu achten, die wir benutzen, wenn wir über Geld sprechen. In meiner Kanzlei bin ich Menschen begegnet, die sich in Gedanken ganz offensichtlich intensiv mit ihren Schulden beschäftigten, aber versuchten, deren Ausmaß durch ihre Worte zu verschleiern. Ich habe Männer und Frauen gesehen, die seit vielen Jahren verheiratet waren, aber noch nie ehrlich über Geld gesprochen hatten. Ich habe auch erlebt, dass die Gedanken und Worte sich auf eine Weise vermischten, die finanziell keinen Sinn ergab: »Aber Sie haben doch gesagt, alles würde in Ordnung kommen!« – »Na ja, vielleicht habe ich das wirklich gesagt, und vielleicht habe ich mich geirrt.« Spiegeln unsere Worte immer unsere wahren Gedanken über Geld wider? Nein, nicht immer! Wenn Ihr oberstes Ziel aber mehr Geld ist, müssen Ihre Gedanken und Worte in die gleiche Richtung zielen – zur Wahrheit, zu diesem Ziel, zu den Mitteln, durch die Sie es erreichen können. Wenn Sie über Geld sprechen, müssen Sie sehr genau darauf achten, was Sie sagen, denn Ihr Schicksal beginnt ja mit Ihren Gedanken, und Ihre Worte bringen Sie diesem Schicksal näher.

Wie wir über unser Geld sprechen und mit ihm umgehen, ist so charakteristisch für uns wie ein Fingerabdruck und auch genauso kompliziert. Wenn Sie lernen, ganz genau auf die Worte zu achten, die Sie im Zusammenhang mit Ihrem Geld benutzen, werden Sie wirklich wichtige Hinweise darauf bekommen, warum Sie nicht so reich sind, wie Sie es gern wären oder sein könnten.

Wenn Klienten in mein Büro kommen und mir zum ersten Mal von ihrer finanziellen Situation erzählen, fallen bei diesem Gespräch fast immer Worte der Mutlosigkeit, der Einschränkung oder der Niederlage – Worte, die meiner Ansicht nach jede Hoffnung auf eine Besserung der Lage zunichte machen. »Die Stelle bekomme ich ja doch nicht, also versuche ich es gar nicht erst.« – »Ich werde nie reich sein!« – »An diesen Schulden werde ich noch mein ganzes Leben lang zu knabbern haben.« – »Wir werden uns nie ein Haus leisten können.« – »Ich werde wahrscheinlich alles verlieren!« Wenn ich jemanden so sprechen höre, zucke ich immer zusammen und rufe innerlich aus: »Oh Gott, bitte höre nicht auf sie! Sie meinen das nicht so, was sie sagen!« Dann bitte ich meine Klienten, das, was sie gesagt haben, zurückzunehmen, sich für ihre Worte zu entschuldigen. Manche sehen mich dann an, als sei ich verrückt geworden, aber wenn es um Geld geht, nehme ich Worte nun einmal sehr ernst. Durch meine jahrelange Arbeit mit Menschen, die welches haben, und mit anderen, die keines haben, weiß ich, dass Worte – alle unsere Worte – die Macht haben, uns reich zu machen oder uns arm bleiben zu lassen. Ihre Worte sind genauso wichtig wie Ihre Gedanken, denn sie sind die Brücke von den Gedanken zu den Handlungen.

Solange Sie Gedanken der Armut denken und Worte aussprechen, an die Sie nicht glauben, werden Sie nicht das tun, was notwendig ist, um reich zu werden. Sie werden aber auch nie reich werden, wenn Sie zwar große Gedanken haben, aber immer von Armut sprechen. Nur reiche Gedanken führen zu reichen Worten. Nur reiche Worte führen zu entsprechenden Handlungen. Alle Ihre Gedanken, alle Ihre Worte müssen in die gleiche Richtung gezwungen werden, um die Handlungen herbeizuführen, die Ihnen Reichtum bringen.

Worte der Armut, Worte des Reichtums

Vielleicht merken Sie es gar nicht, doch Sie sprechen jeden Tag viele Dutzend Mal über Ihr Geld, auch wenn Sie eigentlich nichts zu diesem Thema sagen wollen. *Ich kann nicht ... – Ich werde nie ... – Ich weiß nicht, wie ... – Ich wünschte, ich hätte ...* In Verbindung mit Geld – unabhängig davon, wie viel Sie haben – sind das Worte der Armut.

Wenn Sie mehr haben wollen, müssen Sie anfangen, zu denken, dass Sie das können, und dann müssen Sie es auch sagen können: *Ich kann ... – Ich werde immer ... – Ich lerne, wie ... – Ich werde ... haben ...* Sie müssen lernen, mit der Sprache des Reichtums zu sprechen, mit einer Sprache, die Selbstachtung beweist – und auch Achtung vor Ihrem Geld.

Sie müssen lernen, der Sprache des Geldes in Ihrer Umgebung zuzuhören und darauf zu achten, welche Worte Sie wählen, um Ihre Gedanken auszudrücken. Wenn Sie anfangen, das zu tun – und es ist nicht sehr schwierig, es ist so, als ob Sie auf ein Lied horchen, auf einen Akkord oder auf ein Wort, das Sie gerade erst gelernt haben –, können Sie Ihre finanzielle Zukunft aus den Worten herauslesen, die Sie jeden Tag sprechen und hören. Versuchen Sie, sich selbst zuzuhören, um herauszufinden, was eine scharfsinnige Finanzberaterin nach einem einzigen Gespräch mit Ihnen über Sie wissen könnte. Wenn Sie Worte der Armut benutzen, werden Sie arm sein. Wenn Sie dagegen Worte des Reichtums und der Wahrheit benutzen, werden Sie anfangen, Ihre ganze Zukunft zu verändern.

Die Sprache der Armut

Hören Sie in den folgenden Äußerungen sich selbst? Dann sprechen Sie die Sprache der Armut. Ich möchte, dass Sie stattdessen die Sprache des Reichtums lernen.

- *Ich bin ruiniert.* – Diese Worte suggerieren, dass Sie ganz unten sind, am Boden zerstört, unfähig zu funktionieren, Ihren Ver-

pflichtungen nachzukommen. Ist das die Botschaft, die Sie in die Welt aussenden wollen?
- *Ich weiß, dass ich eigentlich ... sollte.* – Alles, was Sie »eigentlich« tun »sollten«, tun Sie ganz offensichtlich nicht. Durch »eigentlich ... sollte« sprechen Sie sich von jeder Verpflichtung frei. Sätze, die diese Wörter enthalten, kommen einer Absichtserklärung nicht einmal nahe.
- *Es ist ja nur Geld!* – Im Zusammenhang mit Geld ist das Wort »nur« nie angebracht. Geld *ist wichtig*, das steht fest. Wenn Geld Ihnen wirklich gleichgültig ist, dann wird Ihr Geld Ihnen gegenüber auch Gleichgültigkeit zeigen, das können Sie mir glauben!
- *Ich brauche einen neuen/eine neue/ein neues ...* – *Brauchen* Sie das wirklich? Ist »brauchen« das richtige Wort? Wünsche als etwas auszugeben, das man braucht, ist zerstörerisch – für Sie selbst und für die Menschen in Ihrem Umfeld. Nehmen wir an, dass Sie einen neuen Anzug sehen und denken: »Den hätte ich gern!« Dann wäre es Ihnen gelungen, das Wort »brauchen« zu vermeiden. Entspricht dieser Satz nicht eher der Wahrheit und damit auch der Sprache des Reichtums?
- *Nie.* – Sie dürfen niemals »nie« sagen, wenn es um Geld geht. »Nie« schneidet das Morgen ab, und das Morgen enthält die Möglichkeit des »immer«. »Ich werde nie reich sein!« – »Ich werde immer reich sein!« Was für einen großen Unterschied doch ein einziges Wort bedeuten kann.
- *Ich könnte anfangen, Geld anzulegen, wenn ...* – *Falls ich eine Gehaltserhöhung bekomme, wird alles anders aussehen!* – »Wenn« und »falls« bringen uns vom Hier und Jetzt an einen Ort, der nur in der Möglichkeitsform existiert.
- *Oh Gott!* – »Oh Gott, wie soll ich bloß diese Rechnungen bezahlen?« – »Oh Gott, alles ist so teuer!« – »Oh Gott, ich würde so gern mit dir in die Karibik fliegen, wenn ich nur das Geld dafür hätte!« Wenn es um unser Geld geht, rufen wir sehr oft Gott an, doch dadurch bekommt das, was wir sagen wollen, eine völlig unangebrachte, verzweifelte Eindringlichkeit. Das ist die Sprache des Forderns, nicht die des Reichtums.

- *Ich Arme/Armer!* – Diese Worte beschwören das Bild von jemandem herauf, der bankrott ist – nicht unbedingt, was Geld anbetrifft, aber ganz sicher emotional und mental. Ein Mitleid erregender Fall, jemand, den man besonders feinfühlig behandeln muss, jemand, der schwach ist. Die Worte zeichnen ein Bild der Armut, und sie verstärken die Armut auch. Wer »Ich Arme/Armer!« sagt, ist entweder durch seine Gedanken, Worte und Handlungen auf Mitleid aus, oder andere zwingen ihm – durch ihre Gedanken und die Worte, die sie über ihn verlieren – Armut auf. In beiden Fällen ist es umso schwieriger, sich über die Gedanken, Worte und Handlungen zu erheben, je ärmer sie sind.

Die Macht der Worte

Es reicht nicht aus, die Gedanken und Worte der Armut wegzuschieben. Sie müssen außerdem Worte des Reichtums, der Fülle und des Überflusses benutzen. Alle Worte, die wir oft genug wiederholen, werden wahr. Beginnen Sie Ihren Änderungsprozess mit Worten und Gedanken, die Reichtum, Chancen, Träume, Offenheit und Hoffnung beinhalten. »Ich weiß, dass irgendwo da draußen ein toller Job auf mich wartet!« – »Ich werde investieren und dabei großen Erfolg haben.« – »Ich habe Schulden, und ich bin dabei, sie abzutragen.« – »Bald werden wir uns ein eigenes Haus leisten können.« Das ist die Sprache des Mehr!

Es gibt eine einfache, aber sehr nützliche Übung, die ich oft mit meinen Klienten durchgeführt habe und auch immer noch selbst mache. Sie soll sicherstellen, dass Ihre Gedanken und Worte miteinander übereinstimmen. Bevor Sie etwas sagen, das mit Ihrem Geld in Zusammenhang steht – über Ihre Aussichten, Ihre Ziele, Ihre Geldsorgen –, sollen Sie sich fragen, ob Ihre Worte das aussagen, was Sie wollen, das, was wahr werden soll. Wenn Sie beispielsweise sagen wollen: »Ich werde meine Schulden nie loswerden!«, sollen Sie erst einmal darüber nachdenken, ob Sie wirklich wollen, dass das wahr wird. Nein, natürlich wollen Sie das nicht – sagen Sie es also auch nicht! Formulieren Sie das, was Sie eigentlich zum Ausdruck bringen wollen, so lange um, bis es diese Probe besteht. Bei unserem Beispiel wäre dies vielleicht: »Eines Tages werde ich meine Schulden los sein!«

Will ich, dass das wahr wird? Diese entscheidende Frage sollten Sie sich jedes Mal stellen, wenn Sie etwas über Ihr Geld sagen wollen, und es nur dann aussprechen, wenn die Antwort Ja lautet. Zum Beispiel:

- Ich werde nie dazu kommen, Geld anzulegen!
  Wollen Sie, dass das wahr wird?
  Sagen Sie stattdessen: Ich fange endlich an, etwas über die verschiedenen Anlageformen zu lernen.
- Ich weiß genau, dass der Markt zusammenbrechen wird!
  Wollen Sie, dass das wahr wird?
  Sagen Sie stattdessen: Ich glaube, dass Investitionen am Aktienmarkt sich langfristig lohnen.
- Mein Mann wird mich wahrscheinlich ohne einen Pfennig sitzen lassen!
  Wollen Sie, dass das wahr wird?
  Sagen Sie stattdessen: Wenn mein Mann sich scheiden lässt, werde ich mit allen Mitteln darum kämpfen, einen fairen Anteil zu bekommen.
- Ich werde nie aus diesem Schlamassel herauskommen!
  Wollen Sie, dass das wahr wird?
  Sagen Sie stattdessen: Langsam, aber sicher bringe ich meine Finanzen in Ordnung.
- Ich gebe eben oft ganz spontan Geld aus. Dagegen kann ich nichts machen!
  Wollen Sie, dass das wahr wird?
  Sagen Sie stattdessen: Ich gebe nur dann Geld aus, wenn ich es mir leisten kann.
- Ich kann einfach kein Geld sparen!
  Wollen Sie, dass das wahr wird?

Sagen Sie stattdessen: Ich fange jetzt an, immer einen kleinen Teil meines Gehalts zurückzulegen.

Will ich, dass das wahr wird? Stellen Sie sich diese Frage jedes Mal, wenn Sie etwas über Ihre finanzielle Situation sagen wollen! So werden Sie lernen, nur in einer Sprache zu sprechen, die Achtung vor Ihnen selbst, Ihrem Geld und Ihrer Zukunft zum Ausdruck bringt.

Uns allen passiert es manchmal, dass uns Worte einfach entschlüpfen oder dass wir etwas sagen, bevor wir es richtig bedacht haben – wenn es aber um Geld geht, müssen Sie auf die Worte achten, die Sie benutzen. Wenn Ihnen etwas herausrutscht, sollten Sie es einfach zurücknehmen. Sagen Sie: »Das habe ich falsch ausgedrückt.« Formulieren Sie das, was Sie gesagt haben, dann so um, dass es das widerspiegelt, was wahr werden soll. Richten Sie Ihre Worte auf Ihr Ziel aus und denken Sie daran, wie viel Macht jedes Wort hat.

Die Worte erschaffen die Vision

Denken Sie immer daran, dass die Worte, die Sie heute benutzen, sich morgen sehr stark auf Sie auswirken werden. Deshalb möchte ich, dass Sie ab jetzt die Sprache des Reichtums sprechen, und zwar im Präsens – Ich traue mich, reich zu werden –, um die Zukunft zu erschaffen, die Sie sich wünschen. Fangen Sie noch heute damit an!

Dass man seine Ziele im Präsens und nicht im Futur als zukünftige Absicht formulieren soll, stammt natürlich nicht von mir und ist auch nicht neu. Es geht vielmehr auf *Das philosophische System des Schiwa* zurück, einen hinduistischen Text aus dem 10. Jahrhundert, der von einem Gelehrten namens Somananda stammt. Somananda weist uns darin an, so zu handeln, als ob wir unser Ziel bereits verkörperten, auch wenn die Kluft zwischen dem, was wir sind, und dem, was wir sein wollen, noch sehr groß sei. Wir dürften nicht zulassen, dass Zweifel dazu führten, dass wir unsere Absicht aufgäben, sondern wir müssten ein unerschütterliches Bewusstsein bewahren, indem wir unser Ziel mit Zuversicht und Überzeugung bekräftigten. Auf diese Weise, so erklärt Somananda, schlage unser Sein die gleiche Richtung ein wie unsere Absicht, und das Ziel nähme Gestalt an.

Auf die Weisheit dieser Lehre greife ich zurück, wenn ich Sie auffordere, eine neue Wahrheit zu erschaffen, indem Sie sie im Präsens aussprechen und die Kette Ihrer Gedanken, Worte und Handlungen auf sie ausrichten. Werden Sie Ihr Ziel, indem Sie es sind. Seien Sie es, indem Sie es sagen.

Von den Gedanken über die Worte zu den Handlungen

Wie geht es nun weiter? Wenn Sie angefangen haben, zu denken, dass Sie es können, bekommen Ihre Gedanken mehr Macht; wenn Sie angefangen haben, nur Worte zu benutzen, die besagen, dass Sie es können, werden Sie sich stärker fühlen. Wenn Sie sich stärker fühlen, haben Sie die nötige Energie für die Handlungen, durch die Sie sich ein Leben in echtem Reichtum erschaffen können. Das ist die Kette: von Ihren Gedanken über Ihre Worte zu Ihren Handlungen. Jedes Mal, wenn Sie diese Kette durchlaufen, ohne sich von Ihrem Ziel abbringen zu lassen, steigen Ihre Zuversicht und Ihre Entschlossenheit und ebnen Ihnen den Weg zu mehr.

Wenn Sie lernen, die Gedanken des Mehr zu denken und die Worte des Mehr zu benutzen, haben Sie schon ein Stück des Weges zum Reichtum hinter sich gebracht. Was einst unmöglich schien, scheint jetzt unvermeidlich. Reichtum beginnt mit Ihren Gedanken, denn Ihre Gedanken erschaffen Ihr Schicksal – das dürfen Sie nie vergessen!

Kapitel 3
Der Mut, Platz für mehr Geld zu schaffen

Viele Dinge würden uns einfallen, wenn wir davon träumen, mehr Geld zu haben, oder wenn wir darüber nachdenken, wie es wäre, reich zu sein. Die Dinge, die wir uns kaufen, und die Reisen, die wir machen könnten, die Probleme, die Geld lösen würde. Wir würden uns viel besser fühlen, weniger Sorgen und Angst haben, viel glücklicher sein. Wir könnten freigebiger sein, Geld für wohltätige Zwecke spenden oder unsere Eltern mit einem großen Geschenk überraschen, und wir würden uns keine Gedanken mehr darüber machen müssen, wie wir es schaffen sollen, unsere Kinder studieren zu lassen, oder ob wir im Alter gut versorgt sein werden. Wir denken: Wenn ich bloß mehr Geld hätte, würde alles andere sich sozusagen von selbst regeln. Wenn das Wörtchen »wenn« nicht wär'...

Natürlich stimmt es, dass man mit Geld Dinge kaufen und Probleme lösen kann, doch wir denken auch noch an andere Vorteile, die Geld uns bringen könnte – mehr Zeit und die Möglichkeit, sie gut zu nutzen, das Ende unserer Angst und all unserer Sorgen, Seelenfrieden, Großzügigkeit, sogar Glück. All das sollen uns ein paar Papierscheine und glänzende Metallstücke bescheren. Wir schreiben dem Geld in unseren Träumen gerade deshalb so viel Macht zu, weil wir eben nicht nur von Geld träumen. Solche Träume zeigen, dass wir davon überzeugt sind, dass wir durch mehr Geld nicht nur mehr haben, sondern auch mehr *sein* würden, dass wir nicht nur in Form von Mark und Pfennig reicher sein würden, sondern auch in der Seele und im Geist. Können solche Träume wahr werden, sodass wir tatsächlich auf allen Ebenen reicher sind? Oh ja, das glaube ich nicht nur, sondern ich weiß es: mit Glaube, Integrität und Mut ist alles möglich!

Sie wissen ja inzwischen, dass emotionale Hindernisse – Scham, Angst und Wut – zwischen Ihnen und mehr Geld stehen können und dass Ihre Gedanken und Worte auf das gleiche Ziel ausgerichtet sein müssen, wenn Sie mehr erreichen wollen. Sie haben gesehen, wie wichtig es ist, den inneren Ballast abzuwerfen, der uns davon abhält, mehr zu haben und zu werden. Bevor Sie aber zu den Taten schreiten, durch die Sie sich das, was Sie wollen, wirklich verdienen und es auf Dauer erschaffen können, müssen Sie noch ein letztes Hindernis überwinden: materiellen Ballast, all die vielen Dinge in Ihrem Leben, die Ihnen nichts mehr bedeuten und die Sie nicht mehr brauchen; das Durcheinander bei Ihren Finanzen, das zur Folge hat, dass Sie die Augen davor verschließen, was Sie tatsächlich haben und was nicht; das Chaos all der Dinge, die Sie schon lange erledigen wollten, die aber bisher liegen geblieben sind.

Haben Sie weniger Geld, als Sie Ihrer Meinung nach verdienen? Haben Sie Schulden? Können Sie keinen Pfennig zurücklegen? Dann liegt sehr wahrscheinlich viel unnötiger Ballast zwischen Ihnen und dem, was Sie morgen haben könnten.

Die »Zinseszinsen« von unnötigem Ballast

Unnötiger Ballast in Ihrem Leben führt zu noch mehr unnötigem Ballast – zu all dem, was man in Schränken, im Keller und auf dem Dachboden findet. Denken Sie an Ihr Schlafzimmer, Ihr Badezimmer, Ihre Küche und die Küchenschubladen, die Garage, Ihre Regale – wie viel unnötiger Kram hat sich dort im Laufe der Zeit angesammelt! Ein ganzer Industriezweig hat sich darauf spezialisiert, uns dabei zu helfen, mit all diesem Kram fertig und ihn loszuwerden. Das ist doch wirklich paradox! Wir geben viel Geld aus, um Dinge zu kaufen und zu behalten; wir stapeln sie in den Ecken auf, schieben sie unter das Bett, quetschen sie in Schränke hinein – und vergessen sie, sodass wir sie fast nie benutzen. Was sind das für Dinge, die unsere Keller und Dachböden füllen? Es sind Dinge, die wir behalten wollen, weil wir glauben, dass wir sie eines Tages brauchen könnten, Dinge, von denen wir uns noch nicht trennen wollen. Aller Wahrscheinlichkeit nach werden wir sie nie wieder benutzen – und trotzdem möchten wir sie nicht weggeben!

Warum wollen wir uns nicht von dieser nutzlosen Last trennen? Weil wir von einer tief sitzenden Angst vor dem Verlust durchdrungen sind. Wir behalten all diesen Kram, weil wir Angst haben, dass uns nichts mehr übrig bleiben würde, wenn man uns all unseren materiellen Besitz wegnähme – und wer wären wir, wenn wir nichts mehr hätten? Gerade diese Angst vor dem Verlust beraubt uns aber der Möglichkeit, mehr zu bekommen und zu werden. Sie kennen doch sicher den Spruch *Weniger ist mehr*? In diesem Zusammenhang bedeutet er, dass all der unnötige Ballast Ihnen den Weg zu mehr Geld und allem, was damit verbunden ist, versperrt. Wenn Sie von solchem Kram umgeben sind, können Sie nicht finden, was Sie brauchen, nicht sehen, was Sie haben, nicht erkennen, was Ihnen etwas wert ist, und nicht merken, was Ihnen fehlt. In einem reichen Leben, einem Leben voller Überfluss, einem Leben, in dem Klarheit herrscht, ist dagegen immer Platz für mehr.

Wenn wir einen ganzen Wust von Unterlagen ansammeln und uns nicht um unsere Angelegenheiten kümmern, fabrizieren wir ein wahres finanzielles Chaos um uns herum. Schecks platzen, wir müssen Mahngebühren für Rechnungen zahlen, wir vergessen, unseren Personalausweis verlängern zu lassen oder unsere Einkommenssteuererklärung zu machen. Warum? Weil wir nicht wissen wollen, wo wir wirklich stehen, weil wir uns unserer wahren finanziellen Situation nicht stellen wollen. Deshalb beschließen wir, diese Dinge zu ignorieren oder zu vergessen – und das führt uns von mehr Geld weg, nicht zu ihm hin, und hält uns davon ab, uns unsere Welt selbst zu erschaffen.

Geld kann sich nicht durch Krimskrams und Chaos und Unordnung hindurchkämpfen. Es hasst es, für Dinge ausgegeben zu werden, die dann in irgendeinen Schrank gelegt und nie benutzt werden. Es mag nicht in Form von unbezahlten oder gar ungeöffneten Rechnungen in eine Schublade gestopft oder in eine Brieftasche gequetscht werden. Wenn Sie das, was Sie haben, zu lange festhalten, sperren Sie die Chancen von morgen in den Raum von gestern. Wenn Sie es zulassen, dass unnötiger Ballast in Ihrem Kopf die Fakten über Ihre finanzielle Situation verdrängt, gibt es keinen Platz für Gedanken über mehr Geld. Deshalb müssen Sie sich dazu entschließen, dem Geld all diese Hindernisse aus dem Weg zu räumen – dann wird es Ihnen gelingen, Ihr Geld zu finden, und umgekehrt wird Geld zu Ihnen kommen.

Die Macht des Geldes freisetzen

Sie allein entscheiden – durch Ihre Gedanken, Worte und Handlungen – darüber, ob Ihr Geld fett oder mager, energiegeladen oder faul sein wird, mit anderen Worten: darüber, wie gut Sie Ihrerseits vom Geld behandelt werden. Wenn Sie ihm die volle Macht seiner Lebenskraft geben, kann es Ihnen alle materiellen Dinge verschaffen, die Sie sich wünschen, seinen Wert im Laufe der Zeit verdoppeln und verdreifachen, Wohltätigkeitsorganisationen helfen, Bildung oder eine gute Ausbildung ermöglichen und Ihnen und Ihrer Familie für immer Sicherheit geben. Hat Geld wirklich eine eigene Lebenskraft, eine eigene Energie? Ich bin davon überzeugt, denn ich habe diese Energie wirken sehen, in kleinen Summen, die durch kluge Investitionen gediehen und schließlich zu einem Vermögen anwuchsen – das ist die Lebenskraft des Geldes, wenn man sie ganz freisetzt. Ich habe aber auch gesehen, was passiert, wenn man ihm erlaubt, träge zu sein, wenn man zum Beispiel einen Fünfzigmarkschein in der Hosentasche vergisst und die Hose dann in die Waschmaschine steckt. Ich bin überzeugt, dass Geld eine ungeheure Kraft besitzt, dass es enorm viel erreichen kann. Es wird letztendlich von den Bedingungen abhängen, unter denen Sie und Ihr Geld leben, ob Sie ein reicher oder ein armer Mensch sein werden.

Damit man eine Kraft freisetzen kann, müssen die Umstände optimal sein; ein Orkan beispielsweise verliert an Stärke, wenn er das Festland erreicht hat. Damit Sie Geld anziehen und damit es sich bei Ihnen willkommen fühlt und für immer bei Ihnen bleibt und wächst, sind ebenfalls bestimmte Voraussetzungen erforderlich. Diese Voraussetzungen können nur Sie schaffen. Damit Geld Sie finden kann, muss es sich durch Ihre Gefühle, Ihre Gedanken, Ihre Worte und Ihre Handlungen hindurcharbeiten. Deshalb müssen Sie wie ein Leuchtfeuer sein, das dem Geld den Weg zeigt, Sie müssen ihm den Weg freimachen. Das bedeutet, dass Sie die Gefühle, Gedanken, Worte, Handlungen und die äußeren Dinge – den Ballast, das Chaos –, die ihm den Weg versperren, wegräumen müssen. Dadurch werden Sie Ihrem wahren Ich näher kommen und mehr Geld den Weg weisen.

Manfreds Geschichte

Ich bin vor allem deshalb Steuerberater geworden, weil ich Zahlen schon immer gemocht habe. Ich lebe in einer Kleinstadt, und ich weiß, dass meine Klienten mir wirklich vertrauen. Trotzdem verdienten andere Steuerberater in unserer Stadt viel mehr als ich, was sehr frustrierend für mich war, denn ich wusste, dass ich in meinem Beruf besser war als viele von ihnen.

Vor ungefähr einem Jahr lernte ich Sabine kennen, in die ich mich auf den ersten Blick verliebte. Ich fing an, über Ehe, Kinder, ein Leben weit entfernt von Zahlen und über die große Zukunft, die wir zusammen haben könnten, nachzudenken. Dann kam Sabine aber einmal abends in mein Büro, um mich abzuholen, und plötzlich begann diese Zukunft zu zerbröckeln. Es klang fast traurig, als sie sagte, dass sie nie zu einem Steuerberater mit so einem Büro gehen würde. Ich blickte mich um und sah, was sie meinte – überall Staub und Durcheinander, schiefe Aktenstapel und ein Wust von Zetteln. Was für ein Chaos! Das war mir noch nie aufgefallen, denn ich sehe immer bloß Zahlen. An jenem Abend hatte ich das Gefühl, Sabines Achtung verloren zu haben, und unsere Stimmung war dann auch nicht besonders. Vor ihrer Haustür erzählte ich ihr – es war ein Mittwoch, daran erinnere ich mich noch genau –, dass ich am Samstag eine Überraschung für sie haben würde.

Am Donnerstag konnte ich mich gar nicht auf meine Arbeit konzentrieren, war aber ungeheuer energiegeladen. Ich hatte einen Plan! Ich fing an, mein Büro gründlich aufzuräumen. Ich brachte die Akten in einen ordentlichen Zustand und wischte Staub, ich saugte den Teppichboden, putzte die Fenster und säuberte die Rollläden. Dabei fand ich alles Mögliche – Papiere, die ich verlegt hatte, mehrere alte Schecks, die ich aus lauter Schusseligkeit nicht eingelöst hatte, Rechnungen, von denen ich nicht sagen konnte, ob ich sie bezahlt hatte, und Briefe, die ich nicht beantwortet hatte. Damals dämmerte es mir plötzlich, dass es nicht reicht, gut mit Zahlen umgehen zu können. Wer sollte mir seine Angelegenheiten anvertrauen, wo in meinen eigenen doch das totale Chaos herrschte? Um Mitternacht am Freitag war ich fertig, und ich fühlte mich viel besser. Doch dann fiel mir auf, wie die Wände aussahen: schmuddelig und ausgeblichen, und ich dachte: Noch mehr Schmutz! Das war das Bild, das meine Klienten bekamen, wenn sie mein Büro betraten – Sabine hatte Recht, zu einem Steuerberater mit so einem Büro wäre ich auch nicht gegangen! Am nächsten Morgen kaufte ich in einem Baumarkt Farbe und ein paar Pinsel. Als Sabine dann mittags kam, hatte ich schon zwei Wände gestrichen, und mein Büro sah tausendmal besser aus. Sie freute sich wirklich, das konnte ich sehen, aber ich selbst freute mich noch mehr. Später erzählte sie mir, dass sie sich in diesem Augenblick in mich verliebt habe. Das ist jetzt ungefähr zehn Monate her, und der interessante Punkt ist, dass mein Geschäft auch besser läuft, seit ich mein Büro in Ordnung gebracht habe. Ich muss immer noch ganz bewusst darauf achten, Ordnung zu halten, aber ich überlege mir jetzt schon, ob ich nicht eine Sekretärin einstellen soll – leisten könnte ich es mir nun! Und all das verdanke ich Sabine, die mich darauf aufmerksam machte, dass ich über meine Zahlen hinausblicken musste.

Gut mit Zahlen umgehen zu können bedeutet noch lange nicht, dass man auch gut mit Geld umgehen kann. Manfred hatte sein Geld und sein Potenzial unter Bergen von Ballast und Chaos vergraben. Da das Geld keinen Weg fand, um leicht zu ihm zu gelangen, wandte es sich von ihm ab. Als er dann aber den Weg freigeräumt hatte, kam mehr herein: mehr Klienten, mehr Geld, ein in vieler Hinsicht reicheres Leben.

Petras Geschichte

Als Hausfrau habe ich alles, was mit Geld zu tun hatte, meinem Mann Bernd überlassen. Bei zwei Kindern blieb nie viel übrig, aber wir versuchten, jeden Monat etwas beiseite zu legen. Wir sprachen auch oft darüber, wovon wir im Alter leben würden, aber diese Gespräche gingen nie sehr weit – wir waren ja froh, dass wir damals zurechtkamen!

Dann starb mein Vater, und meine Mutter musste plötzlich sehen, wie sie finanziell zurechtkam. Es war genug Geld da, und darüber waren wir alle sehr froh. Zu unserer Überraschung fing meine Mutter dann aber an, sich wirklich für ihr Geld zu interessieren. Sie sagte, mein Vater habe ihr gemeinsames Geld all die Jahre hindurch sehr vorsichtig angelegt, und sie habe erst jetzt gemerkt, dass sie viel mehr hätten haben können. Sie ließ sich bei ihrer Bank beraten und legte dann ein bisschen Geld in Aktienfonds an, das für das Studium meiner Kinder verwendet werden sollte (sie sind jetzt sieben und neun). Das machte mich neugierig, und ich fing an, die Entwicklung des Portfolios meiner Mutter im Fernsehen zu verfolgen. Mal legte der Markt zu, dann wurde er wieder schwächer, und das den ganzen Tag über – das fand ich wirklich faszinierend!

Da fing ich an, Bernd wegen unseres eigenen Geldes zu bearbeiten. Ich fand, dass wir es besser anlegen konnten. Bernd hat eine Schublade, in der er alle unsere Papiere aufbewahrt, und ich sagte immer wieder: »Wollen wir sie nicht zusammen durchgehen?« Erst wollte er nicht, aber schließlich habe ich ihn doch dazu gebracht. In der Schublade fanden wir dann ein Sammelsurium kleiner Geldbeträge. Über 1 200 DM aus der Arbeitnehmerzulage, als die Kinder noch nicht da waren und ich berufstätig war. Zwei Festgeldkonten bei der Bank. Zwei Sparbücher, die wir angelegt hatten, als die Kinder geboren wurden, aber wir hatten dann vergessen, weiter Geld einzuzahlen. Und unser eigenes Sparkonto. Zusammen waren das fast 23 000 DM! Wir konnten es nicht fassen: In dieser Schublade waren doch tatsächlich fast 23 000 DM, von denen wir nichts gewusst hatten!

Wir brachten Ordnung in die Papiere und überlegten dann, was wir mit dem Geld machen sollten. 3 500 DM ließen wir als »Notgroschen« auf dem Sparkonto. Den Rest steckten wir in diese Investmentfonds, über die in den Zeitungen immer so positiv geschrieben wird. Ich übernahm den ganzen Papierkram, und nachdem ich mich einmal richtig damit beschäftigt hatte, war das gar nicht so schwierig. Es war ein großartiges Gefühl, dass wir jetzt wirklich anfangen konnten, unser Geld zu vermehren.

Eines Tages sah ich dann im Fernsehen eine Sendung, bei der es um das Thema »Geld« ging, und dachte: »Wieso sitzt du hier eigentlich herum und siehst dem Geld zu? Die Kinder sind in der Schule, und du solltest lieber Geld verdienen!« Bernd und ich waren uns einig, dass ich in den nächsten Jahren noch nicht wieder voll arbeiten sollte, aber irgendetwas konnte ich doch sicher machen? Jetzt arbeite ich seit drei Monaten ein paar Tage die Woche in einer Sprachschule, und das ganze Geld fließt in unsere Investmentfonds. Ich fühle mich zum ersten Mal wie eine Erwachsene, und das ist ein wunderbares Gefühl!

Petra und Bernd kämpften sich durch ihren finanziellen Ballast hindurch – und stellten fest, dass sie mehr Geld besaßen, als sie gedacht hatten! Es war genug, dass sie einen klaren Weg in eine viel versprechende Zukunft erblicken konnten. In der Schublade hatte ihr Geld sich vernachlässigt gefühlt und kaum Luft bekommen. Als sie es herausließen und es mit Achtung behandelten, gaben sie ihm die Wirkungskraft, in den kommenden Jahren für sie zu arbeiten. Petra schöpfte dann aus dieser Kraft Mut und schlug durch ihr Handeln den Weg zu mehr Geld ein.

Werners Geschichte

Sie können sich sicher vorstellen, wie es ist, wenn man fünf Kinder hat – das reine Chaos! Ein so großer Haushalt macht einerseits viel Spaß, aber andererseits ist es schwierig, den Überblick zu behalten. Barbara, meine Frau, ist wirklich großartig. Sie macht den Haushalt und sorgt dafür, dass die Kinder pünktlich zur Schule, zum Sport und zum Musikunterricht kommen, sie kauft ihnen die Sachen, die sie brauchen, und sie ist auch für unsere Finanzen zuständig. Ich selbst bin Anwalt; ich verdiene gut, aber bei fünf Kindern scheint es trotzdem nie zu reichen. Barbara hat sich nie beklagt; sie hat allerdings hin und wieder angedeutet, dass wir mit unserem Geld nicht ganz hinkommen.

Eines Tages brach dann alles über mir zusammen. Ich wollte einem Klienten an einem Wochenende ein Fax schicken. Das Gerät funktionierte aber nicht, und ich bekam auch kein Freizeichen. Also rief ich die Telefongesellschaft an – und erfuhr, dass unser Anschluss gesperrt worden war, weil wir die Rechnungen seit Monaten nicht bezahlt hatten. Für das Faxgerät bekommen wir eine gesonderte Rechnung, weil es nachträglich installiert worden war. Ich fragte, wie lange der Anschluss denn schon gesperrt sei: zwei Wochen. Zwei Wochen! Wie viele Aufträge mochten mir da entgangen sein? Und wer möchte schon, dass seine Klienten erfahren, dass der Anschluss ihres Anwalts gesperrt ist, wenn sie ihm ein Fax schicken wollen? Barbara war nicht da, also ging ich an ihren Schreibtisch, um die Rechnung zu suchen – und fand viel mehr, als ich erwartet hatte.

Jede Menge Rechnungen, vor allem für Kreditkarten, von denen ich gar nichts gewusst hatte. Manche Rechnungen waren noch gar nicht geöffnet worden, aber bereits überfällig. Offenbar hatte Barbara hier ein bisschen bezahlt und da ein bisschen, in der Hoffnung, dass wir dadurch über die Runden kommen würden. Dann fand ich einen Brief an ihre Schwester, den sie nicht abgeschickt hatte; darin versprach sie ihr, das Geld, das sie sich von ihr geliehen hatte, im nächsten Monat zurückzuzahlen. Es brach mir das Herz, aber es war ganz offensichtlich, dass mit unserer Lebensweise irgendetwas nicht stimmte. Ich verdiente doch wirklich sehr gut, und trotzdem ging meine ganze Familie unter!

Zufällig war außer mir gerade niemand zu Hause. Wo mochten sie alle sein – auf dem Fußballplatz, bei Freunden, oder vielleicht auf einem Einkaufsbummel? Ich fing jedenfalls an, durch das Haus zu gehen, von einem Zimmer ins andere, und da sah ich unglaublich viel Kram! Inline-Skates, die noch gar nicht ausgepackt waren, Spielzeug und Kosmetika, die noch verpackt waren, überall Kleidungsstücke! Und ich selbst hatte auch jede Menge Sachen. In einer Schublade fand ich fünf angebrochene Rollen Tesafilm. Gleich fünf? Wer braucht denn fünf Rollen Tesafilm? Im Küchenschrank stand diese Nudelmaschine, die wir vielleicht ein Mal benutzt hatten. Überall Bücher, drei Kassettenrekorder, die den Kindern gehörten, Überzieher für den Hund und ungefähr ein Dutzend von den Plastikdosen, in denen die Kinder ihre Brote mit in die Schule nahmen. Unser Haus war bis unter das Dach mit unnötigen Dingen vollgestopft!

Dann kamen Barbara und die Kinder nach Hause. Sie rannten lachend herein, doch als sie mich sahen, wurden sie still. Ich berief sofort eine Familiensitzung ein und sagte: »Das muss aufhören!« Wenn ich ernst werde, passen sie wirklich gut auf, auch die Kleinen, und man hätte eine Stecknadel zu Boden fallen hören können. Ich ging dann mit ihnen zusammen durch alle Zimmer, auch in das Schlafzimmer von Barbara und mir, denn es war ja nicht die Schuld der Kinder. Dann sagte ich, wir würden am nächsten Wochenende einen kleinen Flohmarkt veranstalten, und jeder von uns solle alles heraussuchen, was er dazu beitragen könne.

Bei unserem Flohmarkt nahmen wir über 1 500 DM ein. Danach hatten wir aber immer noch fast 40 000 DM Schulden, und in unseren Finanzen herrschte ein heilloses Chaos. Barbara hatte dann die Idee, dass wir zu einer Schuldnerberatungsstelle gehen sollten, und das war eine große Hilfe, denn wir bekamen endlich Ordnung in das Chaos. Der Berater sagte, dass wir zuerst unsere Schulden abtragen müssten. Er zeigte uns, wie wir das am besten machen könnten, und erklärte uns auch, wie wir später – wenn wir die Kreditkarten abgezahlt hatten – mit dem Sparen anfangen sollten. Wir schickten dann das ganze Geld aus unserem Flohmarkt den Kreditkartenfirmen, und das war schon ein großartiges Gefühl!

Unsere Nachbarn haben die gleichen Dinge, die wir hatten und immer noch haben. Ich frage mich, ob sie auch die gleichen Schulden haben. Oder haben sie wirklich so viel mehr Geld als wir? Bei unserem Flohmarkt sagten gleich mehrere von ihnen, sie sollten das eigentlich auch mal machen. Vielleicht haben wir alle zu viel – oder wir haben alle zu viele Schulden.

Das Erstaunliche ist, dass alles leichter möglich scheint, seit wir auf unser Geld achten. Letzte Woche kam ein Angebot von einer Kreditkartenfirma mit wirklich niedrigen Zinsen für ein halbes Jahr, und Barbara sagte, wir sollten es annehmen und einen Teil unserer Schulden entsprechend umschichten, das würde uns schon wieder ein bisschen weiter bringen. Dann kündigte unsere Stadt zum ersten Mal ein Sommerprogramm für Kinder an, bei dem sie umsonst schwimmen und Tennis spielen können – das ist genau das Richtige für unsere Kinder. Und das Allerseltsamste ist, dass ich vor ein paar Tagen einen Brief von meinem Vater bekommen habe, in dem ein Scheck über 10 000 DM lag. Mein Vater schrieb, er habe mit ein paar Investitionen Erfolg gehabt, und wir sollten das Geld für die Ausbildung unserer Kinder anlegen, für jedes 2 000 DM. So etwas hatte er noch nie getan! Das gibt angesichts unserer Schulden Hoffnung. Unsere Last fühlt sich jetzt leichter an. Wir können damit fertig werden!

Werner und Barbara hatten ihr Haus mit Kindern gefüllt – und ihr Leben mit unnötigem Ballast. Als sie sich diesem Ballast schließlich stellten, wurde ihnen die Wahrheit über ihre finanzielle Situation klar, und sie nahmen einige Veränderungen in ihrem Leben vor. Sie gaben ihre frühere Geldverschwendung auf und warfen den Ballast von gestern über Bord – und was passierte? Schon jetzt kommt mehr Geld herein. Sie haben gelernt, dass man den unnötigen Ballast aus der Vergangenheit abwerfen muss, um Platz für mehr Geld zu schaffen.

Den Mut aufzubringen, reich zu werden, bedeutet nicht, dass man sich die wichtigen Dinge im Leben versagt, sondern dass man seine Gedanken und Worte über Geld ändert und mit dem Geld, das man hat, und mit den Dingen, die man für sein Geld gekauft hat, anders umgeht. Der entscheidende Punkt ist, dass Sie Ihre festen Gewohnheiten beim Umgang mit Geld so verändern müssen, dass Sie anfangen, auf andere Weise, nämlich klar, über Ihr Geld zu denken, zu sprechen und mit ihm umzugehen. Falls Sie im Augenblick sehr wenig Geld haben, brauchen Sie enorm viel Zuversicht, um glauben zu können, dass sich das ändern könnte, das ist mir bewusst. Doch Sie können wirklich mehr Geld haben! Wie man mit 50 Mark anfangen kann, sich ein Vermögen aufzubauen? Nun, mit Zuversicht, diesen 50 Mark, den nächsten 50 Mark und der Klarheit, den ganzen Weg in die Zukunft vor sich zu sehen, wenn die ersten 50 Mark sich in ganz viel Geld verwandelt haben werden.

Sie müssen aber anfangen, den Ballast wegzuräumen, so wie Manfred, Petra und Werner. Geld braucht Zeit und Platz, um zu wachsen, und das »Saatgeld«, das Sie heute pflanzen, muss so behandelt werden, wie Sie einen Garten behandeln würden: Es muss angepflanzt und gehegt werden und Zeit zum Wachsen bekommen. Winzige Saatkörner können zu riesigen Pflanzen heranwachsen, winzige Geldbeträge zu großem Reichtum. Vielleicht hört sich das für Sie zum jetzigen Zeitpunkt wie ein unerfüllbarer Traum an, aber mit Zuversicht – und mit Mut! – können Sie Ihrem Leben eine Wende geben und sowohl die Klarheit im Heute finden als auch die Klarheit, nach vorn zu blicken, auf das Morgen. Schlagen Sie eine

Bresche in den Ballast und das Durcheinander in allen Ihren Lebensbereichen! Dann werden Sie den Weg in die Zukunft sehen und mit dieser Klarheit zum Überfluss finden.

Übung: In vier Schritten zur Klarheit

Man schafft Platz für mehr, indem man erkennt, was man hat, nichts behält, das man nicht braucht oder will oder liebt, und alles, was man besitzt, schätzt. Wenn Sie mehr Geld haben wollen, müssen Sie also Ihr Haus oder Ihre Wohnung entrümpeln.

Ihre Besitztümer sind die irdischen, materiellen Gegenstände, die das repräsentieren, was Sie sind, was Ihnen am Herzen liegt, über das Sie sich definieren: Ihren Geschmack und Ihre Wertvorstellungen. Sie verbringen Stunden Ihres Lebens damit, für diese Besitztümer zu arbeiten. Im Laufe der Zeit verändern sie sich: An die Stelle der teils vom Sperrmüll stammenden, teils billig erworbenen Möbel und Gegenstände in Ihrer ersten eigenen Wohnung treten später andere, die Sie mit großer Sorgfalt ausgewählt haben, vielleicht auch mit der Vorstellung, dass sie lange halten sollen. Der folgende Aktionsplan wird Sie viermal durch Ihr Haus oder Ihre Wohnung führen, damit Sie Klarheit gewinnen. Ich möchte, dass Sie über den Wert jedes einzelnen Gegenstandes nachdenken: Was hat er gekostet, als Sie ihn gekauft haben? Was ist er heute in Zahlen ausgedrückt wert? Was ist er jetzt wert als irdische, materielle Repräsentation der Person, die Sie heute sind?

1. Gehen Sie beim ersten Mal langsam durch Ihr Haus und Ihre Garage und sehen Sie Ihre Schubladen und Schränke nach mindestens 25 Dingen durch, um sie dann wegzuwerfen – ja, wegzuwerfen! Abgetragene Schuhe, den

schmierigen alten Büchsenöffner, kaputtes Spielzeug, Lippenstifte, deren Farbe Ihnen wirklich nicht steht, abgewetzte Zahnbürsten, nicht benutzte Reinigungsmittel, Ohrringe, bei denen der andere fehlt ... Kaputte Schirme, eingetrocknete Farbdosen, Kerzenstummel. Reste, die man ohnehin nicht mehr verwenden kann. 25 Dinge! Suchen Sie so lange, bis Sie sie gefunden haben. Sie können ohnehin nichts mehr mit ihnen anfangen, und ich möchte, dass Sie sie wegwerfen.

2. Beim zweiten Gang durch die Zimmer sollen Sie lose Münzen und Geldscheine suchen, die irgendwohin gerutscht sind. Sehen Sie in Ihren Handtaschen und Ihrer Aktentasche nach. In den Taschen Ihrer Jacken, Hosen, Mäntel, Hemden oder Blusen und Kleider. Unter den Sessel- und Sofapolstern und zwischen den Sitzen in Ihrem Auto. In Ihrem Schmuckkasten oder bei Ihren Manschettenknöpfen. Haben Sie ein Sparschwein? Dann holen Sie es. Durchstöbern Sie die Küchenschubladen und andere geheime Plätze, wo Sie Geld hingelegt und dann vergessen haben könnten. Die meisten Leute finden dabei insgesamt mindestens 50 Mark. Stecken Sie dieses Geld in Ihr Sparschwein, damit es Sie daran erinnert, was Sie besaßen, ohne es zu wissen, und stellen Sie es in die Nähe des Platzes, an dem Sie Ihre Rechnungen aufbewahren. Es soll ein Symbol für Überfluss sein.

3. Nun sollen Sie zum dritten Mal durch Ihr Haus gehen und dabei 25 Dinge suchen, die zwar noch gut erhalten sind, für die Sie aber wirklich keine Verwendung mehr haben. Kleidungsstücke, die Ihre Familie nicht mehr anzieht, Wintermäntel, Schals und Hüte, abgewetzte Gürtel und Handtaschen, altes Geschirr, ein Gerät, das zwar noch funktioniert, aber durch ein neues ersetzt worden ist, Videokassetten, einen Stapel Bücher, die Sie nicht

mehr brauchen, Spielzeug, mit dem Ihre Kinder doch nicht mehr spielen. 25 Dinge, die jemand anders gebrauchen könnte, für die er dankbar wäre. Wenn Sie diese Dinge zusammengetragen haben, denken Sie bitte eine Minute lang darüber nach, wie viel Geld Sie dafür ausgegeben haben, wie viel davon verschwendet worden ist und wie wenig Sie jetzt dafür vorzeigen können.

Bringen Sie dann all diesen Ballast weg. Werfen Sie die Sachen in dafür vorgesehene Container oder geben Sie sie bei einer Wohltätigkeitseinrichtung oder einem Kinderheim ab, dort, wo diejenigen, die sie brauchen, sie schnell und unkompliziert bekommen können.

Sagen Sie sich jetzt, dass Sie die Sachen doch auch auf einem Flohmarkt verkaufen könnten? Nun, das können Sie natürlich, aber ich möchte, dass Sie anfangen, großzügiger zu denken. Wenn Sie diese Sachen nämlich auf einem Flohmarkt verkaufen, würden Sie nur einen Bruchteil von dem erhalten, was sie tatsächlich wert sind, und dadurch Ihren eigenen Kauf und den Preis, den Sie damals bezahlt haben, als Fehler hinstellen. Es ist doch besser, sie jemandem zu geben, der sie schätzen und dankbar benutzen wird, als sie jemandem zu verkaufen, der sich dann ins Fäustchen lacht, weil er ein Schnäppchen gemacht hat. Erst dadurch werden die Sachen das, was sie gekostet haben, wirklich wert. Statt zu versuchen, Ihre Fehler auszubügeln, haben Sie dann großherzig gegeben. Spenden Sie Ihre Sachen bitte innerhalb einer Woche.

Gaben an Wohltätigkeitseinrichtungen sind nicht nur eine Spende, sondern auch beim Finanzamt abzugsfähig. Wichtig ist, dass Sie eine Quittung für Ihre Spende bekommen, die Sie für Ihre Steuererklärung aufheben sollten. Aber auch Spenden an andere Institutionen können Sie steuerlich geltend machen. Wenn Sie zum Beispiel Ih-

ren alten Computer einer Schule schenken, denken Sie daran, sich eine Spendenquittung geben zu lassen.
4. Gehen Sie jetzt noch ein viertes Mal durch Ihr Zuhause. Bleiben Sie dabei immer wieder stehen, um die Dinge anzufassen und anzusehen, die Ihnen alles auf der Welt bedeuten und von denen Sie sich nie trennen würden – Fotos von Ihren Kindern, den Ring, den Ihre Mutter Ihnen geschenkt hat, den Schreibtisch, der schon Ihrem Großvater gehörte, Sammelalben, vielleicht das Gemälde in Ihrem Wohnzimmer, das die erste größere Anschaffung war, die Sie zusammen mit Ihrem Mann oder Ihrer Frau gemacht haben. Denken Sie dabei darüber nach, wie wenig diese Dinge, die Ihnen so viel bedeuten, Sie letztendlich gekostet haben. Definieren Sie dann für sich die wahre Bedeutung von Wert.

Nur eine grobe Schätzung: Was haben all diese Dinge Sie damals, als Sie sie gekauft haben, gekostet? Das ist Geld, das Sie heute nicht mehr haben! Zehn T-Shirts für 18 Mark das Stück, ein schlecht sitzender Rock für 60 Mark oder ein Hemd für 100 Mark, der Toaster, der nie richtig funktioniert hat, die Brotschneidemaschine, die keiner benutzt... Was haben all diese Dinge, die Sie kaufen mussten, weil Sie glaubten, nicht ohne sie leben zu können, und die Sie dann nie benutzt haben, Sie letztendlich gekostet? Andererseits wird es natürlich auch Sachen geben, die ihren Zweck erfüllt haben; bei ihnen haben Sie den Gegenwert für Ihr Geld bekommen, ihr Kauf war ein faires Geschäft.

Ich möchte, dass Sie anfangen, über Geld nachzudenken – darüber, was man mit ihm kaufen kann, und über die Fälle, in denen es Ihnen bessere Dienste leisten wird, wenn Sie es nicht ausgeben. Denken Sie daran, dass die meisten Gegenstände schon in dem Augenblick, in dem Sie sie aus dem Laden tragen, stark an finanziellem

Wert verlieren; dann können Sie ihnen nur wieder mehr Wert verleihen, indem Sie sie benutzen.

Sie haben jetzt einen Teil Ihres Ballasts entfernt und dadurch bereits begonnen, mehr zu schaffen – mehr Platz, mehr Bewusstsein, mehr Ehrlichkeit, mehr Möglichkeiten, mehr Hoffnung für morgen und letztendlich mehr Geld. Das, was Sie nicht wollen, ist weg, Sie haben bedeutungslosen Kram aus dem Weg geräumt. Wahrscheinlich haben Sie außerdem Ihr Sparschwein mit Geld gefüllt, das Sie gefunden haben; es wird jetzt ein Zeichen dafür sein, dass Sie sogar mehr hatten, als Ihnen bewusst war. Sie haben die Dinge, von denen Sie sich niemals trennen könnten, neu schätzen gelernt und sich daran erinnert, dass es vieles gibt, was man nicht mit Geld kaufen kann. Das sind Lektionen im Mehr, Lektionen der Klarheit. Sie haben sich, wahrscheinlich zum ersten Mal in Ihrem Leben, Ihrem Geld gestellt, und das wird Ihnen ein Gefühl der Macht und die Überzeugung verleihen, dass Sie lernen können, richtig mit Geld umzugehen. Wenn der unnötige Ballast die Kontrolle hat, überlässt man ihm das letzte Wort, und Ballast hat nur die Macht, zu zerstören. Wenn Sie aber die Kontrolle über den Ballast übernehmen, gewinnen Sie dadurch die Kraft, zu handeln und sich Ihre Welt selbst zu erschaffen.

Finanzieller Ballast

Unbezahlte Rechnungen und Schulden erzeugen eine finanzielle Belastung und verhindern Klarheit. Ungeöffnete Kontoauszüge trüben Ihre klaren Gedanken über Geld, denn wenn Sie nicht wissen, wie viel oder wie wenig Sie tatsächlich haben, wissen Sie auch nicht, wie viel Sie guten Gewissens ausgeben können.

Auch die Dinge, die Sie noch nicht erledigt haben, obwohl Sie wissen, dass sie wichtig sind – Ihr Testament aufsetzen, die Vormundschaft für Ihre Kinder regeln für den Fall, dass Ihnen etwas zustößt, Ihre Schulden in den Griff bekommen, anfangen, Geld für

Ihre Zukunft anzulegen –, bilden unnötigen Ballast. Mitteilungen der Kreditkartenfirmen über Ihren Kontostand, die Sie nicht lesen oder nicht verstehen, blockieren Sie und kosten Sie einen hohen Preis. Änderungen bei Ihrer privaten Altersvorsorge, zu denen Sie sich entschlossen haben, die Sie aber noch nicht in die Tat umgesetzt haben, beschäftigen Sie so, dass das Durcheinander bei Ihren Finanzen bestehen bleibt. Papiere, die etwas mit Geld zu tun haben und die Sie seit Jahren unsortiert in einer Schublade aufbewahren; eine überquellende Brieftasche, in die Sie wahllos Rechnungen gestopft haben – solche Dinge zeigen, dass Sie Ihrem Geld keine Beachtung schenken und es von sich wegschieben. Selbst scheinbar unbedeutende Kleinigkeiten wie Bücher oder Videokassetten, deren Leihfrist abgelaufen ist, kosten Sie täglich Geld; sie wirken sich außerdem belastend auf Ihre Gedanken aus und geben Ihnen das Gefühl, dass in Ihrem Leben keine Ordnung herrscht. Auch wenn Ihr Haus noch so sauber und aufgeräumt ist, kann finanzielles Chaos Ihnen den Weg zu mehr Geld und allem, was damit verbunden ist, versperren.

Denken Sie an Ihr Sparschwein, an das Geld, das Sie hatten, ohne es zu wissen! Ich habe Sie ja aufgefordert, es in die Nähe des Platzes zu stellen, an dem Sie Ihre Rechnungen aufbewahren. Lassen Sie es vorläufig dort stehen. Wenn Sie Ihrem Wunsch nach Reichtum Gestalt verleihen, indem Sie den Mut aufbringen, das zu tun, was Sie zu mehr Geld führen wird, werden Sie auch Ihren finanziellen Ballast hinter sich lassen. In den folgenden Kapiteln werde ich Ihnen zeigen, was Sie tun müssen, um sich eine neue Zukunft zu erschaffen. Dann werde ich Ihnen auch sagen, was Sie mit dem Geld machen sollen, das Sie gefunden und in das Sparschwein gesteckt haben. Und wenn Sie diese ganze Last abgeworfen haben, wird es viel leichter für Sie sein, sich vorwärts zu bewegen. Sie haben jetzt den Weg zum Reichtum – zu Reichtum jeglicher Art – freigeräumt. Nun ist es an der Zeit, dafür zu sorgen, dass Ihre Träume wahr werden.

Teil II
Der Wert des Geldes

Kapitel 4
Der Mut, Geld zu schätzen

Vor ein paar Wochen unterhielt ich mich mit Elysia, der kleinen Tochter meiner Nachbarin, die mit ihrer Schwester Natalie vor dem Haus selbst gemachte Limonade verkaufte. Wir sprachen darüber, ob sie den Preis von 20 auf 50 Pfennig erhöhen sollte. Ich fragte sie: »Welche fünf Dinge sind dir im Leben am wichtigsten?«

Sie dachte eine Weile nach, sah mich dann an und sagte mit der ganzen Weisheit ihrer sieben Jahre: »Zuerst meine Familie, dann unser Haus, der Fernseher, Süßigkeiten und dann Geld!« Ich war beeindruckt, weil sie tatsächlich genau fünf Punkte aufgezählt hatte, und hakte nach.

»Was brauchst du, um die Süßigkeiten zu bekommen, die du so gern magst?«

»Geld!« antwortete sie.

»Und der Fernseher – was brauchst du, um den zu bekommen?«

»Geld!«

»Und für euer Haus?«

»Geld!«

Und dann fragte ich: »Wie ist es denn mit deiner Familie, was brauchst du, um die zu bekommen?«

Auch dieses Mal kam ihre Antwort prompt: »Liebe!«

»Das stimmt!« sagte ich. »Aber glaubst du nicht, dass du deine Reihenfolge ändern musst? Du brauchst doch Geld, um die Süßigkeiten, das Haus und den Fernseher zu kaufen – sollte Geld da nicht wichtiger sein als die Gegenstände, die man damit kaufen kann?«

Sie dachte wieder eine Weile nach, sah mich dann an und sagte: »Ich glaube, du hast Recht.«

In diesen wenigen Minuten hatte Elysia das erste Geldgesetz gelernt, ein Gesetz, das die Grundlage für den klugen Umgang mit Geld bilden muss:

DAS ERSTE GELDGESETZ
Zuerst die Menschen. Dann das Geld. Dann die Dinge.

Den meisten von uns geht es wie Elysia: Die Dinge, die man mit Geld kaufen kann, sind uns wichtiger als das Geld selbst. Wenn Geld einen höheren Stellenwert für uns hätte als Gegenstände, würden wir es nicht so leichten Herzens ausgeben und auch nicht bereit sein, Geld auszugeben, das wir gar nicht haben, um irgendetwas auf Kredit zu kaufen. Das erste Geldgesetz ist ein fundamentales Gesetz, ein Gesetz, das das Geld achtet. Wenn Sie es befolgen, wird es Sie wirklich reich machen, denn dann wird zwischen dem, was Sie haben, und dem, was Sie ausgeben beziehungsweise nicht ausgeben, Harmonie bestehen.

Zuerst die Menschen. Die Dinge, die wir durch Liebe erschaffen und nur durch Liebe behalten können, müssen immer vor allem anderen kommen. Ihre Familie, Freunde, Ihre Frau oder Ihr Mann, Ihre Kinder, Sie selbst. Liebe kann man nicht mit Geld erkaufen, und ein Leben ohne Liebe ist ein armes Leben, auch wenn man finanziell reich ist.

Dann das Geld. Wenn jemand Ihnen seine Wohnung zeigen und Sie voller Stolz in ein Zimmer führen würde, in dem Tausende von Markstücke aufgestapelt wären, und Ihnen erzählen würde, wie er zu diesem ganzen Geld gekommen ist, würden Sie ihn doch sicher für sehr sonderbar halten. Andererseits würden Sie es ganz normal finden, wenn jemand Ihnen ein Zimmer zeigen würde, das er gerade neu eingerichtet hat. Was hat er aber gebraucht, um es neu einzurichten? Geld! Geld, für das er Möbel, Bilder, Teppiche, Gardinen, Lampen und so weiter kaufen konnte. Man würde Ihnen also in beiden Fällen ein Zimmer voller Geld zeigen, Sie würden diese Zimmer aber aufgrund Ihres Wertesystems unterschiedlich beurteilen – ein Zimmer voller Gegenstände ist in Ordnung, ein Zimmer voller Geld dagegen nicht. Das liegt daran, dass Sie Dinge höher schätzen als Geld.

Dann die Dinge. Wenn Sie die richtigen finanziellen Prioritäten setzen, kommen die Gegenstände zuletzt.

Weniger Sachen, mehr Geld

Für unser Geld müssen wir hart arbeiten, mindestens 38 Stunden in der Woche, und wenn wir endlich Feierabend haben, gehen wir einkaufen. Wir kaufen Nahrungsmittel und Kleidung und alle möglichen anderen Dinge ein, und dann sagen wir: »Ich weiß einfach nicht, wo das ganze Geld geblieben ist!« Wenn wir Geld aber einen höheren Wert zuschreiben würden als den Gegenständen, die wir mit ihm kaufen können, würden wir genau wissen, wo es geblieben ist! Wir würden darauf achten, dass wir mehr Geld als Dinge hätten. Es würde uns große Freude bereiten, unser Geld zu sehen und ihm beim Wachsen zuzuschauen. Vorausgesetzt, dass wir gesund bleiben würden, hätten wir keine Schulden – und damit auch keine Zweifel. Wir würden immer wissen, ob wir uns etwas, das wir gern kaufen möchten, auch leisten können, und wir würden wahrscheinlich eher in der Lage sein, die Dinge zu kaufen, die wir wirklich haben wollen.

Übung: Wie Sie Geld sparen können

Unsere Konsumkultur führt dazu, dass wir Dinge haben wollen, und leicht erhältliche Kredite ermöglichen es uns, sie zu bekommen, auch wenn wir sie noch lange nicht bezahlt haben. Größer und schöner ... kleiner und besser ... neu ... jetzt noch besser ... Ständig werden neue Konsumgüter auf den Markt gebracht, die uns verlocken und verführen. Nun kann niemand immer Nein sagen, und deshalb werde ich Sie auch nicht dazu auffordern. Ich habe schon vor langer Zeit gelernt, dass es keinen Sinn hat, von meinen Klienten zu verlangen, sich finanziell einzuschränken – das funktioniert genauso wenig wie erzwungene Diäten bei Übergewichtigen, früher oder später kommt es dann zu wahren Kauforgien. Stattdessen möchte ich, dass Sie anfangen, einige Entscheidungen im Hinblick auf das Heute und das Morgen zu treffen.

Vor kurzem war ich in einem Feinkost- und Geschenkeladen, in dem an allen Verkaufstischen Kost- oder Warenproben angeboten wurden, sodass das Einkaufen besonders großen Spaß machte. An einem Tisch gab es ganz kleine Stückchen sehr angenehm duftender Seife. Sie hatte eine hübsche Farbe, und man kaufte sie nach Gewicht, die Verkäuferinnen schnitten von einem Stück, das ungefähr so groß war wie ein Brot, so viel ab, wie man wollte. Ein Pfund dieser Seife kostete 20 DM. Ich rechnete das schnell durch und kam zu dem Ergebnis, dass ich im Jahr nur für *Seife* 200 DM mehr ausgeben würde, wenn ich statt meiner ganz normalen Sorte dieses Luxusprodukt benutzen würde.

An einem anderen Tisch wurden winzige Fläschchen und Löffel mit besonders edlem Essig angeboten, den die Kunden kosten konnten – Cabernet Sauvignon, Cognac und Feige. Sie schmeckten sehr exotisch, das stimmt schon, aber ein einziges Fläschchen kostete 28 DM – also 20 DM mehr, als ich üblicherweise für meinen völlig ausreichenden Essig bezahle. Ich rechnete das wieder schnell durch: Wenn ich mich für eine dieser Luxussorten entscheiden würde, würde ich im Jahr etwa 100 DM mehr für Essig ausgeben als jetzt.

Am nächsten Tisch probierte ich eine Himbeer-Pfefferminz-Marmelade. Ja, sie schmeckte köstlich, aber wäre sie wirklich 12 DM mehr pro Glas wert als meine übliche Marmelade? Das glaube ich nicht.

Genau auf diese Weise – durch Designer- und Luxusprodukte – steigen unsere Ausgaben und unser Lebensstandard. Wir nehmen hier ein »besseres« Produkt, dort ein edleres, und schließlich glauben wir, nicht mehr auf diese Luxusartikel verzichten zu können. Wenn ich mich in jenem Geschäft für die drei Produkte entschieden hätte, die ich ausprobiert hatte, und nicht zu meinen bisherigen Marken zurückgekehrt wäre, hätte ich meine Ausgaben um fast 400 DM im Jahr erhöht.

Nun könnte es ja sein, dass gerade Seife, Essig und Marmelade mir wirklich wichtig sind und dass die Vorstellung, diese erlesenen Sorten zu benutzen, mir ein so gutes Gefühl gibt, dass es mir die zusätzlichen 400 DM im Jahr wert wäre. Nun, dann hätte ich mich wohl entschieden, sie trotz des hohen Preises zu kaufen. Wenn mir Geld aber wichtiger wäre als Dinge, würde ich diese 400 DM irgendwo anders einsparen, statt sie zusätzlich auszugeben, nur um mich gut zu fühlen. Es geht dabei ja nicht nur um die 400 DM in diesem Jahr, sondern auch um die 400 DM im nächsten, im übernächsten und so weiter. Diese 400 DM, die ich für die kleinen Freuden der Gegenwart ausgeben würde, hätten sich zu einer beträchtlichen Summe addieren können, wenn ich sie stattdessen für meine Zukunft angelegt hätte.

Wenn Sie nicht auf einem Kurs sind, der zum Reichtum führt, aber reich werden wollen, müssen Sie Ihren Kurs ändern – so einfach ist das. Die Entscheidung zum Reichtum bedeutet, dass jeder Pfennig zählt, jede Mark, jeder Entschluss im finanziellen Bereich. Sie müssen die schlechten Gewohnheiten ausmerzen, durch die Geld sich in nichts auflöst, Sie müssen zwischen Notwendigem und Luxus unterscheiden und sehr genau überlegen, welchen Luxus Sie sich gönnen wollen. Ich möchte Ihnen das am Beispiel eines anderen Produkts verdeutlichen, das ich in jenem Feinkostgeschäft gekostet habe: eines exotischen Erfrischungsgetränks.

Nehmen wir an, dass ich in den drei Sommermonaten pro Woche sechs Liter Erfrischungsgetränke trinke. Wenn ich zu dieser exotisch schmeckenden Sorte überwechseln würde, würde mich das für einen Sommer 360 DM kosten. Falls ich aber bei meinem alten Getränk für 1,30 DM bleiben würde, müsste ich wie bisher nur 93,60 DM bezahlen. Wenn ich die 266,40 DM, die ich dadurch gespart hätte, 20 Jahre lang zu 10 Prozent in einem guten Investmentfonds ohne Ausgabeaufschlag und mit automatischer Wiederanlage der Erträge investieren würde, würden sie auf 15 297 DM anwachsen.

Ich möchte, dass Sie jetzt über die Dinge in Ihrem Leben nachdenken, die Sie wirklich brauchen, und auch über den Luxus, den Sie sich gönnen. Wählen Sie dann einige Luxusprodukte aus, die Sie durch ganz normale Produkte ersetzen könnten – im Wert von 1 000, 2 000 oder 3 000 DM pro Jahr, suchen Sie sich die Zahl aus, die Ihnen angemessen erscheint. Jeder kann Geld sparen, indem er seine Ausgaben hier und da beschneidet und lernt, Geld höher zu bewerten als Dinge.

Sie müssen über alles nachdenken, was Sie besitzen, über alles, für das Sie Schulden gemacht haben, über alles, was Sie wollen, und über alles, was Sie tatsächlich brauchen. Gehen Sie Ihre Ausgaben sorgfältig und ehrlich durch, achten Sie auf Dinge, die Sie gar nicht benutzen, auf Dinge, bei denen es beim nächsten Einkauf vielleicht nicht unbedingt das Spitzenprodukt sein muss, und auf Bereiche, in denen Sie dazu neigen, Ihr Geld viel zu großzügig auszugeben. In Kapitel 3 haben Sie ja einen Teil des Ballasts aus Ihrer Vergangenheit weggeräumt; durch diese Übung werden Sie nun Geld behalten, statt es in zukünftigen Ballast zu verwandeln. Durch sie können Sie 1 000 bis 3 000 DM im Jahr oder sogar noch mehr Geld sparen – Geld, über das Sie anders denken und mit dem Sie anders umgehen werden, wenn Sie die folgenden Kapitel gelesen haben.

Wofür Sie dieses Geld dann verwenden sollen? Zunächst sollen Sie damit Ihre Schulden schneller abtragen, ein für alle Mal. Danach sollen Sie es benutzen, um in Ihre Zukunft zu investieren.

Ich möchte Ihnen ein paar Vorschläge machen, wo Sie anfangen könnten:

- Ihr Frühstückskaffee. Gönnen Sie sich auf dem Weg zur Arbeit noch eine weitere Tasse Kaffee, zum Beispiel in einem Stehcafé? Bei einem Preis von einer Mark bedeutet das, dass Sie allein für diese zusätzliche Tasse Kaffee 250 DM im Jahr ausgeben. Wenn Sie dieses Geld zu 8 Prozent anlegen würden, wären das nach 20 Jahren 11 852 DM, nach 25 Jahren 18 937 DM und nach 30 Jahren 29 345 DM.
- Haben Sie Ihr gutes altes Federbett irgendwann gegen ein Bett mit Kaschmirfüllung eingetauscht? Das ist ein Schritt vom Notwendigen zum Luxus. Wie sieht es im Hinblick auf besonders flauschige Handtücher, verführerisch duftende Seife, teures Shampoo und andere Dinge für die Körperpflege aus? Haben Sie aus Ihrem Badezimmer ein Luxusbad gemacht? Wenn Sie in diesem Bereich nur 20 DM im Monat einsparen, macht das 240 DM mehr im Jahr, die Sie anlegen können.

- Haben Sie einen ISDN-Anschluss? Wenn Sie nur die Rufnummernanzeige streichen, die 2,80 DM im Monat kostet, sparen Sie dadurch 33,60 DM im Jahr und können diese Summe zusätzlich für Ihre Zukunft anlegen.
- Handy: Brauchen Sie es wirklich? Was kostet es Sie im Jahr?
- Designer-Sonnenbrille: Wie viel haben Sie für Ihre neueste Sonnenbrille ausgegeben? Haben Sie sich auch billigere Marken angesehen? Wie oft verlieren Sie Ihre Sonnenbrille? Könnten Sie auf so teure Sonnenbrillen auch verzichten?
- Kaufen Sie statt der großen Packungen mit normalem Eis viel lieber die kleineren Packungen einer edleren Marke? Wie sieht es bei den Keksen aus – kaufen Sie eine besonders teure Sorte?
- Gehen Sie und Ihr Mann oder Ihre Frau einmal in der Woche ins Kino? Luxus oder notwendig? Wenn Sie nur dreimal im Monat gehen würden, würden Sie im Jahr etwa 300 DM sparen (und da dann jeweils auch der Restaurantbesuch danach entfallen würde, sogar noch erheblich mehr).
- Wie viele Dinge in Ihrer Küche benutzen Sie kaum oder nie? Geräte wie Nudel- oder Eismaschine, Eierkocher, Waffeleisen? Wie steht es mit den Servierschüsseln und -platten, den Töpfen und Pfannen? Brauchen Sie alle, die Sie haben? Ist Ihre ganze Kücheneinrichtung 1a? Benutzen Sie sie oft genug, dass das gerechtfertigt wäre? Könnten Sie es sich noch einmal überlegen, ob Sie wirklich etwas Neues für Ihre Küche kaufen wollen?
- Kaufen Sie Bücher, die Sie doch nur einmal lesen werden, statt sie sich in der Bücherei zu leihen? Vier Krimis weniger im Jahr bedeuten bei einem Preis von 49 DM, dass Sie Ihrem Ziel um 196 DM näher kommen.

- Haben Sie besonders exotische Gewächse in Ihren Garten gepflanzt? Gärtnern ist plötzlich wieder groß in Mode, und es kann sehr teuer werden. Können Sie Ihre Ausgaben für den Garten beschneiden?
- Das tägliche Brot: Essen Sie oft Weißbrot, also Brot, das sehr schnell schimmelt? Oder eine besonders teure Sorte? Luxus oder notwendig?
- Designer-Unterwäsche – Luxus oder notwendig?
- Wie viele elektrische Geräte haben Sie in der Garage oder im Keller, und wie oft benutzen Sie sie?
- Wie viele unbenutzte Trimm-dich-Geräte stehen bei Ihnen herum? Haben Sie Ihren alten Jogginganzug durch einen schicken neuen ersetzt?
- Müssen Sie unbedingt einen teuren Fotoapparat haben? Eine Videokamera?
- Wie oft haben Sie das Bedürfnis, sich ein neues Auto zu kaufen? Könnten Sie damit noch warten?
- Früher gab es in der ganzen Familie nur einen Fernseher. Wie viele Farbfernseher haben Sie jetzt? Wie viele Videorekorder? Wie viele Videokassetten? Überspielen Sie alte Aufnahmen, oder nehmen Sie jedes Mal eine neue Kassette? Wie viele Videokassetten haben Ihre Kinder? Würden Sie eines der alten Geräte gern durch ein neues mit größerem Bildschirm und mehr technischen Finessen ersetzen, obwohl das alte noch tadellos funktioniert? Könnten Sie sich das noch einmal überlegen?
- Sind Ihre Eltern früher mit Ihnen verreist, oder haben Sie die Ferien bei Ihren Großeltern verbracht? Müssen Sie Ihren Urlaub heute immer in Hotels verbringen, muss es immer eine Flugreise sein?
- Haben Sie eine Putzfrau? Luxus oder notwendig?
- Bringen Sie Ihre Wäsche immer in eine Wäscherei, auch dann, wenn sie eigentlich nur gebügelt werden müsste

und Sie das gut selbst machen könnten? Wenn Sie bei der Wäsche nur 20 DM pro Woche sparen könnten, hätten Sie 1 040 DM mehr im Jahr, die Sie anlegen könnten.
- Benutzen Sie Papiertaschentücher? Kaufen Sie teure Getränkedosen für die Kinder? Das sind zwar nur kleine Beträge, aber auch bei solchen Wegwerfprodukten können Sie sparen.
- Benutzen Sie statt des bewährten Pflanzenöls jetzt das viel teurere kaltgepresste Olivenöl?
- Trinken Sie ein besonders teures Bier? Wie viel kostet Sie das im Jahr?
- Haben Sie ein wirklich tolles Marken-Fahrrad? Wie oft benutzen Sie es?
- Kaufen Sie sich viel Modeschmuck, den Sie nur ein paar Mal tragen, um ihn dann zu vergessen und sich neuen zu kaufen?
- Brauchen Sie für Ihr Faxgerät einen eigenen Telefonanschluss? Für Ihren Computer? Ist das wirklich nötig?
- Luxus oder notwendig – der Blumenstrauß, den Sie sich jeden Freitag nach Feierabend kaufen, auch wenn Sie am Wochenende kaum zu Hause sein werden? Wenn dieser Strauß um die 16 DM kostet, geben Sie dadurch im Jahr 832 DM aus, mit denen Sie Ihre Zukunft schöner machen könnten.
- Spielen Sie jede Woche Lotto? Ein Schein mit sechs Spielen, der Super 6 und Spiel 77 kostet Sie beim Samstagslotto 13,80 DM in der Woche, also 717,60 DM im Jahr. Die Chancen, sich mit 717,60 DM im Jahr selbst ein Vermögen zu schaffen, sind viel größer als die, dass Sie beim Lotto ein Vermögen gewinnen.
- Benutzen Sie teure Zahnpasta mit Weißmacher statt einer normalen Sorte? Wie viel kostet Sie das pro Tube und im Jahr mehr?

- Lieben Sie den Luxus von Maniküren, Pediküren und Depilationen so sehr, dass es Ihnen gar nicht einfallen würde, darauf zu verzichten? Eine Maniküre für 25 DM alle zwei Wochen kostet Sie 650 DM im Jahr!
- Kaufen Sie Ihre Kosmetika in einem Supermarkt oder in der Parfümerie? Muss es immer eine wirklich teure Marke sein? Wie viele Kosmetika, die jetzt in Ihrem Badezimmer stehen oder liegen, benutzen Sie doch nicht? Was haben Sie dafür bezahlt? Können Sie bei Ihren Kosmetika 400 DM im Jahr sparen?
- Wie viel Geld geben Sie für Restaurantbesuche, teure Fertiggerichte und Einladungen aus? Könnten Sie dabei 500 bis 1 000 DM im Jahr sparen?
- Haben Sie eine Satellitenschüssel? Luxus oder notwendig?
- Haben Sie einen elektronischen Organizer? Hat er etwas genützt? Benutzen Sie ihn überhaupt?
- Wachsen Ihre Kinder in Einmalwindeln auf, benutzen Sie Feuchtigkeitstücher für ihre Körperpflege? Gibt es viel Spielzeug im Haus, mit dem sie so gut wie nie spielen? Könnten Sie bei dem Berg von Dingen, die Sie für Ihre Kinder kaufen, 400 DM im Jahr oder sogar mehr einsparen?
- Wie neu ist Ihr Computer? Kaufen Sie sich jedes Jahr ein schnelleres, noch besseres Modell? Könnten Sie damit beim nächsten Mal etwas länger warten?
- Brauchen Sie wirklich all die Kleidungsstücke, die Sie haben? Kaufen Sie sich manchmal nur deshalb ein Kleid, weil es heruntergesetzt wurde? Können Sie bei dem Geld, das Sie für Ihre Kleidung ausgeben, 600 DM im Jahr einsparen?
- Wie oft müssen Sie in der Bücherei, der Videothek und bei Rechnungen Mahn- und zusätzliche Leihgebühren zahlen?

- Haben Ihre Kinder einen eigenen Telefonanschluss? Luxus oder notwendig?
- Haben Sie sich Kontaktlinsen gekauft, die man länger drin lassen kann und dann wegwirft? Sie sind teurer!
- Tragen Sie nur Sportschuhe einer Marke, die »in« ist?
- Geben Sie viel Geld aus für Wasser in Designerflaschen und für besonders exotischen Fruchtsaft?
- Sind Sie Mitglied in einem Fitness-Center? Gehen Sie tatsächlich hin?
- Gehen Sie seit Jahren zu einem teuren Hair-Stylisten statt zum Friseur? Manche verlangen für einen Haarschnitt 100 DM. Wenn Sie dagegen 100 DM pro Monat 25 Jahre lang zu 8 Prozent anlegen, beläuft sich die Endsumme auf 90 899 DM (ohne Trinkgeld!).
- Haben Sie heute statt eines Holzkohlengrills einen Gasgrill? Noch ein Fall, bei dem Sie das Notwendige durch Luxus ersetzt haben?
- Haben Sie jemals eine Schönheitsoperation »gebraucht«? Eine kosmetische Zahnbehandlung? Eine Massage? Einen Fitness-Trainer?
- Wie viele CDs haben Sie, die Sie sich nie anhören? Wie viele Tonbänder und Musikkassetten?
- Wie oft gehen Sie in Geschäfte oder blättern Versandkataloge durch, obwohl Sie nichts Bestimmtes brauchen? Wie oft kaufen Sie dann trotzdem etwas?
- Könnten Sie auf das nächste hypermoderne High-Tech-Gerät zumindest so lange verzichten, bis Sie gesehen haben, wie sehr andere Leute es nach sechs Monaten tatsächlich noch »brauchen«?

Ist es Ihnen gelungen, 1 000, 2 000 oder 3 000 DM zu finden? Dieses Geld wird Ihnen im Laufe der Zeit das Gefühl verleihen, reich zu werden. Wie das funktionieren soll? Nun, Sie haben es dem üblichen Ausgabenkreislauf entzogen, und vielleicht können Sie sogar noch mehr einsparen. Nachdem Sie sich von der Last Ihrer Schulden befreit haben, können Sie anfangen, dieses Geld anzulegen. Bald werden die Zinsen sich addieren. Dann die Zinseszinsen, Monat für Monat, Jahr für Jahr. Schließlich kommt der Punkt, an dem das Geld, das Sie zurückgelegt haben, wichtig wird. Sie fangen nämlich an, sich gut zu fühlen. Und dann wird das Geld noch wichtiger. Sie beginnen, andere Entscheidungen zu treffen – 100 Mark mehr, die Sie für Ihre Zukunft anlegen können, scheinen Ihnen allmählich viel mehr wert zu sein als noch ein Pullover, noch ein Essen im Restaurant oder noch eine CD, die Sie dann ein- oder zweimal auf dem Weg zur Arbeit im Auto abspielen. Irgendwann wird das angehäufte Geld Ihnen wichtiger sein als der Luxus, auf den Sie verzichtet haben, um es zu bekommen. Wenn Sie diesen Punkt erreicht haben, werden Sie sich – ohne dass es Ihnen schwer fällt – dazu entschließen, weiter Geld in Ihre Zukunft zu stecken (100 Mark mehr im Monat, 200 Mark mehr im Monat ...). Sie werden Geld mehr schätzen als Dinge. Nach einer Weile werden Sie anfangen, mit Ihrem Geld zu wachsen. Sie zucken nicht mehr zusammen, wenn eine Rechnung kommt oder etwas Unerwartetes passiert. Wenn es Ihr wahres Ziel ist, reich zu werden, sind Sie schon auf dem Weg zum Reichtum.

So werden wir finanziell gesehen reich. Alle Vermögen auf dieser Welt haben bei einem Kontostand von null angefangen! Und auf die gleiche Weise werden wir auch emotional reich – durch die Art, wie wir unsere Entscheidungen treffen, und durch die Entscheidungen, die wir treffen.

Kapitel 5
Die richtige Einstellung zum Geld

Reflexartige Gewohnheiten beim Umgang mit Geld

Ich habe mir eine eigene Variante eines bekannten Spiels ausgedacht. Dabei frage ich die Leute, welches der beiden folgenden Angebote sie vorziehen würden: a) 30 Tage lang 1 000 DM pro Tag, oder b) einen Pfennig am ersten Tag, zwei Pfennige am zweiten, vier Pfennige am dritten und so weiter, also eine tägliche Verdoppelung des Betrags, auch 30 Tage lang. Dann fangen die Leute immer an, die Zahlen im Kopf zu addieren. Vielleicht kommen sie gerade noch bis zum zehnten Tag, an dem sie den gewaltigen Betrag von 5,12 DM erhalten würden. An diesem Punkt nehmen die meisten aufgrund eines inneren Reflexes das erste Angebot an, das 30 000 DM garantiert. Ein paar entscheiden sich aber immer für das Unbekannte, auch ohne nachzurechnen – sie sagen sich, dass es da sicher irgendwo einen Trick gibt. Ohne das Ergebnis zu kennen, wählen sie, ebenfalls aufgrund eines Reflexes, das zweite Angebot. Nur ganz selten kommt es vor, dass jemand sich tatsächlich hinsetzt und die Beträge schriftlich verdoppelt; wenn er beim 22. Tag angelangt ist und merkt, dass er dann schon 20 971,52 DM bekommen würde, weiß er, welches Angebot das bessere ist: Angebot b) bedeutet, dass sich am 30. Tag 10 737 418,23 DM angesammelt hätten!

Auch wenn es hier nicht um echtes Geld geht, stellt sich die Frage, warum die Leute das Spiel vorzeitig abbrechen, statt herauszufinden, wo es enden könnte. Ich bin davon überzeugt, dass das bei den meisten an den gleichen Gründen liegt, aus denen heraus sie sich auch in ihrem wirklichen Leben nicht mit ihrem Geld beschäftigen wollen. Wir alle ziehen die sofortige Befriedigung (30 mal 1 000 DM kann man in wenigen Sekunden ausrechnen) dem vor, was Geld im Laufe der Zeit tun kann (die fünf bis zehn Minuten, die man braucht, um die Summen jeweils zu verdoppeln). Weil wir vor kleinen Geldbeträgen nicht genug Achtung haben, um zu glauben, dass sie zu einem Vermögen anwachsen können, sind viele nicht einmal bereit, sich nach einem Pfennig zu bücken, der auf der Straße liegt. Auch wenn das unglaublich klingt: Bei vielen von uns besteht der Reflex darin, sich von Geld abzuwenden, und das bedeutet im Grunde, dass wir uns von dem abwenden, was wir werden könnten.

Setzen Sie Ihr Geld als Mittel gegen Konkurrenten ein? Versuchen Sie, damit Ihre Liebe zu beweisen? Oder anderen eine Freude zu machen? Fühlen Sie sich groß, wenn Sie jemandem etwas in Rechnung stellen können, und später dann umso kleiner? Sind Sie immer bereit, Geld auszugeben, wenn Sie dazu aufgefordert oder darum gebeten werden? Oder lehnen Sie das fast immer ab? Das alles sind Reflexreaktionen auf Geld, wie die automatische Wahl des ersten beziehungsweise zweiten Angebots bei meinem Spiel, ohne dass die Leute vorher die Möglichkeiten durchspielen würden. Es sind keine durchdachten Handlungen, und wenn Sie zulassen, dass Ihr Umgang mit Geld durch Ihre Reflexe bestimmt wird, oder wenn Sie durch Ihr Verhalten den Eindruck erwecken, reicher oder ärmer zu sein, als Sie tatsächlich sind, reagieren Sie, ohne Ihrem Mut zu erlauben, seine Stimme zu erheben. Sie bringen Ihren Mut zum Schweigen, Sie handeln nicht in Ihrem besten Interesse.

ERIKA: *Es ist zum Verrücktwerden! Jedes zweite Wochenende kommen die Zwillinge mit irgendeinem teuren Geschenk von ihrem Vater zurück, obwohl ich ihn gebeten habe, ihnen nicht so viel zu kaufen. Also kaufe ich ihnen dann am nächsten Wochenende, meinem*

Wochenende, auch immer etwas Schönes – und gebe dafür mehr Geld aus, als ich mir eigentlich leisten kann.

Erikas Reflex besteht darin, mit ihrem Exmann mitzuhalten, nicht mit Liebe, sondern mit Geld. Das führt dazu, dass sie wütend auf ihn ist, weil er zu teure Geschenke kauft, und auch wütend auf sich selbst, weil sie versucht, ihn zu übertrumpfen. Dadurch vermittelt sie ihren Kindern Werte, die sie eigentlich für falsch hält. Eine mutige Reaktion wäre dagegen, statt nach außen nach innen zu blicken, wenn sie sich entscheidet, wie viel sie ausgeben will. Kinder werden nicht mit dem Verlangen nach großen Geschenken an jedem Wochenende geboren, aber jedes Kind wird bei einem Wochenende voller Liebe und Aufmerksamkeit aufblühen.

ROBERT: *Mein Arbeitgeber hat uns dieses Mal angeboten, statt einer Gehaltserhöhung für uns alle eine Lebensversicherung zu besonders günstigen Bedingungen abzuschließen. Aber ich will lieber das Geld, denn ich möchte nächstes Jahr einen Abenteuerurlaub in Südamerika machen.*

In jedem der fünf Jahre, die Robert jetzt bei dieser Firma ist, hat er eine Gehaltserhöhung bekommen, obwohl er auch vorher keine Geldsorgen hatte. Er steht ja noch am Anfang seiner Karriere (und seiner Gewohnheiten im Hinblick auf das Sparen und Ausgeben von Geld) und ist gerade an einem Punkt angelangt, an dem die Zeit bei allem, was er heute anlegt, sehr für ihn arbeiten würde. Leider stellt er aber reflexartig seine heutigen Wünsche über seine morgigen Bedürfnisse. Wer dagegen Mut hat, wird auch heute immer schon das Morgen im Blick behalten.

LAURA: *Ich bin so stolz auf meine neue Eigentumswohnung! Normalerweise kaufe ich nicht so viel auf Kredit, aber dieses Mal sind irgendwie die Pferde mit mir durchgegangen. Ich wollte, dass sie einfach perfekt wird.*

Lauras Reflex bestand darin, Geld auszugeben, bevor sie es hatte, und ans Ziel zu kommen, ohne sich an diesem Prozess zu erfreuen und Befriedigung aus ihm zu ziehen. Glauben Sie wirklich, dass sie nach dieser Verschwendungsorgie auf die Stimme der Vernunft hören, ihre Schulden abzahlen und aufhören wird, ihre Wohnung in ein Traumheim zu verwandeln? Wer Mut hat, steckt zunächst Geld hinein, bevor er welches heraus nimmt.

Die Worte von Erika, Robert und Laura zeigen, dass ihnen ihr reflexartiges Handeln bewusst ist, ohne bei den Entscheidungen, die sie im Hinblick auf ihr Geld treffen, die Vernunft – und Mut – mitreden zu lassen.

Wenn Sie den Mut haben, finanziell und emotional reich zu werden, wird Ihr Leben sich öffnen. Es wird Ihnen gelingen, Ihren gewohnheitsmäßigen Umgang mit Geld einzuschränken und mehr auf Ihren Verstand zu hören, ohne dass Sie Angst bekommen oder das Gefühl haben, auf irgendetwas verzichten zu müssen. Wenn Sie Geld mehr schätzen als materielle Dinge, werden Sie mit einem Gefühl der inneren Ruhe einkaufen gehen, das Ihnen jetzt noch fehlt, denn Sie werden keine Schulden mehr haben, Ihre Ausgaben werden Ihren Einnahmen angepasst sein, und Sie werden beschließen, nur Dinge zu kaufen, die Ihnen mehr wert sind als das Geld, das sie kosten. Wenn Sie sich für ein reiches Leben entscheiden, werden Sie sich in jeder Hinsicht reich fühlen und Sie werden großzügig mit Ihrem Geld umgehen.

Was ist Ihnen wirklich wichtig?

Mit den Dingen, die uns wichtig sind – einer Beziehung, unserer Arbeit, den Leistungen unserer Kinder in der Schule – beschäftigen wir uns geistig sehr intensiv. Wir sprechen ständig mit unseren Freunden über sie und betrachten sie aus allen nur möglichen Blickwinkeln, weil wir jede Nuance verstehen wollen und alles sich optimal entwickeln soll. Wir würden wohl alle sagen, dass Geld auch wichtig ist, doch worüber denken wir nach, wenn wir über Geld nachdenken? Vielleicht wollen wir etwas Wichtiges kaufen und fragen uns immer wieder, wie wir es am günstigsten bekommen können. Oft kreisen unsere Gedanken und Gespräche darum, ob wir uns einen bestimmten Gegenstand leisten können, was fast immer bedeutet, dass wir versuchen, uns selbst dazu zu überreden, etwas zu kaufen, was wir uns eigentlich nicht leisten können. Wir sprechen immer wieder über die Dinge, die andere haben, und über ihren Preis. Außerdem beschäftigen wir uns viel mit den Sachen, die wir selbst nicht haben. Über den wahren Wert des Geldes aber sprechen wir nur selten. Wir reden kaum darüber, was man damit tun kann, wenn man es nicht ausgibt, und das bedeutet, dass wir die materiellen Dinge schätzen, nicht das Geld.

Ich möchte, dass Sie jetzt über die folgenden Fragen nachdenken:

- Was ist Ihnen im Leben wirklich wichtig?
- Sind Ihre Besitztümer Ihnen wichtig?
- Ist Ihr Geld Ihnen wichtig?
- Was hat für Sie den größten Wert?

Meine Geschichte

Ich habe jahrelang ein kleines Spiel mit meinen Klienten gespielt, um sie zum Nachdenken darüber zu bringen, was wirklich wichtig ist. Sie sollten so tun, als ob ein Großbrand ausgebrochen wäre und sie nur eine halbe Stunde Zeit hätten, um Dinge aus ihrem Haus zu retten. Was würden sie mitnehmen?

Das hat immer funktioniert. Die Antworten kamen stets ohne Zögern, und sie waren voller Gefühle – meine Hochzeitsbilder, das Hochzeitskleid meiner Mutter, Familienalben, ein Armband, das meine Großmutter mir geschenkt hat, ein Ölgemälde von meinem Kind.

Wenn wir mit so einer Situation konfrontiert werden, erkennen wir sehr schnell, was einen Wert für uns hat und was nicht. Wir wissen, was wir mitnehmen und was wir zurücklassen müssen. Wir handeln instinktiv, reflexartig – und vielleicht verhalten wir uns unserem Geld gegenüber gerade dann besonders ehrlich.

Solche Entscheidungen müssen wir aber nur selten treffen. In unserem Alltagsleben vergessen wir leicht, was uns wirklich wichtig ist – wir geben Geld aus, statt es zu sparen, und machen mit unserem Geld nicht das, was wir mit ihm machen sollten.
Der Mut zum Reichtum wird lebendig, wenn wir erkennen, was uns in diesem Leben wirklich wichtig ist. Wer wahrhaft reich sein will, muss nicht nur das schätzen, was er hat, sondern er sollte auch nur Dinge in seinem Leben haben, die ihm wichtig sind. Das zu tun, was richtig ist, muss einen höheren Stellenwert haben, als das zu tun, was leicht ist. Neben dem Heute muss auch das Morgen einen Wert haben. Wenn man das alles schließlich verinnerlicht hat, muss man es denken, sagen und in seinen Handlungen zum Ausdruck bringen. An diesem Punkt wird es Ihnen dann an nichts mehr fehlen, Sie werden alles haben, was Sie wollen. Ihre finanziellen Reflexe werden Ihrem Ziel, reich zu werden, nicht mehr im Wege stehen.

Mehr verlangen

Damit Sie reich werden können, muss Ihr Selbstwertgefühl parallel zu Ihrem Kontostand steigen – Sie müssen das Gefühl haben, dass Sie es verdienen, reich zu sein, Sie dürfen nie die Opferrolle übernehmen, Sie müssen aufhören, sich mit dem, was Sie haben, zufrieden zu geben oder es zu akzeptieren, dass Sie gerade so über die Runden kommen, und Sie müssen aus dem, was Sie haben, so viel wie möglich machen. Viele von uns können das nur schwer begreifen, denn die meisten haben das Gefühl, schon ihr Bestes zu tun – stimmt das aber wirklich?

Irenes Geschichte

Meine Ehe war eine Katastrophe. Schon ein Jahr nach der Hochzeit fand ich heraus, dass Martin mich betrog, aber damals war ich schwanger, und so blieb ich noch zwei Jahre bei ihm. Dann zog ich mit der Kleinen aus. Ich bin Fitness-Trainerin, und eine meiner Kundinnen hatte eine Garage, die zu einem kleinen Haus umgebaut worden war. Das mietete ich für 1 200 DM im Monat. Ich dachte, etwas Günstigeres würde ich wohl nicht finden, also zogen Steffi und ich dort ein. Ich gebe Stunden in einem Fitness-Center und habe auch Privatkunden, und ich nahm an, dass ich damit hinkommen würde.

Die Heizung funktionierte nicht richtig, daher musste ich einen Radiator kaufen, damit wir es warm hatten, außerdem ein paar Decken ... und die ganzen Dinge, die ich brauchte, um das Haus einzurichten, und alles auf meine Kreditkarten. Im Fitness-Center gibt es eine Kinderbetreuung, aber wenn ich Hausbesuche machte, konnte ich Steffi ja nicht gut mitnehmen. Also musste ich oft einen Babysitter engagieren. Meine Kunden kamen immer wieder mit Ausreden an, dass sie nicht pünktlich zahlen konnten, und manchmal sagten sie auch ab und bezahlten ihre ausstehenden Rechnungen überhaupt nicht. Allmählich wurde meine Lage ziemlich verzweifelt. Dann war auch noch eine größere Reparatur an meinem Auto fällig – 1 900 DM, die ich mit meiner Kreditkarte bezahlte. Damit hatte ich mein Limit erreicht, was sollte ich also tun? Ich besorgte mir noch eine Kreditkarte.

Eines Tages sprach ich mit Patrick, einem der anderen Trainer im Fitness-Center, einem wirklich netten Kerl. Er erzählte mir, dass er den Preis für seine privaten Kunden gerade auf 98 DM pro Stunde erhöht habe. Ich war baff. Dann sagte er noch, er habe eigentlich zu viele Kunden, ob er mich einigen von ihnen empfehlen solle? Ich konnte es nicht glauben: Er verlangte pro Stunde 39 DM mehr als ich und hatte mehr als genug Kunden? Ich fragte ihn, ob er manchmal Schwierigkeiten habe, sein Geld zu bekommen, und er sah mich an, als sei ich verrückt geworden: Nein, er ließ sich immer im Voraus bezahlen, und außerdem stellte er Kunden, die nicht spätestens 24 Stunden vorher absagten, grundsätzlich 45 DM in Rechnung. Ich kam mir wie ein

Volltrottel vor – dieser Mann machte genau das Gleiche wie ich, verdiente aber wahrscheinlich das Dreifache, ganz abgesehen davon, dass er mehr als genug Kunden hatte!

Es war mir sehr peinlich, aber ich erzählte ihm, welchen Preis ich verlangte und dass ich mein Geld fast jedes zweite Mal ohnehin nicht bekam. Er war ganz entgeistert und sagte, er würde mich nicht an einen einzigen Kunden weiterempfehlen, wenn ich nicht auch 98 DM pro Stunde verlangte; wir müssten alle den gleichen Preis haben. Dann nahm er mir das Versprechen ab, immer im Voraus zu kassieren. Er machte mich wirklich nachdenklich: War es nicht Zeit, dass ich mich in dieser Hinsicht wie eine Erwachsene benahm?

Bei meinen Stammkunden konnte ich meinen Preis ja nicht von heute auf morgen um 39 DM erhöhen. Also sagte ich ihnen, ich würde ihn schrittweise steigern, bis auf 75 DM pro Stunde. Das kostete mich viel Überwindung, ich hasse es nämlich, über Geld zu sprechen, aber ich habe es getan. Meinen unzuverlässigen Kunden erzählte ich das Gleiche und sagte ihnen außerdem, dass sie mich von nun an im Voraus bezahlen müssten. Einigen gefiel das gar nicht, und ich geriet fast schon in Panik – was sollte ich nur tun, wenn ich nicht mehr genug Kunden haben würde? Aber dann bekam ich über Patrick drei neue Kunden und verlangte 98 DM von ihnen. Das war ein großartiges Gefühl. Einer meiner neuen Kunden hat einen Freund, der auch eine Trainerin sucht, das wird also noch ein Kunde zum Höchstpreis. Ein paar Kunden habe ich verloren, aber sie gehörten zu denen, die sowieso nie pünktlich zahlten. Insgesamt verdiene ich jetzt mehr Geld als vorher. Und ich kann Ihnen gar nicht sagen, wie viel besser ich mich fühle!

Durch ihren Kollegen ermutigt fing Irene an, mehr zu verlangen, sie hörte auf, sich mit den Umständen abzufinden und zu akzeptieren, dass sie gerade so über die Runden kam, und ließ sich nicht mehr von Kunden ausnutzen, die gar nicht die Absicht hatten, sie zu bezahlen. Obwohl es ihr schwer fiel, mehr zu verlangen, tat sie es – und damit verlangte sie nicht nur von ihren Kunden mehr, sondern auch von sich selbst. Das Ergebnis: Sie hatte mehr Geld in der Tasche, und gleichzeitig stieg auch ihr Selbstwertgefühl.

Mit anderen Worten: Irene fing an, nach einem wichtigen Geldgesetz zu leben:

> GELDGESETZ
>
> *Wenn Sie dem, was Sie tun, zu wenig Wert beimessen, wird die Welt dem, was Sie sind, zu wenig Wert beimessen.*

Sehen Sie den Zusammenhang? Wer sich arm fühlt und glaubt, nichts zu verdienen, kann nicht erwarten, reich zu werden. Sie müssen wissen, was Sie von der Welt verlangen können, und sich genauso für Ihre Rechte einsetzen, wie Sie selbst Ihre Verpflichtungen erfüllen. Wenn Sie nicht so viel haben, wie Sie Ihrer ehrlichen Überzeugung nach verdienen, müssen Sie mehr verlangen – von sich selbst und von anderen, wie Irene. Mehr zu verlangen ist an sich schon eine reiche, starke und großzügige Handlung. Dadurch öffnen Sie sich dafür, mehr zu bekommen, und Sie werden auch wirklich mehr erhalten – wenn nicht heute, dann morgen. Menschen, die mehr erwarten, bekommen mehr – so einfach ist das!

Geld und Schuldgefühle

Wenn finanziell bei Ihnen alles in bester Ordnung wäre und Sie so viel Geld hätten, wie Sie brauchen, wären Sie dann glücklich? Oder hätten Sie wegen Ihres Geldes Schuldgefühle?

Und wenn Sie nicht so viel haben, wie Sie möchten, oder mehr ausgeben, als Sie sich leisten können, haben Sie dann Schuldgefühle?

Haben Sie im Augenblick genug Geld? Bereitet Ihnen das viel Freude, oder ruft es Schuldgefühle in Ihnen hervor?

Wenn die Beziehung zwischen Ihnen und Ihrem Geld harmonisch ist – unabhängig davon, wie viel Sie haben –, wird auch Ihr Umgang mit Ihrem Geld harmonisch sein. Damit meine ich, dass das, was Ihr Geld in Ihr Leben bringt, und das, was Sie damit tun können, um anderen zu helfen, ein beglückendes Gefühl bei Ihnen erweckt. Und dass die Erhöhung Ihrer Lebensqualität und Ihres Wohlbefindens dadurch, dass Sie Ihr Geld für die kleinen und großen Annehmlichkeiten des Lebens ausgeben, Ihnen viel Freude bereiten wird. Eins steht doch fest: Geld ist etwas Großartiges. Warum führt sein Vorhandensein – oder sein Fehlen – dann dazu, dass so viele von uns sich elend und schuldig fühlen?

Ich kenne niemanden, der sich schuldig fühlt, weil er seine Kinder, seine Eltern, seine Familie, seinen Mann oder seine Frau sehr liebt. Ich habe es noch nie erlebt, dass jemand versucht hätte, die Tatsache zu verheimlichen, dass er eine Familie hat, die ihn liebt. Wenn es in Ihrem Leben viel Liebe gibt, wenn die Mitglieder Ihrer Familie sich sehr nahe stehen oder Ihre Ehe glücklich ist, werden Sie mir voller Stolz, Achtung und Dankbarkeit erzählen, wie reich Sie sich fühlen, reich an Liebe. Da gibt es keine Schuldgefühle! Wir fühlen uns nie schuldig, wenn wir von den Dingen, die man nicht mit Geld kaufen kann, mehr haben, als wir uns wünschen könnten; wenn es aber um Geld geht, schleichen sich Schuldgefühle ein.

Lindas Geschichte

Wie mein Leben aussehen würde, habe ich gewusst, seit ich fünfzehn war. Felix und ich gingen schon damals miteinander. In den Sommerferien arbeitete er immer in dem kleinen Bootshafen seines Vaters, und ich half meinen Eltern im Geschäft. Wir wussten einfach, dass er den Hafen eines Tages übernehmen und dass wir auch den Laden führen würden. Und genauso ist es dann gekommen. Nach dem Abi heirateten wir, und jetzt sind unsere beiden Kinder schon groß. Unser Sohn ist im letzten Schuljahr, und unsere Tochter steht bereits auf eigenen Füßen. All die Jahre hindurch waren wir sehr glücklich. Der Hafen warf genug Geld ab, und das Geschäft blieb eigentlich so, wie es immer gewesen war. Vor ungefähr fünf Jahren wachte unsere kleine Stadt dann aber plötzlich auf. Im Hafen lagen jetzt neben den Fischerbooten auch Jachten. Immer mehr Leute bauten sich hier Wochenend- und Sommerhäuser, und das Haus, das wir von meinen Eltern geerbt hatten, war auf einmal eine Menge wert. Vor ungefähr einem Monat bekamen wir dann ein wirklich gutes Angebot für den Laden. Er liegt an der Ecke der Hauptstraße und ist ziemlich groß. Die Steuern sind kräftig gestiegen, und wir hatten sowieso schon darüber gesprochen, ob wir unser Geschäft nicht schließen sollten. Jetzt, wo die Stadt so einen Aufschwung erlebt, sind wir doch nur noch dieser muffige alte Laden, und die Leute fragen zum Beispiel nach Kosmetikartikeln, von denen ich noch nie etwas gehört habe. Und da kommt plötzlich dieses Angebot! Felix ist begeistert. Er will, dass wir es annehmen, und spricht ständig davon, was wir uns dann alles kaufen könnten. Die Kinder auch. Ich glaube, meine Freundinnen sind ein bisschen neidisch. Sie sagen Sätze wie: »*Na, dann werdet ihr ja wohl bald nichts mehr mit uns zu tun haben wollen!*« *Ich weiß wirklich nicht, was wir machen sollen. Womit haben wir das nur verdient? Was sollen wir denn mit so viel Geld? Ich wäre eigentlich froh, wenn wir dieses Angebot nie bekommen hätten.*

Es ist seltsam mit Geld: Wer welches hat, glaubt vielleicht, es nicht zu verdienen – Schuldgefühle. Wer keines hat, denkt oft, er sollte welches haben – auch Schuldgefühle. Wenn Sie daran arbeiten, Geld zu bekommen, könnten Sie den Eindruck haben, nichts anderes zu tun, als für Geld zu arbeiten, und dass Ihnen das keinen Spaß macht. Und wenn es Ihnen gewissermaßen in den Schoß fällt, wie Linda und Felix, können Schuldgefühle Sie davon abhalten, es anzunehmen. Schuldgefühle wegen Geld können Ihnen die Freude an dem verderben, was Sie geschaffen haben, und Sie dazu verleiten, Dinge zu tun, die nicht in Ihrem Interesse liegen – so wie bei Linda, die ernsthaft darüber nachdenkt, das Angebot für den Laden abzulehnen.

Wenn Sie nicht den Mut haben, sich diesen Schuldgefühlen zu stellen und ihre Macht über Ihr Geld zu brechen, werden Sie nie fähig sein, wahren Reichtum zu erfahren. Schon die Tatsache, dass wir uns selbst danach beurteilen, wie viel wir haben, zeigt, was für ein wichtiger Prüfstein Geld ist, wenn es darum geht, wer wir sind. Wir sagen uns, dass wir es uns nehmen sollten, so viel, wie wir bekommen können, doch gleichzeitig fragen wir uns, ob wir das, was wir haben könnten, überhaupt verdienen.

In diesem Augenblick hält jeder von uns ein Angebot in der Hand, das dem ähnelt, das Linda bekommen hat – das Angebot für einen größeren Kelch, den wir mit Reichtum füllen können. Wenn Sie bisher nicht alles erreicht haben, was Sie in dieser Welt erreichen wollten, können Sie den Kurs ändern und Ihr Potenzial ausschöpfen. Wenn Sie Schulden haben, können Sie sich von Ihren Schuldgefühlen und Ihrem Selbstmitleid abwenden, noch heute anfangen, sie systematisch abzutragen, und das Geld, das Sie jeden Monat dazu gewonnen haben, dann in Ihre Zukunft stecken. Falls Sie alles haben, was Sie brauchen, aber trotzdem von Schuldgefühlen gequält werden, sind Sie es sich selbst und Ihrem Geld schuldig, sich Ihres Besitzes würdig zu erweisen; lassen Sie es durch Investitionen, Spenden an Wohltätigkeitsorganisationen und gut überlegte Ausgaben für sich selbst und für diejenigen, die Sie lieben, wieder in die Welt zurückfließen. Falls Sie keinen Pfennig für Ihr Alter zurückgelegt und deshalb Schuldgefühle haben, können Sie noch heute anfangen zu sparen. Ich bin zwar keine Psychiaterin, aber ich weiß, dass Sie nur reich werden können, wenn Ihr Selbstwertgefühl so weit steigt, dass Sie das annehmen, was Ihnen gehören kann. Schuldgefühle wegen Geld nützen gar nichts, sie beweisen, dass Sie sich selbst und Ihr Geld nicht achten, und sie werden verhindern, dass mehr Geld zu Ihnen kommt. Wenn Sie die Liebe in Ihr Leben gelassen haben, müssen Sie auch Ihr Geld akzeptieren. Denn wenn Sie das nicht tun, zeigen Sie damit, dass Sie es noch nicht verstanden haben, Geld zu besitzen, da Sie Geld mehr Wert zumessen als der Liebe – und das ist ein Verstoß gegen das erste Geldgesetz: *Zuerst die Menschen. Dann das Geld. Dann die Dinge.* Sorgen Sie dafür, dass Sie Ihres Geldes würdig sind – dann wird auch das Geld sich Ihrer würdig erweisen.

Kapitel 6
Der Mut, dem Unbekannten ins Auge zu blicken

Wo stehen Sie jetzt?

Das Gesamtbild Ihrer finanziellen Lage umfasst alles, was Ihnen jetzt zur Verfügung steht oder was Sie für später angelegt haben, Ihre gesamten Schulden, das Eigenkapital, das in Ihrem Haus steckt, und alles, was Sie sich von jetzt an noch erschaffen können. Der Weg zum Reichtum besteht aus mehreren Schritten: Zuerst müssen Sie einen Schlussstrich unter die Vergangenheit ziehen; das bedeutet, dass Sie Ordnung in Ihre Finanzen bringen müssen, damit Sie wissen, wo genau Sie stehen, und sich von der Last eventueller Schulden befreien müssen, um so den Weg für das freizuräumen, was Sie morgen hervorbringen können. Erster Schritt: Sie müssen wissen, wo Sie jetzt stehen.

Übung: Stellen Sie sich dem Unbekannten!

Gehen Sie bitte dorthin, wo Sie Ihre Rechnungen aufbewahren. Dort steht ja auch Ihr Sparschwein mit dem Geld, das Sie bei der Übung in Kapitel 3 gefunden haben. Ich möchte, dass Sie jetzt Ihre Rechnungen und alle Papiere, die etwas mit ihrer Bezahlung zu tun haben, genau durchgehen.

Sehen Sie sich zuerst die Auszüge Ihres Girokontos an. Haben Sie sich davon überzeugt, dass die Bank Ihnen alle Einzahlungen, die Sie gemacht haben, auch wirklich gutgeschrieben hat? (Banken sind ja auch nicht unfehlbar!) Suchen Sie nun alle Rechnungen, Depotauszüge und die Mitteilungen über Ihre Versicherungsprämien und Steuerzahlungen heraus – alles, was etwas mit Ihrem Geld zu tun hat, mit dem, was Sie haben und was Sie schulden. Sehen Sie sich alle Rechnungen an, die Sie nicht auf einmal bezahlen. Schreiben Sie auf jede Rechnung, wie hoch Ihre Verpflichtung noch ist. Vielleicht schulden Sie dem Gärtner noch 600 DM dafür, dass er eine Hecke herausgerissen hat, auch wenn Sie ihm die 100 DM, die er für das Rasenmähen bekommt, in diesem Monat schon gezahlt haben. Müssen Sie den Jahresbeitrag für das Fitness-Center noch bezahlen, oder bekommt das Tanzstudio noch Geld für die Ballettstunden Ihrer Tochter, da Sie bisher nur eine Anzahlung geleistet haben? Schreiben Sie alle Rechnungen von den Kreditkartenfirmen auf, alle Summen, die auf den Mitteilungen und den anderen Rechnungen übrig bleiben.

Nachdem Sie das alles aufgeschrieben haben, müssen Sie einen Kassensturz machen: Addieren Sie die einzelnen Beträge. Wie hoch sind Ihre Schulden? Sind sie höher oder niedriger, als Sie gedacht hätten? Ob Sie sich nun über diese Summe freuen oder nicht – Sie wissen jetzt jedenfalls, wo Sie stehen, und haben einen Teil Ihres finanziellen Ballasts abgeworfen, nämlich die Last der Vermutungen, der Schätzungen und Befürchtungen. An ihre Stelle ist die Wahrheit getreten – Sie haben sich Ihrer finanziellen Lage gestellt.

Ich möchte, dass Sie jetzt ein neues Girokonto eröffnen und von vorn anfangen. Nehmen Sie sich fest vor, nie mehr die Augen vor Ihrer finanziellen Situation zu verschließen! Wenn Ihre Bank Ihnen aus irgendeinem Grund nicht gefällt, gehen Sie zu einer anderen. Wenn Sie dagegen mit ihr zufrieden sind, eröffnen Sie Ihr neues Girokonto dort, mit einer anderen Kontonummer und einer neuen Einstellung zu Ihrem Geld. Zahlen Sie eine geeignete Summe einschließlich des Geldes aus Ihrem Sparschwein ein und fangen Sie mit diesem Konto ganz neu an.

Fragen Sie die Bankangestellten bitte auch gleich nach einer Verfügungsberechtigung für Ihr Konto, die über Ihren Tod hinaus gilt. Wenn Sie ein Girokonto auf Ihren Namen haben, ermöglicht diese Verfügungsberechtigung es der Person, die Sie benennen, im Fall Ihres Todes sofort über Ihr Konto zu verfügen. Das ist die einfachste Maßnahme zur Nachlassregelung, aber gerade sie wird sehr oft vernachlässigt. Wenn Sie nicht wollen, dass jemand – auch nicht Ihr Partner – zu Ihren Lebzeiten über Ihr Konto verfügen kann, dann gibt es auch die Möglichkeit einer Verfügungsberechtigung, die nur nach Ihrem Tode gilt. Ohne diese Berechtigung kann es Monate dauern, bis jemand an das Geld auf Ihrem Konto herankommt, selbst wenn es sich um Ihre nächsten Angehörigen handelt. Mit dieser Berechtigung dagegen wird derjenige, den Sie dafür auswählen, das Geld benutzen können, sobald es notwendig ist – denken Sie hier wieder an das erste Geldgesetz: *Erst die Menschen. Dann das Geld. Dann die Dinge.* Wenn Sie auf einem Kurs zum Reichtum sind, müssen Sie über heute, morgen und die Zeit danach nachdenken, und eine Verfügungsberechtigung für Ihr Konto, die über Ihren Tod hinaus oder nur für den Fall Ihres Todes gilt, ist die beste Lösung. Vergessen Sie auch nicht, der von Ihnen ausgewählten Person zu sagen, was Sie gemacht haben; dann können Sie diesen Punkt für immer von der Liste der Dinge, die Sie erledigen müssen, streichen und in dieser Hinsicht beruhigt sein.

Wenn dann alle Überweisungen, die Sie noch auf Ihr altes Konto ausgestellt hatten, abgewickelt worden sind, können Sie dieses Konto auflösen und nur noch mit Ihrem neuen

Konto arbeiten, bei dem Sie darauf achten, nie ins Minus zu rutschen. Das wird ein großartiges Gefühl sein, ein neuer Anfang. Ich kann Sie nicht dazu auffordern, die Vergangenheit auf null zu bringen, aber ich weiß, dass Sie sich Ihrer finanziellen Situation bei einem solchen Neuanfang auf ganz andere Weise stellen können. Sie werden wissen, was Sie haben, Sie werden wissen, wie hoch Ihre Schulden sind, und viel unnötiger Ballast wird aus dem Weg sein, sodass Platz für mehr Geld da ist. Ich möchte, dass Sie in diesem Augenblick der Abrechnung der Wahrheit ins Gesicht blicken. Sie brauchen keine Angst davor zu haben!

Tun Sie von heute an bitte immer Folgendes, wenn eine Rechnung kommt: Öffnen Sie sie, sehen Sie sie sich an, schreiben Sie sofort eine entsprechende Überweisung und tragen Sie die Summe in ein dafür vorgesehenes Heft ein. Legen Sie die Überweisung dann bereit, damit Sie sie an Ihre Bank schicken oder dort abgeben können. Falls Sie Ihre Rechnungen immer zu spät bezahlen oder Angst davor haben, einen ganzen Stapel von Rechnungen auf einmal bezahlen zu müssen, wird Ihnen diese Methode dabei helfen, richtig mit Ihrem Geld umzugehen und Ordnung in Ihren Angelegenheiten zu halten. Wenn Sie die Überweisungen gleich abschicken können, ist das prima. Dann werden sie nicht einmal einen Tag lang zu mentalem und emotionalem Ballast. Wenn Sie aber nicht genug Geld haben, um sie gleich abzuschicken, macht das auch nichts. Sobald dann wieder genug Geld auf Ihrem Konto eingegangen ist, müssen Sie so viele Überweisungen abschicken oder zur Bank bringen, dass Ihr Konto nach der Abbuchung der regelmäßigen Zahlungen für Miete, Versicherungen und so weiter gerade noch im Plus bleibt, und zwar entsprechend der Fälligkeit der Rechnungen. Falls Sie die Rechnungen alle bezahlen können, schicken Sie alle auch gleich weg. Denken Sie daran, dass Sie

sie ja schon ausgefüllt und erfasst haben, sodass sie jetzt nur noch in den Briefkasten geworfen werden müssen.

Und das Geld aus Ihrem Sparschwein? Jene zusätzlichen 30 bis 50 Mark, die Sie auf Ihr neues Konto eingezahlt haben? Dieses Geld soll an diejenige Kreditkartenfirma gehen, bei der Sie die höchsten Zinsen zahlen müssen.

Der schwierigste Schritt bei der Bezahlung der Rechnungen ist es, sich tatsächlich hinzusetzen und sich alle Rechnungen vorzunehmen. Das kann eine wirklich große seelische Belastung sein, und da wir es nicht gern tun, lassen wir es einfach. Außerdem trennen wir uns nicht gern von Geld, das wir gerade erst bekommen haben. Wir würden es lieber festhalten. Die Tatsache, dass dieses Geld uns gar nicht gehört, sondern dass wir es anderen schulden – der Bank, bei der wir unsere Hypothek aufgenommen haben, unserer Versicherung, der Rundfunkanstalt, Handwerkern, die Arbeiten für uns erledigt haben –, erleichtert es uns nicht, es wegzugeben. Solange wir es haben, fühlen wir uns reicher, und dieses Gefühl gefällt uns. Das ist aber genau der Punkt, an dem finanzieller Ballast entsteht – und zugleich auch der Punkt, an dem wir anfangen, mehr Ballast zu erzeugen. Sobald wir uns nämlich ein bisschen reicher fühlen, neigen wir dazu, ein bisschen mehr auszugeben, und wenn die Rechnungen dann fällig werden, haben wir nicht mehr genug Geld, um sie zu bezahlen. Horten Sie das Geld nicht, das Sie anderen schulden, sondern befreien Sie sich, indem Sie die entsprechenden Überweisungen ausfüllen und Ihre Rechnungen so bald wie möglich bezahlen. Dadurch wird es Ihnen gelingen, Ihr finanzielles Chaos zu beseitigen, weil Sie dann klarer sehen, wo Sie stehen, und sich letztendlich auch stärker fühlen. Und wenn Sie sich stärker fühlen, wird mehr zu Ihnen kommen. Was Sie über Ihr Geld wissen, kann Ihnen nicht so viel schaden wie das, was Sie nicht darüber wissen.

Die schwere Last: Schulden auf Kreditkarten

Ich habe selbst Schulden bei mehreren Kreditkartenfirmen gehabt und auch miterlebt, wie hart viele meiner Klienten darum gekämpft haben, solche Schulden abzutragen. Daher weiß ich, was sie uns antun können, nämlich, dass sie unser Selbstwertgefühl auf den Nullpunkt sinken lassen können. Wenn Sie Schulden bei Kreditkartenfirmen haben, befinden Sie und Ihr Selbstwertgefühl sich in einer Art freiem Fall, denn Sie sind im wahrsten Sinne des Wortes weniger wert, als Sie haben, und deshalb haben Sie das Gefühl, weniger zu sein, als Sie sind – also in doppelter Hinsicht eine negative Bilanz. Wer bis über beide Ohren in Schulden steckt, kann keinen Ausweg sehen; die Mindestbeträge, die Sie zahlen, sind nur ein Tropfen auf den heißen Stein, Sie jonglieren ständig mit den Fälligkeitsdaten herum, und schon ein Blick auf die monatlichen Rechnungen (sofern Sie es überhaupt über sich bringen, sie sich anzusehen) zeigt Ihnen, dass die Lage hoffnungslos ist. Sie haben das Gefühl, dass Ihr Leben eine Lüge ist, und deshalb sinkt Ihr Selbstwertgefühl ins Bodenlose. Da Sie von Dingen umgeben sind, die Ihnen nicht gehören, haben Sie das seltsame Gefühl, dass Ihnen gar nichts gehört – außer Ihren Schulden. Und was sind Schulden? Weniger als null. Genauso fühlen Sie sich auch! Dieses Gefühl ist immer bei Ihnen, und es erinnert Sie daran, dass Sie finanziell und emotional in der Falle sitzen.

Schulden machen sich oft auch äußerlich bemerkbar – das habe ich zusammen mit einer meiner Klientinnen entdeckt.

Angelas Geschichte

Angela war schon seit Jahren eine Klientin von mir, doch ich hatte sie länger nicht gesehen. Vor ein paar Jahren kam sie dann eines Tages wieder in mein Büro, und ich sah gleich, dass sie stark zugenommen hatte. Natürlich sprach ich das nicht aus – schließlich war sie ja wegen ihres Geldes gekommen, nicht wegen ihres Gewichts. Wir gingen ihre gegenwärtige finanzielle Situation durch, und da ich vorher meine Notizen zu unserem letzten Gespräch noch einmal durchgelesen hatte, fiel mir auf, dass sie 40 000 DM mehr Schulden bei Kreditkartenfirmen hatte als ein paar Jahre zuvor. Als ich sie fragte, was denn passiert sei, sagte sie, ihr Geschäft laufe schlecht, und sie verwende ihre Kreditkarten, um sich Bargeld zu besorgen, und zahle dies in Monatsraten zurück.

Bei der Durchsicht von Angelas Unterlagen merkte ich, dass sie andererseits über 40 000 DM auf einem Sparkonto hatte. Ich fragte sie natürlich, warum sie nicht auf dieses Geld zurückgegriffen hatte, statt Schulden auf ihren Kreditkarten anzuhäufen. Sie antwortete, dann hätte ihr Mann ja erfahren, dass ihr Geschäft nicht gut lief. Da musste ich natürlich nachhaken: »Wollen Sie damit sagen, Ihr Mann weiß gar nicht, dass Sie diese 40 000 DM Schulden haben?«

»Nein – die Rechnungen bezahle ich, und daher weiß er nichts davon!« Ich fragte Angela dann, was das für ein Gefühl sei, und sie sagte: »Ich habe das Gefühl, dass ich das ganze Gewicht der Welt auf meinen Schultern trage!«

Auf meine Frage, wann sie angefangen habe, ihre Schulden vor ihrem Mann zu verheimlichen, antwortete sie: »Vor einem Jahr.« Nun nahm ich meinen ganzen Mut zusammen und fragte sie, wann sie denn angefangen habe zuzunehmen. Auch vor etwa einem Jahr! Da ging uns beiden ein Licht auf, und aus unserem Gespräch wurde plötzlich eine Art Weight-Watchers-Sitzung auf finanzieller Ebene. Natürlich konnten wir nicht sicher sein, dass ihre Gewichtszunahme tatsächlich das Ergebnis ihrer Angst – wegen ihres Geschäfts, weil sie ihren Mann hinterging, wegen der Schulden selbst – und nicht durch etwas ganz anderes verursacht worden war. Uns war aber beiden klar, dass sie etwas tun musste, um den Stress, unter dem sie stand, abzubauen.

Nachdem wir alles durchgesprochen hatten, waren wir uns einig: Sie musste ihrem Mann die Wahrheit über ihre finanzielle Situation sagen. Sie versprach mir, dass sie ihm noch am gleichen Abend alles erzählen würde. Am nächsten Morgen rief sie mich an und sagte, ihr Mann sei zwar zunächst ziemlich wütend gewesen, doch schließlich hätten sie beschlossen, dass sie ihre Schulden mit dem Geld von ihrem gemeinsamen Sparkonto bezahlen würden.

Ungefähr ein halbes Jahr später rief Angela mich wieder an. Sie erzählte mir, dass ihr Geschäft inzwischen noch schlechter laufe. Ihr Mann und sie hätten sich dazu entschieden, nicht noch mehr Geld hineinzustecken, sondern es zu schließen. Ob ich das für sinnvoll hielte? Als sie mir die Zahlen genannt hatte, sagte ich, das sei meiner Ansicht nach eine gute Idee. Bevor sie auflegte, sagte sie noch: »Ich habe übrigens acht Kilo abgenommen und fühle mich jetzt viel besser!« Ich dachte darüber nach, als ich mir ihre Akte holte, um ihre Unterlagen auf den neuesten Stand zu bringen. Zunächst las ich meine Notizen zu unserem letzten Gespräch: Hat zugenommen, weiß nicht, warum. Geschäft läuft schlecht, verheimlicht ihrem Mann 40 000 DM Schulden, will es ihm heute abend erzählen. Hat angerufen, um mir zu sagen, dass sie das getan hat und dass sie ihre Schulden mit Geld von ihrem gemeinsamen Sparkonto abzahlen wollen. *Als ich dann gerade dazuschreiben wollte* Schließt Geschäft, hat acht Kilo abgenommen, hört sich an, als ob sie sich wirklich gut fühlt, *fing ich an, über ihre Gewichtszunahme und -abnahme nachzudenken. Beides war ganz offensichtlich nicht durch ihr Geschäft verursacht worden, denn das war ja weiterhin schlecht gegangen. Trotzdem hatte sie abgenommen. Was hatte sich geändert? Nun, zum einen war sie ihre Schulden losgeworden, auch wenn sie und ihr Mann danach keine Ersparnisse mehr gehabt hatten, und zum anderen verheimlichte sie ihre Schulden nicht mehr. Von da an fing ich an, meiner Vermutung nachzugehen, dass das Gewicht von Schulden nicht nur eine emotionale Last ist, sondern auch eine physische.*

Wenn Klienten zu mir kamen, die mit Schulden und Übergewicht belastet waren, versuchte ich immer, so taktvoll wie möglich herauszufinden, ob ihr Gewicht parallel zu ihren Schulden gestiegen war. Ich bin ja keine Psychologin, aber die Antwort lautete überraschend oft Ja. Dann erkundigte ich mich, ob sie ihre Schulden vor jemand, der ihnen sehr nahe stand, verheimlichten. Auch dann war die Antwort häufiger Ja als Nein. So kam ich zu dem Ergebnis, dass meine Klienten die Last ihrer Schulden auch körperlich trugen.

Wenn Ihr Leben mit Kreditkarten-, Bank- und Versandhausschulden belastet ist, ist es eine Lüge, und das ist eine besonders schlechte und machtlose Weise, sein Leben zu führen. Dann stellen Sie Dinge, die Ihnen nicht gehören, die Sie sich nicht leisten können, der Welt gegenüber als eigene Besitztümer hin. Wenn Sie Ihre Schulden sorgfältig verbergen, vor allem vor jenen Menschen, die Ihnen am nächsten stehen, ist Ihr Leben nicht nur eine Lüge, sondern Sie gefährden auch die finanzielle Sicherheit dieser Menschen. Sie sind unehrlich im Hinblick auf sich selbst und auf Ihre Zukunft, denn durch die Schulden, die Sie heute haben, setzen Sie das ganze Geld aufs Spiel, das Sie morgen haben könnten. Außerdem zeigen Sie dann Verachtung für das Geld selbst, denn man sollte es anders behandeln, es schätzen und es ihm ermöglichen zu wachsen, statt es für Zinszahlungen, die höher sind als der ursprüngliche Preis des Gegenstandes, an Kreditinstitute zu verwenden. Wahren Reichtum können wir nur erreichen, wenn wir uns den Herausforderungen des Lebens stellen und sie meistern.

Gute Schulden, schlechte Schulden

Es gibt im Leben Zeiten, in denen es durchaus vertretbar sein kann, Schulden zu machen. Voraussetzung für solche »guten« Schulden ist aber, dass sie im Einklang mit den großen Zielen in unserem Leben stehen. Ich gebe Ihnen einige Beispiele für »gute« Schulden:

- Bafög für Ihr Studium. Diese Schulden stehen im Einklang mit Ihren Zielen für die Zukunft, denn sie ermöglichen es Ihnen ja,

Ihre Träume auf eine Weise zu verfolgen, die Ihnen andernfalls verbaut wäre. Bafög-Schulden sind daher Schulden, auf die man stolz sein kann.

- Ein Hypothekenkredit – vorausgesetzt, dass Sie sich das Haus wirklich leisten können. Diese Schulden ermöglichen es Ihnen, Ihren Traum vom eigenen Haus zu verwirklichen und einen sicheren Hafen für sich und Ihre Familie zu schaffen. Sie können stolz sein, wenn Sie so weit gekommen sind, dass man Ihnen ein entsprechendes Darlehen bewilligt.
- Auch wenn Sie sich finanziell zu stark verausgabt haben, um Ihren Eltern unter die Arme zu greifen oder weil ein naher Angehöriger erkrankt ist und seine medizinische Pflege viel Geld verschlingt, sind das »gute« Schulden. Zuerst die Menschen, dann das Geld!
- Wenn Sie ein Auto brauchen, dafür einen Kredit aufgenommen haben und die Raten bezahlen können, sind auch das »gute« Schulden, denn für die meisten von uns ist ein Auto notwendig, und es auf einmal zu bezahlen übersteigt oft unsere finanziellen Möglichkeiten.
- Ein Darlehen von einem Freund oder Verwandten, das zur Überbrückung eines vorübergehenden Engpasses gedacht ist, ist ein Freundschaftsdienst, den man nicht als Bürde zu betrachten braucht, solange man genau weiß, dass das Geld zu einem bestimmten Zeitpunkt zurückgezahlt wird.

Wer aber Schulden bei Kreditinstituten anhäuft, um Dinge zu kaufen, die er dann tragen oder vorzeigen kann, oder um sein Verlangen nach Reisen, Restaurantbesuchen oder Unterhaltung zu stillen, der zahlt morgen für die Freuden und den Genuss von heute. Das sind die schlechtesten, die unehrenhaftesten Schulden, die es gibt.

Girokontoschulden

Wenn ich Leute frage, ob sie Girokontoschulden haben, antworten diejenigen, die keine haben, immer mit einer dreifachen Verneinung: »Oh nein, ich doch nicht, nein! Ich bezahle jeden Monat alle meine Rechnungen.« In ihrer Nachdrücklichkeit schwingen Disziplin und Stolz mit. Diejenigen aber, die ihr Konto weit überzogen haben, antworten stets mit einer Gegenfrage: »Ob ich Schulden auf meinem Girokonto habe?« oder, noch häufiger: »Wer, ich?«, selbst wenn außer uns gar niemand in der Nähe ist.

Die Leute, die auf meine Frage mit einer Gegenfrage antworten, versuchen Zeit zu gewinnen, um darüber nachdenken zu können, was sie antworten sollen. Eigentlich wollen sie meine Frage überhaupt nicht beantworten – sie wollen sich nämlich einerseits nicht der Wahrheit stellen, indem sie sie laut aussprechen, und andererseits wollen sie nicht, dass ich etwas von ihren Schulden erfahre.

Haben Sie Girokontoschulden? Glauben Sie wirklich, dass Sie der oder die Einzige sind? Dass Sie mit diesem dunklen Geheimnis allein dastehen? Und schämen Sie sich deswegen tatsächlich so, dass Sie es nicht einmal einem anderen gegenüber zugeben können?

Sehen Sie, welchen Schaden Ihre Schulden anrichten – nicht nur bei Ihren Finanzen, heute und morgen, sondern auch bei Ihrem Selbstwertgefühl? Ich sage es nicht zum ersten Mal, aber ich möchte es trotzdem wiederholen: *Sie sind kein schlechter Mensch, weil Sie Schulden haben, sondern Sie sind einfach nur ein Mensch, der schlecht mit seinem Geld umgegangen ist.* Das ist etwas ganz anderes! Was andere über Sie denken, ist längst nicht so wichtig wie Ihr eigenes Bild von sich. Wenn Sie weniger von sich halten, weil Sie Schulden haben, werden Ihre Gedanken, Worte und Handlungen es Ihnen sehr wahrscheinlich unmöglich machen, aus Ihren Schulden herauszukommen.

Wenn Sie sich weiter so verhalten wie bisher, unterwerfen Sie sich den äußeren Umständen. Sie tun absolut nichts, um Ihre Situation zu ändern. Um ein Leben in Reichtum führen zu können, ein Leben ohne die Fesseln, das Gewicht und die Last Ihrer Schulden, müssen Sie aus den tiefsten Winkeln Ihrer Seele jedes Körnchen Mut aufbieten, das Sie haben, und anfangen, Ihre Schulden abzutragen. Sie müssen Ihre Angst in Handlungen verwandeln, Ihr Selbstmitleid in Entschlossenheit. Sie dürfen es sich nicht mehr erlauben, einfach nur gerade so über die Runden zu kommen, Ihre Schulden von einem Monat zum anderen und von einem Jahr zum nächsten mitzuschleppen oder Ihre Lage zu ignorieren. Sich von Ihren Schulden zu befreien ist das Wichtigste, was Sie für Ihre zukünftige finanzielle und emotionale Sicherheit tun können.

Ist Ihr Kreditantrag abgelehnt worden?

Im Laufe der Jahre habe ich viele Briefe von Menschen bekommen, denen Kredite verweigert worden waren und die wissen wollten, was sie dagegen tun könnten. In Deutschland ist die hierfür zuständige Institution die SCHUFA.

Die SCHUFA (Schutzgemeinschaft für Allgemeine Kreditsicherung) ist eine Gemeinschaftseinrichtung der kreditgebenden deutschen Wirtschaft. Vertragspartner der SCHUFA sind Banken, Sparkassen, Versicherungen, Handel, Versandhäuser und Telekommunikationsfirmen. Sie speichert alle Daten, die mit der Aufnahme und Abwicklung von Geschäftsbeziehungen zu tun haben, bei denen es um Kredite geht. Jedes Mal, wenn Sie ein neues Konto eröffnen oder einen Kredit bewilligt bekommen wollen, kann die Bank sich bei der SCHUFA über Sie informieren. Aber auch Sie haben Anspruch auf Auskunft bei der SCHUFA. Sie ist verpflichtet, Ihnen auf Anfrage alle Daten, die sie vorliegen hat, mitzuteilen.

Ist Ihr Kreditantrag abgelehnt worden, sollten Sie zunächst mit Ihrer Bank über die Gründe sprechen und eventuelle Missverständnisse oder Ihre finanzielle Entwicklung in der nahen Zukunft darlegen.

Stellen Sie bei der SCHUFA einen Antrag auf Auskunft über alle zu Ihrer Person gespeicherten Daten. Sie müssen hierfür Ihren Vor- und Familiennamen, Ihren Geburtsnamen, das Geburtsdatum und -ort sowie Ihre Anschrift angeben und eine Auskunftsgebühr von 15 DM bezahlen. Diesen Antrag können Sie auch über das Internet stellen (www.schufa.de); die für Sie zuständige Geschäftsstelle ergibt sich aus Ihrer Postleitzahl.

Die über Sie gespeicherten Daten betreffen zum Beispiel die Anfrage einer Bank zu einem Kreditantrag oder einer Kontoeröffnung, Ausgabe einer Kreditkarte, Leasingverträge mit Betrag und Laufzeit. Gespeichert werden auch Daten über nicht vertragsgemäße Geschäftsabwicklungen, zum Beispiel Kündigung wegen Verzug, Ihren Widerspruch gegen einen Mahnbescheid und anderes.

Nicht gespeichert werden Daten zu Ihrem Familienstand, Zahl der Kinder, Einkommen, Guthaben, Depotwerte oder sonstige Vermögensverhältnisse.

Wenn Sie die über Sie gespeicherten Daten der SCHUFA vorliegen haben, prüfen Sie sie bitte. Stimmen die Angaben zu eventuellen nicht vertragsgemäßen Geschäftsabwicklungen? Falls nicht, können Sie selbst Ergänzungen oder Hinweise geben. Wichtig für Sie ist aber, in jedem Fall mit Ihrer Bank zu sprechen. Denn allein durch eine Ergänzung der Daten bei der SCHUFA bekommen Sie keinen Kredit. Sollten Sie mit Ihrer Bank Probleme haben, wenden Sie sich an Ihre Verbraucher-Zentrale. Bei Problemen mit der SCHUFA können Sie sich bei Ihrem Datenschutzbeauftragten beschweren. Die Adresse erfahren Sie von Ihrer Landesregierung.

Die Löschfristen bei der SCHUFA sind unterschiedlich. Anfragedaten (zum Beispiel zu einem Kreditantrag) werden nach 12 Monaten gelöscht. Daten zu Krediten werden in der Regel zum Ende des dritten Kalenderjahres nach dem Jahr der Erledigung gelöscht, die Daten zu Bürgschaften nach der Rückzahlung der Kreditverpflichtung. Daten zu Giro- und Kreditkartenkonten werden in der Regel nach fünf Jahren gelöscht, sofern der Vertragspartner keine Verlängerung meldet.

Die Schmerzgrenze bei Ihren Schulden

Wie hoch sind Ihre Schulden im Augenblick? Falls Sie noch nichts unternommen haben, um Ihre Schulden loszuwerden, obwohl Sie über Ihre Situation beunruhigt sind, haben Sie Ihre Schmerzgrenze noch nicht erreicht. Ich glaube, dass es bei jedem von uns einen Punkt gibt, an dem die Angst wegen der Schulden sich in Panik verwandelt. Das ist der Punkt, an dem wir endlich bereit sind zu handeln. Diese »Schmerzgrenze« kann ganz unterschiedlich sein – bei manchen liegt sie schon bei 4 000 DM, bei anderen erst bei sechsstelligen Zahlen. Wir kennen unsere eigene Schmerzgrenze instinktiv und merken es genau, wenn wir sie erreicht haben.

Ich habe festgestellt, dass oft ein Zusammenhang, nämlich eine umgekehrt proportionale Beziehung, zwischen dieser Schmerzgrenze und der Selbstachtung des Betreffenden besteht. Je geringer die Selbstachtung ist, desto höher liegt die Schmerzgrenze. Wenn Sie Geld ausgeben, das Sie gar nicht haben, und nicht damit aufhören, obwohl die Chancen, es zurückzahlen zu können, immer geringer werden, geben Sie Ihr Geld wahrscheinlich aus, um mehr zu *sein*, nicht, um mehr zu *haben*. Je weniger Selbstachtung Sie haben, desto mehr Schulden machen Sie.

Daher muss der erste Schritt darin bestehen, dass Sie Ihre Selbstachtung verbessern. Das ist natürlich leichter gesagt als getan. Fangen Sie damit an sich klarzumachen, dass Sie mehr sind als die negativen Zahlen auf Ihren Kontoauszügen. Erzählen Sie den Menschen, die Ihnen nahe stehen, von Ihren Schulden und befreien Sie sich dadurch von der Last des Verheimlichens. Sie müssen erkennen, dass Sie kein schlechter Mensch sind, weil Sie Schulden haben, sondern einfach nur ein Mensch, der schlecht mit seinem Geld umgegangen ist. Sobald Sie Ihren Selbstwert nicht mehr von materiellen Dingen abhängig machen, werden Sie weniger »brauchen« und weniger ausgeben. In dem gleichen Maße, wie Ihre Selbstachtung steigt, werden Ihre Schulden abnehmen!

Wie Sie Ihre Schulden abzahlen können

Da in Deutschland so viele Menschen Schulden haben, hat es schon einige Fernsehsendungen und Zeitungsartikel zu diesem Thema gegeben. Es wurde außerdem in mehreren Büchern ausführlich behandelt; eine sehr gute Möglichkeit, sich zu informieren und Tipps zu bekommen, um dauerhaft schuldenfrei zu werden, bieten die Bücher der Verbraucher-Zentralen, die Sie in den Beratungsstellen oder über das Internet (www.verbraucher.de) kaufen können. Warum das so wichtig ist, wissen Sie bereits. Nun müssen Sie handeln, um dieses Ziel wirklich zu erreichen. Millionen von Menschen haben das schon geschafft, und auch Sie können es schaffen – aber nur, wenn Sie diesem Ziel höchste Priorität einräumen und das Versprechen halten, das Sie sich selbst gegeben haben: schuldenfrei zu werden.

Ich habe dieses Thema in meinem früheren Buch *The 9 Steps to Financial Freedom* ja schon ausführlich behandelt und werde hier keine Zusammenfassung geben, denn wenn Sie Schulden haben, sollten Sie sich so eingehend wie möglich darüber informieren, wie Sie sie abzahlen können. Die folgenden Punkte müssen Sie auf jeden Fall beachten:

1. Stellen Sie sich Ihren Schulden, indem Sie anderen davon erzählen.
2. Falls Sie hohe Kreditkartenschulden haben, vernichten Sie die Karten sofort. Für alle Fälle steht Ihnen ja die EC-Karte zur Verfügung.
3. Rufen Sie Ihre Bank an und bitten Sie sie, Ihren Disporahmen so weit zu senken, dass er Ihnen bei einem Notfall gerade noch genug Sicherheit bietet.
4. Stellen Sie einen genauen und realistischen Plan auf, wie Sie Ihre Schulden abtragen wollen. Sie dürfen nicht nur minimale Zahlungen leisten, sondern so viel wie nur irgend möglich.
5. Sie müssen so schnell wie möglich Ihr Girokonto ausgleichen, damit es Ihnen nicht gekündigt wird. Bei einem überzogenen Dispositionskredit zahlen Sie die höchsten Zinsen.

6. Sie müssen alles, was mit Ihrem Kredit, Ihrem Girokonto und Ihrer Kreditkarte zu tun hat, genau verstehen: alle Gebühren, wie das Kreditinstitut Ihnen die Rechnung stellt – einfach alles!
7. Sie müssen alle Ihre Schulden gleichrangig behandeln – das Geld, das Sie der Bank schulden, genauso wie das Geld, das Sie Ihrem Bruder schulden.
8. Sobald Sie eine Schuld abgezahlt haben, müssen Sie das Geld, das Sie bis dahin dieser Firma bezahlt haben, dazu verwenden, eine andere Schuld abzuzahlen.
9. Falls Sie befürchten, es alleine nicht schaffen zu können, sollten Sie sich an eine Schuldnerberatungsstelle wenden. Rufen Sie bei Ihrer Gemeinde an und fragen Sie nach der für Sie zuständigen Schuldnerberatungsstelle. Sie sollte als Insolvenzberatungsstelle anerkannt sein. Diese Schuldnerberatungsstellen gibt es in Deutschland von Kommunen, Wohlfahrtsverbänden und den Verbraucher-Zentralen. Dort wird man Ihnen helfen, Ordnung in Ihre Finanzen zu bringen, und gemeinsam mit Ihnen überlegen, wie Sie am besten aus Ihren Schulden herauskommen.
10. Das darf Ihnen nie wieder passieren!
11. Wenn Sie alle Ihre Schulden abbezahlt haben, müssen Sie das Geld, das Sie so viele Monate lang dafür verwendet haben, für Ihre Zukunft anlegen.

Konkurs anmelden?

Ich kann Ihnen gar nicht sagen, wie viele Briefe ich von Leuten bekommen habe, die in finanziellen Schwierigkeiten steckten und wissen wollten, ob ein Konkurs ein Ausweg für sie sein könnte. Schließlich melden immer mehr Menschen Konkurs an – 1997 lag die Zahl in den USA bei 1,35 Millionen!

Jedem von uns kann es passieren, dass er durch eine Krankheit, einen Todesfall, eine Naturkatastrophe oder einen finanziellen Schlag, der ihn weit ins Minus rutschen lässt, ganz plötzlich an einen Punkt gelangt, an dem es keinen vernünftigen Ausweg gibt, auch wenn er noch so hart arbeitet. Ja, dann sollten wir natürlich die Chance zu einem Neuanfang bekommen.

Sollten Sie aber auch dann die gesetzlich verbriefte Chance zu einem Neuanfang bekommen, wenn Ihre finanziellen Schwierigkeiten durch Schulden entstanden sind, wenn Sie aus Leichtsinn oder Verantwortungslosigkeit zu viel Geld ausgegeben haben? Das ist eine ganz andere Frage, und Sie müssen sie sich selbst beantworten. Weshalb? Nun, selbst wenn Sie sieben Jahre nach der Konkursanmeldung finanziell wieder eine weiße Weste haben, gibt es daneben ja auch noch Ihre ganz persönliche, seelische Bilanz, und für sie gilt keine feste Frist. Wenn Sie Konkurs anmelden, wird irgendjemand das bezahlen müssen, was Sie selbst nicht bezahlen – zum Beispiel der Ladenbesitzer, den Sie betrogen haben, oder Ihre Schuld könnte an den Steuerzahler, also an uns alle, weitergegeben werden. Konkurs anzumelden ist nicht einfach eine Möglichkeit, seine Schulden loszuwerden. Und falls Sie sich dafür entscheiden sollten, müssen Sie das verstehen – nicht nur, weil wir anderen dann mit Sicherheit auf die ein oder andere Weise die Scherben aufsammeln müssen, sondern vor allem, damit Sie danach in Frieden mit sich selbst leben können.

Falls Sie sich tatsächlich in einer Lage befinden, in der ein Konkurs der sicherste Ausweg zu sein scheint, sollten Sie sich in der Buchhandlung Ratgeber zum Verbraucherinsolvenzrecht besorgen. Wenn Sie sich dazu entschließen, müssen Sie begreifen, dass Sie etwas sehr Schwerwiegendes tun und nicht nur etwas gewinnen, sondern auch ein Opfer bringen werden. Sie müssen sich außerdem klarmachen, was Sie dadurch von anderen verlangen. Es gibt Fälle, in denen eine Konkursanmeldung angebracht ist – genau deshalb ist sie ja gesetzlich vorgesehen. Und falls Sie zu dem Schluss kommen, dass das für Sie die richtige Lösung ist, hoffe ich, dass Sie aus all dem eine Lehre ziehen, verstehen, dass es der einzige Ausweg für Sie ist, und dann mit Stolz, nicht mit Scham neu anfangen – mit einem Stolz, der es Ihnen nicht erlauben wird, sich noch einmal in so eine Situation zu manövrieren. Wenn eine Konkursanmeldung wirklich der einzige Ausweg für Sie ist, sollten Sie diesen Weg mutig beschreiten.

Kapitel 7
Gedanken, die Sie weiterbringen

Gedanken über Ihre Kinder

Alle Eltern träumen davon, dass ihren Kindern einmal die Welt gehören wird. Das Problem ist, dass dieser Traum recht verschwommen bleibt, wenn man ihm keine Handlungen folgen lässt. Einem Kind die Welt zu öffnen, indem man es lehrt, was es erwarten kann und muss, wie man sein tägliches Leben führt, was Verantwortungsgefühl bedeutet und wie man mit Geld umgeht, ist vielleicht die gewaltigste Aufgabe, vor der man als Vater oder Mutter stehen kann. Trotz all der Sorgfalt und Hingabe, mit der wir unsere Kinder diese Dinge lehren, denken wir aber nur selten eingehend darüber nach, was wir ihnen über Geld beibringen wollen oder welche Lehren wir ihnen durch unsere eigenen Handlungen vermitteln.

Wenn Ihr Kind gute Tischmanieren haben soll, werden Sie es immer wieder daran erinnern, die Gabel richtig zu halten, die Ellbogen nicht auf den Tisch zu stützen und die Suppe ja nicht zu schlürfen. Das wird ein Reflex, ein Refrain, und Sie wiederholen diese Lektionen immer wieder, bis Ihr Kind hervorragende Tischmanieren hat. Sie wissen außerdem, dass Ihre eigenen Tischmanieren untadelig sein müssen, da Ihr Kind Sie beobachten und von Ihnen lernen wird – und wenn Sie sich gehen lassen, wird es Sie dabei »erwischen«. Auf die gleiche Weise lernt Ihr Kind von Ihnen, wie man mit Geld umgeht: indem es intuitiv erahnt, was Sie denken, hört, was Sie sagen, und Ihr Verhalten nachahmt.

Was wird Ihr Kind brauchen, damit es ihm im 21. Jahrhundert gut geht? Das kann niemand genau sagen, doch es wird mit Sicherheit bessere finanzielle Fertigkeiten brauchen, als viele von uns gelernt haben. Sehr wahrscheinlich wird es nicht sein ganzes Leben lang für eine Firma arbeiten, der das Wohl ihrer Beschäftigten am Herzen liegt und die zum Beispiel eine betriebliche Altersvorsorge hat. Da heute viele Kinder schon ganz früh Computerfertigkeiten erwerben, wird auch Ihr Kind die Werkzeuge der Zukunft beherrschen müssen. Wenn die Technologie sich weiter so rasend schnell entwickelt, wird Ihr Kind wissen müssen, wie es Schritt halten kann.

Wenn ich an einem Geldautomaten stehe, sehe ich oft, dass Eltern ihren kleinen Kindern erlauben, das Geld aus dem Gerät zu nehmen. Kinder wissen, was Geld ist und was man damit machen kann, sie lieben es, und sie sind ganz wild darauf, einen dicken Stapel Geldscheine herauszuziehen und das Geld dann in der Hand zu halten. »Lass uns zum Bankautomaten gehen und Geld holen!« sagen Vater oder Mutter dann zur kleinen Tochter. Ich erwähne das deshalb, weil ich noch nie gehört habe, dass Eltern ihrem Kind erklärt hätten, dass man nur dann Geld aus dem Automaten ziehen kann, wenn man vorher welches hineingesteckt hat. Die Kinder von gestern lernten, dass Geld nicht auf Bäumen wächst. Die Kinder unserer Zeit lernen, dass es aus Geräten kommt.

Verstehen Sie, was ich sagen will? Wenn Sie Ihrem Kind erlauben, der Kassiererin im Supermarkt Ihre EC-Karte zu geben oder das Geld aus dem Automaten zu ziehen, bringen Sie ihm etwas Falsches über Geld bei. Letztendlich können nur Sie entscheiden, was Sie Ihrem Kind über Geld und Werte vermitteln wollen, doch ich möchte, dass Sie einmal gründlich darüber nachdenken, was Ihr Kind in dieser Hinsicht lernt. In der Hektik des Alltags – die Brote für die große Pause, das abendliche Bad, Verabredungen mit Spielkameraden, Handschuhe, die plötzlich verschwunden sind ... – neigen Eltern dazu, die Lektionen vom Reichtum (vom Mehr, vom Weniger und von den Möglichkeiten) zurückzustellen. Um der Zukunft Ihrer Kinder willen bitte ich Sie aber, sich dem Thema »Geld«

so oft wie möglich zuzuwenden und Ihre Kinder den richtigen Umgang mit ihm und Selbstvertrauen zu lehren.

Gedanken über das Auto

Sie sind, was Sie fahren – und zwar so lange, wie Sie das entsprechende Auto fahren. Autos sind unsere ultimativen Erfolgssymbole, und sie zeigen uns und anderen, wie erfolgreich wir sind – oder für wie erfolgreich andere uns halten sollen: Das bin ich, denn ich fahre diese Marke und dieses Modell.

Nun stimmt es natürlich, dass die meisten von uns ein Auto brauchen. Doch selbst ein bescheidenes Auto kostet sehr viel Geld, es ist einer der größten Käufe, die wir in unserem Leben machen – nicht nur im Hinblick auf unsere heutige finanzielle Situation, sondern vor allem auch auf die von morgen. Ich möchte Sie hier auffordern, Ihr zukünftiges Schicksal nicht dadurch bestimmen zu lassen, was Sie heute für ein Auto fahren. Stellen Sie das Geld über die Dinge, schreiben Sie Ihrem Geld einen höheren Wert zu als Ihrem Auto!

Denken Sie zunächst einmal über die Sprache nach, die wir benutzen, wenn wir über Autos sprechen. »Ich habe mir einen VW Passat/Ford Mondeo/Opel Vectra/Toyota Avensis ... gekauft!« Das war's, auch wenn Sie dafür einen Kredit aufgenommen haben, gehört das Auto nun irgendwie zur Vergangenheit, die Sache ist erledigt. Weshalb sagen wir nicht: »Ich habe in einen VW Passat/Ford Mondeo/Opel Vectra/Toyota Avensis ... investiert«? Eine Investition ist etwas, das Sie hegen, um das Sie sich kümmern und das in den kommenden Jahren an Wert gewinnen soll. Sollte man etwas, das so wichtig und teuer ist wie ein Auto, nicht die gleiche Achtung zollen? Stattdessen behandeln wir unsere Autos oft wie Schrott, wir vergessen, das Öl zu wechseln, waschen sie nicht oft genug, um Lackschäden zu verhindern, fahren nicht rechtzeitig zur Inspektion. Und dann sagen wir: »Ach, heute bauen sie keine Autos mehr wie früher; dieses Auto wird einfach nicht so lange halten!« Das ist nicht wahr! Ist das die richtige Art, eine so große Investition zu behandeln? Zeigt das Achtung vor Ihrem Geld? Sie sind nicht, was Sie fahren!

Denken Sie außerdem darüber nach, wie viel Geld Sie wohl in Ihrem Leben für das Autofahren ausgeben. Wie wäre es, wenn Sie beim nächsten Autokauf einen Kredit mit einer Laufzeit von fünf Jahren aufnehmen, das Auto in fünf Jahren abzahlen und es dann noch einmal fünf Jahre fahren würden? Wenn Sie das Geld, das Sie bis dahin für die Raten bezahlt haben, dann nach den ersten fünf Jahren anlegen würden, statt es in den »Topf« Ihres verfügbaren Geldes zurückfließen zu lassen, würde Ihnen das viel einbringen.

Nehmen wir an, dass Sie 50 Jahre lang Auto fahren, in dieser Zeit fünf Autos kaufen und sie jeweils zehn Jahre lang fahren. Dann würden Sie insgesamt 25 Jahre lang Ihre Kredite abzahlen und in den anderen 25 Jahren die gleiche Geldsumme investieren. Um leichter rechnen zu können, wollen wir davon ausgehen, dass Ihre Raten die ganze Zeit über bei 700 DM im Monat liegen. Wenn Sie 25 Jahre lang jeden Monat 700 DM zu 6 Prozent anlegen, haben Sie am Ende 473 403 DM. Falls Sie das Geld langfristig anlegen und 8 Prozent bekommen, beläuft sich die Endsumme sogar auf 636 293 DM.

Lassen Sie uns nun noch eine andere Möglichkeit durchspielen. Wir wollen annehmen, dass das Auto, für das Sie sich am Anfang entscheiden, 30 000 DM kostet. Sie leisten eine Anzahlung, nehmen einen Kredit auf und zahlen ihn in fünf Jahren ab, mit 420 DM im Monat. Dann haben Sie für dieses Auto schließlich insgesamt 31 406 DM ausgegeben. Sie behalten das Auto noch fünf Jahre und legen die monatlichen 420 DM zu 6 Prozent an. Wenn Sie sich dann am Ende der zehn Jahre ein neues Auto kaufen wollen, haben Sie fast genug Geld, um es bar zu bezahlen, nämlich 29 185,80 DM. Auf diese Weise können Sie sich Ihr ganzes Leben lang alle zehn Jahre sozusagen »umsonst« ein neues Auto kaufen.

Sie überlegen, ob Sie Ihr nächstes Auto nicht leasen sollen? Ob das nicht die beste Art ist, ein Auto zu haben? Nein, denn abgesehen von anderen Nachteilen bedeutet Leasing, dass Ihr Auto Ihnen nie gehören wird.

Eine niedrige Anzahlung, niedrige Raten und schon nach drei Jahren mit einem neuen Auto von vorn anfangen – klingt toll, nicht wahr? Ich möchte aber, dass Sie das Gesamtbild im Auge behalten – nicht nur das Geld von heute, sondern auch das von morgen. Wollen Sie wirklich immerzu leasen und nicht besitzen?

Sich ein zuverlässiges Auto zu kaufen, es in vier bis fünf Jahren abzuzahlen und sich vorzunehmen, es mindestens acht oder zehn Jahre zu behalten, hört sich vielleicht nicht gerade verlockend an, doch Sie werden dadurch jetzt und in Zukunft mehr Geld zur Verfügung haben. Dass viele Händler ihre Kunden zum Leasing drängen, hat natürlich einen Grund – es bringt ihnen Vorteile, und das bedeutet andererseits, dass es Ihnen wahrscheinlich keine Vorteile bringt.

Lassen Sie uns auch das einmal durchrechnen. Wir wollen annehmen, dass das Auto, das Sie haben wollen, 30 000 DM kostet. Eine typische Anzeige wird Ihnen Leasing ohne Anzahlung bieten; eine beträchtliche Summe – sagen wir, 2 400 DM – wird fällig, wenn Sie den Vertrag unterschreiben, und dann müssen Sie hohe monatliche Leasingraten zahlen, vielleicht 500 DM. (Im Kleingedruckten könnte außerdem noch stehen, dass bei Vertragsunterzeichnung weitere Gebühren, zum Beispiel 600 DM, verlangt werden.) Sie leasen das Auto für drei Jahre und dürfen dafür 18 000 Kilometer im Jahr fahren. Dann kostet Sie das Auto während der Laufzeit des Vertrags 21 000 DM. (Wenn Sie allerdings mehr als 18 000 Kilometer im Jahr fahren, müssen Sie für jeden zusätzlichen Kilometer eine »Strafe« in Form einer erhöhten Nachgebühr zahlen; wenn Sie das Auto mit einer Beule oder sonst beschädigt zurückgeben oder wenn Ihre Verhältnisse sich ändern und Sie beschließen, vorzeitig aus dem Vertrag auszusteigen, müssen Sie ebenfalls zusätzliche Gebühren zahlen.) Am Ende der Laufzeit haben Sie gar nichts und müssen mit den Leasinggebühren und den Monatsraten wieder von vorne anfangen. Wenn Sie das Auto dagegen gekauft und nach Abzahlung des Kredits noch ein paar Jahre behalten hätten, würde Ihnen ein Auto gehören, das Sie beim Kauf eines Neuwagens in Zahlung geben könnten, und Sie hätten außerdem das Geld, das Sie angelegt haben, als Sie die monatlichen Raten nicht mehr zahlen mussten.

Also: Das Auto, das Sie fahren, zeigt tatsächlich, wer Sie sind!

Gedanken über die Steuern

Wenn ich Leute danach frage, was für sie das Schwierigste im Zusammenhang mit Geld ist, bekomme ich erstaunlich oft die Antwort: die Steuern. So wenig, wie wir uns gegen den Tod oder den Wechsel der Jahreszeiten wehren können, können wir uns gegen die Steuern wehren; wir schieben unsere Steuererklärung auf die lange Bank, brüten dann tagelang über ihr, fragen uns besorgt, wie hoch unsere Steuern wohl sein werden (auch wenn wir das schon ungefähr wissen), und lassen es zu, dass die ganze Sache jedes Jahr mehrere Monate lang einen großen Teil unserer psychischen Energie verschlingt.

Warum machen wir das? Im Laufe der Jahre sind viele Steuerabschreibungen, die wir kannten und genutzt haben, eine nach der anderen verschwunden. Egal, ob wir reich oder arm sind – für das vergangene Jahr können wir nichts mehr tun, um unsere Steuererklärung so zu »deichseln«, dass die Summe niedriger ausfällt, weil das Jahr schon vorüber ist und man zum Beispiel nachträgliche Anschaffungen nicht mehr absetzen kann. Natürlich kann man die steuerlichen Vergünstigungen berücksichtigen, wenn man sein Geld anlegt, aber bei erfahrenen Anlegern spielt das keine besonders große Rolle; ihnen geht es vor allem darum, dass ihr Geld wächst. Die Leute, die Macht über ihr Geld haben, die genau wissen, wie ihre finanziellen Ziele aussehen, machen sich gewöhnlich ohnehin kaum Sorgen und Gedanken wegen ihrer Steuern. Der entscheidende Punkt ist nicht, wie viel Geld man hat – wer das Gefühl hat, keine Macht über sein Geld zu haben, wird sich wegen seiner

Steuern Sorgen machen, wer das Gefühl hat, die Kontrolle über sein Geld zu haben, dagegen nicht.

Unser Finanzamt, gesichtslos und geheimnisvoll, hat wirklich viel Macht. Es kann große Summen unseres Geldes einziehen. Es hat das Recht, uns einen Steuerprüfer zu schicken – ob wir nun, vielleicht ganz unabsichtlich, einen Fehler gemacht haben oder nicht –, nur weil es der Ansicht ist, wir könnten einen Fehler gemacht haben. Das ist wahre Macht! Es kann uns dazu zwingen, all den Papierkram zu erledigen, den es verlangt, und uns jedes Mal einen Schauer über den Rücken jagen, wenn es uns einen Brief schickt. Die meisten Leute mögen ihr Finanzamt überhaupt nicht.

Trotzdem ist es reine Zeit- und Energieverschwendung, wenn Sie monatelang Angst vor Ihrer Steuererklärung haben und immer wieder darüber stöhnen, dass Sie sie noch machen müssen. Der Betrag, den Sie dem Finanzamt schulden, wird sich dadurch ja aller Wahrscheinlichkeit nach nicht ändern, und Sie werden auch nicht darum herumkommen, ihn zu bezahlen. Wenn Sie viele Wochen voller Angst über Ihren Steuern brüten, führt das nur zu emotionalem Ballast – es wird Ihre Steuerlast nicht verringern, Ihnen den Papierkram nicht ersparen und auch nichts von dem ändern, was Sie im abgelaufenen Jahr gemacht haben.

Ich möchte Ihnen noch etwas sagen: Wenn Sie mehr Steuern zahlen müssen als Ihre Nachbarn oder Kollegen, bedeutet das doch letztendlich, dass Sie auch mehr verdient haben und mehr übrig behalten werden. Deshalb sollten wir alle eigentlich eine ganz andere Einstellung haben: Ich hoffe, dass ich jedes Jahr viel mehr Steuern zahlen muss, denn das bedeutet, dass ich viel mehr Geld verdienen werde. Ich werde Sie nicht auffordern, tatsächlich zu dieser Einstellung zu kommen (mir fällt das auch schwer, das können Sie mir glauben!), aber denken Sie doch bitte wenigstens einmal darüber nach.

Haben die Steuern auch eine positive Seite?

Wenn Sie die Zeit, in der Sie Ihre Steuererklärung erledigen, als jährliches »Großreinemachen« bei Ihren Finanzen betrachten können, werden Sie sich wahrscheinlich immer noch nicht auf sie freuen, aber sie könnte eine produktive Zeit sein, in der Sie Ihre finanziellen Angelegenheiten in Ordnung bringen. Die folgenden Punkte sind auf jeden Fall wichtig:

- Wenn Sie nicht wirklich gut mit Computerprogrammen wie Quicken umgehen können und sich bei den neuesten Steuergesetzen nicht auskennen oder wenn Ihre Steuererklärung aus irgendeinem Grund kompliziert ist (zum Beispiel durch mögliche Abzüge, Investitionen, die in das Gesamtbild eingebaut werden müssen, oder Einkünfte aus einer selbstständigen Tätigkeit), sollten Sie zu einem erfahrenen Steuerberater gehen.
- Ich sage immer wieder zu meinen Klienten, dass es Geldverschwendung ist, wenn sie eine Steuerrückzahlung bekommen. Das bedeutet nämlich, dass sie im Laufe des Jahres zu viel an das Finanzamt gezahlt haben, zum Beispiel, weil sie in der falschen Steuerklasse sind oder zu hohe Vorauszahlungen leisten. Sie bekommen das Geld dann zwar zurück, aber ohne Zinsen – mit anderen Worten, sie haben dem Staat ein zinsloses Darlehen gegeben. Falls Sie allerdings wirklich viel erstattet bekommen, könnte das eine großartige Gelegenheit sein, Geld zu sparen. Zinsen zu verlieren ist ja immer noch besser, als das Geld ganz zu verlieren. Statt Ihre Steuerrückzahlung gleich wieder auszugeben, würden Sie viel größeren Weitblick zeigen, wenn Sie sie für Ihre private Altersvorsorge anlegen würden.
- Wenn Sie Ihre Steuererklärung machen, sollten Sie auch gleich finanziellen Ballast abwerfen.

Finanziellen Ballast abwerfen

Fast immer, wenn neue Klienten zu mir kamen, schleppten sie allen möglichen Ballast an. Manche hatten ihre Papiere einfach in große Umschläge gestopft, andere brachten sie in der Einkaufstasche mit. Wieder andere hatten sie zu sauberen Stapeln gebündelt, dabei allerdings keinerlei Ordnungsprinzip zugrunde gelegt, oder sie in Ordnern abgeheftet. Hin und wieder hatte auch jemand den ganzen Kram zu Hause gelassen und lediglich drei oder vier aus einem Block herausgerissene Zettel mitgebracht, auf die er ein paar Zahlen geschrieben hatte. Wenn meine Klienten mir dann ihre Papiere vorlegten, präsentierten sie mir ihr Leben – das hatte immer etwas Feierliches, Zeremonielles. Ich sah meine Aufgabe letztendlich darin, meine Klienten mit der Macht und dem Mut zum Überfluss nach Hause zu schicken. Zuerst aber musste ich ihnen dabei helfen, Ordnung in ihr Chaos zu bringen.

Oft brachten Klienten wirklich den Kram von Jahren mit – die Bankauszüge eines ganzen Jahrzehnts, dicke Stapel von Überweisungsdurchschlägen, so viel Ballast aus ihrer finanziellen Vergangenheit, dass es schwierig war, die Gegenwart zu sehen, von der Zukunft ganz zu schweigen. Damit Sie sehen können, wo Sie stehen, sollten Sie die Zeit, in der Sie Ihre Steuererklärung machen, dazu nutzen, Ihre finanziellen Angelegenheiten auf den neuesten Stand zu bringen.

- Als Erstes müssen Sie die Steuern aus der Vergangenheit loswerden. Wenn Ihre Steuersachen verhältnismäßig einfach sind, sollten Sie die Unterlagen nach Abgabe der Steuererklärung vier Jahre lang aufbewahren, denn die Festsetzungsfrist beträgt vier Jahre und innerhalb dieser Zeit können Bescheide noch geändert werden. Ihren Steuerbescheid, Unterlagen über Einnahmen aus Investitionen, andere Einnahmen (zum Beispiel aus Vermietungen) und Steuerabzüge sollten Sie aufheben.
- Falls Ihre Steuererklärung komplizierter ist, sollten Sie Ihre Unterlagen noch länger aufbewahren. Wenn Sie zum Beispiel ein eigenes Geschäft haben oder selbstständig sind, kann das Finanzamt in der Regel die letzten drei Jahre durch einen Betriebsprüfer untersuchen lassen. Generell gilt, dass alle für die Steuererklärung relevanten Unterlagen zehn Jahre lang aufbewahrt werden müssen. Oder Sie haben beispielsweise erhebliche Geldsummen geerbt, viele Dinge gekauft und große Kapitalerträge –

oder -verluste. Wenn das Finanzamt den Eindruck hat, dass Sie nicht Ihr ganzes Einkommen angegeben haben, können immerhin die letzten fünf Jahre überprüft werden.
- Wenn das Finanzamt den Verdacht hat, dass Sie in großem Stil Steuern hinterzogen haben, kann es sogar für die letzten zehn Jahre eine Steuerprüfung anordnen. Sollten Sie tatsächlich Steuern hinterzogen haben, werden Unterlagen Ihnen auch nicht mehr viel helfen, aber es kann auch nichts schaden, sie aufzuheben. Die Festsetzungsfrist beträgt im Falle der Steuerhinterziehung nämlich zehn Jahre.
- Für Aktien und andere Anlageformen werden Sie meist im Abstand von vier, sechs oder zwölf Monaten – und immer dann, wenn Sie mehr Geld einzahlen – Depot- oder Kontoauszüge erhalten. Am Jahresende sollten Sie die früheren Auszüge nur dann wegwerfen, wenn auch auf den neuesten die Ankaufs- und Verkaufspreise aufgelistet sind. Da Spekulationsgewinne steuerpflichtig sind, müssen Sie Gewinne aus Aktien, die Sie nach Erwerb innerhalb eines Jahres wieder verkaufen, versteuern. Nach Ablauf des Jahres sind sie steuerfrei, und daher ist es für Ihre Steuererklärung wichtig, dass Sie genau wissen, wann Sie sie gekauft und verkauft haben.
- Kriselt es in Ihrer Ehe? Oder denken Sie darüber nach, Ihr Haus zu verkaufen? Dann sollten Sie alle Rechnungen für die Nebenkosten (Strom, Gas, Wasser und so weiter) mindestens ein halbes Jahr lang aufheben. Im Fall einer Scheidung können Sie damit beweisen, welche Ausgaben Sie jeden Monat haben. Ein Kaufinteressent für Ihr Haus wird sich vielleicht danach erkundigen, wie viel Sie im Monat für Gas, Öl, Wasser und so weiter ausgeben, und es wäre sicher nicht schlecht, wenn Sie ihm diese Frage beantworten könnten.
- Falls Sie selbstständig sind, sollten Sie alle Rechnungen aufheben, bis Sie Ihre Steuererklärung machen. Werfen Sie dann alles weg, was auch nicht im Entferntesten abzugsfähig ist.
- Es ist nicht nötig, die Ausdrucke vom Bankautomaten aufzubewahren. Gleichen Sie Ihr (neues) Konto jeden Monat aus und

werfen Sie die Ausdrucke dann alle in den Papierkorb. Für Kontoauszüge gilt bei Geschäftskonten wieder die Zehnjahresfrist. So lange müssen Sie Ihre Auszüge aufbewahren.

- Falls Sie eine Rechnung anfechten wollen, müssen Sie sie natürlich aufbewahren, bis der Fall geklärt ist.
- Wenn Sie Immobilien verkauft, Anlagen aufgelöst oder Geld aus Anlagen gezogen haben, sollten Sie die Unterlagen über diese Transaktionen mindestens vier Jahre lang aufbewahren.
- Heben Sie alle Rechnungen für ärztliche Behandlungen und Medikamente so lange auf, bis Sie Ihre Steuererklärung machen und sehen können, ob die Gesamtsumme so hoch ist, dass sie Ihnen einen Steuerabzug einbringt. Wenn Sie zum Beispiel eine teure Zahnersatzbehandlung über sich ergehen lassen mussten, könnte das hier durchaus zu Buche schlagen. Sollte das der Fall sein, müssen Sie alle Belege nach Abgabe Ihrer Steuererklärung weitere vier Jahre aufbewahren, bis die Festsetzungsfrist abgelaufen ist.
- Versuchen Sie, wichtige Dokumente – den Kaufvertrag für Ihr Haus, Unterlagen über Kapitalaufstockungen, Ihre Heiratsurkunde, Ihre Geburtsurkunde, eine eventuelle Adoptionsurkunde, Versicherungspolicen, Ihren Fahrzeugbrief, eventuelle Sterbeurkunden, Unterlagen über Ihren Wehr- oder Ersatzdienst, Verträge über wertvolle Gegenstände und Vollmachten – so aufzubewahren, dass Sie sie jederzeit finden; das ist wichtig, wenn der Versicherungsfall eintritt oder Sie die Vollmacht benutzen müssen.
- Schließlich noch ein letzter Punkt: Da Sie jetzt einmal dabei sind, sollten Sie überlegen, was Sie sonst noch haben. Zum Beispiel, wie hoch Ihre Rente voraussichtlich sein wird. Rufen Sie einfach beim Rentenversicherungsträger (LVA oder BfA) an und bitten Sie um eine Auskunft darüber, wie hoch Ihre Rente auf der Grundlage Ihrer bisherigen Beiträge voraussichtlich sein wird. Sie müssen hierfür Ihre Versicherungsnummer mitteilen, damit eine Kontenklärung stattfinden kann. Wenn Sie die Information haben, lesen Sie sie genau durch, damit Sie sicher sein

können, dass keine Fehler enthalten sind. Vergleichen Sie sie mit den Steuererklärungen, die Sie jetzt wegwerfen wollen, und heften Sie sie dann bei Ihren wichtigen Unterlagen ab.

Gedanken über die Zukunft

Ein altes englisches Sprichwort besagt, dass die Reichen immer reicher werden. Das glauben nicht nur arme Leute, sondern auch reiche, als ob es ein finanzielles Grundprinzip wäre, wie zum Beispiel die Zinseszinsen oder die Zuwächse bei Vermögensanlagen. Stimmt das aber wirklich?

Nun, es stimmt in dem Sinn, dass sich im Laufe der Zeit umso mehr Geld anhäufen wird, je mehr Geld man dafür einsetzen kann. Das ist tatsächlich ein Grundprinzip des Reichtums. Denken Sie aber daran, dass die meisten reichen Leute kein Geld hatten, als sie anfingen. Wie sind sie also reich geworden? Durch Taten, die ihnen Reichtum brachten. Auch Sie können anfangen, so zu denken, dass Sie reich werden, und dabei spielt es keine Rolle, ob Sie heute viel, nur wenig oder gar kein Geld haben.

Ich habe Ihnen ja schon gezeigt, dass Sie viel Geld sparen können, wenn Sie hier und da auf Luxus verzichten und dieses Geld heute für die Zukunft anlegen. Sie können noch viel mehr Geld dafür finden, aber Sie müssen danach suchen. Ein anderes altes Sprichwort lautet ja: »Wer den Pfennig nicht ehrt, ist des Talers nicht wert.« Das bedeutet, dass Sie jeden Pfennig ehren und zählen müssen. Wie viele von uns tun das wohl? Nun, die Reichen tun es, das garantiere ich Ihnen!

Wie können Sie mehr Geld erzeugen? Indem Sie auf jeden Pfennig achten, den Sie ausgeben. Heute gibt es doch so viele Telefonanbieter – haben Sie einmal genau nachgerechnet, durch welchen Sie jeden Monat Geld sparen könnten, wenn auch vielleicht nur wenig? Warum nicht? 20 oder 40 Mark im Monat – wenn man sie anlegt, werden sie im Laufe der Zeit zu einer stattlichen Summe anwachsen. Kaufen Sie Großpackungen, wenn es sich preislich lohnt? Warum nicht? Schneiden Sie Gutscheine für Dinge, die Sie regelmäßig kaufen, aus und lösen sie dann ein, achten Sie auf die wöchentlichen Sonderangebote im Supermarkt? Warum nicht? Haben Sie einmal versucht, statt der Markenprodukte, die Sie benutzen, No-Name-Produkte zu verwenden? Warum nicht? Jeder Pfennig, den Sie sparen, ist ein Pfennig, den Sie verdient haben!

Sie können auch dadurch Geld erzeugen, dass Sie nicht Ihr ganzes Geld in den großen Topf stecken. Die meisten von uns stellen sich doch vor, dass ihr Geld sich in einem Topf befindet: Hier ist der Topf mit dem, was ich diesen Monat ausgeben kann. Und dieser Topf leert sich jeden Monat, wird dann wieder aufgefüllt und leert sich erneut. Viele Ausgaben fallen aber nur einmal oder nur für eine begrenzte Zeit an – wir zahlen für etwas, das wir nur einmal kaufen, oder eine bestimmte Ausgabe fällt weg. Und was passiert dann? Das Geld, das wir bisher für etwas ausgegeben haben, für das wir jetzt nicht mehr bezahlen müssen, wandert in den Topf zurück und wird mit dem Rest unseres Geldes heute ausgegeben; stattdessen könnten wir es doch aber auch zu Geld für morgen machen. Ich möchte Ihnen das an ein paar Beispielen verdeutlichen:

- Nehmen wir an, dass Ihr Kind in den letzten Jahren vormittags im Kindergarten war. Jetzt ist es größer geworden und geht zur Schule. Also haben Sie pro Monat 250 DM, die Sie nicht mehr für die Betreuung Ihres Kindes auszugeben brauchen. Was machen Sie mit diesem Geld? Wenn Sie es in den großen Topf stecken, werden Sie es ausgeben und nie wieder sehen. Wenn Sie es aber mit Disziplin und Achtung für morgen anlegen, investieren Sie mindestens 3000 DM mehr im Jahr für Ihre Zukunft.
- Sie haben für 4800 DM neue Möbel für Ihr Esszimmer gekauft und zwei Jahre lang jeden Monat 200 DM abgezahlt. Wenn Sie diese 200 DM pro Monat danach wieder in den Topf stecken, sind sie weg. Wenn Sie sie dagegen für Ihre Zukunft verwenden, haben Sie 2400 DM mehr im Jahr, die Sie anlegen können.
- Als Sie in Ihr Haus gezogen sind, mussten Sie einen Teil der In-

stallationen erneuern lassen. Sie haben dafür einen Kredit aufgenommen und fünf Jahre lang jeden Monat 130 DM bezahlt. Jetzt ist der Kredit endlich abgezahlt, aber 130 DM im Monat, das war ja sowieso keine große Sache. Wenn Sie das Geld in den Topf stecken, ist es weg. Wenn Sie es investieren, sind das 1 560 DM im Jahr für morgen.
- Sie haben zwei Kinder, und Sie mussten im Monat bisher ungefähr 600 DM für Lebensmittel ausgeben. Nun ist Ihr älteres Kind ausgezogen, sodass diese Kosten sich um etwa ein Viertel reduziert haben. Das sind 150 DM im Monat oder 1 800 DM im Jahr. Wenn Sie dieses Geld nicht für die Zukunft anlegen, werden Sie es nie wieder sehen.
- Sie beschließen, die Schulden, die sich im Laufe der Jahre angehäuft haben, endlich abzuzahlen. Dazu müssen Sie fünf Jahre lang 800 DM im Monat aufbringen, aber Sie schaffen es. Wenn Sie diese 800 DM im Monat in den großen Topf stecken, wird das zwar eine willkommene Aufstockung sein, doch von diesem Geld wird Ihnen nichts übrig bleiben. Wenn Sie es dagegen anlegen, sind das im Jahr 9 600 DM (plus Zinsen und Zinseszinsen) mehr für Ihre Zukunft.
- Sie sind bisher prima zurechtgekommen und bekommen jetzt eine Gehaltserhöhung. Was machen Sie mit diesem Geld? Legen Sie es an!

Wenn Sie Geld, das Sie bisher für monatliche Raten oder Kosten ausgeben mussten oder das aus einer Gehaltserhöhung stammt, anlegen, kann es für Ihre Zukunft arbeiten.

Teil III
Liebe und Geld

Kapitel 8
Öffnen Sie Ihr Herz und Ihre Hände!

Denken Sie einmal an all das Geld, von dem Sie an jedem einzelnen Tag Ihres Lebens umgeben sind! Das Geld Ihrer Eltern und vielleicht auch Geld, das schon von deren Eltern stammt. Geld, das zwischen Ihnen und Ihren Geschwistern aufgeteilt werden muss. Geld, das zwischen Freunden und Kollegen zum Problem wird. Wenn Sie als Erwachsener Ihre Zukunft mit der eines anderen Menschen verknüpfen, verbinden Sie auch Ihren jeweiligen Besitz. Ihr Geld wird an Ihre Kinder fließen, falls Sie welche haben, und dann vielleicht an deren Kinder. Obwohl Geld in unserem Leben allgegenwärtig ist, sprechen wir selbst in unseren engsten Beziehungen nicht gern darüber. Es ist schwer, das zu verlangen, was man haben will, das zu beanspruchen, was einem zusteht, nach dem zu fragen, was man wissen sollte. Wenn Sie reich werden wollen, müssen Sie die Worte des Reichtums in Ihre Beziehungen einführen. Man braucht Mut, um sich dem Geld zu öffnen, um andere aufzufordern, das auch zu tun, um wahren Reichtum zu einem der Ziele wahrer Liebe zu machen.

Geld als wichtiger Faktor in unseren Beziehungen

Solange zwischen zwei Menschen alles gut läuft, glauben sie, die Liebe sei sehr einfach. Wenn aber die Unstimmigkeiten anfangen, wird sie äußerst kompliziert. Das Hauptproblem ist oft – wer hätte das gedacht! – das Geld. Paare sagen häufig: »Oh, das Geld zerstört unsere Beziehung!« oder: »Bei uns lief alles hervorragend, bis das Geld zwischen uns trat!« Wenn ich so etwas höre, denke ich immer, dass Geld doch noch nie jemandem etwas getan hat. Geld ist einfach Geld, es kann keiner Fliege etwas zuleide tun! Das, was die wichtigsten Beziehungen in Ihrem Leben zerstören kann, ist die Macht, die Sie Ihrem Geld geben, oder Ihre Einstellung zu ihm und Ihre Ängste im Zusammenhang mit ihm.

Vielleicht ist Ihnen inzwischen schon klar geworden, dass Sie auch zum Geld eine Beziehung haben, obwohl Sie wahrscheinlich nicht dieses Wort dafür verwenden würden. Und wie die anderen Beziehungen in Ihrem Leben muss auch diese funktionieren, wenn Sie Erfolg haben wollen. Sie müssen so handeln, dass Sie Chancen entstehen lassen, anstatt sie zu zerstören, so, dass Sie sich sicher fühlen, anstatt Angst zu haben, und vor allem so, dass in Ihrer persönlichen Welt das Gefühl entsteht, dass Sie bedingungslos wegen dem geliebt werden, was Sie sind, nicht wegen dem, was Sie haben. *Zuerst die Menschen. Dann das Geld* – das erste Geldgesetz ist auch ein Grundgesetz aller Beziehungen: Zuerst müssen die Menschen kommen, dann das Geld.

Das soll natürlich nicht heißen, dass Geld bei der Liebe nicht wichtig wäre – es ist sogar sehr wichtig! Von allen Formen der Nähe – körperlicher, emotionaler, häuslicher – ist die finanzielle vielleicht am schwersten zu erreichen. Dabei kann man wohl sagen, dass gerade sie auf lange Sicht auch am wichtigsten ist. Die Vereinigung mit einem anderen Menschen wird erst dann vollständig sein, wenn Sie ihm nicht nur Ihren Körper, Ihr Herz und Ihre Seele übergeben, sondern wenn Sie auch Ihr finanzielles Wohlergehen mit dem seinen verknüpfen.

Offene Gespräche über Geld

Sie haben den Mann oder die Frau Ihrer Träume kennen gelernt. So sehr haben Sie in Ihrem ganzen Leben noch nie jemanden geliebt! Irgendwann beschließen Sie, zu heiraten oder zusammenzuziehen und »bis dass der Tod uns scheidet« zusammenzubleiben. Sie meinen das, was Sie da versprechen, mit jeder Faser Ihres Herzens. Könnte Geld jemals zwischen Ihnen und dem geliebten Menschen stehen? Nein, unmöglich, sagen Sie – bis dann doch genau das passiert.

Wenn Sie nicht alle Fragen rund ums Geld rechtzeitig, eingehend und ehrlich besprochen haben, wird Geld eines Tages mit Sicherheit zu einem Hindernis für Ihre Beziehung werden. Selbst wenn Sie überzeugt sind, sich ausreichend mit dem Thema befasst zu haben, werden Sie später vermutlich feststellen, dass Geld doch zu einem Problem geworden ist: Sie selbst verändern sich, Ihr Mann oder Ihre Frau verändert sich, das Geld wächst, oder es wächst bedauerlicherweise nicht – lauter mögliche Gründe für Streit. Auseinandersetzungen über Geld sind viel häufiger der Grund für eine Scheidung, als Sie denken – Auseinandersetzungen, bei denen es gar nicht unbedingt um Lügen oder Verheimlichung geht, sondern darum, wie wir mit Geld umgehen. Das tut nämlich jeder von uns auf seine eigene Weise.

Das ist vorher schwer zu begreifen und sehr schmerzhaft, wenn man es zu spät merkt. Solange Sie allein entscheiden können, gehen Sie auf Ihre Art mit Ihrem Geld um. Sie machen sich Sorgen, natürlich, und manchmal geben Sie vielleicht auch Geld aus, das Sie besser nicht ausgegeben hätten, Sie kaufen sich und anderen Geschenke, die Sie sich eigentlich nicht leisten können, oder Sie bezahlen hin und wieder eine Rechnung nicht pünktlich. Wenn aus Ihrem Geld und dem Ihres Partners aber »unser« Geld geworden ist, können Nachlässigkeit oder Leichtsinn oder stark unterschiedliche Ansichten über den Umgang mit Geld den Kern Ihres Sicherheitsgefühls treffen und dazu führen, dass Sie sich tief verletzt fühlen. Wenn Paare sich zum ersten Mal wegen Geld streiten, sind meist beide Partner ganz überrascht. Und es gibt nur einen einzigen Weg, um sich zu schützen und dafür zu sorgen, dass Ihre Beziehung blüht und gedeiht: finanzielle Angelegenheiten so sachlich und ehrlich wie möglich zu besprechen – schon vor der Hochzeit oder dem Entschluss zusammenzuziehen, und auch danach immer wieder.

Es reicht nicht, nur darüber zu diskutieren, wer was bezahlen soll. Sie müssen versuchen, offen und vernünftig miteinander über die ernste Seite des Geldes zu sprechen, über jene Dinge, die am Anfang eher im Hintergrund einer Beziehung stehen, dann aber immer wichtiger werden: wie Sie Ihr Geld ausgeben, wie Sie sparen, wie Sie teilen wollen.

- Wie denkt jeder von Ihnen darüber, Geld für die Zukunft zu sparen? Wie wichtig ist es Ihnen, Geld für morgen anzulegen? Sind Sie beide der Ansicht, dass Geld, das Sie gespart haben, nicht angerührt werden sollte, oder wäre einer von Ihnen bereit, Ihre Ersparnisse für luxuriöse Dinge wie eine neue Stereoanlage oder einen schönen Urlaub anzuzapfen?
- Legen Sie Ihr Geld auf die gleiche Art an (mit Risikobereitschaft oder vor allem auf Sicherheit bedacht)?
- Können Sie, auch wenn Sie noch sehr jung sein sollten, miteinander über das Alter sprechen?
- Sind Sie sich darüber einig, wer Buch führen und die Rechnungen bezahlen soll?
- Haben Sie die gleiche Vorstellung von Großzügigkeit?
- Sind Sie sich im Hinblick auf Ihre Verpflichtungen gegenüber Ihren Familien einig?
- Wollen Sie einen Ehevertrag abschließen? Welche Gefühle löst das in Ihnen aus?
- Welcher Arbeitsplatz soll den Vorrang haben, falls einer von Ihnen versetzt oder befördert wird und dadurch ein Umzug erforderlich würde?
- Falls die Höhe Ihres Einkommens sehr unterschiedlich ist: Wer soll was bezahlen, und wie kommen Sie zu dieser Entscheidung?

- Falls Sie Kinder haben wollen: Soll dann einer von Ihnen zu Hause bleiben? Wie können Sie das finanziell möglich machen?
- Haben Sie zu den finanziellen Aspekten der Kindererziehung (zum Beispiel zu der Frage, ob Sie Ihre Kinder auf ein Internat schicken wollen) die gleichen Ansichten?
- Sind die Beziehungen zu eventuellen früheren Ehepartnern klar definiert?
- Wissen Sie, wie viel Ihr Partner verdient? Wie viel er im Monat ausgibt? Wie hoch seine Rechnungen jeden Monat sind?
- Bezahlen Sie Ihre Rechnungen beide pünktlich, oder ist einer von Ihnen immer im Verzug?
- Bringt einer von Ihnen Kreditkartenschulden, ein Bafög-Darlehen oder einen Konkurs aus der Vergangenheit mit in die Beziehung?
- Sind Sie beide kreditwürdig?
- Sind Sie beide bereit, Ihre Besitztümer und Ihr Einkommen zu teilen, oder will einer von Ihnen, dass bestimmte finanzielle Aspekte auch in Ihrem gemeinsamen Leben getrennt bleiben? Falls ja: Weshalb? Können Sie beide damit leben?

Glauben Sie immer noch, dass die Liebe die Antwort auf alle Fragen ist?

Annes Geschichte

Nachdem wir drei Jahre ein festes Paar waren, glaubte ich, genug über Rolands Einstellung zum Geld zu wissen – aber da habe ich mich gründlich geirrt!

Ich hatte das Gefühl, im siebten Himmel zu schweben. Als ich Roland kennen lernte, dachte ich sofort, dass jetzt vielleicht alles anders werden würde. Meine Mutter, meine Schwester und ich, wir waren immer so arm gewesen. Mein Vater hatte uns verlassen, als ich neun war, und meine Mutter hatte immer zwei Stellen gleichzeitig, damit das Geld wenigstens einigermaßen reichte. Sie war eine gute Mutter und gab uns Kindern immer das

Gefühl, dass sie uns sehr liebte. Aber meine Schwester und ich wuchsen mit dem Wissen auf, dass das Leben sehr schwierig ist. Das glaubte ich jedenfalls. Meine Mutter schaffte es sogar, uns beide studieren zu lassen – und was habe ich gemacht? Ich bekam im zweiten Jahr ein Kind, meine wunderbare Tochter Kathrin. Und dann wurde mein Leben so wie das meiner Mutter – ich arbeitete rund um die Uhr, damit das Geld reichte. Kathrin ist jetzt sieben, und seit ihrer Geburt habe ich immer zwei Stellen gehabt. Ich hatte aber eine hübsche, erschwingliche Wohnung für uns gefunden, und es ging uns nicht schlecht, als ich Roland kennen lernte. Ich verliebte mich Hals über Kopf in ihn, er war so selbstsicher und schien alles unter Kontrolle zu haben. Er liebte Kathrin. Und er bewunderte mich so dafür, wie ich mit allem fertig wurde, dass ich mich bald selbst bewunderte, vielleicht zum ersten Mal in meinem Leben.

Dann stellte sich auch noch heraus, dass Roland aus einer reichen Familie stammte, und sie nahmen Kathrin und mich mit offenen Armen auf. Wir gingen zum Grillen zu ihnen, und es gab nicht etwa Würstchen und Koteletts, sondern gegrillten Lachs – wirklich stilvoll. Zwei Jahre lang war alles wunderbar. Und es wurde sogar noch wunderbarer: Als wir beschlossen zu heiraten, schenkten Rolands Eltern uns die Anzahlung für unser Haus zur Hochzeit. Ich war so aufgeregt – unser eigenes Haus! Ich konnte es nicht fassen, dass ich so unsagbar glücklich war. Die Wände in Kathrins Zimmer strich ich selbst, ich war so stolz, dass sie jetzt ein eigenes Zimmer haben würde – ich hatte als Kind nie ein eigenes Zimmer besessen. In den Kaufvertrag für das Haus wurde nur Rolands Name eingetragen; seine Eltern fanden das gerecht, weil das Geld für die Anzahlung ja von ihnen stammte, und ich hatte nichts dagegen. Alles war perfekt. Als wir dann heirateten, gab ich meine Wohnung auf, und wir zogen zusammen in unser Haus, wie im Märchen.

Über Geld hatten wir eigentlich kaum gesprochen. Wir waren uns einig, alles zu teilen, und ich fand das gut, denn ich dachte, jetzt sei ja sowieso alles unser Geld. Ich verdiente mit meinen bei-

den Jobs 55 000 DM, und Roland, der in der Marketingabteilung einer großen Firma arbeitete, verdiente 90 000 DM. Zuerst schien das sehr viel Geld zu sein, aber allmählich kam ich mir ärmer vor als vorher, als ich meine eigene kleine Wohnung gehabt hatte. Die Hälfte der Hypothek, die ich abzahlte, war höher als meine frühere Miete, und dazu kamen noch die Versicherungen und die Steuern. Da das Haus größer war als meine Wohnung, war die Hälfte der Kosten für Strom, Gas und Wasser so viel wie die Kosten, die ich vorher in der Wohnung alleine bezahlt hatte, manchmal sogar mehr. Dann war da auch noch das zusätzliche Essen. Den größten Teil meiner Ersparnisse gab ich für neue Möbel für das Haus aus. Die Ausgaben stiegen immer weiter, aber das fand ich nicht schlimm, denn wir bauten uns ja dieses neue, großartige Leben auf.

Ich glaube, dass sich mir die Augen öffneten, als Roland eines Tages einen neuen Jeep kaufte, den er bar bezahlte – ich nahm an, dass seine Eltern ihm das Geld gegeben hatten. Und ich fuhr in einer 15 Jahre alten Schrottkiste herum! Mein ganzes Geld ging für unser Leben und das Haus drauf, alles, aber Roland hatte genug Geld, um sich diesen neuen Jeep zu kaufen! Am meisten verletzte es mich, dass es ihm gar nichts auszumachen schien, dass ich immer noch zwei Stellen hatte, was manchmal einen 18-Stunden-Tag für mich bedeutete. Ich war immer so müde, während er einen bequemen Acht-Stunden-Tag und jede Menge zusätzliches Geld hatte. Als ich versuchte, mit ihm darüber zu sprechen, sagte er: »Moment mal, ich verlange nichts von dir, was du nicht schon vor unserer Hochzeit gemacht hast!« Er wurde richtig wütend. Dann dachte ich daran, dass ich ja die Hälfte der Hypothek bezahlte, und ich fragte ihn, wann denn auch mein Name in den Kaufvertrag kommen würde. Nie, antwortete er; so sei es abgemacht worden, seine Eltern hätten uns das Geld sonst nicht gegeben. Ich sagte, das sei ungerecht, schließlich würde ich ja die Hälfte bezahlen, aber er hielt mir entgegen, wenn ich Miete für eine Wohnung zahlen müsste, hätte ich ja auch keinen Eigentumsanteil, ich hätte also keinen Grund, mich zu beklagen.

Kathrin liebte Roland, und sie war glücklich. Deshalb blieb ich bei ihm, trotz all der Wut – und ich konnte gar nicht glauben, dass so viel Wut zwischen uns herrschte. Schließlich hielt ich es aber einfach nicht mehr aus, und wir trennten uns nach nur drei Jahren Ehe. Ob die Scheidung gerecht war? Nein, absolut nicht! Ich hatte meine erschwingliche Wohnung verloren und zu viel für das Haus ausgegeben, und ich bekam nichts. Keinen Unterhalt für Kathrin, die ja nicht sein Kind ist, keinen Unterhalt für mich, weil ich die ganze Zeit über gearbeitet hatte. Von allem, was ich in das Haus und die Ehe gesteckt hatte, blieb mir nichts als die Möbel. Jetzt sind Kathrin und ich ärmer als je zuvor; wir leben in einer winzigen Dachwohnung. Meine Ersparnisse sind weg. Ich hatte mir durch die Heirat mit diesem reichen Mann ein besseres Leben erhofft – und ich habe alles verloren.

Anne hatte sich so viel von ihrem Leben mit Roland erhofft und durchaus realistische Vorstellungen davon gehabt, wie sie es führen würden. Weshalb ist ihre Ehe dann gescheitert? Ich habe ja schon darauf hingewiesen, dass das, was man denkt, sagt und tut, eins sein muss, wenn man reich werden will. Wir wollen uns nun Annes Gedanken, Worte und Handlungen unter diesem Gesichtspunkt ansehen.

Als Anne Roland heiratete, dachte sie, dass ihr Leben leichter werden würde, nicht schwerer – daran ist nichts auszusetzen. Sie dachte, sie würde die finanzielle Last nun nicht mehr allein tragen müssen und Roland und sie würden gemeinsam dafür arbeiten, dass sie alle drei ein besseres Leben hätten. Sie war nicht hinter Rolands Geld her – sie trug ja, gemessen an ihrem niedrigeren Einkommen, sogar mehr zu der Ehe bei als er –, aber sie hoffte, sie würde vielleicht eine ihrer zwei Stellen aufgeben können und nicht mehr so hart arbeiten müssen. Sie dachte, sie könnte ein leichteres Leben haben als ihre Mutter, sie könnte ihrer Tochter ein besseres Leben bieten – und sie glaubte, Roland würde sich das auch für sie wünschen. Was sagte sie aber vor der Hochzeit darüber zu ihm? Gar nichts, und nach der Hochzeit machte sie weiter alles, was sie vorher getan hatte. Als ihre Ehe ihr dann ihre Wünsche nicht erfüllte, wurde sie wütend, auf Roland und auf sich selbst. Alles, was sie von diesem Zeitpunkt an tat – ob es ihn verwirrte, sie selbst verletzte oder jede Chance auf einen Kompromiss zerstörte –, beruhte auf ihrer Wut. Was hätte Anne besser machen können? Sie hätte mit Roland sprechen können, zumindest darüber, dass es ihr so ungeheuer wichtig war, für ihr Kind zu sorgen. Sie hätte ihm von ihrer Hoffnung, dass das Leben nach der Hochzeit leichter für sie werden würde, erzählen können, und zwar rechtzeitig. Wenn er davor zurückgeschreckt wäre, wäre vielleicht alles anders gekommen. Hätte sie gewusst, dass Roland von ihr verlangen würde, von allen Rechnungen die Hälfte zu bezahlen, dass der Kaufvertrag für ihr »gemeinsames« Haus nur auf seinen Namen laufen würde und dass er über finanzielle Angelegenheiten überhaupt ganz anders dachte als sie, wäre sie – auch wenn es ihr das Herz gebrochen hätte – vielleicht schon damals zu dem Schluss gekommen, dass Roland nicht der Mann war, den sie wollte, dass sie ihn sich nicht leisten konnte. Sie hatte ja nicht etwa darauf gewartet, dass ein Ritter in glänzender Rüstung sie befreien würde. Sie hatte ungeheuer viel Mut und kam gut allein zurecht. Als sie sich aber in Roland verliebte, dachte sie, ihr Leben könnte noch besser werden. Wenn Roland und sie die Position des jeweils anderen verstanden hätten, hätte es auch so kommen können. So aber hatte Roland am Ende das Gefühl, dass Anne ihn ausnutzte, dass sie versuchte, die Grundregeln ihrer Beziehung zu ändern. Anne fühlte sich ebenfalls ausgenutzt, denn sie hatte gedacht, dass die Grundregeln sich mit ihrer Hochzeit ändern würden und müssten. Das Geld hatte ihre ganze Liebe zerstört. Und Anne und ihre Tochter waren hinterher nicht nur finanziell ärmer, sondern auch emotional.

Wie Ihr Partner mit Geld umgeht

Anne fiel es nicht leicht, mit Roland über finanzielle Dinge zu sprechen. Als sie aber später darüber nachdachte, merkte sie – mit der typischen Einsicht, die sich einstellt, wenn es zu spät ist –, dass Roland beim Umgang mit Geld viele Gewohnheiten hatte, aus denen sie hätte schließen können, wie er wirklich war und was sie sich einhandeln würde, wenn sie ihn heiratete. So teilten sie sich stets die Rechnung, wenn sie zusammen essen oder ins Kino gingen oder gemeinsam Urlaub machten. Roland kaufte seine Kleidung immer in teuren Geschäften, Anne die Sachen für sich und ihre Tochter dagegen in einem Billigladen. Wenn er sich ihr Auto lieh, tankte er nie nach. Einmal gab er es ihr sogar mit einer kleinen Beule zurück und zeigte sie ihr auch, doch er bot ihr nicht an, die Reparatur zu bezahlen. Für den Mann, den sie heiraten wollte, war das Wort »unser« ganz offensichtlich ein Fremdwort, und obwohl sie so sehr auf mehr hoffte, gab er ihr nie den geringsten Anlass dazu.

Eines Tages merken Sie, wie die Person, die Sie lieben, mit Geld umgeht und auf Geld reagiert. Ganz allgemein, zum Beispiel, ob sie Schulden hat oder darauf achtet, keine Schulden zu machen. Und im Kleinen – der Mann, der jedes neue High-Tech-Gerät haben muss, die Frau, die für ihr Leben gern Schuhe kaufen geht ... Wenn Sie sich jetzt schon über diese Dinge ärgern, wird das im Laufe der Zeit noch viel schlimmer werden. Zuerst ignoriert man das, was einem nicht gefällt, und zwar mit viel größerer Nachsicht als bei anderen schlechten Gewohnheiten wie nachlässiger Körperpflege, schlechten Manieren oder Versprechen, auf die man sich nicht verlassen kann. Geld ist gleichzeitig ein zu unbedeutendes Thema (»Ich will nicht, dass er denkt, ich vertraue ihm nicht!«) für Auseinandersetzungen und ein zu bedeutendes, denn Sie haben ihm die größte Macht gegeben, die Macht des Schweigens. Doch Geld ist einer der wichtigsten Teile des Lebens – meines Lebens, Ihres Lebens, des Lebens der Person, die Sie lieben. Falls Sie spüren, dass Ihr Partner sein Geld über Ihre Beziehung stellen wird, müssen Sie den Mut aufbringen, sich das einzugestehen, was Sie in Ihrem Herzen schon wissen.

Das, was Sie jetzt sehen, ist das, was Sie später bekommen werden, auch wenn Sie die heutige Einstellung Ihres Partners zum Geld anders beurteilen könnten, wenn es später vielleicht um höhere Summen geht. Im Laufe der Zeit werden die kleinen Dinge größer, und Vorsicht, die heute übertrieben wirken kann, wird auf die Dauer viel wichtiger. Natürlich kann niemand genau wissen, wie die Zukunft aussehen wird, aber Sie können sich doch zumindest dem stellen, was Sie heute sehen!

Bei dem folgenden Test werden verschiedene gute oder schlechte Gewohnheiten beim Umgang mit Geld aufgeführt, die jeweils auf bestimmte Charakterzüge hinweisen. Kreuzen Sie bitte immer den Buchstaben an, der auf Ihren Partner oder Ihre Partnerin zutrifft. Durch diesen Test können Sie übrigens auch viel über sich selbst herausfinden.

A. Gibt immer zu wenig Trinkgeld
B. Begeistert sich sehr für Luxusgegenstände wie sündhaft teure Autos, Kleidung oder technische Geräte
C. Trifft sich jede Woche einmal mit Freunden auf der Pferderennbahn
D. Stellt oft ungedeckte Überweisungen aus
E. Achtet darauf, dass seine/ihre Überweisungen immer gedeckt sind

A. Lädt Sie zum Essen ein, sucht das Restaurant aus und beklagt sich dann über die Preise
B. Möchte gern Dinge haben – Urlaubsreisen, Schmuck –, die seine/ihre finanziellen Möglichkeiten weit übersteigen
C. Kauft und verkauft ständig Aktien, weil ihn/sie das fasziniert und nicht aus wirtschaftlichen Erwägungen heraus
D. Scheint seine/ihre Eltern oder andere Menschen als Einkommensquelle zu betrachten
E. Legt einen erheblichen Teil seines/ihres Einkommens für die private Altersvorsorge an und verfolgt die Entwicklung dieser Anlagen, um sich davon zu überzeugen, dass sie optimal ist

A. Beklagt sich über Alimente, die er/sie für ein Kind zahlen muss
B. Versucht, Ihren Freunden dadurch zu imponieren, dass er/sie mit seinem/ihrem Geld prahlt

C. Macht gern dort Urlaub, wo es ein Spielkasino gibt
D. Hat eine unordentliche Brieftasche oder eine Brieftasche voller bis zum Limit belasteter Kreditkarten, aber keinen Pfennig Bargeld in der Tasche
E. Kauft nie etwas, um andere zu beeindrucken, prahlt nicht mit seinem/ihrem Geld

A. Erzählt, dass er/sie sein/ihr Spesenkonto für persönliche Dinge benutzt
B. Kann seine/ihre Kreditkartenrechnungen am Monatsende nicht immer bezahlen
C. Kann nicht vom Spieltisch aufstehen und weggehen, auch wenn er/sie viel verliert
D. Gibt Geld für ein Paar neue Schuhe aus, obwohl andere Rechnungen überfällig sind
E. Spricht gern über finanzielle Angelegenheiten und ist bereit, Ihnen in dieser Hinsicht etwas beizubringen

A. Scheint das Pronomen »wir« nicht gern zu benutzen
B. Kann nie in ein Geschäft gehen, ohne etwas zu kaufen, auch wenn er/sie gar nichts braucht
C. Fragt sich ständig, wo sein/ihr Gehalt geblieben ist
D. Bekommt Besuch von Geldeintreibern
E. Ist großzügig und spendet gern, definiert sich nicht darüber, wie viel er/sie auf der Bank hat

A. Würde das Kleingeld, das er/sie an der Kasse zurückbekommt, nie in eine Spendenbüchse stecken
B. Macht Ihnen ungewöhnlich teure Geschenke, doch Sie wissen, dass er/sie sich das nicht leisten kann
C. Wettet gern, zum Beispiel beim Backgammon oder im Büro
D. Spricht nur sehr ungern über Geld und tut so, als ob alles in Ordnung wäre, obwohl Sie den Verdacht haben, dass das nicht stimmt
E. Bezahlt alle Rechnungen pünktlich, sorgt dafür, dass seine/ihre Überweisungen immer gedeckt sind

Auswertung: Zählen Sie, wie oft Sie die einzelnen Buchstaben angekreuzt haben, und tragen Sie die Zahlen unten ein.
A___ B___ C___ D___ E___
Der Buchstabe, den Sie am häufigsten angekreuzt haben, verrät Ihnen die Hauptcharakterzüge Ihres Partners im Hinblick auf Geld.

ERGEBNIS

A = Pfennigfuchser
B = Verschwender
C = Spieler
D = finanzielles Wrack
E = finanziell gesehen das große Los

Natürlich haben wir alle unsere »Macken« im Umgang mit Geld, doch jede der mit den Buchstaben A bis D verbundenen negativen Eigenschaften kann auf Schwierigkeiten in der Zukunft hindeuten, zumindest dann, wenn sie in extremer Ausprägung vorliegen – und Sie wollen doch sicher nicht an der Seite eines Pfennigfuchsers, Verschwenders, Spielers oder finanziellen Wracks durchs Leben gehen oder mit jemandem, der sogar mehrere dieser negativen Eigenschaften besitzt! Auch wenn das nicht leicht ist, müssen Sie jetzt anfangen, mit Ihrem Partner über Geld zu sprechen, denn ein gemeinsames Leben bedeutet immer auch eine Verknüpfung der Finanzen.

Falls Sie kurz vor der Hochzeit stehen oder schon lange in einer festen Partnerschaft leben, aber mit der Art, wie Sie über Geld sprechen, unzufrieden sind, müssen Sie sofort mit diesen Gesprächen beginnen. Können Menschen ihre Gewohnheiten beim Umgang mit Geld schon dadurch ändern, dass man mit ihnen darüber spricht? Ja, das ist möglich! Wenn Sie ehrlich über dieses Thema sprechen, werden Sie beide die Ansichten des jeweils anderen besser verstehen und seine Ängste und Sorgen bei Ihren Handlungen berücksichtigen können. Vielleicht dauert es ein Weilchen, aber ich habe schon oft erlebt, dass Menschen sich im Hinblick auf das Geld geöffnet, ihre Gewohnheiten geändert und zusammen auf eine auch in finanzieller Hinsicht harmonische Beziehung hingearbeitet haben. Wenn Sie genau sagen können, was Sie problematisch oder beunruhigend finden, ist zumindest eine neue Perspektive im Gespräch. Die Veränderungen werden allerdings nicht von heute auf morgen kommen, sondern erst im Laufe der Zeit, während Sie immer wieder Kompromisse mit Ihrem Partner schließen. Der wichtigste Anstoß für Verbesserungen ist der Beginn der Gespräche. Und die Bereitschaft, auch die eigenen Gewohnheiten zu ändern.

Es ist wichtig, dass bei solchen Gesprächen über Geld beide Partner Verständnis und Mitgefühl für den jeweils anderen zeigen und sich nicht von Wut leiten lassen oder das Gefühl haben, sich verteidigen zu müssen. So stimmt es beispielsweise nicht, dass alle Pfennigfuchser geizig sind; die meisten haben einfach nur Angst, das zu verlieren, was sie haben – sie glauben, es sei nicht genug Geld da, um gut hinzukommen. Und Verschwender geben ihr Geld oft nur deshalb mit vollen Händen aus, weil sie zu wenig Selbstachtung haben. Auch mit finanziellen Wracks muss man vorsichtig und behutsam umgehen. Der Betreffende hat ja sehr lange gebraucht, um sich in so furchtbare finanzielle Schwierigkeiten zu bringen – und dafür, dass er das getan hat, muss es einen Grund geben. Bei Spielern kann der Schaden so groß sein, dass professionelle Hilfe erforderlich ist. Wenn eine dieser Eigenschaften die Alarmglocken in Ihnen schrillen lässt, hat es jedenfalls keinen Sinn, den Kopf in den Sand zu stecken, denn dadurch wird der Schaden nur noch größer.

Übung

Setzen Sie sich mit Ihrem Partner zusammen und einigen Sie sich auf eine Geldsumme, die Sie jeweils zur freien Verfügung haben sollen. Sie soll großzügig bemessen sein, sodass Sie sich davon etwas kaufen könnten, was sich sehen lassen kann, etwas, das Ihnen viel bedeuten würde. Als Ausgangspunkt können Sie den Betrag nehmen, den jeder von Ihnen im Monat für die Dinge ausgibt, die er haben will, für Dinge für sich selbst.

Vielleicht ist dieser Betrag bei Ihnen beiden gleich. Wahrscheinlich wird aber einer von Ihnen mehr Geld haben als der andere und sollte deshalb eine Summe wählen, die entsprechend höher ist. 400 Mark, 500 Mark? Vielleicht auch weniger, oder viel mehr. Sie sind derjenige, der die genaue Summe festlegen muss, aber es darf kein unbedeutender Betrag sein.

Nun sollen Sie beide zur Bank gehen und Ihren Betrag in bar abheben. Stecken Sie das Geld in einen Umschlag und geben Sie es Ihrem Partner. Dann dürfen Sie einen Monat lang weder darüber sprechen, welche Pläne Sie mit dem Geld haben, noch erzählen, was Sie sich gekauft haben. Lassen Sie das Geld in dem Umschlag, wo es von Ihrem eigenen Geld getrennt ist, und heben Sie alle Quittungen auf. Was Sie kaufen sollen? Alles, was Sie wollen oder brauchen, Dinge, die Sie sich wahrscheinlich ohnehin irgendwann kaufen würden. Alles, was Sie sich auch von Ihrem eigenen Geld kaufen würden – denn wenn Sie daran denken, Ihr Geld mit dem Ihres Partners in einen gemeinsamen Topf zu stecken, wird dieses Geld ja eines Tages Ihr Geld sein.

Nach einem Monat sollen Sie sich dann wieder zusammensetzen und ehrlich und verständnisvoll mit Ihrem Partner sprechen, zum Beispiel über die folgenden Punkte: Was war es für ein Gefühl, das Geld des anderen auszugeben? Was war es für ein Gefühl, zu wissen, dass der andere Ihr Geld ausgab? Was für Empfindungen lösen die Dinge, die Ihr Partner mit Ihrem Geld gekauft hat, in Ihnen aus – sind Sie erfreut, wütend, ärgerlich, überrascht? Hat einer von Ihnen bei dem, was er gekauft hat, an Sie beide gedacht, der andere

> dagegen nur an sich selbst? Hat einer von Ihnen noch Geld übrig? Können Sie beide gut belegen, wofür Sie das Geld ausgegeben haben?
> Beschränken Sie Ihr Gespräch auf dieses Geld. Sie haben so getan, als würden Sie aus einem gemeinsamen Topf leben, und dadurch dürften Sie einen guten Eindruck davon bekommen haben, wie es sein wird, wenn Sie wirklich zusammenleben.

Finanzielle Zweisamkeit

Was ist, wenn Ihr Liebster »seine« 500 Mark für sein Auto ausgegeben hat, während Sie »Ihr« Geld Ihrer Ansicht nach sehr klug ausgegeben haben, nämlich für die Zutaten für ein romantisches Essen zu zweit, ein paar Kosmetika, die Ihnen ausgegangen waren, ein Geburtstagsgeschenk für einen gemeinsamen Freund, bei dem Sie beide eingeladen waren, und zwei Karten für ein Konzert? Wie viel Geld würde Ihr Partner wohl im Laufe der Jahre für Dinge ausgeben, an denen nur er Freude hat, statt es für Sie beide auszugeben? So wird Ihre Partnerschaft weder gleichberechtigt noch glücklich sein. Ja, natürlich, bei der Übung sollte jeder mit dem Geld machen dürfen, was er wollte, aber wenn Ihre Vorstellungen vom Geldausgeben so völlig unterschiedlich sind, müssen Sie sie stärker aneinander angleichen, und zwar durch Gespräche.

Heute ist das vielleicht alles noch recht unproblematisch, zum Beispiel, wenn Sie sich gerade Ihre erste gemeinsame, recht bescheidene Wohnung eingerichtet haben, beide etwa gleich viel verdienen und alles so ziemlich fifty-fifty aufteilen, wobei genug übrig bleibt, um sich das zu kaufen, was Sie wollen. Doch jeder kleine Stich, den Sie heute wegen Geld empfinden, wird sich später stärker bemerkbar machen. Wenn wir älter werden, verändern sich unsere Ansichten zum Geld, unsere Vorstellungen und Zwänge. Mit 50, wenn wir die Augen nicht mehr vor der Tatsache verschließen können, dass wir irgendwann alt sein und schließlich sogar sterben werden, ist niemand von uns der Gleiche wie mit 25 oder 35. Unsere Gewohnheiten beim Umgang mit Geld können sich auch dadurch verändern, dass wir mehr Geld zur Verfügung haben. Nehmen wir an, Sie kaufen sich zusammen ein Haus, und dieses Haus braucht ein neues Dach – doch das Geld dafür geht stattdessen für Autozubehör drauf! Wenn Kinder kommen, ändern sich unsere Ansichten über das Geld, das wir haben, und über das Geld, das wir brauchen, manchmal sogar sehr drastisch. Die Einstellung eines anderen Menschen zum Geld kennen zu lernen ist ein Prozess, der das ganze Leben lang dauern kann.

Eine Beziehung vertieft sich, wenn mehr auf dem Spiel steht. Am Anfang kann man leicht sagen, was »mir« und was »dir« gehört, denn es gibt nur sehr wenig, das beide gemeinsam besitzen. Im Laufe der Zeit verschwimmen diese Grenzen aber, und das, was beiden gehört, wird immer wichtiger. Das Haus, die Möbel, das Auto, die Kinder, die Familie, die gemeinsamen Freunde und die Rituale, die Sie entwickeln, können die Ehe zu einem Ort des Reichtums machen. Ein Paarberater wird Ihnen sagen, dass Sie den emotionalen Pulsschlag Ihrer Beziehung sehr genau verfolgen müssen. Als Finanzberaterin kann ich Ihnen sagen, dass der finanzielle Pulsschlag genauso wichtig ist, denn in einer Ehe steht finanziell gesehen von Anfang an viel auf dem Spiel, und im Laufe der Jahre steigt der »Einsatz« immer noch weiter.

Die gesetzlichen Regelungen

Sie und Ihr Partner müssen nicht nur über Ihre Gewohnheiten im Umgang mit Geld, Ihre Ansichten zur Verwendung von Geld und Ihren bisherigen finanziellen »Werdegang« sprechen, sondern es ist mindestens genauso wichtig, dass Sie Ihre jeweiligen gesetzlichen Verpflichtungen kennen, wenn Sie beschließen, zusammenzuleben oder zu heiraten. Vor allem bei einer Ehe geht es um beträchtliche Summen, und daher darf man sie nicht leichtfertig eingehen. Sie sollten auch nicht beschließen, sich zusammen etwas zu kaufen, was sehr viel wert ist, ohne vorher alles genau zu überdenken. Eine Ehe, die zerbricht und mit einer Scheidung endet, hinterlässt oft Narben, die auch der beste Finanzberater nicht unsichtbar machen kann. Narben, die nicht nötig gewesen wären. Es gehört zu meinen schwierigsten Aufgaben als Finanzberaterin, wenn jemand zu mir kommt, der nach einer gescheiterten Ehe noch einmal von vorn anfangen muss, vor allem in einem Alter, wenn er oder sie eigentlich gut versorgt im Ruhestand leben sollte. Solche Menschen sind voller Wut und Angst, aber sie fühlen sich auch verletzt und gedemütigt.

Natürlich kann ich in diesem Buch nicht alle vertraglichen Verpflichtungen erläutern, die zwischen Eheleuten oder Partnern, die lange ohne Trauschein zusammengelebt haben, bestehen können. Durch die Arbeit mit meinen Klienten weiß ich jedoch, dass nur die wenigsten von uns alle Verpflichtungen, die eines Tages auf sie zukommen könnten, überdenken – geschweige denn besprechen –, bevor sie heiraten oder eine auf die Dauer angelegte Partnerschaft beginnen. In meiner Kanzlei musste ich mich besonders mit folgenden Fragen beschäftigen:

Spielen die Schulden, die mein Partner vor unserer Ehe gemacht hat, für mich eine Rolle?

Nicht in dem Sinne, dass Sie dafür haftbar gemacht werden können. Aber im Falle einer Scheidung können die Schulden Ihres Partners für Sie sehr wohl relevant werden. Solange Sie mit Ihrem Partner keinen Ehevertrag geschlossen haben, leben Sie in einer Zugewinngemeinschaft. Das bedeutet, dass im Falle einer Scheidung jeder das behält, was ihm schon vor der Ehe gehört hat, und nur der Zugewinn unter Ihnen aufgeteilt wird. Hat Ihr Partner nun allerdings Schulden mit in die Ehe gebracht und diese während der Ehe abbezahlt, kann das für Sie von Nachteil sein. Da das Anfangsvermögen beim Start in die Ehe im Falle von Schulden immer bei null festgesetzt wird, profitiert Ihr Partner insofern, als sein Beitrag zum gemeinsamen Zugewinn natürlich geringer ausfällt, da der Minus-Betrag der Schulden nicht mitgerechnet wird. In einem solchen Fall wird das von Ihnen beiden erwirtschaftete Vermögen nicht wirklich geteilt.

Ist es von Vorteil, unsere Gelder getrennt zu halten und getrennte Einkommenssteuererklärungen einzureichen?

Das Finanzamt berechnet die Besteuerung Ihrer Einkommen automatisch gemeinsam nach der so genannten *Splittingtabelle*, es sei denn, Sie beantragen eine getrennte Veranlagung. Die Vor- und Nachteile einer getrennten Steuererklärung sind abzuwägen: Einerseits haften Sie so nicht für die gesamte Steuerschuld, andererseits können Sie auch die potenziellen Steuervorteile nicht nutzen.

Berücksichtigt das Gericht bei seiner Entscheidung über die Höhe der Unterhaltszahlungen, ob mein Ehepartner schon einmal verheiratet war und/oder Kinder hat?

Der Partner aus erster Ehe und sämtliche minderjährigen Kinder gehen bei der Unterhaltsverpflichtung vor. Das heißt, dass Sie auf jeden Fall den Kürzeren ziehen, wenn Sie im Scheidungsfall mit dem/der Ex Ihres Partners und den Kindern konkurrieren.

Wie wird das Sorgerecht für die Kinder im Falle einer Scheidung gehandhabt?

Im Scheidungsfall bleibt es grundsätzlich bei einem gemeinsamen Sorgerecht. Das bedeutet, dass Sie Entscheidungen, die für das Wohl Ihrer Kinder von erheblicher Bedeutung sind, weiterhin einvernehmlich treffen müssen, unabhängig davon, bei welchem Elternteil die Kinder nach der Scheidung leben. Allerdings ist derjenige, bei dem die Kinder leben, berechtigt, Entscheidungen »in Angelegenheiten des täglichen Lebens« unabhängig vom Partner zu treffen. Ein alleiniges Sorgerecht eines Elternteils ist nur noch in Ausnahmefällen möglich, zum Beispiel wenn Sie mit Ihrem ehemaligen Partner völlig zerstritten sind oder Ihr Kind misshandelt wurde.

Kann mein Expartner das Kindesbesuchsrecht erwirken, auch wenn er keinen Kindesunterhalt zahlt?

Ja, Ihr Expartner hat das Recht, Ihr gemeinsames Kind zu sehen. Das Besuchsrecht kann vom Gericht nur dann eingeschränkt oder gar verboten werden, wenn nachgewiesen wird, dass das Wohl des Kindes gefährdet ist. Solange das nicht der Fall ist, sind Sie generell dazu verpflichtet, alles zu unterlassen, was die Beziehung des Kindes zu seinem Vater beziehungsweise seiner Mutter gefährden könnte.

Welche rechtlichen Konsequenzen gibt es, wenn man mit einem Partner über längere Zeit in einer eheähnlichen Gemeinschaft zusammenlebt?

Wenn Sie keinen Partnerschaftsvertrag geschlossen haben, kommen rechtliche Konsequenzen im Falle einer Trennung nur dann auf Sie zu, wenn Sie ein gemeinsames Kind haben.

Muss mein Ehepartner auf mein Verlangen das Haus beziehungsweise die Wohnung verlassen (vor allem, wenn sie mir schon vor der Heirat gehört hat)?

Wenn Sie sich nach der Trennung nicht einigen können, wer

von Ihnen in der Wohnung bleibt, und auch eine Aufteilung der Wohnung in separate Bereiche nicht möglich ist, kann gerichtlich entschieden werden, wer die Wohnung zu verlassen hat. Dabei wird berücksichtigt, wer Eigentümer der Wohnung ist. Ihr Partner muss dann ausziehen, außer in dem Fall, dass Ihre gemeinsamen Kinder dann mit ausziehen müssten, weil er der betreuende Elternteil ist.

Kann ein Ehepartner im Zuge einer Scheidung ein Geschenk zurückfordern, das er dem anderen machte, oder zumindest seinen/ihren »Anteil« daran fordern?

Das kommt auf die Art der Schenkung und Ihren ehelichen Güterstand an. Zunächst unterscheidet die Rechtsprechung zwischen zwei verschiedenen Arten von *Zuwendungen*. Eine *echte Schenkung* ist es nur dann, wenn der Partner sie ohne Vorbehalte gemacht hat. Hat der Partner die Schenkung allerdings im Glauben daran getätigt, dass die Ehe fortbesteht, dann handelt es sich nur um eine *ehebedingte Zuwendung*, es sei denn, in einem Vertrag ist ausdrücklich von Schenkung die Rede. Wenn Sie in Zugewinngemeinschaft (und nicht in Gütertrennung) mit Ihrem Partner leben, werden beide Arten von Zuwendung bei einem Zugewinnausgleich nicht dem Anfangsvermögen des Beschenkten zugerechnet, sodass Sie ohnehin mit Ihrem Partner teilen müssten. Wenn es sich um eine echte Schenkung handelt, kann diese unter ganz bestimmten Umständen – etwa wegen Verarmung oder groben Undanks – auch widerrufen und zurückgefordert werden. Bei der ehebedingten Zuwendung ist dies nicht möglich.

Kann ich meinen Ehepartner enterben?

Ja, durch ein entsprechendes Testament. Der Ehepartner hat allerdings trotzdem einen Anspruch auf seinen Pflichtteil, der ihm nur in bestimmten Fällen entzogen werden kann, beispielsweise wenn er Ihr Leben bedroht hat, Sie körperlich misshandelt hat oder seine Unterhaltspflicht Ihnen gegenüber verletzt hat.

Bin ich rechtlich dazu verpflichtet, meinen Ehepartner während unserer Ehe finanziell zu unterstützen?

Es ist gesetzlich festgelegt, dass beide Ehepartner dazu verpflichtet sind, ihre Familie angemessen zu unterhalten. Konkret bedeutet das, dass Sie als Alleinverdiener dazu verpflichtet sind, Ihrem Partner ein angemessenes Taschen- und Wirtschaftsgeld zu zahlen. Sind Sie beide berufstätig, muss jeder Partner im Verhältnis zu seinem Einkommen zum Haushalt beitragen. Das heißt, dass Sie als Allein- oder Besserverdienende(r) dazu verpflichtet sind, Ihren Partner finanziell zu unterstützen, bevor staatliche Hilfe in Anspruch genommen werden kann.

Was passiert mit unserem gemeinsamen Eigentum, wenn wir unverheiratet sind und uns trennen?

Gemeinsames Eigentum wird bei der Trennung zwischen den Partnern aufgeteilt. Das, was Ihnen allein gehört, bleibt dagegen auch nach der Trennung Ihr alleiniges Eigentum. Daher ist bei jedem einzelnen Gegenstand des Hausrats zu prüfen, welchem Partner er zusteht. Entscheidend sind dabei die Vorschriften des Schuld- und Sachenrechts, das heißt, im Streitfall ist es wichtig, dass Ihr Name auf den Verträgen, Rechnungen und so weiter steht.

Kann ich mit finanziellen Verpflichtungen konfrontiert werden, wenn mein Expartner und ich unverheiratet waren und kein gemeinsames Eigentum erworben haben?

Finanzielle Verpflichtungen können nur dann für Sie entstehen, wenn der ehemalige Partner für ein gemeinsames Kind sorgt. In diesem Fall sind Sie nicht nur gegenüber Ihrem nichtehelichen Kind unterhaltspflichtig, sondern auch gegenüber Ihrem ehemaligen Partner, sofern dieser wegen der Kinderbetreuung keiner Erwerbstätigkeit nachgehen kann. Grundsätzlich ist die Unterhaltsverpflichtung auf die ersten drei Lebensjahre des gemeinsamen Kindes begrenzt.

Sind bei unverheirateten Paaren beide haftbar für die Schulden des einen Partners?

Nein, der Partner, der die Schuld eingegangen ist, ist allein verpflichtet, sie zu begleichen.

Diese Fragen sollen Sie nicht verängstigen oder von einer Bindung abschrecken, sondern darauf hinweisen, wie ernst lebenslange Bindungen und besonders die rechtliche Institution der Ehe wirklich sind. Sie müssen nicht nur emotional zu einer Heirat bereit sein, sondern auch mit den finanziellen und rechtlichen Aspekten vertraut sein. Immerhin steht dabei mehr auf dem Spiel als Ihr Herz. Wenn Sie in einer schwierigen Beziehung stecken und Ihnen diese Fragen deshalb nur allzu vertraut erscheinen, dann denken Sie bitte sorgfältig nach, bevor Sie alles, was Sie heute haben oder morgen haben könnten, aufs Spiel setzen.

Kapitel 9
Das Geschäft der Liebe

Wenn zwei oder mehr Leute eine geschäftliche Beziehung eingehen, werden gewöhnlich Verträge aufgesetzt, in denen festgelegt wird, wie das Geschäft laufen soll, wer was bezahlen und wem was gehören soll. Diese Dokumente können außerdem eine Klausel darüber enthalten, wie die Partnerschaft aufgelöst werden soll, wenn die Partner sich aus irgendeinem Grund wieder trennen wollen. Zu den Einzelheiten können dann eine Formel gehören, nach der das Geschäft bewertet werden soll, eine Berechnung, wie jeder der Partner die anderen auszuzahlen hätte, und Angaben dazu, wie dieser Prozess ablaufen soll. Oft wird außerdem eine Versicherung abgeschlossen, die die überlebenden Partner bei einem plötzlichen Todesfall schützt. All diese Maßnahmen deuten keineswegs darauf hin, dass einer der Partner erwartet, dass die Partnerschaft scheitert – ganz im Gegenteil, sonst würde er sie ja gar nicht erst eingehen. Sie beweisen nur, dass die Partner klug genug sind, alle ihre Karten vorher auf den Tisch zu legen, dass sie die anderen und sich selbst schützen und ihre Beziehung auf eine solide Grundlage stellen wollen.

Auch die Ehe oder ein auf Dauer angelegtes Zusammenleben ist ein Geschäft, und noch dazu eines, das leider sehr oft scheitert. Trotzdem würde es den meisten von uns gar nicht in den Sinn kommen, so einen Vertrag zu schließen. Der richtige Zeitpunkt, über alle Eventualitäten einer Ehe oder des unverheirateten Zusammenlebens zu sprechen, ist der gleiche wie bei der Gründung eines

Geschäfts – am Anfang, wenn wir besonders optimistisch sind. Wenn wir einander von ganzem Herzen lieben und vertrauen, bevor wir wissen, was die Zukunft bringen wird.

Susannes Geschichte

Ich kann gar nicht glauben, dass alles so gekommen ist – ich hätte so viel verlieren können! Michael war nicht besonders scharf darauf zu heiraten, vor allem, weil er das Gefühl hatte, bei der Scheidung von seiner ersten Frau zu viel verloren zu haben. Wir hatten aber schon fünf Jahre zusammengelebt, und dann wurde ich schwanger. Er sagte, nun würde er mich heiraten, er wolle aber einen Ehevertrag. Das fand ich furchtbar – ich würde nie mehr von irgendjemand nehmen als meinen fairen Anteil. Ich stimmte zu, war aber noch lange sehr verletzt. Michael ging zu einem Anwalt, um den Vertrag aufsetzen zu lassen, und ich zeigte ihn dann einer alten Freundin, die Anwältin ist. Er hatte darin Gütertrennung für uns festsetzen lassen, und meine Freundin erklärte mir, dass im Falle einer Scheidung dann jeder das Geld bekommt, was er selbst verdient hat. Ich war damals 30 Jahre alt und arbeitete als Verwaltungsassistentin in einer Computerfirma, die erst wenige Monate vorher gegründet worden war. Michael hatte viel mehr Geld, er war schon Leiter der Finanzabteilung bei einem großen Versorgungsunternehmen. Gut, sagte ich, und Michael und ich unterschrieben die Papiere.

Jahrelang lief alles großartig. Als Max geboren wurde, war Michael sofort hingerissen von ihm; er war ein toller Vater. Ich arbeitete weiter, und das machte mir allmählich richtig Spaß, denn die Firma wuchs enorm schnell. Je mehr ich mich mit dem Programmieren befasste, desto besser gefiel es mir. Die Firma bot ihren Angestellten an, die Kosten für bestimmte Kurse zu übernehmen, und da ich nicht für immer Assistentin bleiben wollte, belegte ich einige Kurse. Plötzlich ging es steil nach oben, ich wurde befördert und installierte schließlich Software für eine Reihe von Firmen. Ich hatte nie damit gerechnet, wirklich Kar-

riere zu machen, ich hatte immer nur gedacht, ich würde eben Arbeit haben, aber jetzt lief alles fantastisch! Ich kaufte mir ein schickes Auto, investierte in einen Aktienfonds und war rundum zufrieden. Ich legte jeden Monat eine bestimmte Summe für meine Zukunft an, und allmählich sammelte sich recht viel Geld an. Ich konnte einen beträchtlichen Teil meiner Arbeit von zu Hause aus erledigen, sodass ich für Max da war.

Bei Michael lief auch alles prima. Er wurde ungefähr zur gleichen Zeit befördert wie ich, also waren wir beide glücklich. Es gab keinen Neid, keine Konkurrenz. Wir kauften uns dieses tolle Haus und schickten Max auf ein teures Internat. Und zwölf Jahre lang war alles wunderbar.

Vor drei Jahren wurde Michael dann plötzlich entlassen, in seiner Firma wurde die ganze Spitze umstrukturiert, zwei gute Freunde von ihm mussten auch gehen. Es war furchtbar. Er war 46 Jahre alt und arbeitslos! Die Abfindung erschien uns damals angemessen, doch er war bis ins Innerste erschüttert. Seine Firma schickte ihn zu einem Headhunter, aber das brachte nichts. Ich wusste, dass er eine Weile brauchen würde, um wieder auf die Beine zu kommen, aber die Monate vergingen, und er bemühte sich gar nicht, Arbeit zu finden; er saß einfach nur zu Hause vor dem Fernseher. Ich dachte, er habe vielleicht Depressionen, und versuchte, ihn dazu zu bringen, zu einem Arzt zu gehen, aber das wollte er nicht. Jetzt sind wir in der Fitness-Phase – er geht jeden Tag mindestens zwei Stunden ins Fitness-Center. Seit seiner Entlassung sind schon drei Jahre vergangen. Seine beiden Freunde haben wieder Arbeit, nichts Großartiges, aber sie verdienen Geld. Michael missgönnt mir alles, wehe, ich kaufe mir etwas Neues zum Anziehen für die Arbeit oder tue mir etwas Gutes. Seine Abfindung ist längst aufgebraucht. Er sagt, er versuche ja, Arbeit zu finden, aber ich bin oft genug zu Hause, um zu wissen, dass das nicht stimmt. Nächstes Jahr können wir uns das Internat für Max nicht mehr leisten, und wie wir das Haus halten sollen, weiß ich auch nicht. Ich tue alles, und ich fühle mich so elend. Michael ist nicht einmal bereit, die Überweisun-

gen für die Rechnungen auszustellen. Vor ein paar Wochen bin ich explodiert und habe verlangt, dass wir uns trennen. Wir haben dann nicht mehr darüber gesprochen, aber ich gehe in dieser Ehe wie auf glühenden Kohlen. Ich denke ernsthaft daran, mich von Michael zu trennen. Ich war ihm so lange emotional und finanziell eine Stütze, aber einer allein kann doch nicht alles machen. Drei Jahre sind genug!

Ich sehe einfach keinen anderen Ausweg. Und wissen Sie was? Ich bin so unsagbar froh, dass Michael mich dazu gebracht hat, den Ehevertrag zu unterschreiben. Falls wir uns wirklich scheiden lassen, brauche ich nicht dafür zu zahlen, dass er herumhängt und in Selbstmitleid zerfließt. Ich habe meine Arbeit, meine Aktien und sonstigen Geldanlagen, ich kann für Max und mich sorgen. Und vielleicht wird Michael dann endlich wieder für sich selbst sorgen.

Eheverträge

Ich möchte Sie um etwas bitten, das eher unüblich ist: Planen Sie für die Eventualitäten des Lebens, solange Sie noch von ganzem Herzen verliebt sind! Sorgen Sie im Namen der Liebe für alles vor, was passieren könnte. Entscheiden Sie jetzt darüber, wie alles aufgeteilt werden soll, falls Ihre Gefühle füreinander sich ändern, und halten Sie das schriftlich fest. Lassen Sie vor der Hochzeit einen Ehevertrag aufsetzen. Auch wenn Sie unverheiratet zusammenleben wollen, können Sie einen Partnerschaftsvertrag schließen, durch den Sie Ihre Beziehung regeln. Heute leben viele Paare unverheiratet zusammen und erwerben gemeinsam Eigentum – junge Paare, die sich erst noch etwas aufbauen wollen, ältere Paare, die aus irgendeinem Grund nicht heiraten wollen, und gleichgeschlechtliche Paare. Sie brauchen den gleichen Schutz wie verheiratete Paare. Bringen Sie den Mut auf, diesen kühnen Schritt aus Liebe zu tun, nicht aus Gier, weil Sie beide das Beste für den jeweils anderen wollen, nicht nur jetzt, sondern für immer, egal, was passiert! Wenn Sie bis an Ihr Lebensende zusammen glücklich sind, brauchen Sie den Vertrag nie wieder aus der Schublade zu holen. Falls die Ehe aber scheitert und es zu einer Scheidung kommt, haben Sie für diesen Fall rechtzeitig alles geregelt. Wenn ich die Welt regieren würde, würde ich ein neues Gesetz erlassen: Jeder, der heiraten will, muss vorher einen Ehevertrag unterzeichnen.

Wenn ich auf dieses Thema zu sprechen komme, sagen die Leute immer wieder: »Aber wozu brauche ich denn einen Ehevertrag? Ich habe doch gar nichts, kein Geld, keine Aktien ...« Das sind Worte der Armut. Eheverträge sind für die Zukunft gedacht, nicht für die Gegenwart, und so innig Ihre Liebe heute auch sein mag, kann doch niemand – Sie nicht, und Ihr Partner auch nicht – vorhersehen, was die Zukunft bringen wird, was Sie in den kommenden Jahren besitzen werden und was eines Tages für Sie auf dem Spiel stehen könnte.

Es stimmt nicht, dass allein der Wunsch nach einem Ehevertrag zu Auseinandersetzungen führt. Ein solcher Vertrag ist vielmehr eine Möglichkeit, zu zeigen, wie viel Ihnen daran liegt, dass Sie beide gegen die Unwägbarkeiten der Zukunft gewappnet sind. Es ist kein Zeichen von Gier, Schwäche oder Angst, wenn Sie die Gewissheit haben wollen, dass Sie beide abgesichert sein werden, egal, was passiert. Meiner Erfahrung nach können Gespräche über dieses Thema die Partner enger zusammenbringen, als sie sich vorher vorstellen konnten.

Wer braucht einen Ehevertrag?

Bis vor ein paar Jahren hatten nur diejenigen Eheverträge, die ein beträchtliches Vermögen besaßen, heute dagegen schließen auch Menschen Eheverträge, die zu diesem Zeitpunkt nichts besitzen – um sich das zu erhalten, was sie morgen vielleicht haben werden. Paare, bei denen beide Partner arbeiten und beruflichen Erfolg haben, möchten beispielsweise frühzeitig einen finanziellen Ausgleich vereinbaren für den Fall, dass ein Partner die Kindererziehung übernimmt. Die Notwendigkeit eines Ehevertrages erkennen viele erst dann, wenn sie sich ein zweites Mal binden und bereits eine Ehescheidung hinter sich haben.

Der Abschluss eines Ehevertrags ist zum Beispiel in folgenden Situationen angebracht:

- Sie haben eine unschöne Scheidung hinter sich und wissen aus eigener, schmerzhafter Erfahrung, wie teuer es sein kann, zu entscheiden, wer nach einer gescheiterten Ehe was bekommt. Sie wollen dafür sorgen, dass Sie das nicht noch einmal durchmachen müssen.
- Sie und Ihr Partner sind sich darüber einig, dass sie Kinder haben wollen und dass Sie zugunsten der Kindererziehung Ihren Beruf aufgeben. Dann sollten Sie einen angemessenen Ausgleich für wirtschaftliche und versorgungsrechtliche Defizite vereinbaren.
- Sie haben ein umfangreiches Portfolio aufgebaut oder geerbt, oder ein erfolgreiches Geschäft oder beträchtliche Immobilien. Während Ihrer Ehe werden Sie die Früchte gemeinsam mit Ihrem Partner ernten. Trotzdem wollen Sie sicher sein können, dass dieser Besitz und das, was er abwirft, im Fall einer Scheidung in Ihren Händen bleibt.
- Sie befinden sich mitten in einem steilen beruflichen Aufstieg, sehen eine gute Chance, eines Tages sehr reich zu werden, und wollen Ihr zukünftiges Einkommen schützen.
- Eines Tages werden Sie das Ferienhaus Ihrer Eltern erben, das ist schon testamentarisch festgelegt worden. Da Ihre Eltern nur noch selten dorthin fahren, haben Sie und Ihr Verlobter angefangen, dort die Wochenenden zu verbringen, und sind voller Pläne für eine Renovierung, die Sie beide gemeinsam finanzieren wollen. Aber das Haus hat schon immer Ihrer Familie gehört, und Sie möchten dafür sorgen, dass das so bleibt.
- Sie selbst sind nicht reich, stehen aber vor der Hochzeit mit einem reichen Mann. Wenn Ihre Ehe scheitern sollte, könnte er (vielleicht gar nicht zu Unrecht) anführen, dass alles, was er hat, aus seinem eigenen Vermögen stamme und alles, was während

der Ehe hereinkam, ausgegeben worden sei; es sei also nichts da, was geteilt werden müsse. Selbst wenn das nicht stimmen sollte, hätte er genug Geld, um gegen Sie vor Gericht zu gehen. Sie brauchen einen Ehevertrag, damit Sie wissen, wie Sie bei einer Scheidung dastehen würden.

- Sie sind eine Witwe oder ein Witwer mit Kindern und wollen das Geld Ihres verstorbenen Ehegatten vor Ihrer Wiederverheiratung für Ihre Kinder schützen.
- Sie heiraten wieder und wollen nicht, dass Ihre erwachsenen Kinder den neuen Stiefvater oder die neue Stiefmutter ablehnen oder verdächtigen, sich ins gemachte Nest setzen zu wollen. Durch einen Ehevertrag können Sie ihnen beweisen, dass ihnen alles, was eines Tages an sie gehen soll, auch tatsächlich gehören wird.
- Ihr zukünftiger Ehepartner ist in Ihrer Firma angestellt und hat so gute Arbeit geleistet, bevor Sie sich in ihn verliebt haben, dass Sie ihm einen Teil der Firma überschreiben wollen.
- Im Laufe der Jahre haben Sie etwa 120 000 DM zusammengespart. Sie sind bereit, dieses Geld als Anzahlung für das Haus zu nehmen, das Sie und Ihr Verlobter, der keine nennenswerten eigenen Ersparnisse hat, kaufen wollen. Sie möchten sicher sein können, dass Sie dieses Geld, das zur Altersvorsorge gedacht war, zurückbekommen, falls Ihre Ehe scheitern sollte.
- Sie haben zwölf Jahre lang bei einer großen Firma gearbeitet und jeden Monat Geld für Ihre private Altersvorsorge angelegt, das jetzt schon zu einer beträchtlichen Summe angewachsen ist. Der Mann, den Sie heiraten wollen, ist jünger. Sie sind sich einig, dass Sie von jetzt an gemeinsam für Ihr Alter vorsorgen wollen, möchten Ihre bisherigen Anlagen aber für den Fall einer Scheidung geschützt sehen.

Wie Eheverträge funktionieren

Folgende Fragen und Antworten sind wichtig, wenn es um das Thema Ehevertrag geht. Sie müssen wissen, was in einem solchen

Vertrag alles geregelt werden kann, wie ein gültiger Ehevertrag aussehen sollte und in welchen Fällen er notariell beurkundet werden muss.

Wichtig ist aber auch, welche Konsequenzen die Eheschließung für die Vermögensverhältnisse der Partner hat. Das heißt zum Beispiel, wem das Vermögen gehört, das die Partner schon mit in die Ehe gebracht haben, oder was mit Geld und Wertgegenständen passiert, die einer der Partner erbt oder geschenkt bekommt. Ganz wichtig ist auch die Frage, in welchen Fällen ein Ehepartner für Schulden des anderen haften muss. Gerade mit solchen Dingen beschäftigen sich viele Paare nämlich erst dann, wenn es schon zu spät ist.

Was genau ist ein Ehevertrag?

Von einem Ehevertrag ist grundsätzlich immer dann die Rede, wenn Verlobte oder Ehepartner verbindliche Vereinbarungen für das Eheleben treffen wollen. In einem solchen Vertrag können Sie eigentlich alles regeln, was für das eheliche Zusammenleben von Bedeutung ist. Also etwa, in welchem Güterstand Sie während der Ehe leben wollen, was mit Hausrat, Vermögen, Erbschaften oder Schenkungen geschieht oder wie die gemeinsame Altersvorsorge aussehen soll. So können Sie beispielsweise schon zu Beginn der Ehe einen finanziellen Ausgleich für den Partner vereinbaren, der später einmal die Kindererziehung übernehmen soll. Ebenso können Sie festlegen, dass alle Anschaffungen, die Sie während der Ehe machen, automatisch gemeinsames Eigentum werden. Selbst Regelungen darüber, wie die Arbeitsteilung zwischen den Partnern gehandhabt werden soll, können Sie vertraglich festlegen. Darüber hinaus haben Sie auch die Möglichkeit, in Ihren Ehevertrag Vereinbarungen über den Unterhalt oder über den Versorgungsausgleich aufzunehmen.

Wann ist der beste Zeitpunkt, um einen Ehevertrag abzuschließen?

Ein Ehevertrag kann sowohl direkt vor der Heirat als auch zu jedem beliebigen Zeitpunkt während der Ehe abgeschlossen werden. Ratsam ist jedoch, verbindliche Vereinbarungen möglichst frühzeitig zu treffen. Ein Beispiel: Wenn ein Partner zugunsten der Kindererziehung den Beruf aufgibt und die Ehepartner einen finanziellen Ausgleich für Einkommens- und Rentendefizite regeln wollen, dann sollte eine entsprechende Vereinbarung sicherheitshalber schon vor der Geburt des Kindes getroffen werden. Auch wenn die Partner festlegen wollen, dass Anschaffungen für den gemeinsamen Hausstand grundsätzlich gemeinsames Eigentum werden sollen, sollte dies frühzeitig klar geregelt werden. Denken Sie daran: Solange Sie verliebt sind, ist es sehr viel leichter, faire und einvernehmliche Regelungen zu treffen.

Wie sollte ein Ehevertrag aussehen?

Wenn Sie einen Ehevertrag abschließen wollen, sollten Sie zunächst mit Ihrem Partner schriftlich festlegen, was Sie überhaupt regeln wollen. Achten Sie darauf, dass die Regelungen ausgewogen sind und keinen der Partner benachteiligen. Außerdem sollten Sie Wert auf klare und eindeutige Formulierungen legen. Nur so können Sie vermeiden, dass es später zu Missverständnissen und unnötigen Diskussionen kommt.

Wenn Sie in Ihrem Ehevertrag weder Vereinbarungen über den Güterstand noch Regelungen über den Versorgungsausgleich treffen wollen, reicht es grundsätzlich aus, wenn Sie Ihre Abmachungen schriftlich festhalten und den Text anschließend beide unterschreiben. Wenn Sie jedoch sichergehen wollen, dass Ihre Vereinbarung Hand und Fuß hat und dass sie vor allem auch juristisch einwandfrei ist, ist es empfehlenswert, bei der Ausarbeitung des Vertragstextes einen Anwalt hinzuzuziehen. Um zu verhindern, dass es in der Beratung zu Interessenkollisionen kommt, kann es auch sinnvoll sein, dass Sie sich beide getrennt beraten lassen. Vor allem dann, wenn es um größere Vermögenswerte geht.

Muss ein Ehevertrag notariell beurkundet werden?

Die notarielle Beurkundung eines Ehevertrages ist nicht für jeden Fall gesetzlich vorgeschrieben. Grundsätzlich muss ein Ehevertrag nur dann von einem Notar beurkundet werden, wenn Regelungen über das Güterrecht oder über den Versorgungsausgleich getroffen werden. Entscheiden Sie sich beispielsweise bei der Heirat dafür, Gütergemeinschaft oder Gütertrennung zu vereinbaren, dann ist für den Vertrag das notarielle Siegel erforderlich. Das Gleiche gilt, wenn die Partner den Versorgungsausgleich bei einer Scheidung einschränken oder ausschließen wollen. Auch in diesen Fällen ist eine notarielle Beurkundung gesetzlich vorgeschrieben.

Welche wirtschaftlichen Konsequenzen hat die Wahl des Güterstandes?

Für die Frage, was mit Ihrem Hab und Gut während der Ehe geschieht, ist es zunächst einmal wichtig, in welchem Güterstand Sie leben. Bei der Heirat haben Sie nämlich die Wahl zwischen drei verschiedenen Varianten: der Gütergemeinschaft, der Gütertrennung und der Zugewinngemeinschaft.

Wenn Sie keine spezielle vertragliche Regelung treffen, leben Sie mit Ihrem Partner nach der Heirat automatisch im gesetzlichen Güterstand – und das ist die Zugewinngemeinschaft. Wenn Sie einen anderen Güterstand wählen wollen, müssen Sie dies ausdrücklich per Ehevertrag vereinbaren.

Haben Sie sich für eine eheliche Gütergemeinschaft entschieden, dann bedeutet dies, dass Ihr gesamtes Hab und Gut durch die Eheschließung zum gemeinsamen Eigentum wird. Sowohl das, was Sie beide mit in die Ehe bringen, als auch das, was während der Ehe hinzukommt – ob Immobilien, Hausrat, Sparbücher oder Kleidung –; alles gehört beiden Partnern zu gleichen Teilen.

Ganz anders verhält es sich mit der Gütertrennung. Wenn Sie diese Variante notariell vereinbart haben, bleiben die Vermögensverhältnisse auch nach der Eheschließung so, als wären Sie überhaupt nicht verheiratet. Jeder Partner wirtschaftet für sich allein. Im Falle einer Scheidung gibt es auch keinen Anspruch auf einen Vermögensausgleich.

Der gesetzliche Güterstand, die so genannte Zugewinngemeinschaft, ist so etwas wie eine modifizierte Form der Gütertrennung. Auch in diesem Fall werden die Eigentumsverhältnisse durch die Heirat nicht verändert. Beide Partner haben grundsätzlich getrenntes Vermögen. All das, was Sie vor der Heirat besessen haben, und das, was Sie während der Ehe für sich allein anschaffen, gehört Ihnen ganz allein. Nur das, was beide Partner zusammen anschaffen oder was sie von Dritten gemeinsam geschenkt bekommen, gehört ihnen auch gemeinsam.

Der entscheidende Unterschied zur Gütertrennung besteht nun darin, dass bei der Zugewinngemeinschaft am Ende der Ehe eine Art »Vermögensausgleich« durchgeführt wird. Das bedeutet, dass der Ehepartner, der während der Ehe ein größeres Vermögen erwirtschaftet hat, dem anderen gegenüber zu einem finanziellen Ausgleich verpflichtet ist. Vor allem dann, wenn ein Partner erziehungsbedingt nicht berufstätig sein kann, ist dieser Vermögensausgleich ein ganz wichtiger Aspekt.

Wem gehört das Vermögen, das die Partner mit in die Ehe bringen?

Was mit dem Vermögen geschieht, das die Partner mit in die Ehe bringen, hängt im Wesentlichen davon ab, in welchem Güterstand die Eheleute leben. Bei der Zugewinngemeinschaft gehört das Vermögen, das Sie schon vor der Ehe besessen haben, auch nach der Heirat ausschließlich Ihnen allein. Das Gleiche gilt, wenn Sie per notariellem Ehevertrag die Gütertrennung vereinbaren. Auch dann bleibt Vermögen, das Sie schon mit in die Ehe gebracht haben, Ihr alleiniges Eigentum.

Anders sieht es jedoch aus, wenn sich die Partner bei der Eheschließung für die Gütergemeinschaft entscheiden. In diesem Fall wird nämlich das gesamte Vermögen der Ehepartner durch die Heirat gemeinschaftliches Eigentum. Und zwar auch das, was Sie beide schon vor der Ehe besessen haben.

Soll man bei der Heirat Vermögens- und Hausratslisten anlegen?

Vor allem wenn Sie im Güterstand der Zugewinngemeinschaft leben, kann es sinnvoll sein, schon bei der Eheschließung schriftlich festzuhalten, wer von Ihnen was mit in die Ehe bringt. Denn alles, was Sie schon vor der Heirat besessen haben, fällt später nicht in den Vermögensausgleich. Wichtig ist dies besonders im Falle einer Scheidung, wenn es zum Zugewinnausgleich kommt. Deshalb mein Rat: Wenn Sie schon vor der Ehe über größere Vermögenswerte – wie Bargeld, Bankkonten, Wertpapiere, Immobilien, Kapitallebensversicherungen oder Bausparverträge – verfügen, sollten Sie dies in einer Liste festhalten. Das Gleiche gilt auch für Hausratgegenstände. Wenn Sie teure Möbel, Teppiche, Vorhänge, Geschirr oder Elektrogeräte mit in die Ehe bringen, sollten Sie auch dies nach Möglichkeit schon zu Beginn der Ehe auflisten. Damit ersparen Sie sich später unter Umständen unnötige Diskussionen darüber, wem welche Gegenstände gehören.

Wenn Sie sich entscheiden, bereits zu Beginn der Ehe eine solche »Bestandsaufnahme« zu machen, können Sie und Ihr Partner ganz formlos entsprechende Vermögens- oder Hausratslisten anlegen, die Sie sich gegenseitig abzeichnen. Für den Fall, dass Sie ohnehin einen Ehevertrag schließen wollen, können Sie diese Listen und Aufstellungen auch ganz einfach in den Vertrag mit aufnehmen. So haben Sie gewissermaßen alles unter einem Dach.

Wer haftet, wenn ein Ehepartner Schulden hat?

Wenn sich ein Ehepartner verschuldet, bedeutet das nicht, dass auch der andere automatisch für dessen Schulden haftet. Grundsätzlich muss jeder Partner ausschließlich allein für seine Schulden geradestehen. Eine Haftung für Verbindlichkeiten des Ehepartners kommt nur in ganz bestimmten Fällen in Betracht. So zum Beispiel, wenn Sie einen Kreditvertrag Ihres Partners mit unterschrieben oder eine Bürgschaft für seine Schulden übernommen haben. Sie haften auch dann, wenn Sie und Ihr Ehepartner ein Gemeinschaftskonto haben. Hat Ihr Partner – sei es durch Abbuchungen, Geldabhebung oder durch die Nutzung seiner Kreditkarte – das Konto ins Minus gebracht, kann die Bank nicht nur Ihren Partner, sondern auch Sie in die Pflicht nehmen. Anders ist es dagegen bei einem Einzelkonto mit Vollmacht: Wenn ein solches Konto in die roten Zahlen gerät, haftet immer nur derjenige Partner, der auch Kontoinhaber ist. Wenn Sie bei der Heirat Gütergemeinschaft vereinbart haben, stellt sich die

Haftungssituation gänzlich anders dar. Dann nämlich haftet ein Partner selbst dann, wenn sich das Einzelkonto des anderen Partners im Soll befindet. Wenn es um Kredite geht, muss der Partner bei Gütergemeinschaft in aller Regel auch dann für Schulden des anderen geradestehen, wenn er die Kreditverträge nicht mit unterzeichnet hat. Die Haftung gilt dabei sogar für Schulden, die der Partner oder die Partnerin schon lange vor der Heirat gemacht hat.

Wem kommen Erbschaften und Schenkungen zugute, die ein Ehepartner von Dritten erhält?

Auch was mit Geschenken oder Erbschaften geschieht, die Sie während der Ehe erhalten, hängt ganz wesentlich von der Wahl des Güterstandes ab. Bei der Zugewinngemeinschaft und auch bei der Gütertrennung ist es so, dass alles, was Sie während der Ehe von Dritten erben oder geschenkt bekommen, ausschließlich Ihnen allein gehört.

Anders sieht die Situation bei der Gütergemeinschaft aus. Bekommen Sie von Ihren Eltern eine Eigentumswohnung geschenkt oder erben Sie vielleicht einen größeren Geldbetrag, dann kommt das Geschenk beziehungsweise die Erbschaft beiden Partnern zu gleichen Teilen zugute. Es sei denn, Sie haben vertraglich etwas anderes geregelt.

Wem gehören die Einnahmen aus der Vermietung einer Wohnung, die ein Partner mit in die Ehe gebracht hat?

Wenn Sie Einnahmen aus der Vermietung eines Hauses oder einer Wohnung haben, die Ihnen schon vor der Heirat gehörte, gilt hierfür das Gleiche, was auch für sonstige Einkünfte gilt: Wenn Sie in einer Zugewinngemeinschaft oder in Gütertrennung leben, sind die Mietzahlungen Ihr alleiniges Eigentum – vorausgesetzt natürlich, das Geld fließt auf Ihr eigenes

Konto. Werden die Mieteinnahmen allerdings auf ein Gemeinschaftskonto überwiesen, dann gehört Ihrem Partner automatisch die Hälfte.

Anders ist dies nur bei der Gütergemeinschaft. In diesem speziellen Fall spielt es keine Rolle, auf welches Konto die Mietzahlungen gehen. Das Geld ist automatisch Ihr gemeinsames Eigentum.

Können Verträge im Nachhinein noch geändert werden?

Wenn Sie feststellen, dass die vertraglichen Regelungen, die Sie bei der Heirat getroffen haben, nicht mehr den aktuellen Gegebenheiten entsprechen, ist es im Prinzip kein Problem, den Ehevertrag nachzubessern. Grundsätzlich haben Sie jederzeit die Möglichkeit, den Vertrag abzuändern oder zu ergänzen. Sie müssen sich mit Ihrem Partner allerdings einig sein. Wenn Sie mit einer Vereinbarung nicht mehr einverstanden sind, Ihr Ehepartner jedoch keine Änderung will, bleibt der Vertrag, wie er ist. Eine Neugestaltung oder Ergänzung ist nämlich immer nur dann möglich, wenn beide Partner damit einverstanden sind.

Kapitel 10
Dein Geld, mein Geld, unser Geld

Seit Sie erwachsen sind, haben Sie mit Ihrem Geld gemacht, was Sie für richtig hielten, und jetzt sollen Sie plötzlich alles teilen? Nicht nur die Miete oder die Hypothek, sondern wirklich alles? Das ist die traditionelle Ansicht von der Ehe: das Wirtschaften aus einem Topf. Von den Karten für Fußballspiele bis zu Gesichtspackungen – alles, was Sie beide brauchen und wollen, soll aus dem mit der Eheschließung gebildeten gemeinsamen Topf kommen. Das setzt allerdings voraus, dass Sie beide die gleichen Dinge zur gleichen Zeit wollen, dass Ihre Gewohnheiten beim Umgang mit Geld (zum Beispiel bei der Bezahlung von Rechnungen) harmonisch miteinander verschmelzen und dass Sie beide aus Familien kommen, in denen man etwa die gleiche Einstellung zum Geld hat. Es setzt außerdem voraus, dass Sie, wenn einer von Ihnen oder Sie beide beruflich aufsteigen, finanziell wie emotional zusammen wachsen und Zeiten der Geldknappheit gemeinsam überstehen können. Und dass Sie, wenn Sie Kinder bekommen oder Ihre Eltern im Alter krank werden und Ihre Hilfe brauchen, diese neuen Verpflichtungen einträchtig übernehmen. Mit anderen Worten: Es setzt eine ganze Menge voraus – insgesamt einen Übergang, den die meisten von uns nicht von heute auf morgen vollziehen können, wenn sie heiraten oder zusammenziehen.

Sein Geld mit dem des Partners in einen Topf zu werfen erfordert Kompromisse, Verhandlungen und sorgfältige Überlegungen, es bedeutet, dass Sie manchmal die Interessen und Bedürfnisse eines anderen Menschen über Ihre eigenen stellen müssen. Jedes Paar ist anders, und jedes geht anders mit seinen finanziellen Angelegenheiten um.

Katharinas Geschichte

Wir haben vor fast neun Jahren geheiratet, ohne vorher viel über Geld gesprochen zu haben. Damals war alles ziemlich klar: Ich zog schon vor der Hochzeit in Richards Eigentumswohnung, und wir änderten nicht viel. Sie gehörte ihm, und er bezahlte weiterhin die Hypothek und die Instandhaltung, außerdem den Strom, das Wasser und so weiter, und ich fing an, das Essen und »alles andere« zu bezahlen, soweit ich das konnte. Ich kaufte ein paar Zimmerpflanzen, Jalousien, eine hübsche Halogenlampe und jede Woche frische Blumen. Trotzdem wurden wir beide das Gefühl nicht los, dass es immer noch seine Wohnung war – ich glaube, er konnte sich nicht daran gewöhnen, dass ich jetzt auch dort lebte –, und wir sprachen nie darüber, ob die Aufteilung der Kosten gerecht war. Ich versuchte einfach, so viel zu bezahlen, wie ich konnte. Außerdem war die Wohnung ohnehin nur eine Übergangslösung, denn wir wollten uns ein Haus kaufen. Also dachte ich mir, die finanziellen Angelegenheiten würden sich schon von selbst regeln.

Schließlich fanden wir dann ein Haus. Wir konnten die Eigentumswohnung sehr schnell verkaufen, und dieses Geld reichte für eine Anzahlung. Auch da war noch alles in Ordnung. Wir beschlossen, dass er die Hypothek, die Steuern, die Versicherung und ein paar andere Rechnungen bezahlen sollte und ich so ziemlich alles andere – das Essen, die Rundfunk- und Kabelgebühren, den Gärtner, die Wäscherei, das Heizöl, den Strom, die Müllabfuhr und so weiter. Richard verdiente damals mehr als ich, und wir fanden es beide gerecht, uns die Rechnungen im Verhältnis zwei zu eins zu teilen. Zumindest kann ich mich nicht daran erinnern, dass wir uns in dieser Zeit oft über Geld gestritten hätten.

Die Rechnungen stiegen aber unaufhörlich. Der Teil, den ich bezahlte, »alles andere«, wurde immer größer. Plötzlich kam der Schornsteinfeger, dann brauchten wir Holz für den Kamin, die Fenster waren dreckig, und so bestellten wir einen Fensterputzer. Am Haus musste auch eine Menge gemacht werden, und das bezahlten Richard und ich abwechselnd. Der Keller musste trockengelegt werden – das bezahlte er; dann bezahlte ich den neuen Boiler, und so ging es immer weiter. Ich versuchte, es als »unser« Geld zu betrachten – war es nicht ohnehin egal, wer bezahlte, solange wir genug Geld hatten? –, aber das war gar nicht möglich. Richard hatte sein Girokonto und ich hatte meins, ein gemeinsames Konto hatten wir nicht, und Richard sprach immer von »meinem« Geld und »deinem« Geld. Bald verlor ich den Überblick darüber, ob die Kosten wirklich noch im Verhältnis zwei zu eins geteilt wurden. Ich ging in die Drogerie, und er bat mich, ihm doch dies und das mitzubringen. Wenn ich dann nach Hause kam, sagte er, er würde seine Sachen bezahlen, aber meistens vergaß er das. Ich wusste, dass ich mehr bezahlte, und das hätte mir gar nichts ausgemacht, wenn er nicht immer so darauf herumgeritten wäre, was seiner Ansicht nach alles ihm gehörte. Außerdem wurde die ganze Sache allmählich absurd – es verging kein einziger Tag, an dem wir nicht über sein Geld oder mein Geld gesprochen hätten und darüber, dass er bei diesem oder jenem einspringen würde. Ich war diese Ehe von ganzem Herzen eingegangen und hatte jeden Pfennig, den ich besaß, mitgebracht, und er versuchte immer noch, getrennte Kasse zu machen! Es ging uns gut und wir verdienten genug Geld, aber die Freude war verschwunden. Es gab nichts, das uns gehörte, das mir bewiesen hätte, dass wir für eine gemeinsame Zukunft arbeiteten.

Dann passierten zwei Vorfälle, die mich wirklich verrückt machten. Der erste hatte mit diesem Investmentfonds zu tun, in dem wir Geld anlegten. Das Konto lief auf seinen und meinen Namen. Wir steckten beide jeden Monat Geld hinein, er meistens mehr als ich, obwohl ich auch mehr einzahlte, so oft ich das konnte. Der Markt entwickelte sich sehr gut, und eines Tages sagte ich, als ich den Auszug aufgemacht und gelesen hatte: »Mensch, Richard, das bringt uns ja wirklich Geld ein!« Das nahm er mir krumm, und er sagte, der größte Teil des Geldes gehöre doch wohl ihm. Obwohl wir beide so viel einzahlten, wie wir konnten, und ja schließlich auch verheiratet waren, betrachtete er dieses Geld nicht als unseres! Er wollte einfach die Möglichkeit haben, sein Geld samt seinem Gewinn abzuheben und mich sitzen zu lassen. Als ich ihn darauf hinwies, dass mir im Fall einer Scheidung gesetzlich wegen des Zugewinnausgleichs sowieso ein Teil seines Geldes zustehen würde, sprach er drei Tage lang kein Wort mehr mit mir.

Die andere Sache war, dass wir ein Kind haben wollten. Abgesehen von unseren Auseinandersetzungen über das leidige Thema Geld lief alles gut, und wir wollten beide ein Kind. Na ja, wir mussten uns dann Fruchtbarkeitsuntersuchungen und -behandlungen unterziehen, die ich auf meine Kreditkarte buchen ließ. Als ich endlich schwanger war, belief die Rechnung sich auf fast 15 000 DM – aber was machte das schon? Wir bekamen einen wundervollen Sohn! Doch dann stellte sich heraus, dass Richard diese Schulden als meine Schulden betrachtete – sein Kind, meine Schulden! Das war doch nicht sein Problem, es war ja meine Kreditkarte, warum hätte er mir dabei helfen sollen, meine Schulden abzuzahlen? Ich war furchtbar wütend und hatte ein ungeheuer starkes Bedürfnis, ihn zu verlassen, einfach das Baby zu nehmen und wegzulaufen. Nach einem heftigen Streit bezahlten wir den größten Teil mit dem Geld aus unserer Steuerrückzahlung. Den Rest zahlte ich schließlich ab.

Inzwischen war es mit der Aufteilung im Verhältnis zwei zu eins endgültig vorbei. Ein Kind ist wirklich teuer, und wie teilt man diese Kosten auf? Kleidung, Windeln, Spielzeug, Brei, Babysitter, Geburtstagsfeiern, es hört nie auf! Wir versuchen immer noch, Reparaturen an unserem Haus vornehmen zu lassen, und bezahlen sie abwechselnd. Richard hat noch ein Investmentsparkonto eröffnet, das aber nur auf seinen Namen läuft. Das alles ist so deprimierend. Es geht uns finanziell gut, aber ich habe das Gefühl, ganz auf mich allein gestellt zu sein. Früher dachte ich, man sollte sich einfach in die Ehe stürzen und großzügig sein, aber heute weiß ich, dass es besser für mich gewesen wäre, wenn ich auf mein eigenes Geld geachtet und alle Ausgaben schriftlich festgehalten hätte. Letzten Monat haben seine Eltern uns ein paar Tage besucht. Ich kaufte so viele Lebensmittel, um immer etwas Besonderes auf den Tisch bringen zu können, und ihm fiel doch tatsächlich nichts anderes ein, als zu sagen, dass er »das meiste« bezahlen würde. Das meiste? Also seinen Anteil und den seiner Eltern, meinen aber nicht? Inzwischen haben wir uns schon an unsere Auseinandersetzungen gewöhnt, aber ich befürchte, dass Richards Einstellung zum Geld unsere Ehe eines Tages ganz zerstören wird.

Echte Zweisamkeit: Der kürzeste Weg zu wahrem Reichtum

Sie können so viele Formeln für Harmonie im finanziellen Bereich aufstellen, wie Sie wollen – das heißt nicht, dass sie lange funktionieren werden. Das Leben ist keine einfache Gleichung, und auch wenn wir beim Geld vielleicht eine gemeinsame Währung haben, hat doch jeder von uns eine andere emotionale Währung. Möglicherweise ist finanzielle Zweisamkeit sogar die engste Form der Zweisamkeit überhaupt. Viele Paare teilen sich schon vor der Hochzeit ein Bett, manche auch ein Haus oder eine Wohnung. Wir vertrauen uns gegenseitig unsere Ängste und die schmerzhaften Geschichten aus unserer Vergangenheit an, und wir malen uns zusammen aus, wie unsere gemeinsame Zukunft aussehen wird. Aber über Geld sprechen? Das ist vielleicht die letzte Grenze zur echten Zweisamkeit. Und Katharina und Richard, die seit neun Jahren verheiratet sind und deren Ehe blühen und gedeihen sollte, haben diese Grenze noch nicht überschritten.

Damit eine Ehe oder Partnerschaft auf die Dauer funktioniert, müssen Sie sie beide mit ganzem Herzen eingehen – und auch mit Ihrem Girokonto! Natürlich können Sie durch einen Ehevertrag manche Vermögenswerte aus dem gemeinsamen Topf heraushalten, und vielleicht haben Sie auch eine unkonventionelle Methode für den Umgang mit Ihrem Geld gefunden, die bei Ihnen prima funktioniert. Grundsätzlich gilt aber, dass Sie zusammen in jeder Hinsicht reicher sein werden, als jeder von Ihnen es für sich werden könnte. Zwei Menschen, die beide kleine Geldsummen beisteuern, können viel, viel schneller ein Vermögen aufbauen als einer allein. Zwei Menschen, die gemeinsam daran arbeiten, können es schaffen, dass eine Hypothek sich in Luft auflöst oder ihre Kinder eine hervorragende Ausbildung bekommen. Zusammen können zwei Menschen – selbst wenn einer von ihnen nicht berufstätig ist, sondern »nur« den Haushalt führt und sich um die Kinder kümmert – sich ein Leben aufbauen, das tiefer, beständiger und reicher ist, als es den meisten von uns allein möglich wäre. Darum geht es im Idealfall bei der Ehe und beim Zusammenleben, und es setzt voraus, dass beide sich und alles, was sie haben, bedingungslos einbringen.

Wenn beide Partner arbeiten, sich aber darauf einigen, mit einem Gehalt auszukommen, kann ihr gemeinsames Vermögen sehr schnell wachsen. Gute Freunde von mir haben sich kennen gelernt und geheiratet, als sie beide 35 waren; beiden war klar, dass die Frau, eine Anwältin, immer mehr Geld verdienen würde als der Mann, der bei der Stadt arbeitet. Sie beschlossen, nur vom Gehalt der Frau zu leben, das ihnen ein angenehmes, wenn auch nicht luxuriöses Leben ermöglichen würde, und jeden Pfennig seines Gehalts anzulegen. Das war vor zwölf Jahren, und jetzt wissen sie beide, dass sie in drei Jahren genug Geld haben werden, um bis an ihr Lebensende gut versorgt zu sein, falls sie sich aus dem Berufsleben zurückziehen wollen. Sie haben beide für ein gemeinsames Leben und eine gemeinsame Zukunft gearbeitet, doch ihr Vermögen und damit die Verwirklichung ihres Traums verdanken sie ihrer finanziellen Zweisamkeit. Bei ihnen gab es keine feinen Unterschiede zwischen »mein«, »dein« und »unser«, ihnen gehörte alles gemeinsam.

Auch Paare, bei denen einer der Partner zu Hause bleibt und der andere jeden Tag zur Arbeit geht, haben die Möglichkeit, sich ein großes Vermögen aufzubauen, wenn beide sich einig sind, dass sie das wollen. Nur ein Satz Berufskleidung, vielleicht auch nur ein Auto. Bei nur einem Einkommen zahlt die Familie weniger Steuern; derjenige, der zu Hause bleibt, kümmert sich dann um den Haushalt und die Kinder, kocht und sorgt dafür, dass alles reibungslos läuft, sodass der andere seine ganze Energie dafür einsetzen kann, Geld zu verdienen. Sie finden diese Regelung altmodisch? Nun, vielleicht ist sie tatsächlich altmodisch, aber sie kann die Straße zum Reichtum sein, wenn sie finanziell durchführbar ist und beide Partner uneingeschränkt damit einverstanden sind.

Meiner Ansicht nach sollte das erste Geldgesetz in die Trauung einbezogen werden: *Zuerst die Menschen. Dann das Geld.*

Katharina und Richard haben das noch nicht begriffen. Wenn im finanziellen Bereich keine wirkliche Gemeinsamkeit besteht, sind die Partner die Ehe nicht mit ganzem Herzen eingegangen – so einfach ist das. Wo alles aufgeteilt wird, ist es aber viel schwieriger, Reichtum zu schaffen und zu bewahren, denn durch Konflikte kommt es dazu, dass die Partner ihr Geld horten, zählen und sich schließlich sogar gegenseitig belügen – und all das sind Hindernisse auf dem Weg zum Reichtum. Man braucht Mut und sehr viel Vertrauen, um sich mit einem anderen Menschen im finanziellen Bereich auf einen freien Fall einzulassen, um daran glauben zu können, dass es einem besser gehen wird, wenn man um des größeren Gutes seiner Ehe willen auf sein Geld verzichtet. Wenn Sie aber eine besonders großzügige, selbstlose Einstellung zu Ihrem Geld und Ihrer Ehe haben, wird nicht nur sehr viel Platz für Geld da sein, sondern auch für den emotionalen Reichtum, den wahre Liebe bringt.

Damit eine Ehe in finanzieller Hinsicht funktionieren kann, sind vor allem folgende Punkte zu beachten:

- *Buchführung.* Wer bezahlt die Rechnungen? Es ist sehr frustrierend, wenn das gemeinsame Girokonto plötzlich tief im Minus steht, obwohl nach Ihren Berechnungen eigentlich noch Geld darauf sein müsste, und Sie dem neuesten Kontoauszug entnehmen müssen, dass Ihr zerstreuter Göttergatte einen größeren Betrag am Geldautomaten abgehoben oder in mehreren Geschäften mit seiner EC-Karte bezahlt und vergessen hat, Ihnen das zu sagen. Jeder von uns hat seine eigenen Methoden, dafür zu sorgen, dass sein Konto immer im Plus bleibt. Manche zahlen jede Rechnung, sobald sie eingeht, anderen macht es nichts aus, ständig Mahnungen zu bekommen. Es ist sehr wichtig, dass Sie und Ihr Partner zusammen einen Plan dafür ausarbeiten, wie Sie mit dem Kommen und Gehen Ihres Geldes praktisch umgehen wollen; dabei müssen die Bedürfnisse beider Partner berücksichtigt werden.

- *Völlige Offenheit.* Falls Sie beschließen, dass einer von Ihnen die ganze Buchführung übernehmen soll, muss auch der andere genau wissen, welche Kosten für Ihre Lebensführung anfallen und wie hoch die Rechnungen jeden Monat sind, was das Essen, die Kleidung und Ihre Wohnung oder Ihr Haus kosten, was Sie für die Kinder ausgeben müssen – kurz, wohin Ihr Geld fließt. Nur dann können Sie beide Ihr Geld und den anderen achten, denn es wäre unfair, wenn die Last der Rechnungen nur auf den Schultern eines Partners liegen würde. Ich bin der Ansicht, dass ein direkter Kontakt zu den Rechnungen und den Kontoauszügen wichtig ist, damit Sie Ihre finanziellen Angelegenheiten richtig verstehen; wie wäre es, wenn Sie die Überweisungen immer zusammen ausstellen würden? Sollte das bei Ihnen nicht klappen, könnten Sie sich auch jeden Monat oder jedes halbe Jahr abwechseln. Es ist jedenfalls wichtig, dass Sie beide über Ihr Geld Bescheid wissen und mit ihm in Berührung kommen.
- *Ausgaben.* Sie müssen sich darüber verständigen, wofür Sie Ihr Geld ausgeben wollen. Wie oft wollen Sie sich ein neues Auto kaufen? Wie stellen Sie sich Ihre gemeinsamen Urlaube vor? Wie viel wird die Ferienzeit kosten? Wollen Sie sich und anderen zu jedem Anlass etwas schenken? Sprechen Sie darüber, was Sie brauchen, was Sie wollen und was Sie sich leisten können, und

handeln Sie einen Kompromiss aus, wenn Sie sich nicht von vornherein einig sind.
- *Sparen.* Sie müssen eine Vision für die Zukunft entwickeln und Mittel und Wege finden, um sie zu verwirklichen, und zwar von heute an.

Die Formel für finanziellen Erfolg: Ein Ausgangspunkt

Natürlich wird das, was bei Ihren Freunden oder Nachbarn funktioniert, nicht unbedingt auch für Sie das Richtige sein. Sie werden den Plan, mit dem Sie anfangen, auf jeden Fall irgendwann verfeinern müssen – wenn nicht heute, dann später, wenn die Umstände sich ändern. Aber irgendwo müssen Sie ja anfangen. Ich möchte Sie deshalb auf einige Grundregeln hinweisen, die sich bei meinen Klienten bewährt haben:

Wir haben beschlossen, die Rechnungen entsprechend der Höhe unserer Gehälter aufzuteilen. Brauchen wir ein gemeinsames Konto?

Erinnern Sie sich an Katharina und Richard? Ein gemeinsames Girokonto, das auf Ihrer beider Namen läuft, ist sehr wichtig, und zwar aus dem einfachen Grund, dass Sie die Rechnungen nicht aufteilen dürfen, sondern sie sich teilen sollen. Sie verbinden Ihr Leben und damit auch Ihr Geld mit dem Ihres Partners, und Ihr gemeinsames Konto ist das finanzielle Symbol für diese Vereinigung. Falls Sie nicht anfangen wollen auszurechnen, wer mehr Orangensaft trinkt oder mehr Zahnpasta verbraucht, müssen Sie ein Konto für das

Geld haben, mit dem Sie diejenigen Rechnungen und Dinge bezahlen, die Sie sich teilen.

Wie viel sollte jeder von uns zu unserem gemeinsamen Konto beitragen?

Das hängt von der Höhe Ihres jeweiligen Einkommens ab. Nehmen wir an, dass Melissa 200 000 DM im Jahr verdient, Thomas dagegen nur 50 000 DM. Dann würde es Thomas natürlich sehr schwer fallen, die gleiche Summe beizutragen wie Melissa. Ich würde in diesem Fall Folgendes vorschlagen: Zählen Sie alle Ihre gemeinsamen Kosten zusammen – die Miete oder Hypothek, Telefon, Wasser, Strom und Gas, das Essen, Kino und so weiter. Rechnen Sie dann noch 10 Prozent dazu, denn wir unterschätzen immer, was das Leben Tag für Tag, Woche für Woche und Monat für Monat kostet; außerdem soll dieses gemeinsame Konto auch eine Absicherung für schlechte Zeiten sein. Sie müssen dort einen »Notgroschen« für Engpässe und für Rechnungen, die Sie nicht erwartet hatten, ansparen. Denken Sie daran, dass es darum geht, den Mut zum Reichtum aufzubringen – je größer Ihr gemeinsames Vermögen ist, desto reicher sind Sie!

Wie soll die Aufteilung nun konkret aussehen? Wir wollen annehmen, dass die gemeinsamen Kosten von Melissa und Thomas und die zusätzlichen 10 Prozent 8 000 DM im Monat ergeben. Beide sollten genau den gleichen Prozentsatz ihres Einkommens zur Bezahlung dieser Rechnungen beitragen. Nach Abzug der Beiträge zur Renten- und Krankenversicherung, der Steuern und so weiter bringt Melissa ungefähr 7 500 DM im Monat nach Hause, Thomas ungefähr 2 500 DM. Die Summe der beiden Nettoeinkommen beträgt also 10 000 DM. Nun müssen wir die Summe der gemeinsamen Kosten (8 000 DM) durch die Summe des gemeinsamen Nettoeinkommens (10 000 DM) teilen. Dann bekommen wir den Prozentsatz, in unserem Fall 80 Prozent. Das bedeutet, dass Thomas im Monat 80 Prozent seines Nettoeinkommens (2 000 DM) zu dem gemeinsamen Konto beitragen muss, Melissa ebenfalls 80 Prozent ihres Nettoeinkommens (6 000 DM). Auf diese Weise werden alle gemeinsamen Rechnungen abgedeckt, und jeder der beiden zahlt genau den gleichen Teil seines verfügbaren Einkommens. Der entscheidende Punkt ist: Damit etwas gleich ist, brauchen nicht die *Beträge* gleich zu sein, sondern nur die *Prozentsätze*.

Ich finde es aber nicht gerecht, dass ich mehr beitragen muss, auch wenn ich mehr verdiene.

Ein höheres Einkommen bedeutet doch nicht, dass Sie härter arbeiten und daher mehr Macht oder das Recht auf mehr haben. Auf der Welt geht es nun einmal nicht gerecht zu – sonst würden die Frauen in Deutschland nicht im Schnitt nur 70 Prozent von dem verdienen, was die Männer verdienen. Bei echter Gemeinsamkeit in einer Partnerschaft zählt nur eins: dass jeder der Partner alles, was ihm möglich ist, in die Beziehung einbringt.

Dass jeder die gleiche Macht haben muss, ist ein sehr wichtiger Aspekt Ihrer Beziehung. Wenn Sie darüber noch nicht gesprochen haben, müssen Sie das jetzt nachholen. In einer guten Beziehung ist die Höhe Ihres Einkommens kein Faktor, der Sie wichtiger macht oder Ihnen das Recht auf mehr gibt. Viele Menschen leisten unglaublich wertvolle, lebenswichtige Arbeit, werden aber viel zu schlecht dafür bezahlt, während andere große Summen für Arbeit bekommen, die auf lange Sicht überhaupt nicht wichtig oder nützlich ist. Sie dürfen sich selbst und Ihren Partner nicht nach Ihrem jeweiligen Einkommen bewerten. Gründen Sie Ihre Beziehung auf Gleichberechtigung und achten Sie darauf, dass das auch so bleibt. Sie wissen doch: *Zuerst die Menschen. Dann das Geld.*

Wenn wir ein gemeinsames Girokonto haben, braucht dann jeder von uns auch noch ein eigenes?

Meiner Meinung nach *muss* jeder von Ihnen auch noch ein eigenes Girokonto haben. Erwachsene brauchen Geld, über das sie frei verfügen können, und eine gewisse finanzielle Unabhängigkeit ist ein wesentlicher Bestandteil aller Beziehungen. Es wäre doch sehr erniedrigend für Sie, wenn Sie um Geld für einen neuen Lippenstift oder Angelzubehör bitten müssten. Sie sind Partner, und es gibt drei Geldtöpfe: Ihren, den Ihres Partners und den großen, den gemeinsamen. Alle drei sind wichtig!

Ich verdiene nur sehr wenig. Mein Partner dagegen bekommt ein hohes Gehalt, und er sagt, ich könne mein Geld ruhig für meine eigenen Bedürfnisse ausgeben und brauche nichts zu den gemeinsamen Haushaltsrechnungen beizutragen. Kann das funktionieren?

Nein! Wenn Sie das machen, besteht die Gefahr, dass es im Laufe der Jahre zu einer großen Belastung für Ihre Ehe wird. Wenn nämlich einer alles bezahlt, bekommt er nach einer Weile leicht das Gefühl, dass ihm auch alles gehört, und außerdem entsteht ein unausgesprochener Groll auf den anderen in ihm. In einem gemeinsamen Leben müssen beide bezahlen. Sonst fühlt derjenige, der finanziell nichts beiträgt, sich am Ende immer machtloser und glaubt schließlich, kein Recht zu haben, gemeinsame Entscheidungen im finanziellen Bereich zu treffen – dieses Recht müssen sie in einer guten Beziehung aber beide Partner haben. Es liegt in unserer Natur, unseren Selbstwert nach Mark und Pfennig zu bemessen. Wenn Sie berufstätig sind, aber keinen finanziellen Beitrag leisten, wird Ihr inneres Radarsystem bald anfangen, Ihre Selbstachtung herabzustufen. Es ist viel besser, einen gerechten Prozentanteil beizusteuern – auch wenn er sich nur auf ein paar Mark im Monat beläuft –, als gar nichts.

Was ist, wenn ich mit der Arbeit aufhöre und zu Hause bleibe, um mich um die Kinder zu kümmern?

Dann leisten Sie Arbeit, die genauso wichtig ist. Vorher müssen Sie aber gemeinsam überlegen, ob das finanziell machbar ist. Ich würde Ihnen empfehlen, alle Ihre Ausgaben zusammenzurechnen – wirklich alles, von der Hypothek über das Essen bis zur Kleidung für die Kinder. Wie viel bleibt jeden Monat übrig? Falls sehr wenig oder gar nichts übrig bleibt, Sie sich aber trotzdem einig sind, dass einer von Ihnen zu Hause bleiben soll, müssen Sie die Verantwortung für Ihr Geld gemeinsam übernehmen. Wenn jeder von Ihnen weiterhin eine bestimmte Summe zur freien Verfügung haben soll, sollte sie für beide gleich sein, egal, wer das Geld nach Hause bringt.

Wie sollen wir das mit dem Geld machen, wenn ich zu Hause bei den Kindern bleibe?

Dafür gibt es keine einfache Formel. Das Wichtigste ist, dass Sie sich beide darüber einig sind, dass Sie zu Hause bei den Kindern bleiben sollen, denn Sie wissen ja inzwischen, dass solche Regelungen nicht funktionieren können, wenn einer der Partner sich insgeheim darüber ärgert. Sie müssen sich außerdem darüber einig sein, dass alles, was Sie an Vermögen und Besitz anhäufen, Ihnen beiden gehört, nicht nur demjenigen, der das Geld verdient. Wie Sie es finanziell schaffen können, müssen Sie gemeinsam herausfinden; vielleicht muss sich der Geldverdiener eine besser bezahlte Stelle suchen, vielleicht müssen Sie in eine billigere Wohnung ziehen oder auf manchen Luxus verzichten. Sie müssen außerdem darauf achten, dass Sie beide wissen, dass derjenige, der zu Hause bleibt, ein vollwertiger, gleichberechtigter Partner ist.

Wie man das erreichen kann? Im Idealfall würde die Lösung so aussehen, dass derjenige, der weiter berufstätig ist, dem anderen die gleiche Summe, die er vorher verdiente, als »Gehalt« zahlt und dass Sie die Rechnungen weiter so aufteilen wie bisher. Das können sich die meisten von uns allerdings nicht leisten. Eine andere Methode besteht darin, die Arbeit des Daheimbleibenden in Mark und Pfennig umzurechnen. Wie viel würde es kosten, zum Beispiel eine Haushaltshilfe, die auch die Kinder betreut, einzustellen, sodass Sie wieder arbeiten gehen könnten? Nehmen wir an, das würde 3 000 DM im Monat kosten. Diesen Betrag sollte Ihr Partner Ihnen jeden Monat auf Ihr eigenes Girokonto überweisen. Rechnen Sie zusammen aus, wie hoch – relativ gesehen – die Summe ist, die dann auf Ihr gemeinsames Girokonto zurückfließen muss. Denken Sie daran, dass Ihr »Taschengeld« Ihnen allein gehört und dass Sie es ausgeben können, wie Sie wollen. Es ist nicht dazu gedacht, Ausgaben für den Haushalt oder die Kinder zu bestreiten, diese Kosten müssen mit Geld von dem gemeinsamen Girokonto bezahlt werden.

Weshalb Sie sich diese Mühe machen sollen, obwohl Ihr Partner Ihnen doch einfach Ihr »Taschengeld« geben könnte? Die Antwort lautet: *Weil wir alle zur Vergesslichkeit neigen!* Wenn Sie das nämlich tun, wird derjenige, der jeden Morgen aufsteht und zur Arbeit geht, immer mal wieder vergessen, wie wertvoll das, was Sie tun, wirklich ist. Das Geld muss irgendwie von einer Hand in die andere wandern, denn keiner von Ihnen sollte sich der erniedrigenden Erfahrung ausgesetzt sehen, um jede Mark bitten zu müssen, die er will oder braucht, und erklären zu müssen, was er damit machen will. Außerdem vergessen wir selbst manchmal, was wir tun und was wir wert sind. Wenn jeden Monat eine Überweisung ausgeschrieben wird, ist das eine gute Erinnerung.

Was ist, wenn derjenige, der ursprünglich weniger Geld verdient hat, irgendwann mehr verdient?

Dann müssen Sie neue Vereinbarungen treffen.

Wir hatten es so aufgeteilt, dass mein Mann die Raten für den Autokredit bezahlen sollte. Nun ist das Auto abgezahlt, und er sagt, dass er dieses Geld jetzt seiner Ansicht nach nicht mehr auf unser gemeinsames Konto überweisen müsse.

Das ist eine hervorragende Gelegenheit, reich zu werden! Wenn etwas abgezahlt worden ist oder eine bisherige Ausgabe (zum Beispiel für den Kindergarten) wegfällt, sollte das Geld – das ja ohnehin zum Wohl der Partnerschaft ausgegeben wurde – weiter jeden Monat gezahlt werden. Legen Sie es für Ihre Zukunft an und entscheiden Sie gemeinsam, welche Anlageform die beste ist!

Was ist, wenn ich meine Stelle verliere?

Wenn Sie Ihre Stelle ohne eigene Schuld verlieren, zum Beispiel durch eine Krankheit oder Rationalisierungsmaßnahmen, muss Ihre Partnerschaft stark genug sein, um Sie beide über diese schwierige Zeit hinwegzubringen. Die zusätzlichen 10 Prozent, die Sie jeden Monat auf Ihr gemeinsames Konto eingezahlt haben, sind ja für schlechte Zeiten gedacht. Das entspricht dem wahren Geist der Ehe. Ihre Aufgabe ist es dann, sich möglichst schnell eine neue Stelle zu suchen.

> *Wenn wir ein gemeinsames Konto eingerichtet und außerdem jeder noch ein eigenes Konto haben, wie können wir dann zusammen für unsere Zukunft sparen?*
>
> Der Prozentsatz, den jeder von Ihnen zu dem gemeinsamen Konto beitragen soll, wurde ja von Ihrem Nettolohn oder -gehalt berechnet – die Beiträge zur Kranken- und zur gesetzlichen Rentenversicherung waren also bereits abgezogen worden. Wenn Sie mehr Geld verdienen, werden Sie außerdem privat Geld für Ihre Zukunft anlegen wollen. Berechnen Sie die entsprechenden Summen wieder nach Prozentsätzen, sodass jeder das Gleiche beiträgt. Sollte einer von Ihnen viel mehr verdienen als der andere und mehr anlegen wollen, liegt es an Ihnen, an wen dieses Geld bei einer Scheidung fallen soll (oder es hängt von der in Ihrem Ehevertrag getroffenen Regelung ab).

Die Früchte der Ehe

Es ist sehr wichtig, das zu wissen, was Richard, Katharinas Mann, noch nicht begriffen hat: Das Geld, das Sie für Ihre Zukunft gemeinsam anlegen, gehört jedem von Ihnen zur Hälfte, auch wenn Sie unterschiedliche Prozentsätze eingezahlt haben – es sei denn, dass dieser Punkt in einem Ehevertrag anders geregelt worden ist. Nehmen wir zum Beispiel an, dass Sie in den letzten zehn Jahren beide jeweils 5 Prozent Ihres Nettoeinkommens auf gemeinsame Festgeldkonten eingezahlt haben – Sie 200 DM im Monat, Ihr Mann oder Lebenspartner 1 000 DM im Monat. Bei einer Rendite von 8 Prozent sind jetzt über 218 000 DM auf dem Konto. Zu diesem Topf hat Ihr Mann oder Lebenspartner über 182 000 DM beigetragen, Sie selbst haben etwa 36 000 DM beigesteuert. Egal, wie viel jeder hineingesteckt hat – was herauskommt, muss gleich sein, selbst bei einer sehr erbitterten Scheidung. Das sind die Früchte Ihrer Ehe, Ihrer Partnerschaft. Eine Hälfte dieses Geldes gehört Ihnen, die andere Ihrem Ehepartner. Sie waren gleichberechtigte Partner, und deshalb steht Ihnen auch der gleiche Anteil an den Früchten der Partnerschaft zu. Das sollten Sie vorher wissen und es zu einem Bestandteil Ihrer Beziehung machen, die noch stärker sein wird, wenn Sie es von vornherein klarstellen und befolgen. Solange Sie zusammen sind, ernten Sie die Früchte Ihrer Ehe zu gleichen Teilen.

Kapitel 11
Den Schmerz einer Scheidung überwinden

Bei Ihrer Hochzeit haben Sie und Ihr Partner gelobt, einander zu achten und zu ehren, »in guten und bösen Tagen, ... bis der Tod uns scheidet«. Wenn Sie jetzt vor einer Scheidung stehen, brechen Sie dieses Gelübde, doch den Teil von den »bösen« Tagen müssen Sie schon um Ihretwillen weiter einhalten. Was Sie jetzt denken, sagen und tun, wird Ihren Weg in Ihre Zukunft bestimmen. Sie wissen ja: Durch unsere Gedanken erschaffen wir unser Schicksal. Wenn Ihre Gedanken und Worte voller Hass, Wut und Verbitterung sind, werden diese Gefühle Ihre Handlungen bestimmen, und es werden Handlungen der Armut sein. So hasserfüllt und wütend Sie jetzt auch sein mögen – und in Ihrer Situation können Hass und Wut durchaus verständliche Gefühle sein –, Sie müssen erkennen, dass Wut Ihr Urteilsvermögen beeinträchtigen, das Gute in Ihrer Vergangenheit negieren und Ihre Zukunft überschatten kann. Wenn Sie in dieser Zeit dagegen bewusst auf Ihren Mut, Ihren Glauben und Ihre Würde zurückgreifen, setzen Sie Eigenschaften des Reichtums ein und nehmen diese Eigenschaften mit in Ihre Zukunft. Eine Ehe aufzulösen kann eine der schmerzhaftesten Erfahrungen im Leben sein, und Sie werden am Ende viel besser dastehen, wenn Sie alles in Ihrer Macht Stehende tun, um die Situation nicht noch schlimmer zu machen. Wie Sie sich in dieser Zeit verhalten, wird noch lange in Ihnen nachwirken, nachdem der Schmerz der Scheidung abgeklungen ist, und zwar unabhängig davon, ob Sie Ihren Partner verlassen oder von ihm verlassen werden.

Durch meine Arbeit mit vielen Klienten, die eine Scheidung oder den Tod des Ehepartners hinter sich hatten, bin ich zu einer Erkenntnis gekommen, die mich selbst überrascht hat und die Sie vielleicht schockieren wird: Auf lange Sicht kann man mit dem Tod – ob er nun unerwartet kam oder sich vorher abgezeichnet hatte – fast leichter fertig werden. Bei einem Todesfall gibt es keine Schuld und auch keine Schuldzuweisungen. Durch einen Tod verliert jeder. Ein Leben ist ausgelöscht worden. Ihre Nachbarn und Bekannten trauern mit Ihnen, und Freunde und Verwandte kommen oft vorbei, um sich zu erkundigen, wie es Ihnen geht. Wenn Sie Kinder haben, rücken sie näher an Sie heran. Es gibt keine Unklarheiten. Das Haus gehört Ihnen, Sie können allein darüber entscheiden, ob Sie es behalten oder verkaufen wollen, das Auto gehört Ihnen, das Geld, das Sie beide zur Altersvorsorge angelegt hatten, die Lebensversicherung, die Besitztümer – alles, was bisher »uns« gehörte, gehört jetzt Ihnen. Wenn man jemanden verliert, den man liebt, ist das natürlich ein schwerer Verlust. Doch die Liebe verliert man nicht, sie bleibt unberührt.

Bei einer Scheidung dagegen ist alles anders. Falls Sie diejenige sind, die verlassen wurde, müssen Sie vielleicht damit fertig werden, dass Ihr Exmann jetzt ein glückliches Leben mit einer anderen Frau führt. Vielleicht haben Sie das Gefühl, für alles, was Sie in diese Beziehung einbrachten, wenig zurückbekommen zu haben. Möglicherweise müssen Sie mit weniger auskommen, während Ihr Exmann mehr hat. Wenn Sie Kinder haben, kann er sie Ihnen eine Nacht pro Woche und jedes zweite Wochenende wegnehmen und sie verwöhnen. Die Kinder selbst sind wahrscheinlich verunsichert und wütend. Und die Nachbarn, Freunde und Verwandten scharen sich keineswegs bedingungslos um Sie, niemand bringt Ihnen ein warmes Mittagessen vorbei. Manche Ihrer Freunde und Freundinnen fühlen sich in Ihrer Gegenwart vielmehr unwohl, und einige stellen sich offen auf die Seite Ihres Exmannes, sodass Ihr Verlust noch größer wird. Um Ihr Leben von diesem Punkt des Ungleichgewichts aus wieder aufzubauen, brauchen Sie sehr viel Mut, und ich möchte um Ihretwillen, dass Sie dabei auf einer möglichst hohen Ebene anfangen können.

Charakterlinien

Denken Sie bitte einmal über den folgenden Punkt nach: Alles, was Sie heute tun, wird sich auf Ihre Zukunft auswirken. Unsere Handlungen werden in unseren Charakter eingegraben, in unsere Seele. Das gilt genauso für Handlungen, die aus Wut, Hass und Verbitterung heraus erfolgen, wie für Handlungen, bei denen wir – trotz der Wut, des Hasses und der Verbitterung – bewusst und überlegt von einer höheren Ebene aus »agieren«. Sind Sie schon einmal einem Bekannten oder Freund begegnet, den Sie lange nicht gesehen hatten, und haben dabei gedacht: »Mein Gott, wie alt er aussieht. Was mag wohl in seinem Leben passiert sein«?

Was wir in solchen Situationen sehen, könnte zum Teil genetisch bedingt sein, aber wir sehen auch die Spuren aller Gefühle, die dieser Freund empfunden und zum Ausdruck gebracht hat. Wir sehen die äußeren Auswirkungen seiner hässlichen Gedanken, Worte und vor allem Handlungen. Wir sehen, ob er in der Vergangenheit niedrig gehandelt hat und ob er heute verbittert ist. Sein Charakter wurde in die Linien seines Gesichts eingegraben. Vielleicht hat unser Freund Geld, vielleicht auch nicht, aber das Leben, das er führt, ist alles andere als reich.

Das Richtige tun

Bei einer Scheidung müssen im finanziellen und rechtlichen Bereich viele Dinge geklärt werden. Es gibt aber auch im emotionalen Bereich vieles, was Sie – und zwar um Ihretwillen! – tun müssen, damit Ihr ganzes Vorgehen von Klarheit bestimmt wird, nicht von Rachsucht. Achten Sie genau auf die Sprache von Trennungen und Scheidungen:

»Ich bin noch nie so wütend gewesen!«

Wenn Sie zulassen, dass Wut Ihre Handlungen bestimmt, kann das nicht nur Ihr Urteilsvermögen beeinträchtigen (und gerade jetzt geht es doch um wirklich lebenswichtige Entscheidungen), sondern auch Ihre Anwaltskosten in die Höhe treiben. Ich habe ja selbst mit Klienten gearbeitet, die eine Scheidung durchmachten, und dabei ist mir aufgefallen, dass zwischen der Höhe der Rechnungen und der Wut des oder der Betreffenden ein direkter Zusammenhang besteht. Diejenigen, die sich vor Wut weigern, sich gütlich zu einigen, müssen schließlich viel mehr bezahlen. Bei einer nicht einvernehmlichen Scheidung, das heißt, wenn über einen oder mehrere Punkte gestritten wird und beide einen Anwalt brauchen, kann es richtig teuer werden. Durch die Brille ihrer selbstgerechten Wut sehen manche nur eine Seite, nämlich ihre eigene. Wenn das Urteil dann nicht so ausfällt, wie sie es erwartet haben, werden sie noch wütender. Selbst wenn sie »gewinnen«, heißt das noch lange nicht, dass ihre Wut sich legen wird, denn es passiert oft, dass ein verärgerter Expartner sich weigert, sich dem Gerichtsbeschluss zu beugen, und dann eskaliert die Wut und erreicht eine viel höhere Stufe. Deshalb dürfen Sie nicht zulassen, dass Ihre heutige Wut einen dunklen Schatten auf Ihre Zukunft wirft.

Falls andererseits Ihr von Ihnen getrennt lebender Partner unvernünftig ist und es keinen freundschaftlichen Weg aus der Sackgasse heraus gibt, sollten Sie keine Angst davor haben, den Richter entscheiden zu lassen, wie die endgültige Aufteilung aussehen soll, wie die Schulden bezahlt, die restlichen Besitztümer verteilt, die Unterhaltszahlungen für den anderen Partner und die Kinder und all die anderen Dinge geregelt werden sollen.

»Mir ist ganz egal, was passiert!«

Diese Worte höre ich sehr oft von meinen Klienten: »Mir ist ganz egal, was passiert. Ich will jetzt einfach nur ein neues Leben führen!«

Denken Sie an die Macht der Worte! Wenn Sie sagen, dass Ihnen egal ist, was passiert, erschaffen Sie dadurch eine Situation, die es

Ihnen mit ziemlicher Sicherheit nicht ermöglichen wird, Ihr neues Leben auf eine reiche, produktive Weise zu führen. Es ist ja gut möglich, dass Sie nach der Scheidung noch viel mehr Jahre leben werden als in der Ehe – die Entscheidungen, die Sie in dieser schwierigen Zeit treffen, werden sich also viele Jahre lang auf Sie auswirken. Das dürfen Sie nicht auf die leichte Schulter nehmen! Eine Scheidung ist eine ebenso ernste Verpflichtung für die Zukunft wie eine Heirat. Sie müssen sich an jeder Entscheidung beteiligen, Ihnen darf nichts egal sein, denn es ist Ihr Leben! Übernehmen Sie die Kontrolle, schütteln Sie Ihre Erstarrung ab und sprechen Sie Worte des Reichtums: »Ich will ein neues Leben führen, aber das, was jetzt passiert, ist mir sehr wichtig, denn es wird sich wahrscheinlich für immer auf mich und meine Kinder auswirken!« Sagen Sie diese Worte zu Ihrem Anwalt und zu Ihrem Expartner, und sprechen Sie sie mit Würde aus, bis sie wahr werden. Das sind Worte, die andere respektieren werden, Worte, die Ihnen helfen werden, diese Dinge tatsächlich wichtig zu nehmen und sich eine reichere Zukunft aufzubauen.

»Das Geld ist mir ganz egal! Ich will ihn/sie einfach nur zurückhaben!«

Wenn eine Scheidung bevorsteht, weigert sich derjenige, der vom anderen verlassen wurde, sehr oft, das zu akzeptieren. Er denkt dann etwa: »Ich kann sie/ihn zurückbekommen, wenn ich alles tue, was sie/er will!« Dadurch, dass Sie Ihr Recht auf Geld aufgeben und es als so völlig unwichtig hinstellen, steigt die Wahrscheinlichkeit aber überhaupt nicht, dass Sie Ihre Ehe retten können. Durch diese Denkweise erreichen Sie vermutlich nur, dass Ihre Zukunft ärmer wird, sie wird Sie der geringen Macht, die Sie noch haben, berauben. Sie wissen doch: Achtung und Macht ziehen Geld an, Missachtung und Machtlosigkeit stoßen es ab. Gedanken und Worte wie die obigen werden sich gleich in zweifacher Hinsicht negativ auf Sie auswirken, denn Sie werden nicht nur anfangen, Geld abzustoßen, das Ihnen von Rechts wegen gehören sollte, sondern Ihre fehlende

Selbstachtung und Ihre Machtlosigkeit werden auch die Person abstoßen, der Sie eigentlich wieder näher kommen wollen. Von Schwäche wird niemand angezogen. Vielleicht können Sie Ihre Ehe retten, vielleicht auch nicht. Machen Sie Ihre Handlungen im finanziellen (und auch im emotionalen) Bereich aber bitte nicht von einer vagen Möglichkeit abhängig.

»Ich weiß, dass wir wieder zusammenkommen werden!«

Nein, das wissen Sie leider nicht! Auch wenn Sie sich das noch so brennend wünschen, gibt es keine Garantie dafür, und wahrscheinlich auch wenig Grund zur Hoffnung. Falls Sie jetzt die Wirklichkeit verdrängen oder zulassen, dass Ihre Hoffnung über die Vernunft siegt, könnten Sie selbst den Boden für eine emotionale und finanzielle Enttäuschung bereiten. Wenn Ihr Partner frei sein will, bleibt Ihnen kaum eine andere Wahl, als das zu glauben und alles Erforderliche zu tun, um sich zu schützen. Sie dürfen sich auf keinen Fall darauf verlassen, dass Sie sich schon wieder versöhnen werden. Falls überhaupt noch die Chance zu einer Versöhnung besteht, können Sie sie nur durch Ihre jetzigen Handlungen – stark, machtvoll, klar, würdevoll und reich – verbessern.

»Das werde ich nicht überstehen!«

Achten Sie auf Ihre Worte! Natürlich werden Sie es überstehen, schließlich haben Sie auch schon andere schwierige Zeiten in Ihrem Leben überstanden. Wie Sie es überstehen, wird jedoch vor allem davon abhängen, ob Sie auf Ihren Mut zurückgreifen können oder ob Sie sich stattdessen ganz Ihrem Schmerz widmen. In dieser Übergangsperiode werden Sie eine ganze Reihe von Entscheidungen treffen müssen, und es ist ungeheuer wichtig, dass Sie geistig und körperlich so stark und fit wie möglich sind. Essen Sie ordentlich, achten Sie darauf, dass Sie genug Schlaf bekommen. Auch wenn Sie sich innerlich hohl fühlen, werden Ihre Handlungen stark sein, und durch solche Handlungen werden Sie selbst stärker werden.

»Ich hasse die Person, die sich zwischen uns gedrängt hat!«

Natürlich tun Sie das, wenn Ihr Partner Sie wegen einem anderen Menschen verlassen hat, obwohl die Initiative zu dieser neuen Beziehung ja auch von ihm ausgegangen sein könnte. Trotzdem – wenn Sie Ihre ganze Energie auf den Hass konzentrieren, wird Ihnen für konstruktive Maßnahmen kaum etwas übrig bleiben. Wenn Sie ständig an diesen Hass denken, werden Sie auch über ihn sprechen und aus ihm heraus handeln, und dadurch legen Sie eine hasserfüllte, rachsüchtige Grundlage für den Rest Ihres Lebens. Versuchen Sie, sich so weit wie möglich von dem Hass zu befreien, und konzentrieren Sie Ihre Energie lieber auf Ihr eigenes Wohlergehen.

»Ich werde den letzten Pfennig aus ihm/ihr herausquetschen!«

Diesen Gedanken sollten Sie aufgeben, schon allein aus dem Grund, dass das Gesetz es Ihnen nicht erlaubt, Ihren Partner finanziell zu ruinieren. Natürlich gibt es bei manchen Scheidungen in dieser Hinsicht einen gewissen Spielraum, vor allem, wenn sehr viel Geld vorhanden ist, aber das Gesetz ist zumindest dem Geist nach so gestaltet worden, dass es Sie beide schützt. Durch Gedanken der Macht (Ich will nur eine gerechte Aufteilung; ich will nur das, was mir zusteht; ich brauche mich nicht mit weniger zufrieden zu geben) können Sie Ihre Zukunft viel positiver gestalten.

»Ich will überhaupt nichts! Er/Sie kann alles haben!«

Machen Sie sich nicht zum Märtyrer! Sie waren eine Hälfte dieser Ehe. Ihnen steht die Hälfte zu, Sie verdienen die Hälfte, und wie sollen Sie später lernen, Geld anzuziehen, wenn Sie dieses Geld jetzt abstoßen? Lassen Sie zu, dass die Gesetze Ihnen das verschaffen, was Ihnen von Rechts wegen zusteht. Noch besser wäre es, wenn Sie es verlangen würden – gegenüber Ihrem Anwalt, gegenüber Ihrem Ehepartner.

»Wegen des Geldes mache ich mir keine Sorgen. Ich weiß, dass er/sie fair sein wird.«

Wenn es darum geht, Vermögenswerte aufzuteilen – was ja bedeutet, auf Geld zu verzichten –, verhalten wir uns sehr merkwürdig. Jemand, den Sie einmal für den großzügigsten Menschen der Welt gehalten haben, könnte plötzlich nur auf seinen eigenen Vorteil bedacht sein. Die Person, um deren Wohl Sie sich kümmern müssen, sind Sie selbst. Vielleicht haben Sie Recht, vielleicht wird er (oder sie) tatsächlich bis zum Ende Ihrer Ehe fair und anständig sein – das hoffe ich! Wenn Sie Ihre eigenen Interessen schützen, hindert das Ihren Partner doch aber nicht daran, Anstand zu zeigen.

»Nein, heute nicht!«

Das sind wirklich starke, mächtige Worte. In den ersten Jahren werden Ihre Gefühle ständig eine Art Achterbahnfahrt vollführen. An einem Tag werden Sie sich großartig fühlen, am nächsten dann erbärmlich schlecht. Legen Sie an den Tagen, an denen Sie das heulende Elend überfällt, eine Pause ein, treffen Sie dann keine Entscheidungen. Ich habe meine Klienten immer gebeten, ihre emotionale Verfassung in den ersten sechs Monaten zweimal täglich auf der Grundlage einer Skala von eins bis zehn Punkten zu beurteilen – ein Punkt bedeutete »sehr glücklich«, zehn Punkte bedeuteten »sehr unglücklich« –, und zwar beim Aufstehen und ungefähr acht Stunden später. Wenn sie sich fünf oder mehr Punkte gegeben hatten, durften sie an diesem Tag keine Entscheidungen im Hinblick auf ihr Geld oder ihre Scheidung treffen. Wenn sie dazu aufgefordert wurden, sollten sie einfach nur sagen: »Nein, heute nicht!« Erst wenn sie sich wieder besser fühlten, sollten sie sich mit der Sache befassen. Überprüfen Sie Ihre emotionale Verfassung bitte auch jeden Tag; manchmal kann nämlich schon ein Anruf, ein Lied im Radio, eine Bemerkung, die ein Freund macht, oder auch nur ein Paar, das Hand in Hand auf der Straße vorbeigeht, eine Kette von

Gefühlen auslösen, durch die von einem Augenblick zum anderen aus einem Punkt acht werden. Durch die Worte »Nein, heute nicht!« zeigen Sie Selbstachtung und Macht.

Verteilte Rollen

Eine Scheidung ist kein Wettkampf, bei dem es darum geht, mit so wenig Verletzungen wie möglich davonzukommen. Falls Sie derjenige sind, der verlassen wurde, dürfen Sie nicht überrascht sein, wenn Ihr Partner viel besser zurechtzukommen scheint als Sie selbst. Wahrscheinlich hat er ja schon lange darüber nachgedacht, Sie zu verlassen, sodass diese Vorstellung für ihn ihren Schrecken verloren hat, während sie für Sie ein Schock war und noch ganz neu ist und sich verheerend auswirkt. Es ist jetzt Ihre Aufgabe, sich ein neues Leben aufzubauen und dafür zu sorgen, dass Sie alles bekommen, was Ihnen zusteht. Lassen Sie sich in dieser Zeit zu nichts drängen. Fangen Sie sofort damit an, Ihre emotionale Verfassung jeden Tag zu beurteilen, und handeln Sie nur dann, wenn Sie wirklich so weit sind. Es liegt in Ihrer Macht, wie schnell Sie geschieden werden. Sie können die Scheidung auch verzögern, aber das wird Ihnen nicht weiterhelfen. Benutzen Sie Ihre Macht, um den nächsten Schritt zu tun, aber erst, wenn Sie dazu bereit sind.

Falls Sie dagegen derjenige sind, der den Partner verlässt, tragen Sie ungeheuer viel Verantwortung. Auch wenn Ihre Gefühle sich inzwischen verändert haben, haben Sie dem Menschen, der einmal die große Liebe Ihres Lebens war, sehr wahrscheinlich gerade einen furchtbaren Schlag versetzt. Um seinet- und um Ihretwillen sollten Sie jetzt langsam und rücksichtsvoll vorgehen. Ihre Ehe ist gescheitert. Nun haben Sie die Verpflichtung, sie möglichst gut zu Ende zu bringen. Wie Sie das tun, ist ein Spiegelbild Ihrer Lebensweise – finanziell, emotional und mental.

Wo Sie Hilfe finden

Niemand kann eine Scheidung allein durchziehen. Falls Sie weiter ein einigermaßen freundschaftliches Verhältnis zu Ihrem Partner haben, könnte es Ihnen gelingen, die Aufteilung Ihres gemeinsamen Besitzes durch Einschaltung eines Vermittlers zu klären; zumindest könnte ein Vermittler Ihnen Ansatzpunkte geben. Wenn Sie schon alles in einem Ehevertrag geregelt haben beziehungsweise in sämtlichen Punkten Einigkeit besteht, kann eine Scheidung relativ problemlos und kostengünstig sein. Sie brauchen dann nur einen Anwalt zu nehmen, der eine Scheidungsvereinbarung verfasst. Sobald ein Streitpunkt auftritt, brauchen Sie beide einen eigenen Anwalt, und je mehr Sie über Ihre Situation wissen, desto einfacher (und billiger) wird die Arbeit mit ihm sein. Denken Sie aber daran, dass er Sie rechtlich – nicht emotional! – vertreten soll. So mitfühlend er auch sein mag, emotionalen Beistand sollten Sie sich bei anderen Menschen holen.

Vorausgesetzt, dass Sie es sich finanziell leisten können, möchte ich Ihnen dringend raten, eine Therapie zu machen oder sich zumindest von einem Psychologen beraten zu lassen. Fragen Sie bei Ihrer Krankenkasse, inwieweit die Möglichkeit der Kostenübernahme besteht. Ihre Familie und Ihre Freunde können Ihnen natürlich Halt geben und werden Ihnen wahrscheinlich sehr viel Mitgefühl entgegenbringen. Sie sollten aber nicht zulassen, dass sie Sie immer sehen, wenn Sie ganz am Boden sind, denn schließlich werden Sie Ihre Beziehungen später, wenn Sie sich allmählich stärker fühlen, wieder ins Gleichgewicht bringen müssen. Falls Ihre Familie und Ihre Freunde Sie dann weiter als Opfer betrachten und Sie auch so behandeln, wird es Ihnen schwerer fallen, die Opferrolle abzustreifen. Außerdem ist es ja möglich, dass Sie mehr brauchen als nur Mitgefühl. Ein neutraler Fachmann kann Ihnen auf kurze wie auf lange Sicht dabei helfen, stärker zu werden und beispielsweise auch richtig mit dem Schmerz Ihrer Kinder umzugehen, und beurteilen, ob auch sie psychologische Betreuung benötigen.

Wie man den Kampf ums letzte Hemd vermeidet: Ein Überblick

Neben meinem Büro befindet sich das einer Rechtsanwältin, die sich mit Familienfragen und Scheidungsfällen befasst. Ihre Faustregel lautet, dass man sich seine Kämpfe sorgfältig aussuchen sollte. Machen Sie großzügige Zugeständnisse bei Kleinigkeiten, wenn es um die Aufteilung eines großen Besitzes geht. Damit sichern sie sich eine günstigere Ausgangsposition bei den Dingen, die wirklich wichtig sind.

Im Allgemeinen wird im Scheidungsverfahren das aufgeteilt, was die Partner während der Ehe erworben haben. Außerdem werden Fragen wie Unterhalt für den Partner, Kindesunterhalt und gegebenenfalls auch Sorge- und Besuchsrecht geregelt. Die folgende Liste zählt ein paar der Punkte auf, die das Gericht letztendlich in Betracht zieht.

- Die Dauer der Ehe.
- Das Einkommen beider Parteien. Sind Sie beide in der Lage, Ihren momentanen Lebensstandard problemlos zu erhalten?
- Den »Marktwert« des Unterstützung suchenden Partners; wie lange die Person, die bisher unterstützt worden ist, zu Hause geblieben ist; ob die Kinder es für diesen Partner erschweren, Arbeit zu finden; was man aufwenden müsste (an Zeit und Geld), um die zu Hause gebliebene Person für den aktuellen Arbeitsmarkt fit zu machen.
- Die finanziellen Möglichkeiten des Partners, der Unterstützung leisten muss.
- Unterhalt für die Kinder. Um die Höhe des Unterhalts für die minderjährigen Kinder festzusetzen, ziehen die Gerichte das Einkommen des unterhaltspflichtigen Elternteils heran.
- Alter, Gesundheit und besondere Umstände, so wie zum Beispiel das Pflegen eines behinderten Kindes oder Elternteils.

Trennungs- und Scheidungszeitpunkt festlegen

Als vollzogen gilt eine Trennung, wenn Sie sowohl versorgungsmäßig als auch räumlich von Ihrem Partner getrennt sind. Den genauen Trennungszeitpunkt können Sie entweder durch ein privates oder auch durch ein anwaltliches Schreiben festlegen, um spätere Streitigkeiten zu vermeiden. Wenn Sie also wissen oder ahnen, dass Sie auf eine Scheidung zusteuern, sollten Sie das Trennungsdatum sorgfältig planen, weil es eventuell Konsequenzen bezüglich der Steuerhöhe, aber auch bezüglich des Scheidungszeitpunktes haben wird.

Für den Scheidungszeitpunkt gelten folgende Fristen: Nach Ablauf einer einjährigen Trennungsfrist kann die Ehe geschieden werden, wenn entweder beide einen Scheidungsantrag gestellt haben oder der eine Partner dem Antrag des anderen zugestimmt hat. Drei Jahre dauert es, bevor die Scheidung ausgesprochen wird, wenn nur einer der Partner ihr zustimmt und eine Zerrüttung der Ehe nicht nachgewiesen werden kann.

Rentenversicherung

Sobald Sie von Ihrem Partner geschieden sind, verlieren Sie den Anspruch auf eine Geschiedenen- oder Witwenrente. Es findet jedoch ein Versorgungsausgleich statt, bei dem die Rentenansprüche beider Partner zusammengetragen und durch zwei geteilt werden. Somit haben Sie, egal, ob Sie bisher berufstätig waren oder nicht, einen eigenen Rentenanspruch erworben. Ob dieser ausreichend ist, sollten Sie jedoch unbedingt prüfen. Falls Sie berufstätig sind, würden Sie die erworbenen Anwartschaften ohnehin durch eigene Beiträge in die gesetzliche Rentenversicherung aufstocken. Wenn Sie jedoch zu Hause bleiben, um ein Kind zu versorgen, ist es sinnvoll, entweder der Rentenversicherung freiwillig beizutreten oder sich durch den Abschluss einer Lebensversicherung wirtschaftlich abzusichern. Wenn Sie keine eigenen Einkünfte haben, sollte Ihr

Partner die Beitragszahlungen übernehmen. Das können Sie vertraglich festlegen.

Das Haus oder die Mietwohnung

Die härteste Entscheidung, die im Zuge der Trennung auf Sie zukommt, ist, wer von Ihnen beiden im gemeinsamen Heim wohnen bleiben wird. Es ist schwer, nicht nur den Partner aufzugeben, sondern auch noch den Ort, an dem man sich lange Zeit sicher und wahrscheinlich glücklich gefühlt hat.

Besitzen Sie gemeinsam ein Haus, dann kann das Gericht einem von Ihnen die alleinige Nutzung zugestehen. Oft wird dieses Nutzungsrecht demjenigen zugesprochen, der das gemeinsame Kind betreut, um zusätzliche Belastungen zu vermeiden. Wenn einer von Ihnen Alleineigentümer des Hauses ist, hat der andere es schwer, alleiniges Nutzungsrecht durchzusetzen, es sei denn, er oder sie weist nach, dass ein Auszug eine »besondere Härte« darstellt, beispielsweise wiederum dann, wenn gemeinsame Kinder im Spiel sind. Andere Faktoren, die ein alleiniges Nutzungsrecht für Sie begünstigen, wären, wenn Ihr Partner Sie oder Ihre Kinder misshandelt, Alkoholiker oder drogenabhängig ist oder in Ihrem Heim randaliert und Ihr Eigentum zerstört. In jedem Fall wird vom Gericht eine angemessene Mietentschädigung für den Miteigentümer oder Eigentümer festgesetzt.

Falls Sie bisher mit Ihrem Partner in einer gemieteten Wohnung gewohnt haben und Sie sich nicht einigen können, wer darin wohnen bleibt, kann das Familiengericht auch hier schon vor der Scheidung eine Regelung anordnen. Meistens bekommt auch in diesem Fall der Partner, der die Kinderbetreuung übernimmt (unabhängig davon, wer den Mietvertrag unterschrieben hat), das Wohnrecht, weil man eine noch höhere Belastung des Kindes unter allen Umständen vermeiden will.

Einkommenssteuer

Für die Trennungsphase gilt die Regelung, dass Sie während des *Kalenderjahres*, in dem die Trennung erfolgt ist, Ihre Steuererklärung weiterhin gemeinsam einreichen und die steuerlichen Vergünstigungen für Ehepaare nutzen können. Wenn Sie sich also im Juli 1999 offiziell getrennt haben, gilt die meist günstigere steuerliche Regelung nicht bis Juli 2000, sondern nur für das Jahr 1999.

Sogar nach der Trennung kann der Unterhaltspflichtige das so genannte *Realsplitting* in Anspruch nehmen und seine Steuerlast dadurch verringern, dass er die Unterhaltszahlungen als Sonderausgaben absetzt. Allerdings müssen die Unterhaltszahlungen vom Empfänger wiederum als Einkommen versteuert werden, was bedeutet, dass dem Steuerplus des einen Partners das steuerliche Minus des anderen gegenübersteht. Der Partner, der Unterhalt zahlen muss, ist dafür gesetzlich verpflichtet, dem unterhaltsberechtigten Partner sämtliche durch das *Realsplitting* entstehenden finanziellen Nachteile auszugleichen.

Schulden

Auch wenn die Scheidung rechtskräftig ist, haften Sie weiterhin für gemeinsam unterschriebene Kreditverträge mit. Das heißt, dass die Bank von Ihnen beiden den vollen Betrag verlangen kann. Im Idealfall würden Sie sich zwar die Schulden teilen, allerdings geht das nicht automatisch aus dem Kreditvertrag hervor. Um eventuelle Schwierigkeiten zu vermeiden, sollten Sie versuchen, aus dem Kredit, für den Sie gesamtschuldnerisch haften, zwei Kredite zu machen, für die dann jeweils ein Partner verantwortlich ist.

Der letzte Schritt zur völligen Trennung

Für viele Leute ist der schwierigste Teil der Scheidung die Geldfrage. Personen, die voneinander wegziehen und ein neues Leben anfangen, tun sich oft erstaunlich schwer damit, ihre finanziellen Verbindungen genauso vollständig abzubrechen. Manchmal scheint es so, als wäre das Loslassen von gemeinsam verwaltetem Geld der ultimative Schritt, zu dem sie noch nicht bereit sind. In anderen Fällen ist es das Schuldgefühl, das das Geld zusammenhält. Oder aber die Person, die sich schon immer um das Finanzielle gekümmert hat, macht das auch weiterhin, weil es bequem und einfach ist, oder aber weil beide Seiten einfach zu faul sind, ihre Gelder zu trennen. Was auch immer der Grund dafür sein mag, es ist falsch, finanziell so eng miteinander verbunden zu bleiben, nachdem man die emotionalen und häuslichen Bindungen zerschnitten hat.

In Fällen, in denen der eine noch in irgendeiner Form für den anderen Partner sorgt, habe ich es schon oft beobachtet, dass sich auf der einen Seite Unmut aufbaut und auf der anderen Seite eine ungesunde Abhängigkeit entsteht. Dabei mag es um die Abzahlungen von Schulden für ein Haus gehen, beispielsweise bis der Expartner eine neue Bleibe gefunden hat, oder auch um die Ratenzahlung für ein Auto. Der gegenseitige Respekt bleibt dabei auf der Strecke.

Wenn Sie sich dazu entscheiden sollten, nach der Trennung noch Zahlungen für Ihren Partner zu tätigen, ist es wichtig, einen Anfangs- und Endzeitpunkt dafür festzusetzen. Die Einzelheiten der Vereinbarung zwischen Ihnen beiden sollten Sie schriftlich festhalten, um Missverständnisse zu vermeiden. Denken Sie daran, daß man im Schockzustand Dinge oft nur verschwommen wahrnimmt und sich später nicht mehr klar daran erinnert. Also bringen Sie sich nicht selbst noch zusätzlich in missverständliche Situationen. Mit der Hilfe ihres Anwalts können Sie eine zeitweilige Vereinbarung aufsetzen, die Sie beide unterzeichnen und von der Sie je eine Kopie behalten.

Klären Sie die finanziellen Fragen sofort

Wenn eine Trennung unvermeidbar scheint, sollten Sie sich so schnell wie möglich den finanziellen Fragen zuwenden. Wenn Sie diese Maßnahmen vor sich herschieben, kann es sein, dass Sie sich eines Tages für eine Rechnung verantwortlich sehen, die aus der Zeit nach Ihrem Auszug stammt, dass eines Ihrer gemeinsamen Konten leer geräumt wurde oder dass Sie sich generell Schulden gegenübersehen, die Sie nicht gemacht haben. Scheuen Sie sich also nicht, Ihre Gelder sofort zu trennen. Falls Sie und Ihr Partner doch wieder zusammenkommen sollten, können Sie das ja jederzeit rückgängig machen.

Finanzielle Checkliste

Die folgenden Dinge sollten Sie möglichst sofort tun, wenn deutlich wird, dass eine Trennung bevorsteht.

- Konsultieren Sie einen Anwalt.
- Wenn Sie noch kein eigenes Konto besitzen, eröffnen Sie eins nur unter Ihrem Namen.
- Schließen Sie alle gemeinsamen Konten, und treffen Sie eine Vereinbarung, wie man das Geld am besten aufteilen sollte.
- Machen Sie Kopien von allen finanziellen Dokumenten, die Ihre tatsächlichen Schulden, Vermögenswerte und Ihre Ausgaben belegen (einschließlich der Haushalts- und Kreditkartenrechnungen, der Kontoauszüge, der Ausgaben für die Kinder, einschließlich jeden Pfennigs, den Sie fürs monatliche Leben ausgeben).
- Fangen Sie an, alle Schulden und Gelder, die Sie einander gezahlt haben, ab dem Zeitpunkt der Trennung genau zu verfolgen. Das schließt Zahlungen von gemeinsamen Rechnungen ein, Umzugskosten, Kosten für die Kinder, Versicherungsraten, einfach alles, was Sie gemeinsam betreffen könnte.
- Konsultieren Sie einen Steuerberater, um besser entscheiden zu können, ob Sie Ihre Steuererklärung gemeinsam oder getrennt machen wollen.
- Setzen Sie sich zusammen und finden Sie heraus, wie viel Sie als Paar gemeinsam besitzen. Bestimmen Sie zuerst den Wert von

allem, was Ihnen gemeinsam gehört: Möbeln, Immobilien, Autos, einfach allem. Dabei können Sie einen Immobilienberater hinzuziehen oder wenn nötig auch mit einem Steuerexperten zusammenarbeiten, der Sie über die steuerlichen Konsequenzen jeden Ihrer Schritte informieren kann.
- Nachdem Sie Ihre Vermögenswerte sowie Ihre Ausgaben und Einkommen bestimmt haben, sollten Sie sich mit Ihrem Partner zusammensetzen und versuchen eine Regelung zu finden, die angemessen ist. Tun Sie das allerdings nicht, ohne alle Fakten in der Hand zu haben, weil Sie dann nicht wirklich verhandlungsfähig sind. Außerdem sollten Sie sich auf nichts einlassen, ohne vorher noch einmal mit einem Anwalt gesprochen zu haben.

Die rechtliche Abfolge

- Informieren Sie sich über Ihre Rechte, indem Sie sich entsprechende Ratgeber in der Bibliothek ausleihen oder kaufen oder indem Sie einen Anwalt zurate ziehen.
- Nun kommt der Schritt, für den Sie wirklich Mut brauchen, weil das der Punkt ist, ab dem Sie wirklich getrennt sind, nämlich der Schritt, die Trennung auch rechtlich zu vollziehen. Während der Trennungszeit reicht einer von Ihnen den offiziellen Scheidungsantrag ein, was dann den formalen Scheidungsablauf in Gang setzt.
- Weil Scheidungen sich oft über einen längeren Zeitraum hinziehen, werden Sie eventuell einen Antrag auf vorläufigen Kindes- oder Ehegattenunterhalt, Sorgerecht, Besuchsrecht oder andere situationsbedingte Rechte stellen müssen. Was das Sorgerecht für Ihre gemeinsamen Kinder anbelangt, so gibt es seit dem 1. Juli 1998 bei einer Scheidung im Regelfall ein gemeinsames Sorgerecht. Nur in Ausnahmefällen kann die elterliche Sorge einem Elternteil allein übertragen werden, wenn ein gemeinsames Sorgerecht dem Kindeswohl abträglich wäre. In einem solchen Fall muss derjenige, der das alleinige Sorgerecht will, einen ent-

sprechenden Antrag bei Gericht stellen. Vom Sorgerecht unabhängig ist grundsätzlich die Frage, bei welchem Elternteil die gemeinsamen Kinder nach der Scheidung leben sollen. Wenn Sie sich hierüber nicht einigen können, muss das Gericht eine Entscheidung über das Aufenthaltsbestimmungsrecht treffen. Das Gleiche gilt für das Besuchsrecht. Können Sie sich mit Ihrem Expartner nicht einigen, muss auch hierüber gerichtlich entschieden werden. Bei all diesen Entscheidungen stehen jeweils die Interessen des Kindes im Vordergrund.

- Was Sie nun unbedingt vornehmen sollten, bevor Sie in die finanzielle Auseinandersetzung übergehen, ist eine Vermögensaufstellung. Dazu gehören auch Ihre Bausparverträge und Lebensversicherungen sowie gemeinsam aufgenommene Kredite. Dieser Schritt ist wichtig, damit beiden Seiten klar ist, worum es bei den Verhandlungen geht.
- Für die Ehescheidung und die Scheidungsfolgen besteht Anwaltszwang, was bedeutet, dass sich beide Seiten vor Gericht von einem Anwalt vertreten lassen müssen. Wenn Ihre Scheidung ein so unkomplizierter Fall ist, dass Sie sich hundertprozentig einig sind und vertrauen, kann die Scheidung auch mit nur einem Anwalt durchgeführt werden, der dann eine Seite vertritt und die Anträge stellt, auf die Sie sich vorher geeinigt haben.
- Die einzelnen Streitfragen wie Ehegatten- und Kindesunterhalt, Vermögensaufteilung oder Versorgungsausgleich werden gemeinsam von einem Familienrichter geklärt. Man nennt diese Zusammenlegung der Verfahren *Scheidungsverbund*. Die Ehescheidung wird erst dann ausgesprochen, wenn alle diese Fragen geklärt sind.

Vorsicht bei Vereinbarungen

Denken Sie daran: wenn Sie einmal eine Vereinbarung zum Verzicht auf Unterhalt unterschreiben, erlischt Ihr Recht, finanzielle Ansprüche geltend zu machen, für alle Zeiten.

Seien Sie damit also vorsichtig, und konsultieren Sie auf jeden Fall einen Anwalt, bevor Sie irgendetwas unterschreiben! Ihr Gefühl mag Ihnen zwar sagen, dass Sie auf diese Weise einen endgültigen Bruch machen, aber eine finanzielle Abfindung ist immer ein Risiko. Ihr Partner kauft sich nämlich mit Geld frei, das in der Zukunft eventuell viel mehr wert sein könnte. Wenn Sie also in Erwägung ziehen, sich auf eine Abfindung einzulassen, sollten Sie alle Faktoren nicht nur nach heutigen, sondern auch nach zukünftigen Maßstäben in Betracht ziehen.

Das Gericht – die letzte Instanz

Das Familiengericht hat die Aufgabe, alle mit der Scheidung zusammenhängenden Fragen zu klären: so etwa die Aufteilung des Vermögens, Kindes- und Ehegattenunterhalt, Versorgungsausgleich oder Hausratsteilung. Von Amts wegen wird dabei nur der Versorgungsausgleich durchgeführt. Über alle übrigen Fragen entscheidet das Gericht nur dann, wenn Sie oder Ihr Expartner einen entsprechenden Antrag stellen. Wenn Sie daher Dinge außergerichtlich regeln können, sollten Sie das unbedingt tun. Sie können die Kosten der Scheidung dadurch erheblich senken! Wenn Sie aber zu keiner befriedigenden außergerichtlichen Einigung gelangen können, überlassen Sie die Angelegenheit lieber dem Gericht, bevor Sie sich in letzter Minute zu unüberlegten Entscheidungen hinreißen lassen.

Wieder frei

Sie sind wieder Single. Nun sollten Sie dafür sorgen, dass alle Ihre Dokumente (die Urkunde für Ihr Haus, Ihr Testament, jede Investition und jeder Vermögenswert, der Ihnen vorher gemeinsam gehört hat) Ihren neuen Status reflektieren. Bitte vernachlässigen

Sie diesen Papierkram nicht: Finanzielle Entschlossenheit wird zu Ihrem Heilungsprozess beitragen, und Sie werden sich besser fühlen, wenn Ihre finanzielle Vergangenheit abgeschlossen ist. Haben Sie diesen Wirrwarr hinter sich gelassen, werden Sie wieder frei sein, Ihre Energien in einen Neuanfang zu stecken.

Kapitel 12
Nach dem Tod des Partners weiterleben

Wenn uns jemand, den wir lieben, für immer genommen wird, entsteht ein so tiefer Schmerz, dass andere kaum etwas sagen oder tun können, um uns zu helfen. So schwer das in den Tagen, Wochen und Monaten nach dem Tod eines geliebten Menschen auch sein mag – Glaube, Mut und die Zeit werden diese Wunde allmählich heilen. Ich habe bei meinen Klienten oft die finanziellen Nachwirkungen von Todesfällen gesehen und mit ihnen zusammen versucht, damit fertig zu werden; dadurch bin ich zu der Überzeugung gekommen, dass wir den Sinn des Lebens nur dann erkennen, wenn wir dem Tod nahe sind. Oft scheinen wir erst dann zu lernen, was wirklich eine Bedeutung hat und was nicht. Alles rückt in die richtige Perspektive, und in ihrem Schmerz stellen die meisten von uns die Gedanken an das Geld ganz ans Ende ihrer Prioritätenliste. Das kann jedoch ein großer Fehler sein! Der Tod des Partners ist ein Ereignis, das uns zwingt, nicht nur eine neue emotionale, sondern auch eine neue finanzielle Wirklichkeit zu akzeptieren.

Die Geschichte von Charlotte und mir

Ich saß an meinem Tisch im Maklerbüro von Merrill Lynch und wartete auf einen neuen Kunden. Ich war ziemlich nervös, denn ich war noch neu im Geschäft und hatte nicht viele Kunden. Der Mann, auf den ich wartete, wollte eine beträchtliche Summe anlegen. Die Empfangssekretärin rief mich an, als er da war, und ich ging hin, um ihn zu begrüßen. Er war ein stämmiger Mann von etwa 55 mit einem freundlichen Gesicht. Ich stellte mich vor, und er gab mir die Hand. Dann bat er mich um ein Glas Wasser, und ich sagte, ich würde ihm eines holen und gleich wieder zurück sein. Als ich schon unterwegs war, fragte er noch: »Übrigens, wie spät ist es?« Ich blickte auf meine Armbanduhr: »Fünf nach eins.« Ich war nur ein paar Minuten weg, und als ich zurückkam, saß er in einem Sessel und hatte die Augen geschlossen. »Hier ist Ihr Glas Wasser!« sagte ich, doch er rührte sich nicht. Also sagte ich lauter: »Entschuldigen Sie, hier ist Ihr Wasser!« Immer noch keine Reaktion. Ich berührte ihn an der Schulter, schüttelte ihn leicht – und er fiel vornüber auf den Fußboden. Da wurde mir klar, dass er einen Herzanfall gehabt hatte, und ich rief laut um Hilfe. Die Empfangssekretärin wählte mit zitternden Fingern die Notrufnummer, und ein Kollege von mir, der in Erster Hilfe ausgebildet war, begann sofort mit einer Mund-zu-Mund-Beatmung. Der Rettungswagen kam, die Sanitäter knieten sich neben den Mann, blickten dann auf und sagten, es tue ihnen leid, er sei gegangen. Ich erinnere mich noch genau daran, dass ich immer nur dachte: »Wohin denn?«, ich konnte nicht verstehen, was sie meinten, er lag doch dort, vor meinen Füßen. Seine letzten Worte waren eine Frage gewesen: »Wie spät ist es?« Hatte er irgendwie gewusst, dass das sein letzter Augenblick auf der Erde war, und die Stunde seines Todes erfahren wollen? Ich war völlig aufgewühlt; die Tatsache, dass dieser mir unbekannte Mann tot war, hatte mich bis ins Innerste erschüttert, und ich wusste, dass ich nichts anderes tun konnte, als nach Hause zu gehen.

Ungefähr einen Monat später kam Charlotte, die Witwe jenes Mannes, zu mir. Sie wollte wissen, was passiert war, ich sollte ihr die letzten Minuten im Leben ihres Mannes beschreiben. Das tat ich dann auch, immer wieder. Sie schien jene letzten Augenblicke für immer verlängern zu wollen. Es war offensichtlich, dass es ihr sehr schwer fiel, seinen Tod und die Tatsache, dass man jetzt von ihr erwartete, allein weiterzumachen, zu akzeptieren. Sie war nicht nur emotional, sondern auch finanziell allein. Ich fragte sie, ob sie über ihre finanzielle Lage Bescheid wisse. Nein, sie wusste nur, dass sie ein Sparkonto bei einer Bank hatten, von dem sie sich Geld geholt hatte, aber darauf war nicht mehr viel. Sie wusste außerdem, dass ihr Mann eine Lebensversicherung abgeschlossen hatte, aber damit hatte sie sich noch nicht befasst. Sie hatte gehofft, dass ich ihr mehr über ihre Situation würde sagen können, weil ihr Mann ja zu mir gekommen war. Jetzt hatte sie jedoch erfahren, dass er gar nicht mehr die Möglichkeit gehabt hatte, mit mir zu sprechen. Sie wusste nicht, was sie tun sollte, und ich fragte sie, ob ich ihr helfen könne.

Das war einer der schlimmsten Tage in meinem Berufsleben, denn es gab nur sehr wenig, was ich tun konnte. Ich fühlte mich so ohnmächtig! Ich weiß noch, dass ich dachte, jetzt sei doch nicht die richtige Zeit dafür, dass diese Frau lernen musste, mit Geld umzugehen. Sie wurde ja kaum mit ihrem Schmerz fertig, und jetzt musste sie auch noch eine Aufgabe übernehmen, die ihr furchtbare Angst einjagte und die sie sich überhaupt nicht zutraute. Ich fühlte eine hilflose Wut auf ihren Mann in mir aufsteigen. Wenn er sie jetzt hätte sehen können, hätte er dann nicht nur ihren Schmerz gesehen, sondern auch ihre Verwirrung und Verzweiflung? Hätte er erkannt, dass er ihr das hätte ersparen können? Ich wusste, dass sie selbst auch nicht ganz unschuldig an ihrer Situation war, denn sie hätte ihn ja nach ihren finanziellen Angelegenheiten fragen können, aber wer tut schon freiwillig etwas, vor dem er Angst hat? Und für die meisten von uns ist nichts so furchtbar wie der Tod und das Geld.

Leider war das nicht das letzte Mal, dass jemand zu mir kam, der sich in dieser Situation befand. Im Laufe der Jahre bin ich oft gebeten worden, nach einem Todesfall die finanziellen Scherben aufzusammeln. Manche Leute hatten Glück; nach dem Tod ihres Ehe- oder Lebenspartners hatten sie jemanden, dem sie vertrauen konnten und der ihnen bei ihren finanziellen Angelegenheiten half. Viele der Hinterbliebenen hatten jedoch in einer Zeit, in der sie besonders verwundbar waren, bei einem so genannten Fachmann Rat gesucht und schließlich alles oder doch fast alles verloren. Als sie dann zu mir kamen, hatten sie das Geld aus der Lebensversicherung, ihre Portfolios, ihre ganze Zukunft in die Hände von windigen Geschäftemachern gelegt, die sich als seriöse Anlageberater ausgaben, oder von Verkäufern, die nur auf eine fette Provision aus waren. Den Mut zum Weiterleben aufzubringen ist schon schwer genug, wenn man gerade sein emotionales Gleichgewicht verloren hat, aber es ist fast unmöglich, wenn man auch noch seinen finanziellen Halt verloren hat. Auch wenn Ihnen das jetzt, in der frühen Phase Ihrer Trauer, schwer fallen mag, möchte ich Sie bitten, Ihre finanzielle Situation nicht aus den Augen zu verlieren, während Sie versuchen, mit dem Tod des geliebten Menschen fertig zu werden. Was Sie in dieser Zeit tun, wird später, wenn der Tod und Ihre Trauer nicht mehr so schmerzhaft sind, gravierende Auswirkungen haben.

Vorsorge für den Ernstfall

Den Tod, der zur Gleichung unseres Lebens dazugehört, können wir nicht verhindern, aber wir können etwas gegen die Verwirrung in finanzieller Hinsicht tun und zumindest auch gegen einen Teil der emotionalen Unsicherheit, von der so viele von uns erfasst werden, wenn der Tod in ihr Leben tritt.

Ich bin der Ansicht, dass wir – aus Achtung vor uns selbst und vor den Menschen, die wir lieben – so früh und so gründlich wie möglich für unseren eigenen Tod vorausplanen müssen. Es spielt dabei keine Rolle, ob viel oder wenig Geld da ist – diejenigen, die Sie bei Ihrem Tod zurücklassen müssen, verdienen es, ohne die zusätzliche Belastung durch Angst vor dem, was nach Ihrem Tod mit ihnen geschehen wird, trauern zu dürfen. Warten Sie bitte nicht länger, fangen Sie noch heute an, sich darum zu kümmern, dass Ihre Lieben im Ernstfall gut versorgt sind!

Falls Ihr Ehe- oder Lebenspartner bisher alle finanziellen Angelegenheiten geregelt hat, sollten Sie sich sofort über diese Dinge informieren. Fragen Sie ihn nach allem, was Sie wissen müssen – einschließlich aller Versicherungen, der Versorgung der Kinder, der Aufbewahrungsorte der Unterlagen und einer Liste, wer benachrichtigt werden muss. Sprechen Sie bitte auch darüber, wie Sie sich Ihre eigene Beerdigung wünschen – wollen Sie begraben oder eingeäschert werden, wo sollen Ihre sterblichen Überreste ruhen, wie soll die Zeremonie oder der Gottesdienst ablaufen? Wenn jemand stirbt, ist das für die Hinterbliebenen ein so schwer zu bewältigendes Ereignis, dass es eine Erleichterung ist, wenn der Betreffende diese Einzelheiten zumindest zum Teil festgelegt hat – das gibt ihrem Leben nämlich in den ersten, schmerzerfüllten Tagen einen Sinn.

Nach einem Todesfall

Jemanden zu verlieren, den man liebt, ist ein lähmender, verheerender Schock. Doch Sie müssen sich um die Angelegenheiten des Todes kümmern, die in dieser schweren Zeit genauso kompliziert aussehen können wie die Angelegenheiten des Lebens. Es gibt eine Reihe von Dingen, mit denen Sie sich sofort befassen müssen, auch wenn Ihnen danach überhaupt nicht zumute sein sollte. Falls Sie einen Freund oder Angehörigen haben, der Ihnen helfen kann, sollten Sie ihn darum bitten. Auch wenn Sie glauben, klar denken zu können, befinden Sie sich wahrscheinlich in einem Schockzustand. Ihre Erstarrung kann Sie davor bewahren, dass Sie unter der Heftigkeit des Schmerzes zusammenbrechen – sie kann aber auch Ihre Fähigkeit beeinträchtigen, gute und angemessene Entscheidungen zu treffen.

Als Erstes sollten Sie nachsehen, ob der Verstorbene einen Organspenderausweis bei sich getragen hat. Falls er einen solchen Ausweis hatte, rufen Sie bitte im nächsten Krankenhaus an, damit seinem Wunsch entsprechend gehandelt werden kann. Dann müssen Sie sich mit der Beerdigung oder Einäscherung des Toten befassen; das ist mit Sicherheit eine der schmerzlichsten Aufgaben, aber es ist wichtig, dass Sie dabei sehr umsichtig vorgehen, denn diese ersten Schritte können emotional und finanziell teuer werden, wenn Sie (oder jemand, der Ihnen nahe steht) nicht gut informiert sind.

- Wenn der Tod in einem Krankenhaus eingetreten ist, wird der dort tätige Arzt die Leichenschau vornehmen und den Totenschein austellen. Das Bestattungsinstitut müssen Sie selbst aussuchen, ebenso den Sarg und das Zubehör.
- Wenn Ihr Partner bei Ihnen zu Hause oder sonst außerhalb eines Krankenhauses gestorben ist, müssen Sie selbst einen Arzt für die Leichenschau benachrichtigen. Auch hier müssen Sie selbst das Bestattungsinstitut anrufen und die Überführung des Toten zum Friedhof oder Krematorium veranlassen.
- Falls der Tote nicht in der Stadt beerdigt oder eingeäschert werden soll, in der er gestorben ist, müssen Sie ein Bestattungsinstitut in der Stadt oder Gemeinde, wo die Beerdigung stattfinden soll, anrufen, das sich dann um den Transport der sterblichen Überreste kümmern wird.
- Falls Sie nicht wissen, welches Bestattungsinstitut Sie beauftragen sollen, können Sie sich in Ihrem Freundeskreis umhören oder Ihren Pfarrer fragen. Die meisten Kirchen haben eine Liste entsprechender Unternehmen. Wenn Sie keiner Kirche angehören und Ihre Freunde Ihnen auch keine Empfehlung geben können, sollten Sie in einem Krankenhaus anrufen.

Ihre Lebensführung

Wenn man versuchen muss, einen sehr schweren Verlust zu verkraften, verliert man nur allzu leicht den Kontakt zur Wirklichkeit – zur Wirklichkeit des Lebens und zu der des Geldes. Geld scheint in den schweren ersten Tagen nach einem Todesfall gar keine Bedeutung zu haben. Trotzdem ist jeder Todesfall mit Kosten verbunden, die unvermeidlich sind. Andererseits fallen nach der Beerdigung, in Ihrer Trauerzeit, natürlich weiter die Kosten für Ihre Lebensführung an. Viele Hinterbliebene müssen feststellen, dass jeder Pfennig, den sie haben, in einer Lebensversicherung oder in dem Eigenkapital für ihr Haus steckt, sodass sie nicht gleich an das Geld herankommen und kaum Bargeld zur Verfügung haben. Falls Sie das noch nicht getan haben, müssen Sie jetzt versuchen, die Höhe Ihrer monatlichen Ausgaben zu schätzen. Diese Summe müssen Sie dann berücksichtigen, bevor Sie irgendwelche Entscheidungen im Hinblick auf die Beerdigung treffen. Nehmen wir beispielsweise an, dass Sie 16 000 DM auf einem Sparkonto haben und Ihre monatlichen Kosten sich auf 6 000 DM belaufen. Wenn Sie dann 16 000 DM für die Beerdigung ausgeben, können Sie Ihre Rechnungen nicht bezahlen!

Auch wenn der Verstorbene zu Ihren Gunsten eine Lebensversicherung abgeschlossen hatte, kann es manchmal länger – sogar Monate – dauern, bis die Versicherungsgesellschaft Ihnen das Geld auszahlt – vor allem dann, wenn die Todesursache nicht zweifelsfrei feststeht oder es sich um einen Selbstmord handeln könnte. Ich habe einen Freund, dessen Bruder bei einem Unfall beim Autorennen ums Leben kam. Erst einen Monat vorher hatte er die Summe seiner Lebensversicherung von 100 000 DM auf 500 000 DM erhöht. Wegen dieser kurzen Zeitspanne gab die Versicherung die für den Todesfall vereinbarte Summe erst frei, als sie die Möglichkeit, dass ein Selbstmord vorliegen könnte, gründlich untersucht hatte. In der Zwischenzeit hatte seine Witwe große Schwierigkeiten, auch nur das Nötigste zu bezahlen.

Mit anderen Worten: Bevor Sie anfangen, das Geld auszugeben, das Sie haben, müssen Sie sich unbedingt ein klares Bild davon verschaffen, wie viel Geld Sie brauchen, um über die nächsten Monate zu kommen, und woher Sie dieses Geld nehmen können. Mein Rat lautet natürlich wie immer: Informieren Sie sich rechtzeitig über Ihre finanziellen Angelegenheiten, nicht erst dann, wenn Sie ein schwerer Schicksalsschlag getroffen hat.

Die Grabstätte

Falls Sie sich nicht schon vorher darum gekümmert haben, wird das Bestattungsinstitut auch mit Ihnen darüber sprechen, ob Sie eine Grabstätte brauchen, und Ihnen dabei behilflich sein, den Kauf in die Wege zu leiten.

Der Gottesdienst und die Abschiedszeremonie

Bei der Planung des Gottesdienstes beziehungsweise der Bestattungszeremonie sollten Sie die verschiedenen Möglichkeiten sorgfältig abwägen. Sie brauchen Ihre Liebe nicht dadurch zu beweisen, dass Sie von allem das Teuerste nehmen! Würde kostet keinen Pfennig. Falls Sie wissen, was für einen Gottesdienst oder welche Abschiedszeremonie Ihr Partner gewollt hätte, ist das umso besser. Man hört oft, dass Menschen die Musik, die sie sich für ihre Bestattungszeremonie wünschen, vorher aussuchen, und den Hinterbliebenen bedeutet diese Musik dann immer sehr viel. Falls Ihr Partner sich in dieser Hinsicht nicht geäußert hat, müssen Sie viele Entscheidungen treffen. Der Gottesdienst kann im Bestattungsinstitut, in der Friedhofskapelle oder in einer Kirche abgehalten werden, die Beisetzung kann öffentlich oder im Kreise der engsten Angehörigen und Freunde erfolgen, Sie können auch zunächst eine Beerdigung im kleinen Kreis durchführen und dann später einen Gedenkgottesdienst abhalten lassen.

Es gibt also viele Möglichkeiten. Allzu oft werden die Entscheidungen aber von der Haltung »Das Beste ist gerade gut genug!« bestimmt, wobei mit »das Beste« das Teuerste gemeint ist. Eine Abschiedsfeier, die Sie sich nicht leisten können, ist aber nicht ehrenvoll; deshalb möchte ich Sie bitten, sich preislich zurückzuhalten. Öffentliche wie auf einen kleinen Kreis beschränkte Zeremonien können würdevoll, heilig und schlicht zugleich sein.

Eine Warnung

Da in den Todesanzeigen meist der Tag und der Zeitpunkt der Beerdigung angegeben werden, kann Ihr Haus oder Ihre Wohnung dadurch zu einem verlockenden Ziel für Einbrecher werden. So traurig Ihnen das auch vorkommen mag – kümmern Sie sich bitte darum, dass während der Beisetzung jemand in Ihrem Haus oder Ihrer Wohnung ist, damit Sie sicher sein können, dass bei Ihrer Rückkehr nicht noch ein großer Verlust auf Sie wartet.

Die Rechnungen kommen weiter

Ich möchte außerdem vorschlagen, dass Sie die Person, die Ihnen bei den Vorbereitungen für die Beerdigung geholfen hat, bitten, in den nächsten Wochen Ihre Post an sich zu nehmen und sie für Sie aufzubewahren. Sie sollte auch nachsehen, ob es Rechnungen gibt, die sofort bezahlt werden müssen, und auf die Fälligkeitsdaten der anderen Rechnungen achten. Falls Sie im Zusammenhang mit dem Nachlass Schriftverkehr haben, sollten Sie von Ihren Briefen immer eine Kopie machen. Es ist wichtig, alles belegen zu können, was Sie in der Trauerzeit gesagt haben oder was jemand, den Sie beauftragt haben, in Ihrem Namen gesagt hat. Später werden diese frühen Tage Ihnen vielleicht nur noch als ein Nebel aus Schmerz und Verwirrung in Erinnerung sein.

Ziehen Sie einen Anwalt zurate

Je nachdem, wie Ihr Ehepartner seinen Nachlass geregelt hat, brauchen Sie einen Anwalt, der Ihnen hilft, nach dem Tod Ihres Partners die Dinge zu regeln.

Wenn Ihr Partner kein Testament hinterlassen hat, also die gesetzliche Erbfolge eintritt und Sie alleiniger Nutznießer sind, sollte es relativ einfach sein, die Hinterlassenschaft zu regeln. Sobald Sie den einzelnen Institutionen die Sterbeurkunde und andere Unterlagen vorgelegt haben, die sie eventuell sehen wollen, wird alles ganz einfach auf Ihren Namen übergehen. Als Erbe haben Sie zum Beispiel Zugriff auf das Konto des Verstorbenen, wenn Sie die Sterbeurkunde und den Erbschein vorlegen. Sie sollten die Bank allerdings möglichst schon wenige Tage nach dem Todesfall vorab informieren. Gibt es außer Ihnen jedoch noch andere Erben und hat Ihr Partner diverse eigene Konten oder ein Haus, das allein ihm gehörte, hinterlassen – wenn Ihnen also mit anderen Worten der Papierkrieg über den Kopf wächst –, wird das Ganze mehr Zeit in Anspruch nehmen. Was auch immer der Fall ist, Sie sollten innerhalb der ersten Tage einen Anwalt kontaktieren. Wenden Sie sich dabei am besten an einen, der auf Erbschaftsrecht spezialisiert ist, um sicherzugehen, dass auch alles geklärt wird.

Ob Sie letztendlich einen Anwalt konsultieren oder nicht, es gibt viele Möglichkeiten, Geld zu sparen, weil es viele Dinge gibt, die Sie selbst oder mit der Hilfe eines Freundes erledigen können. Zum Beispiel könnte ein Freund oder eine Freundin bei der Versicherung und der Bank anrufen, um herauszufinden, welche Papiere Sie benötigen, um den Todesfall zu dokumentieren. Das wichtigste ist, alle Verbindlichkeiten und Vermögenswerte Ihres Partners aufzufinden und zu benennen: Schulden, ausstehende Kredite, kurz alles, was er irgendjemandem noch zu zahlen hatte.

Finanzielle Checkliste: Ehepartner

Hier sind einige Dinge aufgelistet, die Ihre eigene finanzielle Situation nach dem Tod des Ehepartners betreffen und um die Sie sich unbedingt kümmern sollten.

- Ändern Sie die Angaben auf gemeinsamen Konten, Vertragsurkunden und anderen Vermögenswerten. Dazu brauchen Sie eine Sterbeurkunde, die Sie beim Standesamt besorgen müssen. Die-

se Urkunde benötigen Sie auch, wenn Sie eventuell Anspruch auf Versicherungssummen anmelden wollen.
- Wenn Ihr Partner zu Lebzeiten ein Wertpapierdepot unterhielt, haben Sie zwei Möglichkeiten. Sie können das Depot auf Ihren Namen umschreiben oder die Wertpapiere auf ein anderes Depot (gebührenpflichtig) übertragen lassen.
- Falls Sie noch keines haben, sollten Sie ein eigenes Bankkonto eröffnen.
- Wenn der verstorbene Partner gleichzeitig der Nutznießer Ihres eigenen Testamentes ist, sollten Sie nicht vergessen, auch das zu ändern. Das Gleiche gilt natürlich auch für andere Dokumente wie Lebensversicherungen, in denen Sie ihn als Bezugsberechtigten bestimmt haben.
- Wenn Ihr Partner noch vor dem 1.1.1989 in der gesetzlichen Krankenkasse versichert war, erhalten Sie Sterbegeld. Hat der Verstorbene eine private Versicherung abgeschlossen, bestehen ebenfalls entsprechende Ansprüche.
- Erkundigen Sie sich, welche Kosten, die bei der Bestattung anfallen, bei Ihrem jährlichen Lohnsteuerausgleich beziehungsweise bei Ihrer Einkommensteuererklärung absetzbar sind.

Ein Testamentsvollstrecker kann von Vorteil sein

Manche Menschen bestimmen einen Testamentsvollstrecker, der dafür sorgen soll, dass das Erbe so aufgeteilt wird, wie sie es wünschen. Außerdem kann der Testamentsvollstrecker das Erbe auch über einen begrenzten Zeitraum verwalten.

Weil er die Anweisungen des Verstorbenen ausführen muss, kann es zu seinen Pflichten gehören,

- alle offenen Rechnungen, zum Beispiel Steuerschulden, des oder der Verstorbenen zu begleichen,
- den Nachlass zu verwalten und (wenn nötig auch durch Prozesse) zu sichern und zu mehren,

- die Verteilung des Nachlasses an die Erben zu überwachen

In den meisten Fällen wird für diese Aufgaben ein unbeteiligter Dritter ausgewählt, der nicht persönlich in die Erbangelegenheit verwickelt ist. Das kann zum Beispiel ein Anwalt, Steuerberater oder Notar sein, der dann allerdings aus dem Nachlass für seine Tätigkeit bezahlt werden muss.

Der Tod fordert seinen Tribut

Was lebt weiter, nachdem wir gestorben sind? Das Erbe unserer Arbeit, unsere großzügigen und hochherzigen Taten und die Menschen, die wir lieben. Diese Menschen müssen vielleicht sehr lange einen emotionalen und möglicherweise auch einen finanziellen Tribut für Ihr Ableben zahlen. Wie können Sie ihnen dabei helfen? Die Sorgfalt, mit der Sie Vorkehrungen für Ihren eigenen Tod treffen, ist ein Akt größter Liebe für diejenigen, die Sie eines Tages zurücklassen müssen. Dadurch können Sie Ihren Hinterbliebenen emotional und finanziell sehr helfen. Emotional, weil der Verlust eines geliebten Menschen noch schmerzlicher und beängstigender wird, wenn wir uns danach mit chaotischen Zuständen herumschlagen müssen. Finanziell, weil Sie Ihren Lieben durch eine gute Nachlassregelung Tausende von Mark für die Erbschaftssteuer, Gerichtskosten und Anwaltshonorare ersparen können. Wollen Sie nicht alles in Ihrer Macht Stehende tun, um Ihre nächsten Angehörigen emotional und finanziell zu schützen? Fangen Sie bitte gleich heute damit an! Dafür zu sorgen, dass die Menschen, die man liebt, nach dem eigenen Ableben abgesichert sind, ist eine großzügige, selbstlose Handlung – Sie selbst werden dadurch reicher und offener für mehr werden, solange Sie leben.

Kapitel 13
Ein neuer Anfang

Auch wenn das vielleicht nur ein schwacher Trost für Sie ist: Früher oder später wird jeder von uns vor dem Problem stehen, neu anzufangen. Zu einem Zeitpunkt in Ihrem Leben, an dem alles großartig zu laufen scheint, passiert etwas – ein Todesfall, eine Krankheit, ein Zusammenbruch, eine Scheidung –, das Sie emotional und vielleicht auch finanziell erschöpft. Und nach dem Verlust eines geliebten Menschen neu anzufangen ist noch schwerer! Als Sie in Ihr Leben als Erwachsener aufbrachen, waren Sie voller Hoffnung, Träume, Erwartungen und Kraft. Wenn Sie aber mit Gefühlen des Verlusts und der Leere neu anfangen müssen, ist Ihnen all das genommen worden. Wird auch nur einem von uns die schmerzhafte Zerreißprobe eines Neuanfangs erspart bleiben? Ich befürchte, in irgendeiner Form muss jeder von uns sich irgendwann einem Neuanfang stellen, das scheint mir eine Art Universalgesetz zu sein.

Als Finanzberaterin muss ich die Gefühle meiner Klienten immer in ihr finanzielles Gesamtbild einbeziehen. Wenn einer Klientin beispielsweise der Aktienmarkt unheimlich ist, könnte ich ihr Geld nie guten Gewissens in Aktien anlegen, denn dann würde sie sich machtlos fühlen und hätte Angst. Wenn jemand felsenfest davon überzeugt ist, dass er sich nur dann sicher fühlen kann, wenn er eine teure Lebensversicherung hat, berücksichtige ich auch das. Und wenn jemand zu mir kommt, der neu anfangen muss, weiß ich, dass sein emotionaler Pulsschlag schwach ist – und sein finanzieller Pulsschlag auch. Falls Sie selbst jetzt vor einem Neuanfang stehen, wissen Sie schon, dass Sie neue Kraft schöpfen müssen, um weitermachen zu können. In solchen Zeiten treffen wir außerdem leicht finanzielle Fehlentscheidungen, und deshalb müssen Sie in den nächsten Monaten ganz besonders vorsichtig mit Ihrem Geld umgehen.

Sich all den ungelösten Fragen und Problemen eines Neuanfangs zu stellen, erfordert ungeheuer viel Mut.

Was ist, wenn ich es nicht schaffe? Ich habe doch vorher nie etwas mit finanziellen Dingen zu tun gehabt!
Ich habe bisher noch nie arbeiten müssen! Was ist, wenn ich meine Rechnungen nicht bezahlen kann?
Mein Mann hat mir nur 50 000 DM hinterlassen, und das ist alles, was ich habe. Was soll ich mit dem Geld machen?
Was ist, wenn das Geld von der Versicherung nicht reicht?
Was soll ich jetzt bloß tun?

Auch wenn Ihre eigenen Fragen anders lauten sollten, gibt es in solchen Situationen einen gemeinsamen Nenner: Angst. Die Angst, es nicht zu schaffen, Angst vor einem Fehlschlag, Angst vor der Zukunft, und diese Ängste kommen ausgerechnet zu einer Zeit, in der Sie besonders verwundbar sind. Das ist die schlechte Nachricht. Die gute Nachricht ist – auch wenn Sie das vielleicht nicht glauben werden –, dass ich Männer und Frauen in genau der gleichen schwierigen Lage gesehen habe, die schon aufgeben wollten, die sich aber stattdessen aufgerafft und sich, nicht selten zum ersten Mal, ein neues Leben aufgebaut haben, das sie dann lieben lernten. Ein Leben, das sie im wahrsten Sinne des Wortes als ihr eigenes bezeichnen können. Wie ihnen das gelungen ist? Indem sie auf den Glauben und den Mut zurückgriffen, die in jedem von uns stecken.

Julias Geschichte

Ich erinnere mich noch daran, dass ich damals dachte: »Na gut, wenn das eine Prüfung ist, werde ich sie bestehen!«

Alles fing damit an, dass bei mir die Lyme-Krankheit festgestellt wurde, eine schwere, immer wieder auftretende Erkrankung, die mich unglaublich schwächte. Alex und ich hatten Angst, das schon, aber zuerst erschien uns die Sache gar nicht so schlimm – ich konnte weiter arbeiten, und wir sagten uns immer wieder, dass alles gut werden würde. Dann ging die Fabrik, in der Alex sein ganzes Leben lang gearbeitet hatte, in Konkurs; plötzlich gab es keine Lebensversicherung mehr, keine Betriebsrente, keine Beihilfen im Todesfall – die Arbeit seines ganzen Lebens wurde mit einem Schlag ausgelöscht, und unsere Zukunft auch. Ich war Büroleiterin bei einer kleinen Firma, aber dort gab es keine betriebliche Altersvorsorge – und jetzt hatte mein Mann auch keine mehr. Ich dachte, schlimmer könne es ja wohl nicht mehr kommen, aber da irrte ich mich gewaltig.

Vor fünf Jahren hatte Alex, der immer vor Gesundheit gestrotzt hatte und sehr fit gewesen war, einen Herzinfarkt. Er war 50, und wir waren seit 25 Jahren verheiratet. Wir lebten auf dem Land, das Krankenhaus war zwei Stunden entfernt. Es war ein Albtraum! Alex lag dann fast fünf Monate im Krankenhaus, und in dieser Zeit behandelten die Ärzte ihn mehrmals falsch – eins führte zum anderen, Nierenversagen, seine Lunge. Natürlich wollte ich so oft wie möglich bei ihm sein, und dadurch liefen immer mehr Rechnungen auf meiner Kreditkarte auf, für das Hotel, für Benzin ... Zwischendurch fuhr ich immer wieder nach Hause, um mich um die Dinge im Büro zu kümmern, denn meine Stelle hatte ich noch. Dann dachten wir, es ginge ihm allmählich besser, und wir machten uns wirklich Sorgen wegen der Rechnungen, die Kosten wuchsen wie die Staatsverschuldung, da sieht man die Zahlen auch immer nur steigen. Aber die Hauptsache war, dass ich bei ihm sein konnte. Geld war damals nicht wichtig, wir wussten, dass wir es schaffen würden, alles wieder in Ordnung zu bringen.

Eines Nachmittags, als ich im Büro war, kam dann der Anruf aus dem Krankenhaus. Ich war dort erst morgens weggefahren, und da schien es Alex gut zu gehen, aber als ich dort ankam, war es schon zu spät. Ich konnte es nicht glauben! Niemand hatte uns gesagt, dass er sterben würde, davon war nie die Rede gewesen. Ich konnte mich noch nicht einmal von ihm verabschieden. Wie im Schock fuhr ich ins Krankenhaus und dann wieder zurück, ganz allein, am Boden zerstört. Ein paar Wochen später kamen dann die Rechnungen, und das machte die Sache nicht besser – der Gesamtbetrag lag um mehr als 120 000 DM über dem, was unsere Versicherung zahlen würde. Die Beerdigung kostete auch eine Menge Geld, und dann waren da noch die Kreditkartenrechnungen. Bis dahin hatte ich noch nie eine Kreditkartenrechnung bekommen, die ich nicht bezahlen konnte.

Da ich das Geld nicht hatte, ging ich zum Sozialamt. Dort sagten sie, ich solle Konkurs anmelden, mit der Arbeit aufhören und eine Erwerbsunfähigkeitsrente wegen der Lyme-Krankheit beantragen. Aber das konnte ich nicht, allein der Gedanke war furchtbar für mich! Alex und ich hatten so lange und so hart für das gearbeitet, was wir hatten. Es wäre mir so vorgekommen, als würde ich alle um das betrügen, was ich ihnen schuldete. Wenn ich jetzt aufgeben würde, würde ich ganz aufgeben, würde nie etwas haben, und was sollte dann aus mir werden? Ich kam mir verrückt vor und hatte sehr große Angst, aber ich war entschlossen, mich so zu verhalten, dass Alex stolz auf mich gewesen wäre. Also ging ich wieder ins Büro und suchte mir zwei Nebenjobs als Buchhalterin. Mein Arzt sagte: »Das geht doch nicht, Sie werden sich überanstrengen! Machen Sie sich keine Sorgen, es wird alles in Ordnung kommen ...«, und dann tätschelte er mir den Kopf. Da stieg eine ungeheure Wut in mir auf. Ich schrie ihn an: »Sie haben ja keine Ahnung von meinem Leben! Sie können mich nicht nach Hause schicken und mir erzählen, dass alles in Ordnung kommen wird, denn wenn ich nicht weitermache, wird gar nichts in Ordnung kommen!«

Ich arbeitete immer noch im Büro und in meinen beiden Nebenjobs, als meine Eltern innerhalb weniger Monate beide starben. Das war sehr schwer für mich, denn wir hatten uns wirklich nahe gestanden. Ich fühlte mich völlig allein, und das war ich ja auch! Nun verstand ich den Spruch, dass der einzige Freund, der uns immer bleiben wird, Gott ist. Aber ich wusste einfach, dass ich nicht aufgeben konnte, nicht jetzt! Ich behielt die drei Jobs, ich zahlte so viel ab, wie ich konnte, aber es war nie genug, und die Finanzierungszinsen stiegen immer weiter. Ich dachte ständig: »Ich muss das irgendwie bezahlen, damit endlich alles vorbei ist!« Schließlich ging ich zur Bank, denn ich hatte beschlossen, wieder eine Hypothek auf mein Haus aufzunehmen, obwohl ich das gar nicht gern machte – ich liebe dieses Haus, es ist über 100 Jahre alt, und es ist alles, was ich habe. Die Bank bewilligte mir ein Darlehen über 70 000 DM, und das half mir ein großes Stück weiter. Ich gab einen meiner Nebenjobs auf, sodass es nun leichter für mich ist. Es bleibt ein bisschen mehr Zeit für mich selbst und ich kann mich wieder mit meinen Freundinnen treffen. Jetzt habe ich das Gefühl, in finanzieller Hinsicht wieder atmen zu können, und ich habe angefangen, an die Zukunft zu denken, ich stecke jeden Monat 100 DM, manchmal auch mehr, in einen offenen Investmentfonds. Das war ein Wendepunkt. Heute habe ich das Gefühl, dass es wieder Hoffnung gibt. Die Leute sagen immer wieder, ich sei ja so tapfer, aber ich erkannte schon vor langer Zeit, dass man sich dazu entscheiden kann (und muss), tapfer zu sein. Wenn man immer nur denkt, es gebe nichts, was man tun könne, werden die Dinge sich auch entsprechend entwickeln, und ich wollte nicht eines Tages an diesem Punkt stehen. Ich sage mir immer wieder, auf ganz unterschiedliche Weise, jeden Tag viele Male: Ja, ich kann! Ich bin so müde – nein, bin ich nicht! Was ist, wenn ich die Monatsrate für die Hypothek auf meinem Haus einmal nicht zahlen kann – doch, das kann ich!

Menschen kann man nicht ersetzen, man kann sie nicht zurückholen, aber man sollte sie – und auch sich selbst! – wenigstens durch das ehren, was man tut. Wenn man einfach aufgibt, weil man mutlos ist, ehrt man niemanden. Man muss es tun, schon wegen der eigenen Selbstachtung. Mein Mann hätte nicht gewollt, dass ich aufgebe. Man kann nur aufgeben oder weitermachen. Ich habe mich entschlossen weiterzumachen.

Nach dem Verlust eines geliebten Menschen kehren wir in die Welt der Lebenden zurück.

Julia hat, obwohl alles gegen sie sprach, einen Neuanfang gewagt, indem sie sich geöffnet hat. Sie hat ihre Hypothek fast abgezahlt, ihre Schulden auch, und sie hat ihrer Vergangenheit Ehre erwiesen. Sie legt sich einen Notgroschen an, sie sorgt für die Zukunft vor. Durch ihre Gedanken, Worte und Handlungen ist ihr Leben allmählich leichter geworden – wenn sie anders gehandelt hätte, wäre sie wahrscheinlich emotional wie finanziell völlig verarmt. Sie trug ihr Leid mit Würde, Klarheit und Mut. In finanzieller Hinsicht erschafft sie sich, was sie braucht, und wenn sie ihren Kurs beibehält, wird sie mehr als genug haben. Seelisch ist sie schon immer unermesslich reich gewesen.

Zuerst Sie!

Wenn Sie später auf diese Zeit zurückblicken, werden Sie erkennen, dass wir in den Monaten nach dem Verlust eines geliebten Menschen in vieler Hinsicht einfach nur dumpf dahindümpeln.

Ich habe schon oft jemandem gegenüber gesessen, der gerade einen solchen Verlust erlitten hatte und jetzt neu anfangen musste. In solchen Fällen habe ich immer die Situation des oder der Betreffenden zusammengefasst und gesagt: »Na gut, wir müssen dies und das tun, dann werden wir dieses und jenes tun, und schließlich das.« Meine Klienten stimmten mir dann zu und verhielten sich so, als ob sie genau verstanden hätten, was ich gesagt hatte, und ich ergriff die erforderlichen Maßnahmen. Und dann passierte immer das Gleiche: Sechs bis zwölf Monate später kamen diese Klienten wieder zu mir und baten mich, ihnen zu erklären, warum wir »das mit dem Geld so gemacht« hätten. Ganz offensichtlich hatten sie in der ersten Zeit der Trauer und des Schmerzes kein einziges Wort von dem gehört, was ich gesagt hatte. Sie waren nur körperlich da gewesen, nicht aber geistig. Ich erklärte ihnen dann noch einmal, warum wir »das mit dem Geld so gemacht« hatten, und jetzt verstanden sie es.

Viele von uns haben nach einer Scheidung oder einem Todesfall Vermögenswerte, die sie schützen müssen, vielleicht zum ersten Mal in ihrem Leben. Nachdem ich erlebt habe, wie stark Menschen in ihrer Trauer, ihrer Wut, Erschöpfung oder Verwirrung dazu neigen, diese Vermögenswerte zu gefährden, habe ich eine Regel aufgestellt, die bisher bei keinem meiner Klienten versagt hat:

DAS ENTSCHEIDENDE GELDGESETZ NACH EINEM VERLUST

Tun Sie nach dem Verlust eines geliebten Menschen sechs bis zwölf Monate lang nichts anderes mit Ihrem Geld, als es an einem sicheren Ort liegen zu lassen.

Sie haben eine anstrengende Zeit hinter sich, mit all dem Papierkram und den Kosten, die eine Scheidung mit sich bringt, oder den schweren Dingen, die man nach einem Todesfall erledigen muss. Sie sind jetzt weder emotional noch geistig in der Lage, die wichtige Entscheidung zu treffen, ob (und gegebenenfalls wie) Sie Ihr Geld selbst anlegen oder es jemand anderem anvertrauen wollen.

Wenn Ihr Geld sich an einem sicheren Ort befindet, an einem Ort, an dem es Ihrer Ansicht nach bisher gut aufgehoben war, lassen Sie es bitte so lange dort, bis Sie Ihr emotionales Gleichgewicht und damit auch Ihr gesundes Urteilsvermögen zurückgewonnen haben. Falls Sie das Gefühl haben, dass Ihr Geld im Augenblick nicht sicher ist, sollten Sie dafür sorgen, dass es an einen sicheren Ort kommt, und dann erst einmal nichts weiter unternehmen. Was Sie jetzt brauchen, ist ein guter Vermögensberater. Bitten Sie einen Freund, Ihnen einen zu empfehlen, dem er selbst Geld anvertraut hat. Sie haben keinen Freund, der Ihnen eine geeignete Person empfehlen kann? Dann sollten Sie sich einen Berater suchen, der auf Honorarbasis arbeitet und keinerlei Produkte verkauft. Sie können ruhig einen Freund oder Verwandten zur Unterstützung mitnehmen. Als Erstes sollten Sie dann sagen: »Ich werde mindestens ein Jahr lang überhaupt nichts kaufen; ich will mich lediglich vergewissern, dass mein Geld da, wo es jetzt ist, sicher ist. Geld, das im Augenblick nicht sicher ist, möchte ich in einen Geldmarktfonds oder in einen Rentenfonds stecken, und das ist alles!«

Sorgen Sie dafür, dass Ihr Geld Ihnen in dieser Zeit keine Last ist und Ihnen keine unnötigen Sorgen bereitet. Leben Sie Ihr Leben, erholen Sie sich von dem schweren Schlag! Wenn Sie vor einem Neuanfang stehen, sollten Sie Ihr Geld zunächst dort lassen, wo es ist.

Sie meinen, das sei doch eigentlich selbstverständlich? Nun, Sie sollten diesen Rat auf jeden Fall beherzigen, denn Sie werden überrascht sein, wie viele Leute Ihnen jetzt anbieten werden, Ihnen bei Ihrem Geld zu »helfen«!

Wenn Ihr Berater plötzlich überaus aufmerksam ist

Wie oft hat der Berater oder Makler, dem Ihr Mann oder Ihre Frau die Verwaltung Ihres gemeinsamen Vermögens anvertraut hatte, mit Ihnen gesprochen, bevor Sie dieser Schicksalsschlag traf?

Gewöhnlich baut der Anlageberater nur zu einem von Ihnen eine Beziehung auf, er nimmt sich nur selten die Zeit, auch mit dem anderen viel zu sprechen. Das ist ja verständlich, denn er spart Zeit, wenn er nur zu einem von Ihnen Kontakt hat. Eine Trennung oder ein Todesfall gibt ihm nun die Gelegenheit, eine Beziehung zu dem anderen Partner, der für ihn vorher nur ein Name auf gemeinsamen Schriftstücken war, herzustellen. Sie können mir glauben, dass er sich diese Chance nicht entgehen lassen wird! Er ist ja nicht nur über alles, was mit Ihrem Geld passiert, auf dem Laufenden, sondern auch über Ihr Privatleben. Falls Sie vor einer Scheidung – und damit auch vor einer Aufteilung des gemeinsamen Vermögens – stehen, wird er einer der Ersten sein, die wissen, was jedem von Ihnen übrig bleiben wird. Bei einem Todesfall kann er sich anhand seiner Akten sofort über das Gesamtbild Ihrer Finanzen informieren. Seien Sie also nicht überrascht, wenn Sie einen netten Anruf von einem Berater bekommen, den Sie praktisch überhaupt nicht kennen, und er Sie bittet, doch einmal in seine Kanzlei zu kommen und mit ihm darüber zu sprechen, was mit dem Geld in Ihrem Portfolio geschehen soll. Lehnen Sie das ab! Sie sind noch nicht so weit, das dauert noch mindestens ein halbes Jahr.

Wenn Treue nicht angebracht ist

Dass Ihr verstorbener oder Exehepartner zu einem bestimmten Anlageberater gegangen ist, bedeutet noch lange nicht, dass dieser Berater auch für Sie der richtige ist. Sie müssen zuerst mit der neuen Situation fertig werden und sich klarmachen, dass es Ihr Leben ist und dass Sie von nun an nur noch mit Leuten zu tun haben sollten, denen Sie vertrauen und bei denen Sie sich sicher fühlen. Ich möchte, dass Sie sich die folgenden Fragen stellen:

- Weshalb habe ich bisher keine Beziehung zu dem Betreffenden gehabt?
- Falls Sie eine Beziehung zu ihm hatten: Hat mir diese Beziehung gefallen, war sie vertrauensvoll?
- Habe ich das Gefühl gehabt, dass er in meinem Interesse handelte oder dass er nur die Interessen meines Mannes/meiner Frau im Auge hatte?

Lassen Sie sich Zeit! Die Antworten werden im Laufe der nächsten Monate von selbst kommen.

Die hungrige Meute

Einbrecher sind nicht die Einzigen, die die Todesanzeigen lesen! Auch hungrige Makler, Finanzjongleure und andere windige Geschäftemacher lesen die Zeitungen, um herauszufinden, ob irgendwo eine fette Beute auf sie wartet. Mit seinem mitfühlenden Anruf, der in einer Zeit kommt, in der Sie besonders verwundbar sind, will der Betreffende nur Ihre Lage ausnutzen. Sagen Sie dann, dass Sie im Augenblick trauern, und bitten Sie die Tröster, die da so plötzlich aus dem Nichts aufgetaucht sind, sich in einem Jahr wieder bei Ihnen zu melden. Das werden sie nicht tun!

Versicherungsleistungen

Falls Ihr Partner zu Ihren Gunsten eine Lebensversicherung abgeschlossen hatte und Sie die ganze Summe auf einmal ausgezahlt bekommen, sollten Sie das Geld zunächst zur Seite legen. Gegebenenfalls müssen Sie mit einer Kapitalertragssteuer rechnen, zum Beispiel wenn die Mindestlaufzeit nicht eingehalten worden ist. Möglicherweise werden Sie einen Teil des Geldes gleich auf Ihr Girokonto einzahlen müssen, um die angefallenen Kosten zu decken. Den Rest sollten Sie in einen Geldmarktfonds oder eine andere sichere Anlageform stecken. Lassen Sie das Geld dort, bis Sie emotional wieder ausgeglichener sind, sodass Sie vernünftige Entscheidungen über seine Verwendung treffen können. Das wird mindestens sechs Monate dauern. Dieses Konto können Sie dann auch »anzapfen«, wenn Sie Geld für Ihre laufenden Ausgaben brauchen.

Eine Bestandsaufnahme

In den nächsten Monaten sollten Sie so wenig Veränderungen wie möglich vornehmen, sich aber allmählich ein paar sehr wichtige Fragen stellen: Fühlen Sie sich in Ihrem Haus oder Ihrer Wohnung wohl? Ängstigt es Sie, dass man schon für die ganz normale Lebensführung so viel Geld braucht? Gibt es Bereiche, in denen Sie

Ihre Ausgaben leicht einschränken könnten? Im Laufe der Zeit werden Sie klar sehen und erkennen, was Sie tun müssen, so schwer es Ihnen auch fallen mag – das Haus verkaufen, wieder arbeiten oder einen Nebenjob annehmen, Ihren Kindern nicht mehr so stark unter die Arme greifen ... Und es wird Ihnen dann auch gelingen, das zu tun!

Zuerst die Menschen. Dann das Geld: Wenn Sie neu anfangen müssen, sollten Sie »Menschen« im ersten Geldgesetz auf sich beziehen, auch wenn Sie zu denen gehören, die sich immer um andere kümmern. Sie werden Zeit brauchen, um sich zu erholen, um diesen Neuanfang richtig zu verstehen, um die Bedingungen und Umstände Ihres neuen Lebens zu begreifen. Jede Angst ist auch Angst vor dem Unbekannten. Ich hoffe, dass ich durch die Informationen in diesem Kapitel einen Teil Ihrer Ängste zerstreuen und Sie ermutigen konnte, sich der Zukunft zuzuwenden – nicht voller Angst, sondern mit Hoffnung und Mut. Nehmen Sie Ihre guten Erinnerungen mit und halten Sie Ihre Vergangenheit in Ehren, während Sie sich eine neue Zukunft aufbauen. Zeigen Sie Achtung vor Ihrem Geld, diesem Erbe aus Ihrer Vergangenheit, damit es Sie in Ihrem neuen Leben gut ernährt. Ich weiß, dass Sie es schaffen werden!

Teil IV
Ein Haus kaufen

Kapitel 14
Der Traum von den eigenen vier Wänden

Ein eigenes Haus oder eine eigene Wohnung – das ist ein uralter Traum. Den meisten von uns ist ihr Zuhause ungeheuer wichtig, ein Ort, an dem man sich heute geborgen fühlt und es behaglich hat und der morgen Sicherheit bieten wird. Ob groß oder klein, neu oder alt – eines Tages wird das Haus, in dem Sie wohnen, ganz Ihnen gehören. Auch wenn dieser Zeitpunkt noch 30 Jahre in der Zukunft liegen sollte, ist Ihr Traum es wert, dass Sie alles dafür tun, ihn zu verwirklichen. Viele von uns verfolgen diesen Traum allerdings schon, bevor sie die notwendigen finanziellen Voraussetzungen geschaffen haben, oder sie jagen ihm übereifrig nach, sodass das Haus, das sie gekauft haben, schließlich ihre ganze Arbeitskraft und jeden Pfennig, den sie besitzen, verschlingt. Andere wiederum glauben, dass ein eigenes Haus für sie immer unerschwinglich bleiben wird, obwohl das gar nicht stimmen muss. Ich möchte Ihnen nun sagen, was Sie wissen müssen, wenn auch Sie davon träumen, eines Tages in den eigenen vier Wänden wohnen zu können.

Die ersten Schritte

1973 wohnte ich zusammen mit einer Freundin in meiner ersten »eigenen« Wohnung. Sie hatte vier Zimmer, wir bezahlten 440 DM im Monat dafür und fühlten uns dort sehr wohl. Es war ein braunes

Zweifamilienhaus mit Schindeldach, und wir wohnten im Erdgeschoss. Vom Esszimmer aus führten zwei große Glastüren auf eine kleine Veranda hinaus, die man von der Straße aus nicht sehen konnte. Ich lag dort gerne in der Sonne, und ich konnte mir gut vorstellen, mein ganzes Leben in dieser Wohnung zu verbringen. Eines Abends kam der Bruder meiner Freundin zu Besuch, und wir sprachen über ein Haus, das er ein paar Jahre zuvor gekauft hatte. Ich dachte: »Oh, das muss ja toll sein, ein eigenes Haus zu haben!« Aber das war doch bestimmt sehr teuer ... Meine Gedanken schweiften ab, bis ich ihn plötzlich sagen hörte, für die Hypothek zahle er nur 306 DM im Monat. Da setzte ich mich kerzengerade hin und sagte: »He, Moment mal – habe ich das richtig verstanden, du hast ein Haus, das doppelt so groß ist wie diese Wohnung, und bezahlst dafür nur 306 DM im Monat, während wir 440 DM im Monat an Miete zahlen?« »Genau!« antwortete er. »Und in diesen 306 DM sind die Versicherung und die Grundsteuer schon enthalten.«

Gut, das war vor vielen Jahren, und damals waren Immobilien in manchen Gegenden in den USA wirklich spottbillig. Wer genug Eigenkapital hatte, wäre verrückt gewesen, wenn er sich kein Haus gekauft hätte – im Rückblick wird das natürlich besonders deutlich. Auch heute glauben viele noch, dass Immobilien die beste Anlageform seien. Das gilt allerdings nicht mehr uneingeschränkt. Bevor Sie auch nur anfangen, nach einem geeigneten Haus zu suchen, müssen Sie mehrere wichtige Faktoren berücksichtigen: Welche Summe können Sie als Eigenkapital aufbringen? Wie viel können Sie im Monat für die Hypothek bezahlen? Wie haben sich die Immobilienpreise in Ihrer Gegend in den letzten Jahren entwickelt? Wie hoch ist die Miete für vergleichbare Häuser oder Wohnungen? Wie groß ist die Gefahr, dass Ihr Einkommen sinkt oder dass Sie aus beruflichen Gründen in eine andere Stadt ziehen müssen? Werden Sie in den nächsten Jahren mehr Wohnraum brauchen als bisher oder nicht mehr so viel? Können Sie von der körperlichen Verfassung her ein Haus in Schuss halten? Wie hoch sind die aktuellen Zinssätze für Hypotheken? Über alle diese Faktoren müssen Sie gründlich nachdenken, bevor Sie auch nur den ersten Schritt zum Hauskauf machen.

Der Immobilienmarkt

In der jüngsten Vergangenheit sind nur in wenigen Teilen Deutschlands die Preise für Wohnhäuser stark gestiegen. Falls das für die Gegend gilt, in der Sie sich ein Haus kaufen wollen, sollten Sie sich überlegen, ob Sie nicht lieber warten wollen, bis der Immobilienmarkt sich wieder abkühlt, statt jetzt in der Phase hoher Preise zu kaufen. Falls die Immobilienpreise in Ihrer Gegend in der letzten Zeit jedoch recht stabil gewesen sind und jetzt langsam steigen, könnte es ratsam sein, so schnell wie möglich aktiv zu werden. Wie erfahren Sie aber, ob die Preise für Immobilien gerade sehr hoch sind, vor einem Anstieg stehen oder fallen werden?

Diese Frage ist gar nicht einfach zu beantworten, doch Sie können sich zumindest einen Eindruck davon verschaffen, wie die Preisentwicklung in der von Ihnen ausgesuchten Gegend aussieht. Die beste Methode ist es, mehrere – mindestens fünf – Immobilienmakler anzurufen und ihnen gezielte Fragen zu stellen. Gehen Häuser, die auf den Markt kommen, innerhalb weniger Tage oder Wochen weg? Zahlen die Käufer mehr, als die Besitzer verlangt haben? Bieten mehr Leute als sonst ihre Häuser zum Verkauf an, weil sie hoffen, einen besonders guten Preis zu erzielen? Wenn die Antwort auf all diese Fragen Ja lautet, boomt der Markt gerade. Die Makler können Ihnen außerdem sagen, wie stark die Immobilienpreise in den letzten Jahren gestiegen sind. Diese Informationen finden Sie gewöhnlich auch in Ihrer Lokalzeitung; Sie können überhaupt sehr viel Nützliches erfahren, wenn Sie die Immobilienanzeigen und Artikel zu diesem Thema lesen.

Wie sind diese Informationen nun zu deuten? Wenn die Immobilienpreise im letzten Jahr um 2 bis 5 Prozent gestiegen sind, haben die Immobilien ihren Wert gerade behalten. Falls Sie kaufen wollen und alles durchgerechnet haben, können Sie wahrscheinlich ein Haus zu einem in Ihren Augen angemessenen Preis finden, vielleicht sogar ein bisschen billiger. Sind die Preise dagegen im vergangenen Jahr gesunken, könnten Sie ein Schnäppchen machen. Bieten Sie zunächst deutlich weniger als den verlangten Preis – Sie wissen ja, dass Sie im Vorteil sind und dass Sie, auch wenn Sie jetzt ein gutes Geschäft machen, in einem Jahr wahrscheinlich ein noch besseres machen könnten. Falls die Preise jedoch um 20 bis 30 Prozent über denen des Vorjahres liegen, boomt der Immobilienmarkt gerade, und Sie sollten noch warten. Natürlich könnten die Preise auch noch weiter steigen, aber Ihnen muss klar sein, dass es Sie teuer kommen wird, wenn Sie jetzt kaufen. Sobald Sie zu dem Schluss gekommen sind, dass jetzt die richtige Zeit für einen Kauf ist, müssen Sie ausrechnen, was Sie sich leisten können. Das Gleiche gilt natürlich auch, wenn Sie sich statt eines Hauses oder einer Wohnung ein Grundstück kaufen möchten, um darauf Ihr Traumhaus zu bauen. Allerdings müssen Sie in diesem Fall mit den Baukosten noch einen ganz wichtigen weiteren Aspekt berücksichtigen. Es wird Ihnen wenig helfen, wenn Sie mit dem Kauf des Grundstückes zum Beispiel noch zwei Jahre warten, um es dann vielleicht um 30 000 DM oder 40 000 DM billiger zu bekommen, wenn Sie dafür beim eigentlichen Bau Ihres Hauses 50 000 DM mehr bezahlen müssen, weil die Baukosten gestiegen sind. Erkundigen Sie sich deshalb unbedingt bei einigen Baufirmen, um wie viel die Baukosten in den letzten Jahren pro Jahr etwa gestiegen sind und mit welchen Preissteigerungen Sie ungefähr rechnen müssen. So können Sie zumindest ausrechnen, um welchen Betrag der Preis für das Grundstück billiger werden muss, damit Sie inklusive der Baukosten nicht doch noch draufzahlen müssen.

Die verlockenden Angebote in den Immobilienanzeigen

Wenn Sie sich einmal in den Kopf gesetzt haben, ein Haus oder eine Wohnung zu kaufen, müssen Sie sehr gut aufpassen, denn der Wunsch nach den eigenen vier Wänden kann Ihre Gedanken und

Gefühle schnell beherrschen. Genau in diesem Augenblick begehen die meisten Leute ihren ersten großen Fehler: Ohne ausgerechnet zu haben, was sie sich leisten können, schlagen sie den Immobilienteil in der Samstagszeitung auf und sehen die Preise von Häusern samt den verlockenden Beschreibungen. Dann greifen sie, nur aus Neugier, zum Telefonhörer, und schon haben sie mit ein paar Maklern Termine vereinbart, um sich einfach mal anzuschauen, was auf dem Markt ist. Das ist die übliche Reihenfolge – und wenn Sie sich nicht davor hüten, kann sie damit enden, dass Sie in der Falle sitzen.

Der Makler wird Sie als Erstes fragen, wie viel Sie »anlegen« wollen. Da Sie sich ja noch gar nicht die Zeit genommen haben, auszurechnen, was Sie sich leisten können (und auch nicht genau wissen, wie man das macht), nennen Sie ihm ungefähr die Summe, die das Haus in der Anzeige kostet. Gleich danach kommt Ihnen diese Summe plötzlich sehr groß vor, aber vielleicht ist es Ihnen peinlich, das zu sagen, und natürlich soll der Makler auch nicht den Eindruck bekommen, dass Sie sich kein schönes Haus leisten können. Also denken Sie: »Macht nichts, ich sehe mir das Haus ja nur mal an, und das kann doch nichts schaden ...« Vorsicht! Sie sind gerade dabei, das Schicksal herauszufordern, und könnten sich bald in einer von drei misslichen Situationen befinden:

- Sie verlieben sich in eine Wohnung, die sehr teuer ist. Ihre innere Stimme sagt Ihnen, dass das mehr ist, als Sie sich leisten können, doch der eifrige Makler hat gleich einen Vorschlag bei der Hand, wie Sie es finanziell doch schaffen können. Selbst wenn Sie den Mut aufbringen, ihm zu sagen, dass Sie die üblichen 20 Prozent Eigenkapital nicht haben, könnte er eine kreative Möglichkeit aus dem Ärmel zaubern, durch die der Kauf doch klappen könnte.
- Der Makler ist tagelang mit Ihnen herumgefahren, hat Sie immer wieder angerufen, um Ihnen neue Informationen zu Häusern, die Sie schon gesehen haben, zu geben oder Ihnen von einem Haus zu erzählen, das soeben auf den Markt gekommen ist, und hat Ihnen neue Angebote zugeschickt. Dann haben Sie bald ein

schlechtes Gewissen, weil Sie so viel von seiner Zeit beansprucht haben, und bekommen das Gefühl, dass Sie am Ende auf jeden Fall etwas kaufen müssen. Dadurch haben sich schon viele Leute bis über beide Ohren verschuldet.
- Selbst wenn Sie am Anfang allen Versuchungen widerstehen, haben Sie doch in den eigentlich unerschwinglichen, teuren Garten geblickt. Es wird nicht leicht für Sie sein, dieses großartige Haus wieder aus dem Kopf zu bekommen. Wenn Sie sich dann Häuser in der für Sie realistischen Preiskategorie anschauen, wird garantiert nichts auch nur annähernd so gut aussehen. Sie werden die Häuser, die Sie sich leisten können, immer mit denen vergleichen, in die Sie sich verliebt haben. Sie werden darum bitten, noch einmal zu dem schönen Haus zu fahren, das Sie sich am Anfang angesehen haben. Bei diesem zweiten Besuch werden Sie dann etwas mehr Zeit damit verbringen, sich vorzustellen, dass Sie darin wohnen – auch wenn das Haus weit außerhalb Ihrer finanziellen Möglichkeiten liegt. Und Sie denken: »Mit ein bisschen Kreativität bei der Finanzierung könnte ich das ja vielleicht doch schaffen ...« Das kann ein Irrtum sein, der sehr teuer für Sie wird!

Ihr Eigenkapital

Bevor Sie auch nur einen einzigen Telefonanruf wegen eines Hauses machen, das Ihnen attraktiv erscheint, müssen Sie sich darüber klar werden, was Sie sich ganz realistisch leisten können.

Rechnen Sie als Erstes aus, wie viel Eigenkapital Sie zur Verfügung haben.

Es heißt ja immer, dass jemand, der sich ein Eigenheim kauft beziehungsweise baut, etwa 20 Prozent des Kaufpreises als Eigenkapital aufbringen muss. Wenn Ihr Haus beispielsweise 500 000 DM kostet, werden die Banken, mit denen Sie über eine Hypothek sprechen, erwarten, dass Sie 100 000 DM haben.

Wie viel Geld besitzen Sie im Augenblick, das Sie als Eigenkapital einsetzen können? Dieses Geld könnte aus folgenden Quellen stammen:

- Bausparguthaben
- Sparkonten
- Festgeldkonten
- Aktien, Anleihen oder Investmentfonds
- Geldmarktfonds
- finanzielle Zuwendungen, die Ihnen avisiert worden sind
- Sparbriefe, die bald fällig werden
- Genossenschaftsanteile
- Ihr Girokonto
- variable Anteile Ihres Gehaltes sowie Urlaubs- oder Weihnachtsgeld

Rechnen Sie nun genau aus, wie viel Geld Sie zu dem Zeitpunkt, an dem Sie ein Haus kaufen wollen, zur Verfügung haben werden. Multiplizieren Sie diese Summe dann mit fünf – so kommen Sie auf den Betrag, den das Haus kosten darf, wenn Sie sich an die 20-Prozent-Regel für den Eigenkapitalanteil halten. Wenn Sie beispielsweise 40 000 DM haben, darf das Haus 200 000 DM kosten. Das ist die *Höchstsumme*, die Sie bei Berücksichtigung der 20-Prozent-Regel zahlen können. Falls Sie dagegen 100 000 DM haben, darf das Haus 500 000 DM kosten. Denken Sie aber daran, dass wir im Augenblick nur über den Eigenkapitalanteil sprechen. Ob Sie sich dann auch die entsprechende Hypothek leisten können, werden wir später noch ausrechnen.

Nehmen wir an, dass Sie nur 20 000 DM haben, nachdem Sie alles addierten. Sie wissen also, dass Sie höchstens 100 000 DM für ein Haus ausgeben können. Dafür bekommt man in Ihrer Gegend nicht mal eine Hundehütte? Dann haben Sie zwei Möglichkeiten. Zum einen können Sie überlegen, ob es nicht noch andere Geldquellen gibt, die Sie anzapfen könnten, zum Beispiel:

- öffentliche Baudarlehen
- Arbeitgeberdarlehen

- eine Finanzspritze von Ihren Eltern oder einem Freund (bei geschenkten oder rückzahlbaren Darlehen von Familienangehörigen sollte man zumindest einen niedrigen Zinssatz vereinbaren, da das Finanzamt sonst Schenkungssteuer festsetzen kann)

Diesen so genannten Eigenkapitalersatz akzeptieren viele Institute. Addieren Sie die entsprechenden Beträge zu den 20 000 DM, die Sie schon haben. Wenn Sie auf diese Weise weitere 30 000 DM aufbringen können, kommen Sie schon auf insgesamt 50 000 DM, und das bedeutet, dass Sie sich nach der üblichen Eigenkapitalformel ein Haus leisten können, das 250 000 DM kostet.

Nun könnte es ja sein, dass in Ihrer Gegend auch für 250 000 DM keine Häuser angeboten werden. Sie wollen aber unbedingt Ihren Traum vom eigenen Haus realisieren! Dann kommt nur noch die zweite Möglichkeit in Betracht: eine Finanzierung von mehr als 80 Prozent der Kosten. Manchmal wird ein Institut Ihnen sogar dann eine Hypothek bewilligen, wenn Sie nur 3 Prozent Eigenkapital haben. Aber auch das kann eine zweischneidige Sache sein – wenn Sie jetzt weniger bezahlen, müssen Sie später mehr bezahlen.

Für ein Beispiel in Zahlen bleiben wir bei unserem kleinen günstigen Haus zum Preis von 250 000 DM. Nehmen wir weiter an, Sie hätten tatsächlich nur 3 Prozent Eigenkapital, also 7 500 DM zur Verfügung. Alles, was jetzt kommt, belastet Ihren Geldbeutel zusätzlich. Denn statt der 20 Prozent Eigenkapital können Sie nur 3 Prozent einbringen. Sie müssen also 17 Prozent mehr Baudarlehen aufnehmen. Das sind immerhin 42 500 DM Kredit. Und daraus errechnen sich bei einem Zinssatz von 7 Prozent und 30 Jahren Laufzeit etwa 58 300 DM Zinsen. Aber es kommt für Sie noch dicker, denn bei einer so geringen Eigenkapitaldecke verlangen die meisten Banken noch einen Zinsaufschlag. Die Höhe dieses Zuschlages liegt meistens zwischen 0,25 Prozent und 0,5 Prozent für die Summe des fehlenden Eigenkapitals. Selbst bei nur 0,25 Prozent Zinszuschlag sind das weitere 1 000 DM. Plus natürlich der Kreditsumme von 42 500. Zusammen müssen Sie somit etwa 101 800 DM zusätzlich aufbringen.

Sie haben außerdem auch eine höhere Kreditrate zu bezahlen. Jeden Monat sind das in diesem Beispiel immerhin 293 DM, die noch dazukommen. Geld, das erst einmal aufgebracht werden muss.

Ihre monatliche Belastung

Viele Leute konzentrieren sich ganz auf das Eigenkapital und vergessen die beträchtlichen Kosten, die danach kommen – als ob das Eigenkapital sie direkt in ihr neues Heim katapultieren würde. Machen Sie diesen Fehler bitte nicht, sondern denken Sie an das Geld, das Sie in den Monaten und Jahren nach dem Kauf brauchen werden, damit Sie sicher sein können, dass Ihr Haus nicht für lange Zeit jeden Pfennig verschlingt, den Sie verdienen.

Christians Geschichte

Am Anfang glaubten wir, dass alle unsere Träume wahr geworden seien. Man bot mir eine Stelle als außerordentlicher Professor an. Meine Frau Nicole und ich waren begeistert. Wir hatten bisher in einer ländlichen Gegend im Süden gelebt, und jetzt würden wir in eine Großstadt im Norden ziehen! Mein Gehalt war auch höher, und das war gut so, denn die Lebenshaltungskosten würden dort natürlich auch höher sein. Nicole würde sicher bald eine neue Stelle finden (sie arbeitet in der Krankenhausverwaltung), und die Uni würde uns bei der Suche nach einer erschwinglichen Wohnung behilflich sein – wir waren überzeugt, dass wir zurechtkommen würden. Im Januar verkauften wir unsere Autos und einen Teil unserer Möbel, und der Rest kam in den Möbelwagen. Nicole hatte eine gute Stelle in einem Krankenhaus gefunden, und so zogen wir um.

Nicole, unsere beiden Jungen und ich zogen in eine Drei-Zimmer-Wohnung. Den Jungen fiel die Umstellung aber viel schwerer, als wir erwartet hatten, sie fühlten sich eingeengt und wurden richtig zappelig. Nicole und ich mochten unsere Arbeit, und deshalb wollten wir in der Gegend bleiben; wir kamen zu dem Schluss, dass wir ein Haus brauchten. Also fingen wir an, uns in den Vororten umzusehen – die Makler holten uns sogar am Bahnhof ab und fuhren uns herum –, und schließlich fanden wir ein Haus, das uns gefiel. Obwohl wir fast genug Ersparnisse für den Eigenkapitalanteil hatten, tricksten wir ein bisschen und konnten den Betrag drücken. Wir bekamen eine Hypothek und waren begeistert, denn wir mussten im Monat nur etwa das zahlen, was wir vorher an Miete gezahlt hatten. Wir machten den Handel perfekt, was uns ganz unwirklich vorkam – ständig schrieben wir Überweisungen an Leute aus, die wir gar nicht kannten –, bestellten eine Spedition und zogen wieder um. Das alles war wie ein Film im Schnelldurchlauf.

Dann waren wir endlich in unserem eigenen Haus! Nicole und ich packten die Kisten mit dem Geschirr aus und sahen unseren Jungen zu, die jetzt wieder einen Rasen hatten, auf dem sie herumtoben konnten. In der neuen Schule gefiel es ihnen gut, und alles schien prima zu laufen. Wir engagierten ein junges Mädchen aus der Nachbarschaft, das sie von der Schule abholte und sich um sie kümmerte, bis einer von uns nach Hause kam. Meistens ging das problemlos, und ab und zu hörten Nicole oder ich eben früher mit der Arbeit auf. Wir fuhren beide mit der S-Bahn in die Stadt; die Kosten dafür hatten wir noch gar nicht in unser Budget eingerechnet (eigentlich hatten wir außer unserem Eigenkapital und den Raten für die Hypothek überhaupt noch nichts ausgerechnet), aber die Monatskarten für den Zug konnten wir uns schon noch leisten. In den ersten Wochen gingen wir zu Fuß zum Bahnhof, der nur ein paar hundert Meter von der Schule der Kinder entfernt war; wir konnten sie dort also jeden Morgen abliefern. Als dann aber der Herbst kam, wurden dieser Fußmarsch und die Entfernung zum nächsten Einkaufszentrum doch recht lästig. Wie soll man überhaupt ohne Auto in einem Vorort leben? Also kauften wir uns einen Gebrauchtwagen, was bedeutete, dass wir jeden Monat noch mehr Geld zahlen mussten. Die zwei Umzüge in einem Jahr waren auch recht teuer gewesen, und allmählich ging uns das Geld aus. Wir besorgten uns noch eine Visa-Karte, denn wir dachten, dass wir bloß ein bisschen Zeit brauchten.

Inzwischen war unsere Waschmaschine kaputtgegangen, also musste eine neue her, und dann kauften wir in einem Secondhandladen einen Esszimmertisch und dazu passende Stühle. Zu Weihnachten schenkten wir den Jungen je eine Eishockey-Ausrüstung und Nicoles Mutter ein Flugticket, damit sie uns besuchen konnte. Auf einmal schlug alles über uns zusammen: die Rechnungen für das Heizöl (für die Wohnung hatten wir eine Warmmiete bezahlt), wirklich hohe Stromkosten, die Müllabfuhr... Ich hatte das Gefühl, dass wir immer weiter in Rückstand gerieten. Nicole und ich verdienten beide mehr als zuvor, wir wohnten in einem Haus, das nicht größer war als das, das wir vorher hatten, aber plötzlich standen wir bei den Kreditkartenfirmen mit 24 000 DM in der Kreide.

Wir bezahlen also die Hypothek und alles andere, schaffen das aber nur gerade so. Falls jetzt auch noch der Kühlschrank seinen Geist aufgibt, und es sieht ganz danach aus, werden wir untergehen. Ich hatte nicht damit gerechnet, dass nach der Zahlung des Eigenkapitals noch so viele Kosten anfallen würden, und jetzt weiß ich einfach nicht, wie wir da herauskommen sollen.

Die meisten Leute versuchen am Anfang, im Rahmen ihrer finanziellen Möglichkeiten zu bleiben, doch ihre Worte erzählen etwas anderes, und ihre Handlungen führen wieder in eine ganz andere Richtung. Wenn Sie etwas kaufen wollen, das erheblichen Wert hat, müssen Sie unbedingt das Gesetz der finanziellen Harmonie – dass Ihre Gedanken, Worte und Handlungen alle in die gleiche Richtung zielen müssen – berücksichtigen. Sonst wird Ihr Verstand alle möglichen Ausreden dafür ersinnen, dass Sie doch mehr ausgeben können, als Sie eigentlich dürften. Zum Beispiel:

»Mit dem Geld, das wir als Eigenheimzulage bekommen, wird das Haus uns letztendlich viel weniger kosten, als wir bisher an Miete zahlen müssen.«

Ja, Sie bekommen tatsächlich eine schöne Summe als Eigenheimzulage, aber Sie müssen bedenken, dass sie nur einmal im Jahr anfällt, sodass Sie im Laufe der Monate kein zusätzliches Geld in der Tasche haben werden. Daher wird sich das, was Sie sich zum Zeitpunkt des Kaufs leisten können, nicht ändern. Sie dürfen die Eigenheimzulage also nicht in Ihre Berechnung der Monatsraten, die Sie aufbringen können, einbeziehen.

»Im Laufe der Jahre werden wir mehr Geld verdienen, und dann werden uns die monatlichen Zahlungen leichter fallen.«

Die Zukunft Ihrer Arbeitsstelle und Ihres Einkommens liegt nicht allein in Ihren Händen. Wenn »Ihre« Firma den Standort wechselt, können Sie fast über Nacht arbeitslos werden. Falls Sie bei einer Gesellschaft beschäftigt sind, könnte sie im Rahmen von Rationalisierungsmaßnahmen Personal abbauen, sodass Ihre eben noch so rosige Zukunft plötzlich ganz schwarz aussieht. Und wenn Sie selbstständig sind, können Veränderungen des Marktes sich drastisch auf Sie und Ihr Einkommen auswirken. Wahrscheinlich werden wir alle immer stärker von der wirtschaftlichen Entwicklung in den USA und im asiatischen Raum abhängig sein. Sie dürfen auf keinen Fall darauf setzen, dass Ihr Einkommen in Zukunft stetig wachsen wird!

»Wir werden uns einfach bei allem anderen einschränken, damit wir uns dieses Haus leisten können.«

Auch wenn Sie sich Ihr Traumhaus so brennend wünschen, dass

Sie bereit sind, dafür Opfer zu bringen, müssen Sie sich klarmachen, dass es schwierig sein wird, bei anderen Dingen, die Ihnen auch wichtig sind, Abstriche zu machen – bei Reisen, Ihren Hobbys, Ihren Kindern, sogar bei der Renovierung des Hauses. Angesichts all der anderen Dinge, die Sie in Ihrem Leben tun und haben möchten, wird es Ihnen nicht lange Spaß machen, mehr für ein Haus auszugeben, als Sie sich problemlos leisten können. Die schwierigste Phase beim Kauf beziehungsweise Bau eines Hauses kommt nämlich erst dann, wenn Sie schon längst eingezogen sind – Sie müssen sich die Raten jeden Monat leisten können, die nächsten 15 bis 30 Jahre hindurch, und wollen dabei doch trotzdem ein erfülltes, reiches Leben führen und alles tun können, was Sie gern machen. Viele meiner Klienten hatten zwar ein schönes Haus, aber keinen Pfennig im Portemonnaie und fühlten sich dabei sehr elend.

Welche Summe können Sie jeden Monat zahlen?

Nachdem Sie von der Höhe Ihres Eigenkapitals ausgehend ausgerechnet haben, wie viel das Haus höchstens kosten darf, müssen Sie jetzt genau überlegen, ob Sie sich die monatlichen Zahlungen für die Hypothek sowie die Grundsteuer und die Versicherung auch wirklich leisten können.

Gehen Sie von dem Betrag aus, den Sie als Eigenkapital aufbringen können. Ziehen Sie diese Summe von den Gesamtkosten für das Haus ab – die Differenz ist die Höhe der Hypothek, die Sie aufnehmen müssen.

Wenn Sie sich zum Beispiel ein Haus für 500 000 DM leisten können und 20 Prozent (also 100 000 DM) Eigenkapital haben, brauchen Sie eine Hypothek in Höhe von 400 000 DM. Falls Sie mit einem Immobilienmakler zusammenarbeiten, sollten Sie ihn bitten, auszurechnen, wie hoch die Monatsraten für Ihre Hypothek dann unter Zugrundelegung des aktuellen Zinssatzes bei Laufzeiten von 15 und von 30 Jahren wären.

In den Tabellen können Sie sich schnell orientieren, mit welcher monatlichen Darlehensrate Sie bei welcher Kreditsumme rechnen müssen. Und so finden Sie Ihre monatliche Kreditrate: Zuerst suchen Sie sich die Spalte mit dem voraussichtlichen Zinssatz für Ihre Hypothek. Runden Sie lieber auf das nächste halbe Prozent auf, wenn Ihr Zins nicht dabei ist. Suchen Sie sich dann die Zeile mit dem Betrag, der Ihrer Hypothek am nächsten kommt. Aber auch hier gilt es, vorsichtshalber aufzurunden, in der Tabelle also auf die nächsten vollen 50 000 DM.

Ein Beispiel: Sie brauchen einen Kredit über 300 000 DM, bekommen einen Zinssatz von 6,5 Prozent und möchten Ihre Schulden in 15 Jahren ganz getilgt haben. Dann kostet Sie das Darlehen monatlich 2 613 DM. Möchten Sie Ihren Kredit aber doch mit der normalen 1 Prozent Tilgung langsam zurückzahlen, müssten Sie monatlich nur 1 875 DM aufbringen.

Darlehen mit Rückzahlung innerhalb von 15 Jahren
Kreditzinsen von 5,5 Prozent bis 7,0 Prozent

Darlehen	5,5 %	6,0 %	6,5 %	7,0 %
100 000,-	818,-	845,-	871,-	900,-
150 000,-	1 226,-	1 267,-	1 307,-	1 349,-
200 000,-	1 635,-	1 689,-	1 742,-	1 799,-
250 000,-	2 044,-	2 111,-	2 178,-	2 248,-
300 000,-	2 453,-	2 533,-	2 613,-	2 698,-
350 000,-	2 862,-	2 955,-	3 048,-	3 148,-
400 000,-	3 270,-	3 377,-	3 484,-	3 597,-
450 000,-	3 679,-	3 799,-	3 919,-	4 047,-
500 000,-	4 088,-	4 221,-	4 355,-	4 496,-

Kreditzinsen von 7,5 Prozent bis 9,0 Prozent

Darlehen	7,5 %	8,0 %	8,5 %	9,0 %
100 000,–	927,–	956,–	985,–	1 015,–
150 000,–	1 390,–	1 434,–	1 478,–	1 522,–
200 000,–	1 854,–	1 912,–	1 970,–	2 029,–
250 000,–	2 317,–	2 390,–	2 463,–	2 536,–
300 000,–	2 780,–	2 868,–	2 955,–	3 043,–
350 000,–	3 244,–	3 346,–	3 448,–	3 550,–
400 000,–	3 707,–	3 824,–	3 940,–	4 057,–
450 000,–	4 170,–	4 302,–	4 433,–	4 564,–
500 000,–	4 634,–	4 780,–	4 925,–	5 071,–

Darlehen mit 1 Prozent Tilgung = Laufzeit etwa 30 Jahre
Kreditzinsen von 5,5 Prozent bis 7,0 Prozent

Darlehen	5,5 %	6,0 %	6,5 %	7,0 %
100 000,–	542,–	584,–	625,–	667,–
150 000,–	813,–	875,–	938,–	1 000,–
200 000,–	1 084,–	1 167,–	1 250,–	1 334,–
250 000,–	1 355,–	1 459,–	1 563,–	1 667,–
300 000,–	1 625,–	1 750,–	1 875,–	2 000,–
350 000,–	1 896,–	2 042,–	2 188,–	2 334,–
400 000,–	2 167,–	2 334,–	2 500,–	2 667,–
450 000,–	2 438,–	2 625,–	2 813,–	3 000,–
500 000,–	2 709,–	2 917,–	3 125,–	3 334,–

Kreditzinsen von 7,5 Prozent bis 9,0 Prozent

Darlehen	7,5 %	8,0 %	8,5 %	9,0 %
100 000,–	709,–	750,–	792,–	834,–
150 000,–	1 063,–	1 125,–	1 188,–	1 250,–
200 000,–	1 417,–	1 500,–	1 584,–	1 667,–
250 000,–	1 771,–	1 875,–	1 980,–	2 084,–
300 000,–	2 125,–	2 250,–	2 375,–	2 500,–
350 000,–	2 480,–	2 625,–	2 771,–	2 917,–
400 000,–	2 834,–	3 000,–	3 167,–	3 334,–
450 000,–	3 188,–	3 375,–	3 563,–	3 750,–
500 000,–	3 542,–	3 750,–	3 959,–	4 167,–

Mit der nächsten Aufstellung können Sie genau herausfinden, ob eine Immobilienfinanzierung überhaupt tragbar ist. Dazu müssen Sie natürlich zuerst einmal ermitteln, in welcher Höhe Sie die Hypothek benötigen:

Kaufpreis der Immobilie   _____
+ 3,5 % Grunderwerbssteuer[1]   _____
+ 1,5 % Kosten für Notar und Grundbuchamt[1]   _____
+ eventuell 3,5 % als Maklerprovision[1]   _____
+ eventuelle weitere Kosten[2]   _____

Ihr Gesamtaufwand   _____
– Eigenkapital   _____
– eigene Arbeitsleistungen (nur beim Bau)   _____
– eventuelle Familiendarlehen[3]   _____
– Arbeitgeberdarlehen   _____
– öffentliche Baudarlehen oder Förderwege   _____

Ihre benötigte Darlehenssumme _____
Diesen Betrag dividieren Sie nun durch
12 (= zwölf Monate) und kommen dann auf die
monatliche Belastung aus Ihrem Kredit: _____

1 Diese Kosten errechnen Sie am besten aus dem Kaufpreis beziehungsweise beim Bau aus der Summe von Boden plus Baukosten.
2 Denken Sie hier vor allem an die Kosten des Umzuges, an neue Einrichtungsgegenstände oder die notwendige neue Küche.
3 Hier rechnen Sie alle Kredite oder geschenkten Zuschüsse von Freunden und Verwandten mit ein.

Als Nächstes müssen Sie den Spielraum für die monatliche Kreditbelastung ausrechnen:

monatliches Nettoeinkommen _____
+ eventuell Kindergeld _____
+ eventuelle weitere regelmäßige Einnahmen[1] _____

_____

Gesamtsumme der monatlichen Einnahmen _____
− Haushaltskosten[2] _____
− Kosten für das Auto _____
− Nebenkosten für die Immobilie _____
− bereits laufende Kredit- oder Leasingraten _____
− weitere laufende Zahlungsverpflichtungen _____
− Raten aus einem Arbeitgeberdarlehen _____

_____

maximal mögliche monatliche Kreditbelastung _____

1 Tragen Sie hier nur Beträge ein, die Ihnen auch wirklich jeden Monat zur Verfügung stehen und die Sie auch zur Deckung der Lebenshaltung oder der Kreditraten verwenden möchten.
2 Sie wissen nicht, was Ihnen an Haushaltskosten, Autokosten oder Nebenkosten für die Immobilie jeden Monat entsteht? Rechnen Sie bitte mit diesen Pauschalen, überprüfen Sie aber vor einer Kreditaufnahme, ob diese Pauschalkosten für Sie auch tatsächlich ausreichen:

Haushaltspauschale für einen Singlehaushalt:	1 200 DM
Haushaltspauschale für eine Familie:	
für das erste Familienmitglied	1 200 DM
+ für jedes weitere Familienmitglied	400 DM
Kostenpauschale für ein Auto	300 DM
Nebenkosten für die Immobilie	400 DM

Sie haben sich möglicherweise zuerst ausgerechnet, was Ihnen für die Kreditrate monatlich zur Verfügung steht. Und jetzt möchten Sie wissen, welche Hypothek Sie dafür überhaupt bekommen. Das können Sie aus der folgenden Tabelle herauslesen. Nehmen Sie dazu die Kreditsumme aus der Spalte mit Ihrem voraussichtlichen Zinssatz und der Zeile mit Ihrer Kreditrate. Wenn Ihre Rate jetzt nicht dabei ist, halten Sie sich an die nächstniedrigere Rate.

Ein Beispiel: Angenommen, eine Hypothek kostet derzeit 7 Prozent und Sie haben monatlich 1 900 DM zur Verfügung. Dann können Sie sich ein Baudarlehen bis zu 262 500 DM leisten.

Kreditzinsen von 5,5 Prozent bis 7,0 Prozent

Kreditrate	5,5 %	6,0 %	6,5 %	7,0 %
500,–	92 300,–	85 700,–	80 000,–	75 000,–
750,–	138 400,–	128 500,–	120 000,–	112 500,–
1 000,–	184 600,–	171 400,–	160 000,–	150 000,–
1 250,–	230 700,–	214 200,–	200 000,–	187 500,–
1 500,–	276 900,–	257 100,–	240 000,–	225 000,–
1 750,–	323 000,–	300 000,–	280 000,–	262 500,–
2 000,–	369 200,–	342 800,–	320 000,–	300 000,–
2 250,–	415 300,–	385 700,–	360 000,–	337 500,–
2 500,–	461 500,–	428 500,–	400 000,–	375 000,–
2 750,–	507 600,–	471 400,–	440 000,–	412 500,–
3 000,–	553 800,–	514 200,–	480 000,–	450 000,–

Kreditzinsen von 7,5 Prozent bis 9,0 Prozent

Kreditrate	7,5 %	8,0 %	8,5 %	9,0 %
500,-	70 500,-	66 600,-	63 100,-	60 000,-
750,-	105 800,-	100 000,-	94 700,-	90 000,-
1 000,-	141 100,-	133 300,-	126 300,-	120 000,-
1 250,-	176 400,-	166 600,-	157 800,-	150 000,-
1 500,-	211 700,-	200 000,-	189 400,-	180 000,-
1 750,-	247 000,-	233 300,-	221 000,-	210 000,-
2 000,-	282 300,-	266 600,-	252 600,-	240 000,-
2 250,-	317 600,-	300 000,-	284 200,-	270 000,-
2 500,-	352 900,-	333 300,-	315 700,-	300 000,-
2 750,-	388 200,-	366 600,-	347 300,-	330 000,-
3 000,-	423 500,-	400 000,-	378 900,-	360 000,-

Grundlage der beiden Tabellen ist 1 Prozent Mindesttilgung, dies entspricht einer Kreditlaufzeit von etwa 30 Jahren.

Staatliche Förderungen

Die Eigenheimzulage

Natürlich werden Sie beim Kauf einer Wohnung oder eines Hauses, in das Sie dann selbst einziehen, auch vom Staat unterstützt. Denn speziell für eigengenutzte Immobilien können Sie sich auf ganz erhebliche Förderungen freuen. Die so genannte Eigenheimzulage wird Ihnen immerhin acht Jahre lang Ihren Geldbeutel wieder ganz erheblich auffüllen. Und so funktioniert es:

Wenn Sie sich für einen *Neubau* entschieden haben, nehmen Sie den Kaufpreis oder die kompletten Baukosten, maximal aber

100 000 DM. Davon 5 Prozent, das heißt, diese Kosten dividiert durch 100 und dann multipliziert mit fünf ergibt die jährliche Unterstützung vom Finanzamt. Und diese Summe bekommen Sie insgesamt acht Jahre lang. Im besten Fall überweist Ihnen das Finanzamt jedes Jahr 5 000 DM.

Wenn Sie sich für einen *Altbau* entschieden haben, nehmen Sie die kompletten Anschaffungskosten inklusive der Nebenkosten, aber ohne die Gebühren für den Makler. Und maximal wieder 100 000 DM, davon leider nur noch 2,5 Prozent. Das heißt, diese Kosten, maximal 100 000 DM, dividiert durch 100 und das Ergebnis dann multipliziert mit 2,5 ergibt wieder Ihre jährliche Unterstützung vom Staat. Diese Summe, maximal aber 2 500 DM bekommen Sie dann ebenfalls insgesamt acht Jahre lang.

Sie haben noch ein oder mehrere Kinder, für die Sie Kindergeld bekommen? Dann nutzen Sie eine weitere Unterstützung: Für jedes dieser Kinder legt das Finanzamt pro Jahr ebenfalls für die acht Jahre der Eigenheimzulage nochmals 1 500 DM drauf.

So erhält zum Beispiel eine Familie mit zwei Kindern und einem Neubau acht Jahre lang 5 000 DM plus acht Jahre lang 3 000 DM (je Kind 1 500 DM) ausbezahlt. Und das summiert sich dann auf immerhin insgesamt DM 64 000!

Um in den Genuss dieser Unterstützungen zu kommen, müssen Sie nur einmal (!) einen Antrag beim Finanzamt stellen. Dort wird dann geprüft, ob Sie auch die Voraussetzungen erfüllen. Die Zulagen werden jedes Jahr zum 1. März automatisch an Sie ausgezahlt. An dieser Stelle möchte ich Sie noch einmal daran erinnern: Vergessen Sie nicht, dass diese Gelder nur einmal im Jahr ausgezahlt werden. Berücksichtigen Sie diese Summen also auf keinen Fall in der monatlichen Haushaltsrechnung. Das wird fast immer schief gehen.

Und das sind die wichtigsten Voraussetzungen, damit Sie die Eigenheimzulage bekommen: Sie müssen innerhalb der Einkommensgrenzen bleiben. Diese liegen derzeit noch bei 240 000 DM bei Alleinstehenden beziehungsweise 480 000 DM bei Verheirateten. Die Einkommensgrenzen werden zur Zeit geprüft und möglicherweise auf ein niedrigeres Niveau (80 000 DM beziehungsweise

160 000 DM) gestuft. Als weitere Voraussetzungen dürfen Sie frühere Förderungen wie zum Beispiel die 7b-Abschreibung oder die 10e-Abschreibung noch nicht erhalten haben. Bei Ehegatten muss zumindest einer von beiden diese Voraussetzung erfüllen.

Alles Weitere, auch die Bedingungen für einige ergänzende kleinere Zusatzförderungen, zum Beispiel für Niedrigenergiehäuser, Solaranlagen oder Wärmepumpen, können Sie beim Finanzamt, einem Steuerberater oder Ihrer Bank erfragen.

Verbilligte Kredite

Eventuell haben Sie auch die Möglichkeit, einen Teil Ihrer Hypothek als verbilligtes Darlehen von der Kreditanstalt für Wiederaufbau, kurz KfW, zu bekommen. Die KfW bietet im Rahmen einiger Sonderprogramme besonders auch für den neuen Immobilienbesitzer sehr günstige Zinsen, die meistens unter dem Zinsniveau bei den Banken liegen. Die derzeit laufenden Sonderprogramme *zur CO_2-Minderung, zur Wohnraummodernisierung in den neuen Bundesländern* und *zur Förderung des Wohneigentums für junge Familien* sind attraktive Alternativen, gerade wenn die Belastung durch die Finanzierung etwas hoch ist.

Aber leider sind diese Programme an sehr strikte Bedingungen geknüpft. Am besten ist es, wenn Sie sich frühzeitig die Merkblätter bei der KfW besorgen. Die Adresse lautet:

Kreditanstalt für Wiederaufbau
Palmengartenstraße 5-9
60325 Frankfurt
Fax: 0 69 / 74 31-39 94

Informieren können Sie sich auch telefonisch unter 0 69/74 31-0 oder im Internet unter www.kfw.de. Oder Sie vereinbaren gleich einen Termin vor Ort.

Eine weitere Möglichkeit, Geld zu sparen, sind die so genannten Förderwege. Das sind ebenfalls staatliche Unterstützungen, die aber an sehr enge Rahmenbedingungen, zum Beispiel in Bezug auf die Einkommensverhältnisse oder die Größe Ihres Hauses, gebunden sind. Bei der Stadt, der Gemeinde oder dem Landratsamt müssen Sie sich ganz gezielt über die Förderwege beraten lassen.

Wenn Sie die Wohnung oder das Haus lieber vermieten statt selbst nutzen möchten, bekommen Sie natürlich auch staatliche Förderungen. Lassen Sie sich in diesem besonderen Fall aber von einem Steuerberater, Ihrer Bank oder dem Finanzamt beraten.

Ein hoher Aufwand zahlt sich aus

Es mag Berater geben, die diesen großen Aufwand, wie ich ihn beschrieben habe, für absolut übertrieben halten. Und es wird möglicherweise auch Banken geben, die bei weitem nicht diesen Aufwand betreiben, bis sie Ihre Baufinanzierung genehmigen. Irgendwelche pauschalen Entscheidungskriterien anzusetzen mag vielleicht der wesentlich geringere Aufwand sein, birgt aber große Gefahren. Zeugen dieser Gefahren und von deren schlimmen Folgen sind die vielen Versteigerungen, die es jedes Jahr gibt. Rechnen Sie Ihre Finanzierung lieber zweimal zu viel und von allen Seiten betrachtet durch als einmal zu wenig. Es geht schließlich um Ihre persönliche Lebenssituation, die Sie für die nächsten 30 Jahre ganz erheblich beeinflussen werden. Verlassen Sie sich auch nicht darauf, dass Ihr Kreditgeber schon weiß, was er macht, wenn er Ihnen die Hypothek genehmigt.

Aber was tun, wenn – als Ergebnis auch nur einer Ihrer Rechnungen – die Entscheidung negativ ausfallen müsste? Ein Bekannter von mir hatte über die Hälfte der Summe, die sein Traumhaus kosten sollte, als Eigenkapital zur Verfügung. Aber der Aufwand für die gründliche Aufstellung der monatlichen Einnahmen und Ausgaben war ihm stets zu mühsam, denn objektiv betrachtet war sein Verdienst mit 4 500 auch absolut ausreichend. Die geschenkten 300 000 DM Starthilfe seiner Eltern boten eine gute Eigenkapitalausstattung. Das Haus, in das er sich verliebte, kostete mit allen Nebenkosten 580 000 DM. Aber er hatte nie gelernt, sich monatlich wirklich einzuschränken. Und so rutschte er trotz der eigentlich tragbaren Kreditrate von 1 800 DM immer tiefer in die roten Zahlen. Er brachte es einfach nicht fertig, die notwendigen Einschränkungen bei seinem Lebensstandard vorzunehmen. Knapp vier Jahre nach dem Einzug kam es dann zum Zwangsverkauf. Und wegen des Drucks, den seine Kreditgeber mittlerweile ausübten, konnte er sich nicht mehr in Ruhe einen Käufer aussuchen, der wirklich den Wert bezahlt hätte. Er musste auf ein vom Kreditgeber vermitteltes, viel niedrigeres Kaufangebot eingehen. Auf diese Weise hat er fast 100 000 DM verloren.

Sich in ein Haus verlieben – und kühlen Kopf bewahren

Die Vorstellung von einem eigenen Haus hat etwas an sich, das auch sonst durchaus rational handelnde Menschen den Kopf verlieren lässt. Ihre Beziehung zu Ihrem Haus wird sehr lange dauern und eine große Rolle in Ihrem Leben spielen, und deshalb dürfen Sie es nicht im Überschwang der ersten Leidenschaft kaufen, sondern müssen es zuerst richtig kennen lernen. Sehen Sie es sich immer wieder an, bevor Sie schließlich sagen: »Ich nehme es!« Fahren Sie zu verschiedenen Tageszeiten hin, um zu sehen, welche Teile am Morgen, am Mittag, am Nachmittag und am Abend in der Sonne liegen. Nehmen Sie mindestens einmal Ihre Kinder mit, damit Sie sehen, hören und spüren können, wie es sein wird, dort zusammen zu leben. Achten Sie darauf, ob Sie die Nachbarn, deren Kinder oder kläffende Hunde hören. Sprechen Sie mit den Leuten im übernächsten Haus und fragen Sie sie, ob der gemeinsame Nachbar laut ist. Drehen die Kinder ihre Musik immer bis zur Schmerzgrenze auf? Erkundigen Sie sich auch danach, ob in dieser Gegend viele Einbrüche oder Überfälle vorgekommen sind. Sie dürfen den Angaben des Besitzers auf keinen Fall blindlings glauben! Seine Nachbarn werden offener und objektiver sein, und sie sind ja diejenigen, neben denen Sie viele Jahre lang wohnen werden, falls Sie das Haus kaufen. Ich kenne viele Leute, die sich in ein Haus verliebt und es gekauft haben, es dann aber wieder verkaufen mussten, weil sie es neben den lauten Nachbarn einfach nicht aushielten. Es ist auch wichtig, dass die Gegend Ihnen gefällt – der Supermarkt, der Bäcker und Metzger, Restaurants, Kinos, Schulen ... Wenn beispielsweise in der Nähe eine Schule ist, könnte es sein, dass noch Stunden nach Schulschluss und in den Pausen Scharen von Kindern vor Ihrem Haus herumhängen. Fahren Sie in der Hauptverkehrszeit durch das Viertel – wie kommt man auf die Autobahn, gibt es Ausweichmöglichkeiten, wie lange werden Sie jeden Tag für den Weg zur Arbeit brauchen? Sehen Sie sich auch die weitere Umgebung an – was würde bei einem heftigen Regenguss oder einer Überschwemmung passieren? Sie müssen sich davon überzeugen, dass alle Faktoren stimmen.

Wenden Sie sich nun dem Haus selbst zu, und zwar nicht nur dem Blick aus dem hübschen Erkerfenster, in das Sie sich auf den ersten Blick verliebt haben, sondern auch allen anderen Räumen. Schüchternheit wäre jetzt fehl am Platz! Haben Sie ein kritisches Auge. Betätigen Sie die Toilettenspülungen, prüfen Sie den Wasserdruck. Drehen Sie in der Küche und den Badezimmern das heiße Wasser auf – es sollte nur ein paar Sekunden dauern, bis tatsächlich heißes Wasser kommt. Überprüfen Sie, ob alle Geräte einwandfrei funktionieren. Wie alt sind der Boiler und die Heizung, Kühlschrank, Spülmaschine, Herd, Waschmaschine und Trockner (falls Sie diese Geräte übernehmen würden)? Die meisten Geräte haben eine Lebensdauer von sieben bis zehn Jahren. Falls auf manchen noch Garantie ist, sollten Sie sich erkundigen, ob der Verkäufer auch die Garantiescheine hat und sie Ihnen überlassen würde. Gibt es genug Steckdosen, befinden sie sich an günstigen Stellen, funktionieren sie alle? Hat das Haus ein modernes Leitungssystem oder ein älteres? Falls Sie Geräte anschließen möchten, die einen besonders hohen Stromverbrauch haben, müssen Sie sich davon überzeugen, dass das Netz dann nicht überlastet ist. Schalten Sie alles ein, was sich einschalten lässt, um zu sehen, ob eine Sicherung oder gar die Hauptsicherung herausspringt. Wann wurde das Dach zum letzten Mal ersetzt? Besichtigen Sie das Haus auch einmal nach einem heftigen Regenguss, um zu sehen, ob es undichte Stellen gibt. Ein neues Dach ist ein großer Kostenfaktor. Sehen Sie sich dann noch einmal genau um: Hat dieses Haus alles, was Sie haben wollen? Eine Freundin von mir hat sich einmal auf den ersten Blick in ein Reihenhaus verliebt, und zwar nur wegen des offenen Kamins. Er war einfach wunderschön, und so kaufte sie das Haus. Erst nach ihrem Einzug merkte sie, dass sie praktisch keinen Garten und auch keine Terrasse hatte, und was nützt schon der schönste Kamin im Sommer? Sehen Sie sich das Haus also ganz genau an und überzeugen Sie sich davon, dass es alles hat, was Sie brauchen. Wenn Sie sich Zeit lassen, garantiere ich Ihnen, dass Sie das ideale Haus finden werden.

Was der Makler sagt – und was Sie selbst bieten

Wenn Sie das ideale Haus gefunden haben, besteht der nächste Schritt darin, dass Sie ein Angebot dafür machen. Die Frage ist nun, wie hoch es sein soll. Sie können immer davon ausgehen, dass der Preis, der im Zeitungsinserat oder vom Makler genannt wurde, um einiges über dem liegt, was der Besitzer letztlich als Kaufpreis zu akzeptieren bereit ist. Sie könnten zwar »Ihren« Makler um Rat fragen, müssen aber bedenken, dass er ja nicht für Sie arbeitet, sondern für den jetzigen Hausbesitzer – und auch von ihm bezahlt wird.

Natürlich möchten Sie das Haus zu einem möglichst günstigen Preis bekommen. Je besser das Geschäft aber für Sie ist, desto schlechter ist es für den Makler – je weniger Sie bezahlen, desto weniger verdient er. Mit anderen Worten: Der Makler wird, genau wie der Hausbesitzer, bestrebt sein, einen möglichst hohen Preis zu erzielen. Das dürfen Sie nicht vergessen. Wenn es an der Zeit ist, ein

Angebot zu machen, sollten Sie sich nicht von dem Gedanken beeinflussen lassen, dass Sie den Besitzer oder den Makler beleidigen könnten – bieten Sie den Preis, den Sie selbst für richtig halten.

Überlegen Sie sich also genau, was Sie wirklich für dieses Haus zu zahlen bereit wären, und zwar ohne mit dem Makler darüber zu sprechen. Oft bekommen wir das Gefühl, dass wir das Haus verlieren werden, wenn wir einen zu niedrigen Preis bieten. Doch Sie dürfen sich nicht beirren lassen, und ein solcher Verlust kann sich später auch als Segen erweisen. Das habe ich selbst erlebt: 1976 fand ich ein Haus, das ich für mein Traumhaus hielt, und bot eine bestimmte Summe dafür. Jemand anders bot mehr, und so erhielt ich nicht den Zuschlag. Ich war wirklich sehr enttäuscht – doch eine Woche später fand ich genau das Haus, das ich immer gesucht hatte, und es lag auf einem viel größeren Grundstück. Auch in dieses Haus verliebte ich mich sofort, und ich wohne noch heute darin und denke immer wieder, was für ein Glück es doch war, dass ich das andere nicht bekommen hatte. Falls Sie das Haus, das Sie haben wollen, nicht bekommen, müssen Sie einfach weitersuchen – es gibt so viele schöne Häuser und Wohnungen, die zu verkaufen sind!

Geldgesetz

Wenn Ihnen nicht zu viel an dem liegt, was Sie haben wollen, werden Sie es bekommen.

Wenn Sie ein bestimmtes Haus unbedingt haben möchten, dürfen Sie den Wunsch danach nicht übermächtig werden lassen! Setzen Sie den Preis in Ihrem Kopf fest, überprüfen Sie ihn mit Ihrem Herzen und sagen Sie dem Makler dann, was Sie zahlen wollen. Falls er erwidert, zu diesem Preis könne er kein Angebot machen, sollten Sie ihn nach dem Grund dafür fragen. Er wird wahrscheinlich antworten, der Besitzer habe ihn angewiesen, ihm keine Angebote unterhalb einer bestimmten Preisgrenze zu unterbreiten. Je nachdem, wo diese Grenze liegt, könnten Sie Ihr Angebot dann noch etwas erhöhen. Wenn Sie aber das Gefühl haben, dass es sich dabei nur um eine Verkaufstaktik handelt, sollten Sie einfach gehen; falls das Haus für Sie bestimmt ist, werden Sie es doch noch bekommen.

Vor Jahren zog ich gern mit Freundinnen los, die auf der Suche nach einem Haus waren. An einem Sonntag fuhr ich mit zwei von ihnen zu einem Haus, das sie sich ansehen wollten. Als wir hineingingen, verliebte die eine sich sofort in dieses Haus. Wir hatten schon alles ausgerechnet, sodass sie genau wusste, wie viel sie ausgeben konnte. So fragte sie den Makler nach dem Preis. Der Betrag lag jedoch ganze 50 000 DM über dem Limit, das meine Freundin sich gesetzt hatte. Sie sagte zu dem Besitzer: »Wie schade – wenn Sie bereit wären, mit dem Preis um 50 000 DM herunterzugehen, würde ich es sofort nehmen!« Er sagte, das könne er nicht, und wir gingen. Als wir gerade wieder ins Auto steigen wollten, kam er aus dem Haus gelaufen. »Warten Sie einen Augenblick! Na gut, ich nehme Ihr Angebot an!« So bekam meine Freundin das Haus, in das sie sich auf den ersten Blick verliebt hatte.

Ungefähr einen Monat später war ich dann mit Paula unterwegs, einer anderen Freundin, die noch nach ihrem Traumhaus suchte. Fünf Tage vorher hatte sie einen Besichtigungstermin ausgemacht. Seitdem war sie ungefähr tausend Mal an dem Haus vorbeigefahren, und es hatte ihr immer besser gefallen. »Wenn es innen so ist, wie ich mir das vorstelle, habe ich mein Traumhaus gefunden!« sagte sie zu mir. Und tatsächlich, das Haus war auch innen wunderschön. Jetzt musste sie den Kauf nur noch perfekt machen, doch der Besitzer verlangte einen höheren Preis, als sie sich leisten konnte. Sie erinnerte sich daran, dass unsere gemeinsame Freundin ein paar Wochen vorher ihr Haus zu einem niedrigeren Preis als ursprünglich verlangt bekommen hatte, und so sagte sie: »Wie schade – wenn Sie bereit wären, mit dem Preis um 30 000 DM herunterzugehen, würde ich es sofort nehmen!« Dann bedankte sie sich bei dem Besitzer, wir verabschiedeten uns und gingen. Wir stiegen ins Auto, doch als ich den Motor anlassen wollte, rief Paula: »Warte noch!« –

»Worauf denn?« fragte ich. »Na, er wird doch gleich aus dem Haus gelaufen kommen, du wirst schon sehen.« Nachdem wir ein paar Minuten in seiner Einfahrt gestanden hatten, sagte ich: »Paula, ich fürchte, er wird nicht kommen!« Sie sah plötzlich ganz traurig aus und sagte: »Oh Gott, ich wollte dieses Haus so sehr. Wieso ist er nicht herausgelaufen, so wie der andere Besitzer?« Die Antwort auf diese Frage war ganz einfach: Paula lag zu viel daran, dieses Haus zu bekommen, meiner anderen Freundin dagegen nicht. Als sie damals aus dem Haus gegangen war, hätte sie nicht im Traum daran gedacht, dass der Besitzer hinter ihr herlaufen würde. Sie wusste, was sie ausgeben konnte, und hielt sich daran. Paula dagegen war tagelang immer wieder zu diesem Haus gefahren und hatte sich in es verliebt, bevor sie überhaupt einen Fuß hineingesetzt hatte. Ihr selbst war das vielleicht gar nicht bewusst, aber ich wette, dass der Besitzer es spürte. Paula machte dann das Gleiche wie die meisten anderen Leute, die sich in ein Haus verliebt haben – sie ging zurück und akzeptierte schließlich den geforderten Preis. Sie musste dafür bezahlen, dass sie sich dieses Haus zu sehr gewünscht hatte.

Prüfen Sie Ihr Traumhaus genau

Meine erste Freundin war ein Risiko eingegangen, denn als sie ihr Angebot machte und sich mit dem Besitzer einig wurde, hatte sie ihr Traumhaus nur ein einziges Mal gesehen. Das Haus hätte ja Baumängel haben können, die ein Laie nicht erkennen konnte, und im Inneren hätte es gefährlich hohe Asbestkonzentrationen oder abblätternde Farbe auf Bleibasis geben können. Deshalb ist es wichtig, dass Sie das Haus von einem Fachmann auf strukturelle Stabilität, Ungezieferbefall, Umweltrisiken und Ähnliches untersuchen lassen, und das, bevor Sie dem Besitzer ein Angebot machen. Dann können Sie nämlich teure Reparaturen, die Sie vornehmen lassen müssten, einkalkulieren und diesen Punkt dazu benutzen, den Preis herunterzuhandeln.

Unglücklicherweise haben die meisten Leute Angst, dass ihnen ein anderer Kaufinteressent das Haus wegschnappen könnte, während sie noch damit beschäftigt sind, es untersuchen zu lassen. Daher wird diese Untersuchung in den meisten Fällen erst durchgeführt, wenn der Besitzer das Angebot schon akzeptiert hat, der Kaufvertrag aber noch nicht beim Notar unterzeichnet worden ist. Suchen Sie sich im Branchentelefonbuch einen öffentlich bestellten Sachverständigen oder lassen Sie sich von Freunden einen empfehlen.

Der Kaufvertrag

Nun muss der Kaufvertrag aufgesetzt werden. Darin werden die Bedingungen für den Verkauf festgelegt – der Kaufpreis, die Höhe der Anzahlung, alle Fristen und so weiter. Er enthält außerdem eine Beschreibung des Hauses und des Grundstücks. Der Verkauf kann davon abhängig gemacht werden, ob Sie eine Hypothek bekommen. Im Allgemeinen wird der Vertrag von einem vom Besitzer beauftragten Notar aufgesetzt. Überzeugen Sie sich bitte davon, dass Sie alle Ihre Rechte und Verpflichtungen voll und ganz verstehen, bevor Sie Ihre Unterschrift unter den Vertrag setzen. Falls Ihnen etwas unklar ist, sollten Sie Ihren Notar oder den Makler bitten, es Ihnen zu erklären.

In die Stadt oder aufs Land?

In diesen Kapiteln beschreibe ich die wichtigsten Informationen, die Sie brauchen, wenn Sie sich ein Haus kaufen wollen. Vor allem für Leute, die in der Stadt leben, werden die »eigenen vier Wände« wohl eher eine Eigentumswohnung sein als ein Bungalow oder ein Reihenhaus mit Garten. Wenn Sie eine Eigentumswohnung kaufen, erwerben Sie wie beim Hauskauf eine Immobilie, die allerdings zu einem größeren Haus oder einer Anlage gehört.

Viele der Informationen und Überlegungen in diesen Kapiteln

gelten für den Kauf einer Eigentumswohnung sowie für den eines Hauses. Beachten Sie aber die folgenden wichtigen Unterschiede: Da Eigentumswohnungen Teil eines größeren Gebäudes sind, sollte nicht nur die Wohnung selbst Gegenstand der Untersuchung vor der Vertragsunterzeichnung sein, sondern auch der finanzielle und bauliche Zustand des ganzen Gebäudes. Zweitens gehören im Fall einer Eigentumswohnung zu den monatlichen Kosten auch so genannte *Umlagen*, die zu den Hypothekenraten hinzukommen. Wenn das Gebäude renoviert oder zum Beispiel das Heizungssystem repariert oder durch ein neues ersetzt werden muss, können auch monatliche Abschlagszahlungen anfallen. Natürlich müssen Sie diese monatlichen Kosten mit einbeziehen, wenn Sie ausrechnen, wie teuer »Ihre« Wohnung sein darf.

Kapitel 15
Die Hypothek

Wie man die günstigste Hypothek bekommt

Sie haben das ideale Haus gefunden, und der Besitzer hat Ihr Angebot akzeptiert. Falls Sie sich nicht schon vorher um ein Darlehen gekümmert haben, müssen Sie als Nächstes jemanden finden, der bereit ist, Ihnen das nötige Geld zu leihen. Doch nicht jede Hypothek ist eine gute Hypothek. Deshalb ist es sehr wichtig, dass Sie wissen, wie Hypotheken funktionieren, denn nur dann können Sie die richtigen Fragen stellen. Hypothekendarlehen gibt es von Banken, Sparkassen, speziellen Hypothekenbanken, Bausparkassen und Versicherungsgesellschaften. Informieren Sie sich bei möglichst vielen Geldinstituten über die Zinssätze und andere wichtige Faktoren. Welche Zinssätze verschiedene Banken zur Zeit anbieten, steht im Immobilienteil Ihrer Lokalzeitung. Das Internet ist inzwischen ebenfalls zu einer guten Informationsquelle geworden. Auch wenn Ihnen die ganze Sache sehr kompliziert erscheint, kann man sie durchaus verstehen. Lesen Sie bitte den Rest dieses Kapitels, bevor Sie versuchen, eine Hypothek zu bekommen, und lesen Sie ihn dann noch ein zweites Mal, bevor Sie kaufen.

Hypotheken: Die verschiedenen Varianten

Vor Jahren hatten die meisten Leute nur eine Möglichkeit: eine Hypothek mit variablem Zins und einer Laufzeit von 30 Jahren. Heute gibt es mehr Möglichkeiten, und dabei müssen Sie folgende Faktoren berücksichtigen:

- Wie lange wollen Sie in diesem Haus wohnen?
- Sind die Zinssätze zum Zeitpunkt des Kaufs hoch, relativ hoch oder niedrig?
- Wie sehen die Prognosen für die Zinsentwicklung aus?
- Wird es Ihnen leicht fallen, die Hypothekenraten zu bezahlen, oder wird es Sie einige Mühe kosten?
- Gehen Sie auf die Rente zu, oder müssen Sie noch mehr als 15 Jahre arbeiten?

Die Antworten auf diese Fragen spielen eine große Rolle, wenn es darum geht, was für eine Hypothek für Sie die beste ist. Behalten Sie sie bitte im Hinterkopf, wenn Sie weiterlesen.

Bei Hypotheken gibt es Hunderte von Varianten. Für Sie werden vor allem folgende Haupttypen interessant sein:

- Hypothek mit Festzins
- Hypothek mit variablem Zins
- Kombination von festem und variablem Zins

Hypotheken mit Festzins

Diese Hypotheken sind die beliebtesten. Der Zinssatz bleibt dabei über die Dauer der Zinsfestschreibung unverändert, und in dieser Zeit bleibt auch Ihre Monatsrate immer gleich. Das bedeutet, dass Sie von vornherein wissen, wie viel Geld Sie jeden Monat zahlen müssen. Die Hypothekenraten bestehen immer aus Zins und Tilgung. In den ersten Jahren entfällt der größte Teil auf die Zinsen und der Tilgungsanteil ist sehr niedrig, denn die Kreditgeber wollen natürlich immer, dass zuerst ihre Zinsen gezahlt werden.

Damit Sie eine Vorstellung von der Größenordnung bekommen: Bei einer Hypothek über 300 000 DM, die über 30 Jahre läuft, beträgt die Monatsrate bei einem Zinssatz von 7 Prozent 2 000 DM im Monat.

Im ersten Jahr entfallen nur 13 Prozent Ihrer Rate auf die Tilgung, 87 Prozent auf die Zinsen.

Im zehnten Jahr entfallen 25 Prozent Ihrer Rate auf die Tilgung, 75 Prozent auf die Zinsen.

Im zwanzigsten Jahr entfallen 50 Prozent Ihrer Rate auf die Tilgung, 50 Prozent auf die Zinsen.

Im fünfundzwanzigsten Jahr entfallen 70 Prozent Ihrer Rate auf die Tilgung, 30 Prozent auf die Zinsen.

Im dreißigsten Jahr entfallen 99,5 Prozent Ihrer Rate auf die Tilgung und nur noch 0,5 Prozent auf die Zinsen.

Wie viel Zeit Sie haben, um Ihr Darlehen zurückzuzahlen, ist unterschiedlich. Früher betrug der übliche Zeitrahmen 30 Jahre. Heute kann man Hypotheken mit Festzins für fast jede Laufzeit bekommen – zehn, 15, 20 oder 30 Jahre –, aber erstaunlicherweise wissen das die meisten Hauskäufer nicht. Die Laufzeit wirkt sich auf zweierlei Weise aus:

1. *Je länger die Laufzeit ist, desto niedriger sind die Monatsraten.*

    Bei einer Laufzeit von 15 Jahren sind die Monatsraten höher als bei einer Laufzeit von 30 Jahren; bei einer Laufzeit von zehn Jahren sind sie noch höher.

2. *Je länger die Laufzeit ist, desto höher ist der Zinssatz, und je länger das Darlehen läuft, desto mehr Zinsen müssen Sie letztendlich zahlen.*

    Insgesamt werden Sie bei einer Laufzeit von 30 Jahren viel mehr für Ihr Darlehen bezahlen müssen als bei 15 Jahren, und bei einer Laufzeit von 15 Jahren mehr als bei zehn Jahren.

Auf S. 250 ff. finden Sie einen detaillierten Vergleich von Hypotheken mit einer Laufzeit von 15 beziehungsweise 30 Jahren.

Hypotheken mit Festzins empfehle ich Ihnen vor allem dann, wenn

- die Zinsen niedrig sind und Sie davon ausgehen, dass Sie länger als fünf bis sieben Jahre in dem Haus wohnen werden.
- die Zinsen zur Zeit niedrig sind und Sie auf die Rente zugehen oder schon Rentner sind und von einem festen Einkommen leben werden oder bereits leben. Wer ein festes Einkommen hat, sollte immer versuchen, auch feste Ausgaben zu erreichen.

Hypotheken mit variablem Zins

Dieser Hypothekentyp wird in Deutschland auch öfter unter den Namen Gleitzinsdarlehen oder b.a.w. Kondition (= bis auf weiteres Kondition) angeboten. Der Zins bleibt hier nicht über die ganze Laufzeit konstant, sondern kann jederzeit steigen oder auch fallen. Damit er für Sie wirklich attraktiv ist, wird die Bank möglicherweise versuchen, Sie mit einem im Vergleich zu Festzinsdarlehen niedrigeren Anfangszinssatz zu ködern. Zumindest am Anfang sind Ihre Monatsraten dann niedriger. Hauskäufern, die knapp bei Kasse sind, kann das natürlich sehr verlockend erscheinen. In vielen Fällen wird die spätere Anpassung aber nach oben erfolgen, und das kann Ihnen empfindlich weh tun.

Fairerweise muss man allerdings sagen, dass die Zinssätze bei diesem Typ in den späten achtziger und den frühen neunziger Jahren erst hoch waren und dann kontinuierlich nach unten angepasst wurden. Hintergrund war der stetige Rückgang des Zinsniveaus, der vielen Kreditnehmern zugute gekommen ist. Während ich dieses Buch schreibe, sind die Zinsen aber extrem niedrig, sodass es sehr unwahrscheinlich ist, dass sie in den kommenden Jahren noch weiter fallen werden. Sie werden vermutlich steigen oder bestenfalls auf dem gegenwärtigen Niveau bleiben.

Jeder Kreditgeber in Deutschland kann den variablen Zinssatz nach eigenem Ermessen gestalten. Er kann ihn beliebig nach oben oder nach unten anpassen. Es gibt hierfür praktisch fast keine Regelung. »Fast« sage ich deshalb, weil der variable Zinssatz in seiner Höhe und in seinen Bewegungen, wie es so schön heißt, nicht gegen die »guten Sitten« verstoßen darf. Ab wann dies aber zutrifft, müsste im Einzelfall von einem Richter entschieden werden.

Derzeit liegt die Gestaltungsbreite dieses Zinssatzes bei ungefähr 5 bis 7 Prozent. Er befindet sich also in etwa im Bereich der Zinsen für einjährige Festschreibungen bis etwa zu den zwölfjährigen Zinsbindungsfristen. Richtig interessant, weil günstig, ist er derzeit aber nur bis maximal zur Höhe für eine drei- oder vierjährige Zinsbindung. Zu hoch wäre er derzeit über 8 Prozent oder im Vergleich, wenn er über den 20-jährigen Festzinsen liegt.

Woran orientiert sich der variable Zinssatz?

Grundsätzlich wird er bestimmt vom kurzfristigen Zinsmarkt, also von den Zinsen, die bei einer kurzzeitigen Geldanlage gezahlt werden. Dieser Zinsmarkt ist eine ziemlich komplizierte Angelegenheit. Trotzdem haben Sie eine gute Möglichkeit, sich zu informieren. Denn in fast allen guten Tageszeitungen werden im Wirtschaftsteil die wichtigsten Zinsen aufgeführt. Hier können Sie sich zum Beispiel an der Entwicklung der Renditen für Bundesanleihen oder mit etwas Glück sogar direkt an den durchschnittlichen Zinssätzen für variable und feste Baudarlehen orientieren. Beobachten Sie diese Zinsen über einen Zeitraum von ein paar Monaten. Dann werden Sie mit der Zeit das nötige Gespür für die Tendenzen und möglichen Zinsentwicklungen bekommen.

Ob Sie statt einer Hypothek mit Festzins lieber eine mit variablem Zins wählen sollten, hängt also letztendlich davon ab, wie sich die Zinssätze in der Zeit, in der Sie in Ihrem Haus wohnen, ändern. Versuchen Sie doch einmal, verschiedene Entwicklungen der Zinssätze durchzuspielen. Falls Sie sich mit dem Computer auskennen beziehungsweise einen Internetzugang haben, stehen Ihnen dort viele Programme zur Verfügung, die es Ihnen erleichtern, die verschiedenen Möglichkeiten zu analysieren. Eine Übersicht über verschiedene Rechenprogramme bekommen Sie unter der Adresse: www.wowi.de/info/finanzen/rechner/rechenprogramme.htm. Oder Sie besorgen sich zum Beispiel das von der Stiftung Warentest über die Zeitschrift *Finanztest* angebotene Programm »Bausteine«. Sie dürfen nicht vergessen, auch den ungünstigsten Fall durchzuspielen und darüber nachzudenken, was passieren würde, wenn er tatsächlich eintreten sollte.

Kombination von festem und variablem Zins

Vor ein paar Jahren kam ein neuer Hypothekentyp auf den Markt, eine Kombination von festem und variablem Zins. Hier werden jeweils eine Obergrenze und eine Untergrenze vereinbart. Innerhalb dieser beiden Grenzen kann sich der Zinssatz dann frei bewegen. Die Vorteile gegenüber dem Festzinsdarlehen liegen vor allem in der jederzeitigen Rückzahlbarkeit, die hier in der Regel zu jedem Zeitpunkt und ohne größere Gebühren möglich ist, und im meistens etwas billigeren Einstandszins. Gegenüber einem Kredit mit variablen Zinsen sind diese Hypotheken zwar meistens etwas teurer, aber dafür bieten sie Ihnen mit der Obergrenze doch eine gewisse Zinssicherheit.

Eine Hypothek mit einer Kombination aus festem und variablem Zins ist vor allem dann für Sie geeignet, wenn Sie nicht sicher sind, ob Sie länger als fünf bis sieben Jahre in Ihrem Haus wohnen werden – und heutzutage müssen ja viele von uns oft umziehen. Der Zinssatz kann um mindestens einen ganzen Punkt unter dem einer traditionellen Festzinshypothek mit einer Laufzeit von 30 Jahren liegen, sodass Sie ein schönes Sümmchen sparen können.

Ich möchte Ihnen das an einem Beispiel verdeutlichen: Sie nehmen eine Hypothek über 400 000 DM auf. Der Zinssatz für eine

Hypothek mit Festzins liegt bei einer Laufzeit von 30 Jahren bei 7 Prozent, der Anfangszinssatz für das Kombinationsdarlehen zum Beispiel bei 6,5 Prozent, also ein halbes Prozent niedriger. Bei der Hypothek mit Festzins würden Sie in den nächsten fünf Jahren 2 667 DM im Monat zahlen müssen, also insgesamt 160 020 DM, beim Kombinationskredit dagegen nur 2 500 DM im Monat und in den fünf Jahren 150 000 DM. Sie würden in diesen ersten fünf Jahren also 10 020 DM sparen. Falls Sie das Haus danach verkaufen würden, hätte es sich für Sie ausgezahlt, dass Sie sich für die Kombinationshypothek entschieden hatten. Aber auch nur dann, wenn Ihnen die Zinsentwicklung keinen Streich spielt. Steigen nämlich die Zinsen, kann es auch ins Negative gehen.

Sie sollten sich genauer über diese Hypotheken informieren, wenn Sie jetzt schon wissen, dass Sie nur ungefähr fünf bis sieben Jahre in Ihrem Haus wohnen werden. Vielleicht wollen Sie danach ja in ein größeres umziehen?

Die Beurteilung durch den Kreditgeber

Einige Kreditgeber wenden ein bestimmtes Verfahren an, um zu entscheiden, ob sie Ihnen eine Hypothek bewilligen. Diese Verfahren nennt man *Ratings;* dabei wird der Geldbetrag geschätzt, den Sie unter Berücksichtigung Ihres Einkommens und Ihrer anderen Ausgaben für die monatliche Hypothekenrate aufbringen können. Ich habe ja schon gesagt, dass ich nicht allzu viel von solchen Verfahren halte, wenn es um die Frage geht, ob Sie sich das Haus auf lange Sicht wirklich leisten können, aber der Kreditgeber wird sie als Grundlage für seine Entscheidung benutzen. Die Ratings können sich bei den verschiedenen Kreditgebern unterscheiden. Obwohl jeder Antrag individuell behandelt wird, sind die Richtlinien eben Richtlinien.

Falls Sie sich für ein konventionelles Darlehen bewerben, sollten die Ausgaben für das Haus 26 bis 28 Prozent Ihres monatlichen

Bruttoeinkommens nicht übersteigen. Wenn Ihr monatliches Bruttoeinkommen also 6 000 DM beträgt, dürfen Sie höchstens 1 680 DM (28 Prozent von 6 000 DM) für die mit dem Haus verbundenen Kosten (Hypothekentilgung und -zinsen, Steuern und Versicherung) bezahlen. Außerdem wird der potenzielle Kreditgeber berücksichtigen, ob Sie schon andere langfristige Verpflichtungen haben, wobei »langfristig« mindestens elf Monate bedeutet; ein Kredit für Ihr Auto wäre ein Beispiel für eine solche langfristige Verpflichtung. Ihre monatlichen Gesamtkosten einschließlich der Ausgaben für das Haus und aller anderen langfristigen Schulden sollten 33 bis 36 Prozent Ihres Bruttomonatseinkommens nicht übersteigen. Wenn wir wieder von einem monatlichen Bruttoeinkommen von 6 000 DM ausgehen, darf die Gesamtsumme aus Ihrer monatlichen Hypothekenrate, den Steuern und der Versicherung sowie allen anderen langfristigen Schulden höchstens 2 160 DM (36 Prozent von 6 000 DM) betragen.

Die Laufzeit

Sie müssen sich auch überlegen, ob Sie ein Darlehen mit einer Laufzeit von 15 oder von 30 Jahren beantragen wollen. Es gibt zwar auch noch andere Laufzeiten, doch 30 Jahre sind am verbreitetsten und 15 Jahre Dauer zumindest in der Niedrigzinsphase, die wir seit zwei Jahren haben, mehr und mehr gefragt. Deshalb werde ich mich hier nur mit diesen beiden Formen befassen. Was der Unterschied zwischen ihnen ist? Nun, im einen Fall wird Ihr Haus schon nach 15 Jahren abbezahlt sein, im anderen dagegen erst nach 30 Jahren; bei einer Laufzeit von 15 Jahren kann der Zinssatz bis zu einem halben Prozent niedriger sein als bei 30 Jahren. Der Nachteil liegt auf der Hand: Sie müssen dann jeden Monat ein paar hundert Mark mehr zahlen.

Als ich vor 23 Jahren das Haus gekauft habe, in dem ich heute wohne, wusste ich nicht, dass es Hypotheken mit 15 Jahren Laufzeit gab. Ich wollte mir ein Haus kaufen, man sagte mir, ich solle mich für eine Hypothek mit 30 Jahren Laufzeit entscheiden, und da ich überhaupt nichts von diesen Dingen verstand, tat ich das auch. Erst zehn Jahre später, als noch weitere 20 Jahre Ratenzahlungen vor mir lagen, erfuhr ich, dass auch eine Laufzeit von 15 Jahren möglich gewesen wäre; dann hätte mir mein Haus schon in fünf Jahren ganz gehört! Denken Sie jetzt: »Ja, aber solche Darlehen sind doch viel teurer, das hätte sie sich wahrscheinlich gar nicht leisten können!«? Das stimmt nicht! Oft beträgt die Differenz nur etwa 300 DM im Monat und meistens nicht mehr als maximal 800 oder 900 DM. Ich hatte damals 96 000 DM aufgenommen, und der Unterschied zwischen einer Laufzeit von 15 und einer von 30 Jahren betrug nur 230 DM im Monat. Wenn ich gewusst hätte, dass mein Haus mir für 230 DM mehr im Monat schon nach 15 Jahren ganz gehören würde, hätte ich sicher eine Möglichkeit dafür gefunden.

Bei einer Laufzeit von 15 Jahren spart man außerdem enorm viel Geld. Nehmen wir an, dass Sie 300 000 DM aufgenommen haben, bei einer Laufzeit von 30 Jahren und einem Zinssatz von 7 Prozent. Dann müssen Sie jeden Monat 2 000 DM zahlen, und nach Ablauf der 30 Jahre haben Sie insgesamt 715 030 DM gezahlt. Bei einer Laufzeit von 15 Jahren müssten Sie zum Beispiel ein halbes Prozent weniger Zinsen zahlen, bei 300 000 DM zu 6,5 Prozent also 2 613 DM im Monat, 613 DM mehr. In den 15 Jahren würden Sie insgesamt aber nur 470 320 DM bezahlen, also 244 710 DM weniger als bei 30 Jahren – das ist doch wirklich eine Menge Geld!

In der untenstehenden Tabelle können Sie sehen, wie sich die Monatsraten bei einer Laufzeit von 15 beziehungsweise 30 Jahren unterscheiden. Außerdem ist der Unterschied der jeweiligen Gesamtkosten aufgeführt.

Warum entscheiden sich nicht mehr Leute für eine Laufzeit von 15 Jahren? Ich vermute, dass viele von uns zuerst daran denken, was sie sich heute bequem leisten können, und sich außerdem darauf verlassen, dass sie im Laufe der Jahre mehr Geld verdienen werden und die Hypothek dann schneller abzahlen können, wenn sie das wollen. Das Problem dabei ist, dass nur wenige von uns genug Selbstdisziplin besitzen, um ihre Monatsraten tatsächlich zu erhöhen, wenn sie dann mehr verdienen.

Darlehen	monatliche Rate bei 15 Jahren Laufzeit	monatliche Rate bei 30 Jahren Laufzeit	monatlicher Unterschied	Differenz bei den Gesamtkosten
50 000,–	450,–	334,–	116,–	37 799,–
100 000,–	900,–	667,–	233,–	76 433,–
150 000,–	1 349,–	1 000,–	349,–	114 935,–
200 000,–	1 799,–	1 334,–	465,–	152 729,–
250 000,–	2 248,–	1 667,–	581,–	191 231,–
300 000,–	2 698,–	2 000,–	698,–	229 871,–
350 000,–	3 148,–	2 334,–	814,–	267 664,–
400 000,–	3 597,–	2 667,–	930,–	306 166,–
450 000,–	4 047,–	3 000,–	1 047,–	344 806,–
500 000,–	4 496,–	3 334,–	1 162,–	382 463,–

Grundlage für die Tabelle ist ein Zinssatz von 7 Prozent.

Meiner Meinung nach können Hypotheken mit einer Laufzeit von 30 Jahren die reine Geldverschwendung sein. Sie sind noch immer nicht davon überzeugt? Dann bedenken Sie bitte Folgendes: Wenn Sie eine Hypothek mit 30 Jahren Laufzeit und einem Zinssatz von 7 Prozent aufnehmen, schulden Sie dem Kreditgeber, nachdem Sie 15 Jahre lang jeden Monat Ihre Rate bezahlt haben, immer noch 75 Prozent der ursprünglichen Summe. Wenn Sie sich aber für eine Hypothek mit einer Laufzeit von 15 Jahren entschieden hätten, würde Ihnen Ihr Haus bereits jetzt ganz gehören!

Die Tilgung

Bisher haben wir zum Beispiel von 15 Jahren Tilgungslaufzeit oder der 1-Prozent-Tilgungsvariante gesprochen. Die Vereinbarung über die Rückzahlung einer Baufinanzierung wird gleich am Anfang des Kaufes oder der Baumaßnahme mit dem Darlehensvertrag geschlossen. Das heißt, Sie verpflichten sich im Kreditvertrag, die vereinbarte Tilgung, zum Beispiel von 1 Prozent zu erbringen. Grundsätzlich ist praktisch jede Rückzahlungsvereinbarung möglich. Wenn Sie zum Beispiel Bausparverträge oder Lebensversicherungen zur Kreditrückzahlung verwenden möchten, wird die Hypothek komplett tilgungsfrei gestellt.

Ein Aussetzen der Tilgung ist in der Regel aber auf einen überschaubaren Zeitraum beschränkt. Dies ist zum Beispiel bei kurzzeitigen wirtschaftlichen Problemen möglich. Für länger als fünf Jahre wird bei einem Baukredit aber selten auf die eigentlich vereinbarte Tilgung verzichtet.

Die häufigste Rückzahlungsvereinbarung ist zweifellos die 1-prozentige Tilgung. Je nach Ausgangszinssatz beläuft sich die Kreditlaufzeit dann auf ungefähr 30 Jahre. Diese 30 Jahre sind der Durchschnitt, die Bandbreite geht hier von etwa 26 Jahren bei einem Zinssatz von 9,0 Prozent bis zu etwa 35 Jahren bei einem Zinssatz von 5,5 Prozent.

Wenn Sie sich also fest für eine höhere laufende Tilgung als die 1-Prozent-Variante entscheiden, können Sie möglicherweise auch eine Reduzierung des Zinssatzes erreichen. Diese Zinsermäßigung liegt in vielen Fällen bei erhöhten Tilgungen zwischen 2 und 4 Prozent bei etwa 0,02 Prozent je Prozent der Tilgung. Bei Tilgungssätzen ab etwa 5 Prozent erhöht sie sich auf etwa 0,03 Prozent je Prozent der Tilgung. Mit anderen Worten, wenn Sie eine laufende Tilgung über zum Beispiel 6 Prozent vereinbaren (natürlich immer zusätzlich zum Zins), können Sie diesen Zinssatz möglicherweise um 0,18 Prozent nach unten drücken. Verhandeln Sie hier unbedingt mit Ihrer Bank.

Sondertilgungen

Nehmen wir an, Sie haben im Kreditvertrag 1 Prozent Tilgung vereinbart. Und jetzt entwickeln sich Ihre Einnahmen positiver als angenommen und Sie waren auch sonst bei der Haushaltsrechnung etwas zu vorsichtig. Eigentlich könnten Sie doch ab und zu etwas zusätzlich einzahlen oder gleich eine höhere Kreditrate vereinbaren als die, die im Kreditvertrag steht. Aber was passiert? Ihre Bank sagt Nein. Sie besteht darauf, dass Sie die Hypothek so langsam wie vertraglich unterschrieben zurückzahlen. Die Bank hat ja einen schönen Vorteil, denn sie kassiert wegen der längeren Laufzeit auch mehr Zinsen von Ihnen.

Damit Ihnen das nicht passiert, ist es wichtig, dass Sie im Darlehensvertrag die Möglichkeit von Sondertilgungen fest vereinbaren. Dann haben Sie auch die Möglichkeit, die eigentlich nicht eingeplanten 25 000 DM Geldgeschenk von der Oma oder den zwar immer erhofften, aber doch nicht sicheren Lottogewinn gleich auf Ihren Kredit einzuzahlen.

Nach einer Sondertilgung müssen Sie sich zwischen zwei Möglichkeiten entscheiden. Entweder Sie reduzieren wegen der Sondertilgung Ihre Kreditrate und haben damit eine niedrigere Belastung, oder Sie lassen die Rate gleich und verringern damit die Laufzeit Ihrer Hypothek. Aber wichtig ist: Bei allen diesen Überlegungen sind Sie ganz allein auf das Wohlwollen Ihres Kreditgebers angewiesen, wenn Sie diese Möglichkeiten nicht ausdrücklich im Darlehensvertrag schriftlich vereinbart haben. Falls Sie nur einen variablen Zinssatz vereinbart haben, können Sie alle diese Sonderleistungen ohnehin jederzeit einbringen.

Disagio

Das Disagio ist keine Gebühr, sondern ein im Voraus bezahlter Teil der Zinsen. Und als Gegenleistung dafür reduziert sich auch Ihre monatliche Kreditrate. Das Disagio wird gleich mit der ersten Auszahlung aus Ihrer Hypothek fällig. Empfehlenswert ist ein Disagio bei einer eigengenutzten Immobilie heute nicht mehr. Die steuerlichen Vorteile, die es hier früher gegeben hat, sind alle gestrichen worden. Nur noch bei vermieteten Immobilien können Sie eventuell einen steuerlichen Vorteil haben. Bei der Vermietung sollten Sie aber unbedingt einen Steuerberater hinzuziehen.

Rechnen Sie alles so genau wie möglich durch, damit Sie sehen, welches der verfügbaren Darlehen für Sie die beste Lösung ist. Dabei kann Ihnen Ihr Makler helfen, oder Sie nutzen eines der Rechenprogramme im Internet beziehungsweise Ihr Berechnungsprogramm in Ihrem Computer. Denken Sie daran: Es ist nicht so, dass *die Bank* Ihnen ein Darlehen gewährt, sondern *Sie* nehmen ein Darlehen auf. Auch wenn sich jedes Jahr Millionen von Menschen ein Haus oder eine Eigentumswohnung kaufen, ist das für den Einzelnen ein sehr, sehr großer Schritt, und die meisten Käufer tun gehorsam das, was man ihnen sagt. Man braucht Mut, um seinen eigenen Standpunkt zu vertreten, aber es lohnt sich finanziell. Und wenn Sie die in Ihrem ganz speziellen Fall beste Entscheidung getroffen haben, werden Sie später ein besonders stolzer Hausbesitzer sein.

Kapital 16
Ihr Heim und Ihre Zukunft

Damit Sie sich Ihren Traum vom eigenen Haus oder einer eigenen Wohnung erfüllen können, sollten Sie zunächst einmal wissen, welche Eigentumsformen es in Deutschland gibt und welche Alternativen Sie beim Erwerb einer Immobilie haben. Vielleicht wird Ihr Traum dadurch noch früher Realität.

Welche Formen von Immobilienbesitz gibt es?

Es gibt verschiedene Arten, Eigentümer einer Immobilie zu sein. Insbesondere, wenn der finanzielle Rahmen stark eingeschränkt ist, sollten Sie sich die Alternativen zum herkömmlichen Eigentum einmal genau ansehen. Folgende Möglichkeiten stehen Ihnen offen: das normale Eigentum, das Erbbaurecht oder Kauf auf Leibrente.

Das normale Eigentum

In den allermeisten Fällen ist der Ablauf immer derselbe. Zuerst einigen Sie sich mit dem Verkäufer der Immobilie. Diese Einigung wird mit dem Abschluss des Kaufvertrages bei einem Notar beurkundet. Anschließend werden Ihre Kaufansprüche in Form der so genannten Auflassungsvormerkung und Ihre Finanzierungsbedürfnisse über die Grundschuld im Grundbuch eingetragen. Ihre nächsten Schritte sind die Überweisung des Kaufpreises an den Verkäufer und die Bezahlung der Grunderwerbssteuer. Wenn diese Beträge und noch ein paar weitere Nebenkosten wie zum Beispiel Notar und Grundbuchamt beglichen sind, werden Sie im Grundbuch als Eigentümer eingetragen. Erst damit sind Sie wirklich stolzer Eigentümer einer Wohnung oder eines Hauses. Zahlungsverpflichtungen haben Sie nur noch gegenüber Ihrem Kreditgeber sowie in Form der üblichen Nebenkosten.

Das Erbbaurecht

Das Erbbaurecht ist eine ganz andere Form des Immobilieneigentums. Hier kaufen Sie das Recht, für einen bestimmten Zeitraum ein Grundstück zu nutzen und es zum Beispiel mit Ihrem Haus zu bebauen. Oder Sie erwerben nur das Recht, für einen bestimmten Zeitraum eine Wohnung zu nutzen.

Rein rechtlich sind beim Erbbaurecht also der Boden und das Haus oder die Wohnung voneinander getrennt. Den Eigentümer des Bodens nennt man Erbbaurechtsgeber, und Sie als Käufer des Erbbaurechtes sind der Erbbaurechtsnehmer. Wenn die vereinbarte Laufzeit des Erbbaurechtes abgelaufen ist, gehört Ihnen dann gar nichts mehr. Denn zu diesem Zeitpunkt fällt alles wieder zurück an den Erbbaurechtsgeber. Dies passiert übrigens nach spätestens 99 Jahren, eine längere Laufzeit hat ein Erbbaurecht nicht.

So ganz billig ist es auch nicht, denn für dieses Recht müssen Sie auch einen Erbbauzins bezahlen, der je nach Vertrag monatlich oder jährlich fällig ist. Die Höhe dieses Erbbauzinses kann von monatlich 300 DM für eine Wohnung bis zu jährlich 10 000 DM für ein großes Baugrundstück betragen. Wobei natürlich auch geringere Beträge möglich, aber leider seltener sind. Warum aber kann es sich trotzdem lohnen, so ein Erbbaurecht zu kaufen? Das liegt vor allem am Kaufpreis, denn für ein Recht mit einer höheren Folgebelastung liegt der Kaufpreis meistens ganz erheblich unter dem Niveau der üblichen Immobilienpreise. Sie müssen hier zwei Dinge ganz besonders beachten. Erstens sollte die Laufzeit des neuen Erbbaurechtes oder eben die Restlaufzeit eines schon bestehenden Erbbaurechtes mindestens 40 Jahre, besser 50 Jahre betragen. Und zweitens sollten Sie unbedingt vor dem Kauf die Finanzierung klären, denn nicht alle Kreditgeber in Deutschland vergeben für Erbbaurechte auch ein Baudarlehen.

Der Kauf mit einer Leibrente

Beim Kauf auf Leibrente werden Sie wie beim normalen Erwerb sofort Eigentümer. Sie verpflichten sich aber zusätzlich zum gleich fälligen Kaufpreis, jeden Monat eine so genannte Leibrente zu bezahlen. Und zwar für die Dauer der Lebenszeit Ihres Verkäufers. Wenn dieser jetzt beim Verkauf zum Beispiel 80 Jahre alt ist, müssen Sie ihm, solange er lebt, monatlich den vereinbarten Leibrentenbetrag bezahlen. Wenn er dann auf Grund einer sehr fürsorglichen guten Pflege wider Erwarten 120 Jahre alt wird, kommt Sie das teuer zu stehen. So makaber es klingen mag, aber je früher Ihr Verkäufer stirbt, desto preiswerter kommt Sie die Immobilie, denn die Zahlung der monatlichen Raten ist eben auf die Lebenszeit beschränkt.

Ihr Vorteil liegt im ganz erheblich niedrigeren Kaufpreis als bei den anderen Eigentumsarten. Besonders achten sollten Sie allerdings darauf, dass die monatliche Belastung bei dieser Variante am höchsten ist. Sie besteht aus den Kreditraten und zusätzlich der Leibrente. Und auch in diesem Fall müssen Sie unbedingt vorher die Finanzierung klären, denn noch mehr als beim Erbbaurecht ist hier die Zahl der Kreditgeber eingeschränkt, die Ihnen bei einem solchen Kauf eine Hypothek genehmigen werden.

Gebühren und Nebenkosten

Bis hierher haben Sie es also geschafft. Aber leider ist es damit noch nicht getan. Zwar machen die Zinsen für das Darlehen natürlich den größten Teil bei der Finanzierung eines Hauses oder einer Wohnung aus, doch auch die anfallenden Gebühren und Nebenkosten können sich ganz schön summieren. Auch über diese Kosten müssen Sie sich voll im Klaren sein, um keine böse Überraschung zu erleben. Die folgende Übersicht der zu erwartenden Kosten soll Ihnen dabei helfen.

Bearbeitungsgebühr

Die Bearbeitungsgebühr fällt nicht bei jeder Hypothek an. Es liegt einzig und allein an Ihrem Kreditgeber, ob und in welcher Höhe er Ihnen eine solche Gebühr in Rechnung stellt. Die gängigsten Größen sind dann 0,5 Prozent bis 1 Prozent aus der Darlehenssumme. Und sie muss in jedem Fall im Kreditvertrag aufgeführt werden. Bezahlt wird sie bei der ersten Auszahlung aus dem Kredit. Übrigens wird diese Gebühr auch in den anfänglichen effektiven Jahreszins mit eingerechnet.

Bereitstellungszinsen/Zusageprovision

Bereitstellungszinsen werden verlangt, wenn der Kredit nicht innerhalb eines bestimmten Zeitraumes komplett ausgezahlt ist. Dieser Zeitraum beginnt im ungünstigsten Fall bereits ab dem 2. Monat oder bei kundenfreundlicher Handhabe erst ab dem 13. Monat. Besonders wenn Sie bauen, kann hier für Sie eine erhebliche Zusatzbelastung entstehen. Denn dann benötigen Sie Ihre Hypothek ja nicht in kürzester Zeit in der kompletten Höhe, sondern zeitlich verteilt auf die ganze Bauzeit. Die häufigste Größe liegt bei 3 Prozent pro Jahr. Übrigens gibt es einige Kreditgeber, die diese

Kosten nicht von Ihnen verlangen. Verhandeln Sie hier auf jeden Fall mit Ihrem Geldgeber.

Grundbuch- und Notargebühren

Diese Kosten sind leider unvermeidbar. Denn auch der Notar, die Verbriefung von Kaufvertrag oder Grundschuldbestellung und das Grundbuchamt für die eigentlichen Eintragungen im Grundbuch müssen mit immerhin insgesamt etwa 1,5 Prozent aus dem Kaufpreis bezahlt werden.

Grunderwerbssteuer

Auch um die Grunderwerbssteuer kommen Sie leider nicht herum. Denn wenn Sie diese nicht bezahlen, werden Sie nie Eigentümer Ihrer Immobilie. Kalkulieren Sie hier wieder aus dem Kaufpreis gerechnete 3,5 Prozent ein.

Kontoführungsgebühren

Viele Geldgeber verlangen jeden Monat für die Führung des Kreditkontos zwischen fünf und 20 DM. Eigentlich sollten solche Kosten mit den Zinsen bereits abgedeckt werden können, gilt also auch hier: ansprechen und zumindest versuchen, den Preis nach unten zu drücken.

Schätzgebühren

Die Kreditgeber müssen den Wert Ihrer Immobilie überprüfen. Dies geschieht in der Regel mit einer so genannten Beleihungswertberechnung. Die Kosten für diese Arbeit orientieren sich am Wert

Ihrer Wohnung oder Ihres Hauses und können von einigen hundert Mark bis zu 2 000 DM betragen. Wie schon so oft gilt auch hier: Es handelt sich dabei um eine willkürliche Gebühr einiger Kreditgeber, worüber Sie verhandeln sollten.

Teilauszahlungsaufschläge

Diese Gebühr kann fällig werden, wenn die Kreditsumme von Ihnen nicht in der ganzen Höhe auf einmal abgerufen wird, sondern in mehreren kleineren Teilbeträgen. Auch wenn sie nicht mehr allzu häufig vorkommt, sollten Sie unbedingt darauf achten und gegebenenfalls versuchen, den Geldgeber von Teilauszahlungsaufschlägen abzubringen.

Risikoversicherungen

Einige Geldgeber machen die Vergabe eines Baudarlehens vom Abschluss einer Risikoversicherung abhängig. Wenn Ihr Kreditgeber zu dieser Gruppe gehört, sollten Sie sich schnell von ihm trennen. Auch wenn Sie eine solche Risikoversicherung ohnehin abschließen möchten, sollten Sie sehr vorsichtig sein, denn die angebotenen Versicherungstarife gehören in der Regel nicht zu den günstigsten.

Maklerprovision

Wenn Sie die Suche nach einer geeigneten Immobilie einem Makler übertragen haben, müssen Sie an diesen bei erfolgreichem Kauf eine Provision entrichten. Und diese ist mit etwa 3,5 Prozent aus dem Kaufpreis auch nicht gerade ein Pappenstiel. Aber auch hier haben Sie die Chance, mit etwas Verhandlungsgeschick eine Reduzierung zu erreichen. Ob sich der Makler allerdings darauf einlässt, hängt ganz allein von seinem Wohlwollen ab.

Kreditvermittlungsgebühr

Wenn Sie sich zu Ihrer Immobilie auch noch die Hypothek von einem Kreditvermittler besorgen lassen, verlangt natürlich auch dieser eine Vermittlungsgebühr. Über diese Kosten sollten Sie aber knallhart verhandeln, denn die meisten Vermittler kassieren von der kreditgebenden Bank ebenfalls eine Gebühr, und für Sie sind 0,5 Prozent aus Ihrer Hypothekensumme nicht wenig.

Wenn Sie alle diese möglichen zusätzlichen Kosten addieren, kommt nochmals ein kleines Vermögen zusammen, das Sie bei der Realisierung Ihres Immobilientraumes zusätzlich zum Kaufpreis aufbringen müssen. Gut 10 Prozent können da zusammenkommen. Bei einem Kaufpreis für Ihr Haus von angenommen 500 000 DM sind das immerhin 50 000 DM. Natürlich haben Sie die Möglichkeit, diese Summe nicht aus Ihrem Eigenkapital zu entnehmen, sondern zusammen mit Ihrer Hypothek zu finanzieren. Aber Vorsicht, das kann ziemlich teuer werden. Denn 50 000 DM zusätzliches Baudarlehen kosten Sie bei einem Zinssatz von 7 Prozent jeden Monat weitere 333 DM Kreditrate. Und so summieren sich in 30 Jahren immerhin etwa 30 800 DM an Zinsen, die Sie aufbringen müssen.

Lassen Sie Ihr Haus für sich arbeiten!

Im größten Teil dieses Kapitels ging es um die Frage, was Sie wissen müssen, um kluge Entscheidungen über den Kauf und die Finanzierung Ihres Hauses oder Ihrer Eigentumswohnung – die Geldanlage, die den meisten von uns besonders am Herzen liegt – treffen zu können. Doch auch nachdem Sie Hausbesitzer geworden sind, müssen Sie noch viel lernen. Der wichtigste Punkt ist meiner Meinung nach die Frage, wie Sie Ihr Haus oder Ihre Wohnung am besten zur Altersvorsorge nutzen können. Wenn Sie lernen, Ihr Haus für sich arbeiten zu lassen, wird es sich in finanzieller wie in emotionaler Hinsicht als einer Ihrer besten Freunde erweisen. Ob Sie nun einen beruflichen Neuanfang wagen wollen oder müssen, Ihr Berufsleben zu Ende geht (vielleicht früher, als Sie erwartet hatten) oder Sie nicht so gut geplant haben, wie es nötig gewesen wäre – wenn Sie ein Haus besitzen und noch lange in ihm wohnen wollen, sollten Sie es als Ihre wichtigste Aufgabe betrachten, Ihre Hypothek so schnell wie möglich ganz abzuzahlen.

Natürlich sagt man schon seit Jahren, dass es falsch sei, eine Hypothek ganz abzuzahlen, weil man das zusätzliche Geld – die Eigenheimzulage beziehungsweise die Steuervorteile bei vermieteten Objekten – anlegen und dafür eine wirklich gute Rendite bekommen könnte, statt es einfach als Kapital in seinem Haus ruhen zu lassen. Dieses Argument ist durchaus stichhaltig – vorausgesetzt, dass Sie mehr als genug Geld haben, um Ihre monatlichen Ausgaben zu bestreiten und alles tun zu können, was Ihr Herz begehrt.

Falls Sie aber nur mit Mühe über die Runden kommen und jeder Pfennig zählt, gilt das nicht mehr. Wenn Sie neu anfangen müssen oder einfach nur verlorene Zeit aufholen wollen, ist die Eigenheimzulage nicht das, was Sie auf lange Sicht retten wird. Außerdem ist zu bedenken, dass die Eigenheimzulage nur für acht Jahre gezahlt wird. Wenn es um die Frage geht, ob man sein Geld mit mehr Risiko, aber auch mit der Chance auf eine höhere Rendite anlegen oder es einfach nur in seinem Haus ruhen lassen soll, setzen manche von uns lieber auf Sicherheit. Natürlich können Anlageformen wie Aktien oder festverzinsliche Wertpapiere steigen, sie können aber auch fallen. Grundsätzlich rate ich Ihnen: Wenn Sie in einer Situation sind, in der es Ihnen schwer fällt, das Geld für Ihre monatlichen Ausgaben aufzubringen, besteht eine der besten Möglichkeiten darin, Ihre Hypothek sofort abzuzahlen (falls Ihnen das irgendwie möglich ist).

Nehmen wir an, dass Ihre Hypothek ursprünglich über 30 Jahre lief und Sie 300 000 DM zu einem Festzins von 7 Prozent aufgenommen haben. Dann zahlen Sie 2 000 DM im Monat. Sie haben jetzt zehn Jahre lang die Raten bezahlt, also liegen noch 20 Jahre vor Ihnen. Selbst nach all diesen Jahren beträgt Ihre Restschuld

256 663 DM. Sie fühlen sich in Ihrem Haus wohl und wollen nicht umziehen oder es verkaufen müssen, aber Sie kommen zurzeit nur mit großer Mühe über die Runden. Dann haben Sie vier Möglichkeiten: Sie können erstens wieder arbeiten gehen, zweitens dafür sorgen, dass Ihr Geld möglichst viel einbringt (es soll aber natürlich sicher angelegt sein), drittens Ihre Ausgaben senken oder viertens die drei ersten Möglichkeiten miteinander kombinieren.

Die erste Möglichkeit lässt sich natürlich nicht immer verwirklichen. Wieder arbeiten zu gehen wird je nach Ihrem Alter, Ihrer Gesundheit, Ihrer Ausbildung und Ihren Fertigkeiten, Ihren Ansprüchen und dem gegenwärtigen Arbeitsmarkt vielleicht nicht so einfach sein, wie es sich anhört. Vielleicht wollen Sie das auch gar nicht, und selbst wenn Sie jetzt wieder Arbeit finden, wird doch wahrscheinlich irgendwann der Tag kommen, an dem Sie nicht mehr arbeiten können. Außerdem ist es ja ein großer Unterschied, ob man arbeiten muss oder arbeiten will.

Zur zweiten Möglichkeit kann ich Ihnen Folgendes sagen: Wenn Sie auf die Rente zugehen oder schon im Rentenalter sind und sehr wenig Geld haben, ist es besonders wichtig, dass Sie für dieses Geld sichere Anlageformen wählen. Wahrscheinlich werden Ihre Ersparnisse ohnehin nur gerade ausreichen, damit Sie genug Geld haben, um Ihre Rechnungen zu bezahlen. Also können Sie nicht das Risiko eingehen, sie so anzulegen, dass sie viel bringen. Sichere Anlageformen, die eine ordentliche Rendite abwerfen, dürften für Sie am besten geeignet sein. Durch solche Anlagen wird Ihr Einkommen aber nicht beträchtlich steigen. Nehmen wir zum Beispiel an, dass Sie 400 000 DM zu 5 Prozent in Geldmarktfonds angelegt haben und sich jetzt stattdessen für Rentenfonds entscheiden, die Ihnen 5,8 Prozent bringen. Der Unterschied beträgt im Jahr 3 200 DM. Ja, natürlich, das sind immerhin 267 DM mehr im Monat, aber es wird nicht reichen, um die Hypothek zu bezahlen.

Die dritte Möglichkeit ist eine Senkung der Ausgaben. Falls Ihre größte monatliche Ausgabe die Rate für die Hypothek ist, würde ein erheblicher Anteil Ihres verfügbaren Einkommens frei, wenn Sie diese Rate loswürden. Falls Ihr Ruhestand noch weit genug entfernt ist und Sie jeden Monat mehr für die Hypothek bezahlen können, sollten Sie das unbedingt tun, sodass Ihre Hypothek ganz abbezahlt ist, wenn Sie sich aus dem Arbeitsleben zurückziehen. Das ist eines der reichsten Gefühle, die es gibt! Falls Sie befürchten, dass das Geld knapp sein wird, wenn Sie nicht mehr arbeiten, Sie aber weiter in Ihrem Haus wohnen wollen und im Augenblick keine Kreditkartenschulden haben, würde ich Ihnen dringend empfehlen, sofort damit anzufangen, die Hypothek abzuzahlen. Fragen Sie bei Ihrer Bank nach, um welchen Betrag Ihre Monatsrate sich erhöhen würde, wenn Ihr Haus in X Jahren ganz bezahlt sein soll, wobei X die Zahl der Jahre bis zu Ihrem Rentenalter ist.

Falls Sie schon kurz vor dem Rentenalter stehen und Ihnen nicht mehr genug Zeit bleibt, um Ihre Hypothek über eine höhere Monatsrate abzuzahlen, würde ich Folgendes vorschlagen:

Der Mut, Ihr Haus ganz zu besitzen

Wenn Sie über die gesetzliche Rentenversicherung hinaus Geld für Ihre Altersvorsorge angelegt haben, wollen Sie diese Ersparnisse wahrscheinlich zusammen mit Ihrer Rente benutzen, um sich ein Einkommen zu verschaffen, das es Ihnen ermöglicht, die Hypothekenraten und Ihre anderen monatlichen Kosten zu bezahlen. Falls Sie aber genug Geld zur Verfügung haben, um Ihre Hypothek jetzt auf einen Schlag abzuzahlen, ist das die beste Methode, um Ihr monatliches Einkommen zu erhöhen. Ich möchte Ihnen jetzt zeigen, warum das so ist – vorausgesetzt, dass die Verflüssigung des Geldes keine hohe Steuerlast mit sich bringt.

Wir wollen annehmen, dass Sie eine Hypothekenrestschuld von 256 663 DM mit einer Monatsrate von 2 000 DM und einer Restlaufzeit von 20 Jahren für das Darlehen haben. Andererseits haben Sie 400 000 DM in Geldmarktfonds angelegt, die Ihnen 5 Prozent bringen. Darüber hinaus besitzen Sie so gut wie kein Geld. Sie werden eine Rente bekommen, und Sie sind allein stehend und müssen zum Beispiel 20 Prozent Steuern zahlen. Wir gehen davon aus, dass

Sie Ihr Haus nicht vermietet haben, sondern selbst nutzen und daher eine Steuerersparnis nicht in Anspruch nehmen können.

Die meisten Leute rühren das Geld, das sie sich als Reserve zurückgelegt haben, nicht gern an, denn Geld auf der Bank gibt ihnen ein Gefühl der Sicherheit. Manchmal gefährdet man seine Sicherheit aber gerade dadurch, dass man sich an das klammert, was man hat, statt es klug einzusetzen. Nehmen wir also an, dass auch Sie sich angesichts der 400 000 DM in Ihren Geldmarktfonds sicher fühlen, weil Sie wissen, dass sie Ihnen bei 5 Prozent jedes Jahr etwa 20 000 DM einbringen, also ungefähr 1 666 DM im Monat (vor Steuern). Mit diesen 1 666 DM und 330 DM von Ihrer Rente haben Sie genug, um Ihre Hypothek jeden Monat zu bezahlen. Ja, nicht schlecht!

Wie würde es aber aussehen, wenn Sie Ihre Hypothek mit 256 663 DM aus Ihren Geldmarktfonds auf einen Schlag ganz abzahlen würden? Dann würden Ihnen 143 337 DM in bar bleiben, die bei 5 Prozent immer noch 597 DM im Monat abwerfen würden. Sie würden zwar statt 1 666 DM nur noch 597 DM Zinsen im Monat bekommen, aber Ihre monatlichen Ausgaben würden um 2 000 DM sinken, weil Sie ja die Hypothekenraten nicht mehr zahlen müssten – Sie hätten also jeden Monat über 900 DM mehr zur Verfügung!

Würden Sie jetzt gern einwenden, dass Sie sich bei nur 143 337 DM in Ihren Geldmarktfonds nicht mehr sicher genug fühlen? Dann würde ich Ihnen antworten, dass dieses Geld ja nicht verschwunden ist, sondern in Ihrem Haus steckt.

Ich möchte noch einen anderen Fall mit Ihnen durchrechnen: Sie wollen die Gewissheit haben, dass Ihnen irgendwann in der Zukunft, wenn Sie es brauchen, Bargeld zur Verfügung steht. Dann können Sie Ihr Haus für sich arbeiten lassen, indem Sie eine neue Hypothek beantragen. Das sollten Sie aber tun, solange Sie noch arbeiten, denn für Rentner ist es schwieriger, ein ausreichendes Einkommen nachzuweisen. Falls Ihnen ein solcher Kredit bewilligt wird, müssen Sie darauf achten, dass es einer ist, bei dem Ihnen das Geld zur Verfügung steht, wenn Sie es brauchen, nicht einer, bei dem Ihnen eine große Summe Bargeld auf einmal ausgezahlt wird. Sie wollen ja nur die Möglichkeit haben, im Notfall an das Geld heranzukommen. Falls Sie es nie brauchen, sollte es Sie nichts kosten. Erst dann, wenn Sie Geld brauchen und abheben, sollten Sie Zinsen zahlen müssen. So kommen Sie bei einem Notfall an zusätzliches Bargeld heran und brauchen keine Angst zu haben. Außerdem sind die Kosten für das Geld, das Sie tatsächlich benutzen, wahrscheinlich viel niedriger als Ihre früheren monatlichen Hypothekenraten. Versuchen Sie also, einen Dispo-Kredit mit Ihrem Haus als Absicherung zu bekommen. Für die Bereitstellung dieses Kredits sollte möglichst keine Bearbeitungsgebühr für Sie anfallen.

Trautes Heim ...

Auf lange Sicht gesehen wird es, falls Sie davon ausgehen, mit jedem Pfennig rechnen zu müssen, günstiger für Sie sein, Ihre Hypothek so bald wie möglich abzuzahlen. Außerdem wird die Gewissheit, dass das Haus Ihnen ganz gehört, Ihnen das Gefühl von mehr Sicherheit geben; Sie wissen dann ja, dass Sie einen sicheren Ort haben, an dem Sie leben können und den Ihnen niemand wegnehmen kann. Meine älteren Klienten sagten alle, es sei das Beste gewesen, was sie je gemacht hätten. Und viele meiner jüngeren Klienten arbeiten auch hart dafür, ihre Hypotheken früh abzahlen zu können, weil das Gefühl, dass einem das eigene Haus ganz gehört, sich eben sehr positiv auswirkt.

Ob es besser ist, dieses zusätzliche Geld mit mehr Risiko anzulegen, als es zur vorzeitigen Abzahlung der Hypothek zu benutzen, wenn man jünger ist? Das kommt darauf an. Wenn die Vorstellung, dass Ihr Haus Ihnen ganz gehört, Ihnen Sicherheit und ein Gefühl der Macht verleiht, sollten Sie Ihre Hypothek möglichst früh abzahlen. Falls Sie Ihr Geld jedoch in eine Anlageform wie Aktien stecken wollen und genug Disziplin und Ausdauer haben, sollten

Sie das konzentriert und entschlossen tun. Ich habe die Erfahrung gemacht, dass Menschen, die sich Reichtum und finanzielle Freiheit zum Ziel gesetzt haben, auch den Mut haben, dieses Ziel zu erreichen, den Mut, für die Zukunft zu planen.

Teil V
Vorsorge für die Zukunft

Kapitel 17
Der Mut, seine finanzielle Zukunft selbst zu bestimmen

Im Allgemeinen neigen wir dazu, ein möglichst sicheres Leben führen zu wollen. Wir informieren uns genau über den Babysitter, den wir für unsere Kinder einstellen, wir kaufen die besten Schlösser, die wir finden können, um unser Haus oder unsere Wohnung zu schützen. Wir versichern unseren Besitz, und unsere Gesundheit liegt uns sehr am Herzen. Wenn wir verreisen, möchten wir sicher sein, dass unser geliebtes Haustier in einem sauberen, freundlichen Zwinger untergebracht wird. Aber was unternehmen wir, um unser Geld abzusichern? Erstaunlicherweise nicht viel. Können Sie mir spontan sagen, wie Ihr Geld investiert ist – und welche Erträge dieses Engagement bringt? Können Sie mir sagen, wie hoch der Ausgabeaufschlag ist, den Sie für Ihre Fonds gezahlt haben? Sind Sie sich absolut sicher, dass Sie im Umgang mit Ihrem Geld wirklich das Richtige tun? Sind Sie überzeugt, dass Ihr Anlageberater so vertrauenswürdig ist, dass Sie ihm Ihre finanzielle Zukunft anvertrauen können – und wissen Sie eigentlich, wie viel er oder sie Jahr für Jahr an Provision für Ihre Beratung kassiert?

Margots Geschichte

Als ich 18 war und mit dem Studium anfing, richtete mein Vater mir bei seiner Bank ein Girokonto ein. Das war ein tolles Gefühl – meine eigenen Überweisungen, mit meiner Unterschrift! Danach benutzte ich das Konto, ohne mir weiter Gedanken zu ma-

chen – Banken sind schließlich dazu da, dass sie sich um Geld kümmern, oder?

Vor zwei Jahren starb mein Vater, und er hinterließ mir 80 000 DM. Für mich war das eine unvorstellbar große Summe! Ich lebe jetzt wieder allein, arbeite bei einer Zeitschrift und verdiene nicht so schrecklich viel. Daher dachte ich, das würde ein wunderbarer Notgroschen sein. Ich verstehe überhaupt nichts von Geld und wollte die 80 000 DM deshalb einfach auf der Bank liegen lassen. Also eröffnete ich bei der gleichen Bank ein Sparkonto.

Nachdem das Geld dort ungefähr fünf Monate gelegen hatte, bekam ich einen Anruf von einem Mann, der sagte, er arbeite bei der Bank. Ihm sei aufgefallen, dass ich so viel Geld auf einem Sparkonto hätte – es könne mir doch mehr Zinsen bringen. Ich solle einfach einmal vorbeikommen und das mit ihm besprechen. Das tat ich dann auch, und ich fand es sehr nett von der Bank, dass sie sich so um mich und mein Geld kümmerte. Der Bankangestellte sagte, er könne das Geld in Investmentfonds stecken, wo es erheblich schneller wachsen und völlig sicher sein würde, und das würde mich keinen Pfennig kosten, es würden keinerlei Gebühren oder andere Kosten anfallen. Ich sagte: »Wunderbar, einverstanden!«

Ungefähr ein halbes Jahr später erzählte ich einem Freund beim Essen in einem Restaurant, was passiert war und dass meine Bank das alles umsonst machte. Er sagte, das sei unmöglich, niemand könne solch eine hohe Rendite garantieren, und so etwas würde auch niemand umsonst machen. Also gingen wir zusammen zur Bank, aber der Mann arbeitete nicht mehr dort. Der Angestellte, mit dem ich stattdessen sprach, sah im Computer nach und sagte, er hätte das Geld auf keinen Fall in diese Investmentfonds gesteckt. Sein Vorgänger hatte das ganze Geld in diesen zwei Fonds angelegt, mit einem Ausgabeaufschlag von 5 Prozent, wie er mir erklärte. Es waren Fonds, die in hochspekulative kleine Aktiengesellschaften investierten – was das auch bedeuten mag, jedenfalls erfuhr ich, dass mein Geld keineswegs sicher war.

Zu diesem Zeitpunkt hatte ich bereits ganze 12 000 DM verloren! Noch am gleichen Tag zog ich mein Geld aus diesen Fonds ab.

Die Geschichte von Margot zeigt, wie wichtig es ist, dass Sie Ihr finanzielles Schicksal selbst in die Hand nehmen. Beginnen Sie damit, dass Sie Ihrem Geld mehr Aufmerksamkeit schenken. Nicht alle Werbeversprechen und nicht alle Berater führen immer nur das Beste für Sie im Schilde. Daher sollten Sie sorgfältig unterscheiden zwischen den Geschichten und Mythen, die man Ihnen erzählt, und der Realität, also mit welchen Renditen Ihr Geld tatsächlich arbeitet. Es ist nie zu früh, damit zu beginnen – das ist wahr. Aber es ist ebenso wahr, dass es auch niemals zu spät ist, damit anzufangen.

Geldgesetz

Wenn Ihr Geld einmal für Sie sorgen soll, müssen Sie sich zunächst um Ihr Geld sorgen.

Nüchtern betrachtet, gibt es nur drei Wege, zu Geld zu kommen. Sie können zum einen dafür arbeiten. Aber nur wenige von uns wollen auf Dauer nur leben, um zu arbeiten. Wahrscheinlich kommt irgendwann der Punkt, an dem die Aussicht, einzig und allein für die monatliche Gehaltsüberweisung zu arbeiten, nicht eben eine attraktive Perspektive ist. Der zweite Weg besteht darin, Geld zu erben oder in der Lotterie zu gewinnen. Auch dies sollte nicht die Lösung sein, auf die Sie bauen. Der dritte Weg – und gleichzeitig der einzige, der uns allen dauerhaft etwas einbringt – ist der, alles, was wir im Laufe der Zeit verdienen, intelligent zu investieren, sodass das Geld für uns »zur Arbeit geht«. Wahrer Reichtum beginnt, wenn Geld, das Sie für Ihre Arbeit erhielten, nun selbst zu arbeiten anfängt – und Ihnen somit eine zusätzliche lukrative Einnahmequelle sichert.

Geldmarktfonds zum optimalen Cash-Management

Jeder von uns sollte sich um sein Geld kümmern. Jeder – ganz gleich, wie alt er ist und wie viel er verdient. Es ist wichtig, dass Sie wissen, wie Sie zum Beispiel Ihre Cash-Bestände kurzfristig anlegen sollten, um damit die Rendite Ihrer Liquidität zu verbessern. Gleichzeitig müssen Sie verhindern, dass Sie zur Zielscheibe von Geschäftemachern werden, wenn Sie Ihr Geld einfach auf dem Girokonto belassen.

Als ich gerade damit begonnen hatte, im Finanzgeschäft zu arbeiten, hatten die meisten Kunden all ihr Geld einfach auf ihre Sparbücher eingezahlt. Sie waren glücklich mit den bescheidenen 5 Prozent Zinsen, die sie jährlich für ihre Ersparnisse erhielten. Und manche von ihnen waren sogar dann noch glücklich, als sie nach dem ziemlich starken Zinsrückgang ab Mitte der neunziger Jahre bestenfalls mit 3 Prozent, teilweise noch weniger rechnen konnten. Diese Bankkunden waren nicht zuletzt deshalb zufrieden, weil Spareinlagen als absolut sicher gelten. Das trifft vor allem auf Deutschland zu, wo Sparkassen, Volks- und Raiffeisenbanken sowie fast alle Privatbanken (mit Ausnahme einiger sehr kleiner Institute) über ihre Einlagensicherungsfonds die Ersparnisse ihrer Kunden so gut absichern wie in kaum einem zweiten Land dieser Erde.

Neben den Sparbüchern unterhielten viele Bankkunden damals nur noch ein Girokonto, auf das ihr monatliches Gehalt überwiesen wurde und das dazu diente, die laufenden finanziellen Verpflichtungen abwickeln zu können. Guthaben auf Girokonten werden in der Regel nicht verzinst – im Gegenteil, die Banken und Sparkassen berechnen Ihnen sogar recht happige Kontoführungsgebühren. Angesichts des harten Wettbewerbs im Bankensektor sind mittlerweile manche Kreditinstitute – vor allem die so genannten Direktbanken – dazu übergegangen, auch Girokonten zu verzinsen. Das ändert jedoch nichts daran, dass es absolut unwirtschaftlich ist, Geldreserven auf Girokonten zu »parken«.

In den USA haben Broker-Unternehmen und Investmentgesellschaften ein Instrument kreiert, das beides miteinander kombinierte: das Konto für die Spareinlagen und das Girokonto. Sie nannten dieses Produkt »Geldmarktfonds«. Dieser gab dem Investor zum einen Sicherheit und garantierte ihm zum anderen höhere Zinsen als auf dem Sparbuch. In vielen Fällen war der Geldmarktfonds sogar preiswerter als das reine Girokonto.

In der Bundesrepublik liegen die Verhältnisse etwas anders. Dort wurden reine Geldmarktfonds erst 1994 zugelassen. Zuvor hatte es ausschließlich »geldmarktnahe« Fonds gegeben, die in den meisten Fällen in Luxemburg aufgelegt worden waren. Die ersten Geldmarktfonds stießen denn auch in Deutschland auf großes Interesse bei kurz- bis mittelfristig orientierten Anlegern. Der Vorteil war klar: Für diese Fonds wird in der Regel kein Ausgabeaufschlag erhoben (falls doch, sollten Sie den betreffenden Fonds meiden), weshalb sie sich für das kurzfristige Parken von überschüssiger Liquidität hervorragend eignen.

Was aber ist unter Geldmarktfonds konkret zu verstehen? Grundsätzlich funktionieren sie nach dem üblichen Fondsprinzip. Das heißt, die Investmentgesellschaft sammelt das Geld ihrer Kunden und investiert es in Geldmarktpapiere. Dazu gehören zum Beispiel Schatzwechsel oder Schatzanweisungen von Bund und Ländern. Während der Finanzmarkt, wo vor allem Aktien und Anleihen gehandelt werden, mittel- bis langfristig ausgerichtet ist, wird am Geldmarkt eher kurzfristig disponiert. Der Geldmarkt dient in erster Linie den Banken dazu, überschüssige Liquidität kurzfristig anzulegen oder bei Liquiditätsengpässen Geld aufzunehmen.

Wo liegen nun für Sie als Privatanleger die konkreten Vorteile? Zunächst sollten Sie sich darüber im Klaren sein, dass Sie keine Mark (beziehungsweise keinen Euro) verschenken sollten. Daher gilt: Wenn Sie Geld übrig haben, das Sie in nächster Zeit nicht benötigen, sollten Sie es schnellstmöglich renditebringend anlegen – selbst wenn es sich nur um kleinere Beträge handelt und diese nur für kurze Zeit zur Verfügung stehen.

Die Praxis aber zeigt, dass viele Menschen aus reiner Bequemlichkeit oder mangelnder Information höhere Beträge selbst über einen längeren Zeitraum auf ihrem Girokonto belassen. Kaum zu glauben, aber wahr. Viele von uns freuen sich diebisch, wenn sie eine Telefongesellschaft gefunden haben, deren Tarife einen Pfennig pro Minute unter denen der Konkurrenz liegen. Wir nehmen weite Anfahrten in Kauf, um in so genannten Factory-Outlet-Centers fabrikneue Ware zu günstigen Preisen zu erstehen. Wir verhandeln hart und freuen uns, wenn wir am Ende 20 oder 30 Mark gespart haben. Doch wenn es um die Verzinsung unserer Geldreserven geht, bekomme ich oft zu hören: »Wegen dem bisschen Geld ist mir das Ganze viel zu umständlich.« Nun, erstens ist es keineswegs umständlich, und zum zweiten handelt es sich eben nicht nur um »ein bisschen Geld«. Selbst bei einem sehr niedrigen Zinsniveau kann für Sie durch die konsequente Anlage Ihrer Rücklagen am Jahresende ein Ertrag von ein paar hundert Mark oder auch erheblich mehr rauskommen. Geld, auf das Sie nicht verzichten sollten. Denn wie gesagt: Der Weg zum Reichtum setzt voraus, dass Sie sich um Ihr Geld kümmern – statt es unverzinst verkümmern zu lassen. Und dabei spielt es keine Rolle, ob Sie nun größere oder kleinere Beträge zur Verfügung haben.

Als 1980/81 in den USA die ersten Geldmarktfonds auf den Markt kamen, war das Zinsniveau ungewöhnlich hoch. Bis zu 18 Prozent ließen sich in einem Jahr verdienen. Diese Zeiten sind zwar längst vorbei, aber auch heute versprechen gut gemanagte Geldmarktfonds eine Rendite, die deutlich über den Zinsen eines Sparbuches mit gesetzlicher Kündigungsfrist und erst recht über den Minizinsen liegt, die einige Banken ihren Kunden auf das Girokonto anbieten.

Die Stiftung Warentest, die bei deutschen Verbrauchern in hohem Ansehen steht, untersuchte Ende der neunziger Jahre die Leistung der wichtigsten Geldmarktfonds über einen Zeitraum von zwölf Monaten. Ausgesucht wurde eine Phase, die von erheblichen Turbulenzen an den Märkten geprägt war – nämlich die Zeit zwischen dem 28. November 1997 und dem 27. November 1998. Zunächst die gute Nachricht: Mit einem Durchschnitt von 3 Prozent konnten sich die Geldmarktfonds gut behaupten. Die weniger gute Erkenntnis: Die Unterschiede in der Leistung der einzelnen Fonds waren beträchtlich. So konnte der Fonds mit dem schlechtesten Resultat gerade mal ein Jahresergebnis von 2,2 Prozent vorweisen, der beste erzielte 3,5 Prozent.

Wie sich ein Geldmarktfonds entwickelt, ist dabei nicht allein von der Qualität des Fondsmanagements abhängig, sondern auch von der Höhe der Verwaltungsgebühren. Wie bereits erwähnt, müssen Sie beim Kauf von Anteilen an Geldmarktfonds in den meisten Fällen zwar keinen Ausgabeaufschlag zahlen, dennoch entstehen laufende Verwaltungsgebühren. Es ist einfach nachzuvollziehen, dass ein Fonds, der zum Beispiel 0,48 Prozent des investierten Kapitals als Gebühren berechnet, bei einem vergleichbar erfolgreichen Fondsmanagement eine schlechtere Leistung erreicht als ein Wettbewerber, der nur 0,24 Prozent berechnet. Daher sollten Sie sich auf jeden Fall nach den Verwaltungs- und den Depotgebühren erkundigen. Sind Sie bereits Kunde bei einer Fondsgesellschaft und unterhalten Sie dort ein Fondsdepot, ist es auf jeden Fall sinnvoll, in den Geldmarktfonds dieser Gesellschaft zu investieren, da Sie in diesem Fall zumindest die Depotgebühren sparen.

Beachten Sie bitte zudem die steuerliche Problematik: Kursgewinne sind nach Ablauf der Spekulationsfrist von zwölf Monaten steuerfrei. Bei Zinserträgen indessen hält der Fiskus beide Hände auf. Auch in einem Geldmarktfonds fällt beides an: steuerpflichtige Zinserträge und Kursgewinne. Fragen Sie daher vor dem Kauf der Fondsanteile nach dem steuerrelevanten Ertrag innerhalb des Fonds, zumal der Sparerfreibetrag zum 1. Januar 2000 auf 3 100 DM bei Ledigen und 6 200 DM bei Verheirateten gegenüber den früheren Limits halbiert wurde.

Eine interessante und bequeme Alternative zu Geldmarktfonds

können die so genannten Tagesgeldkonten sein. Dabei handelt es sich um eine Kombination aus Girokonto und Sparbuch. Das bedeutet: Ihr Guthaben wird verzinst, ist aber dennoch täglich abrufbar. Vor allem die deutschen Direktbanken, aber auch »Autobanken« (VW-Bank, BMW-Bank und so weiter) und Kreditkartenunternehmen bieten solche Konten an. Die durchschnittliche Verzinsung dieser Tagesgeldkonten liegt zwar leicht unterhalb der Performance (oder Wertzuwachs) von Geldmarktfonds, dafür fallen aber keinerlei Verwaltungs- oder Depotgebühren an. Denn diese Konten sind absolut gebührenfrei. Ihr Nachteil: Auf Tagesgeldkonten entstehen ausschließlich Zinserträge, die Sie in vollem Umfang versteuern müssen, falls Sie Ihren Sparerfreibetrag bereits anderweitig ausgeschöpft haben. Trifft dies zu, sollten Sie sich eher für Geldmarktfonds entscheiden.

Debit-Cards – vorteilhaft für Sie?

Manche Direktbank – also jene Institute, die über kein Filialnetz verfügen – bieten ihren Kunden sehr preiswerte oder gar kostenlose Kreditkarten an. In der Regel handelt es sich dabei um Debit-Cards, die sich von den »klassischen« Kreditkarten deutlich unterscheiden. Bei Kreditkarten zahlen Sie den aufgelaufenen Kreditbetrag in Raten zurück. Die Kartenorganisation gibt Ihnen normalerweise lediglich eine Mindestrate vor. Hingegen wird bei einer Debit-Card der Gesamtbetrag kurzfristig fällig und von Ihrem Girokonto abgebucht (vergleichbar zum Beispiel mit einer EC-Karte). Sie haben also nur einen sehr kurzen Stundungseffekt. Debit-Cards können sehr praktisch sein, wenn Sie häufig im Ausland unterwegs sind – vor allem außerhalb Europas. Sie können sich mit solchen Karten überall mit Geld versorgen. Auf diese Weise müssen Sie im Ausland nicht sehr viel Bargeld mit sich führen. Auch vermeiden Sie das Verlustrisiko bei Travellerschecks.

Geldmarktfonds optimal nutzen

Ich werde von meinen Klienten oft danach gefragt, welche Möglichkeiten es gibt, Geld, das man erst in ein paar Jahren braucht, in der Zwischenzeit optimal anzulegen. Diese Anleger möchten sich vielleicht in zwei Jahren ein Haus kaufen, oder sie planen, sich in sechs Monaten einen neuen Wagen zuzulegen, oder sie wissen, dass sie in einem Jahr ein neues Dach für ihr Haus brauchen. Was immer auch der Grund sein mag, jedenfalls wollen alle das Beste aus ihrem Geld machen. Wenn ich ihnen dann einen Geldmarktfonds vorschlage, schauen sie mich verdutzt an und sagen: »Nein, Sie haben mich nicht richtig verstanden. Bis ich das Geld brauche, will ich das Optimale daraus machen – und Geldmarktfonds bringen doch gerade einmal 4 oder 4,5 Prozent.« Wenn diese Situation eintritt, bitte ich meine Klienten, einen kleinen Test zu machen.

Ich frage sie, wie viel Geld sie im Augenblick investieren möchten. Angenommen, die Antwort lautet 10 000 DM. Dann bitte ich sie, zwischen zwei Investmentmöglichkeiten zu wählen. Im ersten Fall garantiere ich einen 80-prozentigen Gewinn auf das eingesetzte Kapital im ersten Jahr, aber einen Verlust von 40 Prozent im zweiten Jahr. Die zweite Option sieht vor, dass ich im ersten Jahr 5 Prozent Rendite und im zweiten Jahr erneut 5 Prozent garantiere.

Ausnahmslos entscheiden sich meine Klienten für die erste Option, da sie der Meinung sind, selbst bei einem Verlust von 40 Prozent im zweiten Jahr blieben bei 80 Prozent Gewinn im ersten Jahr unter dem Strich 40 Prozent Rendite. Richtig? Falsch! Ein 80-prozentiger Gewinn auf 10 000 DM macht 8 000 DM aus – am Ende des ersten Jahres verfügt der Anleger also über 18 000 Mark. Dann folgt der 40-prozentige Verlust im zweiten Jahr. 40 Prozent bezogen auf 18 000 entspricht 7 200 DM. 18 000 minus 7 200 ergibt 10 800 DM. Der Gewinn der scheinbar so lukrativen ersten Option liegt bei nur 800 DM.

Im zweiten Fall erhält der Anleger im ersten Jahr 5 Prozent Rendite – bei 10 000 DM also 500 DM. Am Ende des ersten Jahres stehen somit 10 500 DM auf dem Konto des Anlegers. Dieser Betrag wird im zweiten Jahr erneut mit 5 Prozent verzinst, das entspricht einer Rendite von 525 DM. Insgesamt verfügt der Anleger am Ende des zweiten Jahres also über 11 025 DM. Mit diesem Beispiel möchte ich Ihnen zeigen, dass Sie durchaus die Nase vorn haben können, wenn sich Ihr Geld langsam, aber stetig für Sie »abmüht« – ähnlich wie in der Fabel von der Schildkröte und dem Hasen.

Das bedeutet freilich nicht, dass Sie sich immer nur in kleinen Schritten abrackern sollten – sicher nicht in jedem Fall. Wenn Sie aber nur über einen befristeten Zeitrahmen verfügen, in dem Sie investieren möchten – zum Beispiel für ein Jahr oder weniger –, dann haben Sie nur die Wahl zwischen ein paar Möglichkeiten. Und dazu gehören Geldmarktfonds, Tagesgeldkonten oder zum Beispiel auch die in Deutschland üblichen Finanzierungsschätze des Bundes, auf die wir später noch zurückkommen werden (siehe Seite 348).

Was Sie beachten sollten

Geld, von dem Sie wissen, dass Sie es in einem Zeitraum zwischen sechs Monaten und zwei Jahren brauchen werden, gehört in einen Geldmarktfonds.

Geld als sanftes Ruhekissen

Nachdem Sie sich um jenes Geld gekümmert haben, von dem Sie wissen, dass Sie es in nicht allzu ferner Zukunft brauchen, sollten Sie nun einen Plan für das Unvorhersehbare erstellen. Das Ziel dieses »Emergency-Fonds« ist es, Ihnen ein Gefühl der Sicherheit zu geben. Auch dieses Geld sollte in einen Geldmarktfonds investiert oder auf ein Tagesgeldkonto überwiesen werden. Mancher fühlt sich sicher mit 500 DM in einem solchen »Ruhekissen«-Fonds, andere werden 10 000 DM oder mehr brauchen. Normalerweise rechnet man das Drei- bis Sechsfache seiner monatlichen Lebenshaltungskosten – natürlich verzinst –, das man zur Seite legt. Und in den meisten Fällen stimme ich dieser Auffassung zu. Freilich gibt es keine festen Regeln für die Höhe dieses »Emergency«-Geldes, denn Ihre ganz persönliche Beziehung zum Geld lässt sich nicht verallgemeinern. Deshalb müssen Sie sich selbst die Frage stellen: Wie viel Geld möchte ich für Notfälle zur Verfügung haben?

Schreiben Sie die Summe auf, die Ihnen spontan einfällt: _____ DM.

Okay, das ist Ihr Betrag. Entweder investieren Sie diese Summe nun sofort in einen Geldmarktfonds, oder aber Sie bauen sich diesen Grundstock systematisch auf, falls Sie den Betrag im Augenblick nicht zur Verfügung haben.

Nehmen wir an, Sie haben 5 000 DM als Ihr persönliches »Ruhekissen« angegeben, verfügen aber im Augenblick nicht über diese Summe. Dann bitte ich Sie, künftig an jedem Monatsende, wenn Sie auch Ihren anderen Verpflichtungen nachkommen, einen Betrag von mindestens 50 DM auf ein Sparkonto einzuzahlen, um sich Ihrem Ziel zu nähern. Je schneller Sie Ihr Ziel erreichen, desto schneller können Sie daran gehen, sich höhere Ziele zu stecken. Wenn Sie dann am Ziel sind, versuchen Sie wiederum sicherzustellen, dass Ihr Geld die bestmöglichen Zinsen erwirtschaftet.

Angenommen, Sie sind in der Lage, monatlich 100 DM auf die »hohe Kante« zu legen. Wird dieser Betrag mit 5 Prozent verzinst, haben Sie in nur 3,7 Jahren Ihre 5 000 DM erreicht. Falls Sie nur 2 Prozent bekommen, brauchen Sie drei Monate länger, um Ihr Ziel zu erreichen.

Warum ich Ihnen einen solchen »Ruhekissen«-Fonds empfehle? Ganz einfach: Sobald Sie sich sicher fühlen, fühlen sie sich stark. Und Stärke – Sie erinnern sich – zieht Geld an wie das Licht die Motten.

Risiken, die Sie beachten sollten

Wenn Sie eine nette Summe angesammelt haben, müssen Sie darauf achten, dass diese sicher investiert ist. Denn bedenken Sie: Wenn Sie mehr als 5 000 oder 10 000 DM auf Ihrem Konto haben, ist es wahrscheinlich, dass Sie von Ihrer Bank angerufen werden, die Ihnen alternative Investitionsmöglichkeiten mit besserer Verzinsung anbietet. Fast alle Banken betreiben eigenen Wertpapierhandel und helfen ihren Klienten bei der Auswahl des passenden Investments. Offensichtlich verdient die Bank mehr daran, wenn Sie eine langfristige Investition vorziehen. Deshalb behalten diese Institute Konten, die konstant einen hohen Cash-Bestand aufweisen, sehr genau im Auge. Sie hoffen, Sie von anderen Investitionsideen überzeugen zu können. Seien Sie vorsichtig, wenn es dazu kommen sollte. Seien Sie sich darüber im Klaren – und sagen Sie dies Ihrer Bank auch klipp und klar –, dass es Ihr Ziel ist, mit diesem Betrag einen ständig verfügbaren »Notfonds« für unvorhersehbare Fälle einzurichten.

Und noch ein weiteres Risiko, auf das Sie achten sollten: Sowohl Geldmarktfonds als auch Tagesgeldkonten zählen zu den sicheren Investments – vorausgesetzt, Sie gehen kein Fremdwährungsrisiko ein. Es gibt eine Reihe von Geldmarktfonds, die teilweise deutliche Verluste einfuhren, weil sie mit Blick auf höhere Zinsen in Geldmarktpapiere anderer Staaten investierten. Teilweise handelte es sich dabei sogar um Schwellenländer in höheren Risikokategorien. Auch Festgeldkonten können Sie bei vielen Banken in ausländischer Währung führen lassen und sich auf diese Weise eine höhere Verzinsung sichern. Bedenken Sie aber: Höhere Verzinsung bedeutet immer höhere Risiken. Was bringt Ihnen eine 12-prozentige Verzinsung pro Jahr, wenn zum Beispiel der südafrikanische Rand gegenüber dem Euro im gleichen Zeitraum um 20 Prozent nachgibt? In diesem Fall machen Sie 8 Prozent Verlust.

Investieren Sie in Ihre Zukunft

Sobald Sie Ihr »Ruhekissen«-Kapital aufgebaut haben, verfügen Sie über die Fähigkeit, Geld anzulegen – systematisch, Monat für Monat. Jetzt sollten Sie Ihr Vermögen für Ihre Zukunft arbeiten lassen.

Immer wieder werden Ihnen zahlreiche Zeitgenossen allerlei über die verschiedenen Arten der Geldanlage erzählen wollen. Es gehört ab jetzt zu Ihrer Aufgabe, klar zu unterscheiden, ob diese Empfehlungen ungünstig oder günstig für Sie sind – oder ob sie sich lediglich als lukrativ für jene erweisen, die Ihnen diese Investments verkaufen wollen. Es gibt eine Handvoll Investitionsmöglichkeiten, die Ihnen immer wieder begegnen werden. Ganz gleich, wie hoch Ihr Kontostand ist: Ich möchte, dass Sie jede dieser Anlageformen in- und auswendig kennen, denn früher oder später wird man sie wie Kuchen vor Ihren Augen aufreihen: Anleihen, Rentenfonds, Aktien, gemischte Fonds, Gold, Goldfonds, Immobilien und so weiter. Auf den folgenden Seiten wollen wir uns mit einigen Investmentmöglichkeiten etwas näher auseinander setzen.

Jedes Investment verfügt über ein Eigenleben – und über einen Mythos. Und ich möchte, dass Sie in jedem Fall das eine vom anderen unterscheiden können. Überdies müssen Sie wissen und verstehen, was ein bestimmtes Investment bedeutet – für Sie und für jene Person, die es Ihnen verkaufen möchte.

Die Geschichte von Kevin und mir

Vor einiger Zeit saß ich im Flugzeug neben einem wunderbaren Mann namens Kevin, der mir von seinem jüngsten Sohn erzählte: Sein Sohn sei vor kurzem Anlageberater bei einem kleinen Geldinstitut in seiner Heimatstadt geworden. Kevin hatte ihm das ganze Geld anvertraut, das ihm und seiner Frau gehörte, und jetzt fühlten sie sich beide so sicher, weil sie doch wussten, dass ihr Sohn ihr Geld wirklich gut anlegen würde. Ich erkundigte mich, wie er es denn angelegt habe, und erschrak: Er hatte ihr ganzes Geld in einen Rentenfonds mit variablem Zins inves-

tiert! Meiner Meinung nach war das keine besonders gute Anlage.

Ich erklärte Kevin dann, was die Nachteile dieser Anlageform sind. Vorher erläuterte ich ihm aber so taktvoll wie möglich, wie sie aus der Sicht seines Sohnes aussah, denn aus unserem Gespräch wusste ich, dass er unter keinen Umständen seinen Eltern schaden wollte.

Wenn man Makler wird, lernt man das Geschäft nämlich von der Pike auf, und dabei lernt man zunächst vor allem das, was die eigene Maklerfirma einem beibringt. Und was ist das? Nun, sie bringt einem bei, wie man Anlageformen verkauft, die sich für die Firma besonders lohnen, auch wenn sie für den Anleger nicht immer die beste Möglichkeit sind. Wenn man sie den Kunden entsprechend gut verkauft, können alle Anlageformen für einen bestimmten Anleger geeignet scheinen, auch wenn das gar nicht stimmt. Die meisten Makler sind keine schlechten Menschen. Ich weiß das, denn bei Merrill Lynch und Prudential-Bache habe ich mit vielen wundervollen Menschen zusammengearbeitet. Und ich will keineswegs sagen, dass jeder Makler bei jeder Anlage, die er vorschlägt, nur das Wohl seiner Firma im Auge hat. Wenn Sie Ihr Geld klug und gut anlegen, werden Sie reich werden. Sie dürfen aber nicht vergessen, dass Sie allein die Verantwortung für Ihr Geld und Ihre Anlagen tragen.

Kapitel 18
Die Altersversorgung in die eigene Hand nehmen

Was denken wir über unser Geld? Allzu oft orientiert sich unsere Einstellung an Mythen, die von den Eltern an ihre Kinder, von dem Bankberater an seine Kunden, von dem Immobilienmakler an den Investor, vom Autoverkäufer oder dem Versicherungsagenten an den Konsumenten, von Kollegen an Kollegen, von Nachbarn an Nachbarn oder von Freunden an Freunde weitergegeben werden. Wenn uns dann aber die Wahrheit einholt – vielleicht erst, wenn wir über 40 oder 50 Jahre alt sind – wünschen viele, sie hätten sich frühzeitiger um ihr Geld gekümmert.

Im neuen Jahrhundert wird manches anders sein als im gerade zu Ende gegangenen. Sehr wahrscheinlich wird der Staat sich nicht mehr ausreichend um Ihre Altersversorgung kümmern können. Sie müssen also rechtzeitig und in ausreichendem Maße selbst Vorsorge treffen. Denn die vor allem in der zweiten Hälfte des 20. Jahrhunderts aufgebauten Sozialsysteme bedürfen dringend einer Reform, um finanzierbar zu bleiben. Manche Staaten Europas haben darauf bereits reagiert – wie etwa die Niederlande –, manche stehen noch am Anfang eines tiefen Umbruchs – wie zum Beispiel die Bundesrepublik Deutschland. Ganz gleich, ob Sie Ihr Geld als Angestellter oder als Selbstständiger verdienen – in beiden Fällen müssen Sie künftig verstärkt Eigenvorsorge betreiben. Mit anderen Worten: Das »Morgen« wird immer wichtiger für Ihre Vermögensstrategie. Zumal, da Sie – statistisch betrachtet – eine gute Chance haben, länger zu leben als Ihre Vorfahren. Und dieses »Morgen« ist für viele von uns näher, als mancher denken mag.

Daher stelle ich Ihnen jetzt schon die entscheidende Frage: Wie und wovon wollen Sie morgen leben? Diese Frage müssen Sie bereits heute beantworten.

Rente – was ist das überhaupt?

Denken Sie auch, sobald Sie das Wort »Rente« hören, an den Ruhestand, an die Altersversorgung? »In Rente gehen« bedeutet in der Regel, aus dem aktiven Erwerbsleben auszuscheiden und hinfort von dem zu leben, was man sich in den zurückliegenden Jahren an Versicherungsansprüchen und Rücklagen aufgebaut hat. Dabei ist der Begriff »Rente« eigentlich sehr viel weiter gefasst. Tatsächlich hat er zunächst einmal gar nichts mit Altersversorgung zu tun. Das Wort meint in seinem ursprünglichen Sinn eine immer wiederkehrende Zahlung (zum Beispiel monatlich oder jährlich), auf die – und das ist wichtig – der Empfänger einen Rechtsanspruch hat. Sparer, die sich bis dahin selten oder gar nicht auf den oftmals verschlungenen Pfaden des Anlage-Labyrinths bewegten, reagieren häufig etwas irritiert, wenn ihnen ihr Bankberater zum Beispiel »Rentenpapiere« oder gar »Rentenfonds« empfiehlt. In der Tat höchst verwirrende Bezeichnungen. Bei Rentenpapieren (siehe Seite 337) handelt es sich um festverzinsliche Anlagen (auch Anleihen oder Bonds genannt), die mit der gesetzlichen Rentenversicherung rein gar nichts zu tun haben. Das gilt auch für Rentenfonds (siehe Seite 365 ff.), deren Gelder in verschiedene festverzinsliche Wertpapiere fließen.

Wir werden uns mit diesen Anlagemöglichkeiten später näher befassen, doch so viel schon vorab: Wer in Anleihen investiert, hat Anspruch auf eine feste Verzinsung. Diesen Ertrag erhält er Jahr für Jahr ausgezahlt, und zwar zum jeweiligen Zinstermin. Es handelt sich um eine immer wiederkehrende Zahlung (bis zum Ende der

Laufzeit der Anleihe), auf die der Anleger einen Rechtsanspruch hat. Daher auch hier der Begriff »Rentenpapiere«.

Auch die gesetzliche Rente ist nichts anderes als eine ständig wiederkehrende Zahlung bis zum Tod des Versicherten, auf die ein Rechtsanspruch besteht. Kein Politiker kann Ihnen dieses Recht beschneiden. Rentenkürzungen wären somit gesetzeswidrig. Allerdings besteht die Möglichkeit, den Anstieg der Renten zu limitieren oder sogar »Nullrunden« einzulegen. Damit müssen Sie in den nächsten Jahren und Jahrzehnten sicherlich immer öfter rechnen. Unter dem Strich führt dies dazu, dass auch in Deutschland nur noch diejenigen, die in den nächsten fünf oder zehn Jahren in den Ruhestand gehen, allein von ihrer gesetzlichen Rente leben können. Wenn Sie heute 30 oder 40 sind, dann können Sie sich auf die gesetzliche Altersversorgung nicht mehr ausschließlich verlassen. Sie werden für sich selbst ein Mischmodell Ihrer Alterssicherung entwickeln müssen, wie es in anderen Ländern Europas und schon lange in den USA üblich ist.

Das Kernproblem der gesetzlichen Rente ist das so genannte Umlageverfahren. Solange genug Beitragszahler bereitstehen, um Monat für Monat ihre Beiträge zu bezahlen, funktioniert das System. Aber es ist zwangsläufig zum Scheitern verurteilt, wenn die finanzierende Basis wegbricht. Die gesetzliche Rente lebt »von der Hand in den Mund«. Rücklagen werden nicht gebildet, sodass auch kein Kapitalstock vorhanden ist, der für schlechtere Zeiten angelegt werden könnte.

Eine seriöse Alternative dazu ist das Kapitaldeckungsverfahren, nach dem die privaten Renten- und Lebensversicherungen arbeiten. Dabei werden die eingehenden Beiträge nicht – wie im Umlageverfahren – an andere Versicherungskunden ausgezahlt, sondern die Assekuranz legt das Geld ihrer Kunden Rendite bringend an (Kapitalstock), um es am Ende der Laufzeit komplett oder aber in monatlichen Renten (private Leibrente) auszuzahlen. Dabei steht völlig außer Frage: Auch manche Versicherung muss sich den Vorwurf gefallen lassen, nicht eben optimal mit dem Kapital ihrer Kunden umzugehen. Da fließen zum Beispiel hohe Summen in einen gigantischen Verwaltungsapparat, da wird das Geld nicht ertragsstark angelegt, da entspricht die Ablaufleistung (also eingezahltes Kapital plus Zinsen und Überschussbeteiligung) nicht ganz den bei Vertragsabschluss gemachten Versprechungen. Aber immerhin weiß der Kunde, dass seine Beiträge in einen für ihn geschaffenen »Topf« fließen, aus dem später seine Altersversorgung finanziert wird. Bei der gesetzlichen Rentenversicherung indessen gibt es keine »Töpfe«, sondern nur Fässer mit offenem Boden.

Auf dem Weg in die Rentnerrepublik

Ich möchte Ihnen nun etwas genauer zeigen, weshalb das Umlageverfahren langfristig keine Chance haben kann. Die so genannte Alterspyramide weist einen starken Bauch im Bereich der Fünfzigjährigen auf. Bei den Frauen gibt es schon heute mehr 70- als 20-Jährige. Drei Faktoren werden in den kommenden Jahrzehnten die Alterspyramide zunehmend zu einem Alterspilz mutieren lassen:

- Die »Baby-Boomer« werden in 15 bis 20 Jahren in den Ruhestand treten. Der »Bauch« in der Alterspyramide wandert somit von der Mitte an den Kopf. Das bedeutet konkret: Immer mehr Rentner müssen versorgt werden.
- Durch den Ende der sechziger Jahre beginnenden extremen Geburtenrückgang steht die Pyramide nicht mehr auf einer breiten Basis, sondern nur mehr auf einer Säule. Das heißt: Immer weniger Erwerbstätige zahlen Beiträge in die Rentenkasse.
- Dank der medizinischen Fortschritte steigt die Lebenserwartung stetig und die Folge ist, dass immer mehr Rentner immer länger versorgt werden müssen.

Zu den vor allem vom Börsianer viel beachteten Zukunftsbranchen gehört »Life Science«, also »Lebenswissenschaft«, worauf sich die internationalen Chemie- und Pharma-Giganten wie Novartis,

BASF, Bayer, Glaxo Wellcome und so weiter längst spezialisiert haben. Der gezielte Einsatz von Bio- und Gentechnologie wird uns moderne Arzneimittel und neue Behandlungsmethoden bringen. In die Krankenhäuser der westlichen Industriestaaten dürfte noch stärker als bisher medizinische High-Tech Einzug halten. Dies alles wird dazu beitragen, dass künftig wohl kaum noch ein Bürgermeister erscheint, wenn eine Seniorin ihren 100. Geburtstag feiert – denn dann hätte er wirklich alle Hände voll zu tun.

An der Schwelle zum Jahr 2000 blickte ein renommiertes deutsches Wirtschaftsmagazin sorgenvoll in die Zukunft: »Aus dynamischen Wirtschaftsnationen werden Rentnerrepubliken.« Solche Prognosen stützen sich auf konkrete Statistiken. Bis zum Jahr 2050 dürfte sich der Anteil der Menschen im Alter von über 65 Jahren in den sieben größten Industrieländern (G7) von derzeit 14 Prozent fast verdoppelt haben.

Kein Wunder also, wenn der amerikanische Banker und Buchautor Peter Peterson die Wirtschaftsnationen eindringlich warnt, der demographische Wandel werde die zentrale Herausforderung des 21. Jahrhunderts. Wenn die Nationen ihre Rentenmisere nicht lösten, entstünden ihnen Kosten, »die selbst die stärksten Staaten in den Bankrott führen könnten«.

Vorsicht: Versorgungslücken!

Je mehr Sie verdienen, desto höher fällt später Ihre so genannte Versorgungslücke aus. Der Grund: In der gesetzlichen Rentenversicherung gibt es eine Beitragsbemessungs-Grenze, die 1999 bei 8 500 DM in den westlichen und 7 200 DM in den östlichen Bundesländern lag. Egal, wie viel Geld Sie pro Jahr verdienen, Ihre Beiträge zur Rentenversicherung orientieren sich an diesen Grenzwerten. Daher ist klar, dass sich die spätere Rente nach diesen Beiträgen und nicht nach Ihrem frühere Einkommen bemisst.

Doch selbst bei mittleren Einkommen macht sich die Versorgungslücke bereits bemerkbar. Eine private Zusatzversorgung ist daher unverzichtbar, wenn Sie im Alter keine gravierenden Abstriche an Ihrem gewohnten Lebensstandard machen wollen.

Ich möchte Ihnen das an einem Beispiel verdeutlichen. Angenommen, Sie sind verheiratet, in Steuerklasse III und beziehen ein Bruttoeinkommen von etwa 70 000 DM pro Jahr. Unter dem Strich bleiben Ihnen davon etwas mehr als 45 300 DM netto. Wenn Sie mit 60 Jahren in den Ruhestand gehen und mindestens 40 Jahre gearbeitet haben, erhalten Sie eine jährliche Rente von knapp 30 000 DM. Das heißt, um Ihren gewohnten Lebensstandard fortsetzen zu können, brauchen Sie zusätzliche Einnahmen von fast 16 000 DM pro Jahr.

Wenn Sie dagegen jährlich 140 000 DM brutto nach Hause bringen, müssen Sie für das Alter schon ein beträchtlich dickeres Versorgungspolster aufbauen. Immerhin liegt in diesem Fall die Differenz zwischen dem zuletzt bezogenen Nettoeinkommen und der gesetzlichen Rente bei fast 51 000 DM.

Diese Versorgungslücken lassen sich schließen – zum Beispiel mit einer privaten Rentenversicherung (dazu gleich mehr). Und diese Lücken müssen Sie schließen, wenn Sie sich auch in Ihrem dritten Lebensabschnitt etwas gönnen wollen. Die »goldenen Jahre« erweisen sich nur dann als wirklich glänzend, wenn die Finanzen stimmen. Denn die Rechnung, dass ein Rentner mit weniger Geld auskommt, weil die finanziellen Belastungen nach dem Arbeitsleben abnehmen, geht nur für den auf, der echte Abstriche an seinem bisherigen Lebensstandard vornimmt. Im Alter wechseln lediglich die Prioritäten. Die einzelnen Kostenblöcke werden neu gewichtet, aber die Ausgaben werden in der Summe kaum geringer.

Mir ist sehr wichtig, dass Sie sich absolut im Klaren darüber sind, dass bereits die 30- bis 40-jährigen von heute keine Chance mehr haben, allein mit der gesetzlichen Rente einen sorgenfreien Ruhestand verbringen zu können. Vor diesem Hintergrund kommt der privaten Vorsorge und dem eigenverantwortlichen Vermögensaufbau erhebliche Bedeutung zu. Hier liegt zweifellos einer der Schlüssel zur Lösung des Rentenproblems – und Steuern sparen lässt sich damit obendrein.

Die private Vorsorge

Sie werden mir zustimmen: Es wäre fatal, Ihre Altersversorgung allein dem Staat zu überlassen. Vielmehr sind *Sie* gefordert – und je schneller Sie handeln, desto besser.

Wer privat für den Ruhestand vorsorgen möchte, entscheidet sich häufig für eine Kapitallebensversicherung, die längst zu einer Art »Klassiker« avanciert ist. Diese Entscheidung kann richtig sein – oder auch nicht. Das hängt letztlich von den persönlichen Lebensumständen sowie den individuellen Anlagezielen ab. Was sich zum Beispiel für einen Familienvater als vorteilhaft erweisen mag, kann für einen Single nicht das Beste sein.

Die Kapitallebensversicherung

Lassen Sie mich zunächst etwas Grundsätzliches sagen: Die Kapitallebensversicherung (KLV) stellt eine Kombination aus Risikovorsorge und Geldanlage dar, denn sie deckt sowohl den Todes- als auch den Erlebensfall ab. Das heißt, die Versicherungssumme wird in jedem Fall ausgezahlt. Entweder – im Erlebensfall – zusammen mit der Gewinnbeteiligung an den Versicherten, oder aber – im Todesfall – an die Angehörigen. Genau diese doppelte Funktion einer Kapitallebensversicherung führt häufig zu Missverständnissen. Als reine Geldanlage ist diese Versicherung weniger geeignet, trotz der steuerlichen Vorteile. Eines müssen Sie wissen: Die Kapitalbildende Lebensversicherung ist kein gutes Instrument zum Vermögensaufbau. Da gibt es andere, lukrativere Möglichkeiten, die ich Ihnen auf den nachfolgenden Seiten vorstellen werde. Der Vorteil einer KLV ist, dass sie auch das Todesfallrisiko abdeckt. Wenn Sie sicherstellen möchten, dass im Falle eines Falles Ihre Hinterbliebenen versorgt sind, und Sie sich gleichzeitig für den eigenen Ruhestand ein finanzielles Polster aufbauen wollen, kommen Sie mit einer Kapitallebensversicherung trotz der in der Regel niedrigen Renditen gut zurecht.

Betrachten wir die Vor- und Nachteile der KLV etwas genauer. Zunächst zu den Vorteilen:

1. Die Kapitallebensversicherung gehört zu den sichersten Anlageformen. Die Geschäfte der Assekuranzen werden vom Bundesaufsichtsamt in Berlin überwacht. Kein Versicherungsunternehmen ist bisher in Konkurs geraten. Auf die Auszahlung der vereinbarten Versicherungssumme kann sich der Kunde daher verlassen. Anders sieht es bei der Überschussbeteiligung aus. In dieser Hinsicht zeigen sich beträchtliche Unterschiede zwischen den einzelnen Gesellschaften. Diese Überschussbeteiligung, die zusammen mit der Versicherungssumme die so genannte Ablaufleistung ergibt, ist die eigentliche Rendite einer Kapitallebensversicherung. Diese dürfen Sie in vollem Umfang genießen, denn das Finanzamt hält sich zurück. Voraussetzung ist allerdings, dass die Versicherung seit mindestens zwölf Jahren besteht. Bedenken Sie aber in jedem Fall: Bei einer Kapitallebensversicherung ist die Höhe der Rendite nicht garantiert. Da ist die Frage sicherlich berechtigt, welche Versicherungsgesellschaft unter Renditegesichtspunkten nun empfehlenswert und welche weniger attraktiv erscheint. Die Antwort muss enttäuschen, denn die erfolgreichste Assekuranz von heute kann in ein paar Jahren schon wieder weniger erfolgreich sein. Die in den Fachmagazinen regelmäßig veröffentlichten »Hitlisten« sind lediglich Augenblicksaufnahmen und daher langfristig von wenig Aussagekraft. Gute Noten erhielten in den vergangenen Jahren immer wieder die »Direktversicherer«. Diese Anbieter verzichten auf einen teuren Außendienst – und mithin auf hohe Provisionen – und umwerben potenzielle Kunden durch Zeitungsanzeigen oder Werbebriefe. Der Vertragsabschluss erfolgt meist per Post. So empfehlenswert diese Direktversicherungen auch erscheinen, eines sollten Sie als Verbraucher bedenken: Gerade Kapitallebensversicherungen sind in ihrer Gestaltungsvielfalt schwierige und erklärungsbedürftige Produkte. Direktversicherer können meist nur in sehr beschränktem Maße auf die indivi-

duellen Fragen der Kunden eingehen. Wenn Sie sich also direkt versichern, sollten Sie sich in der Materie schon etwas auskennen.

2. Wie bereits erwähnt, ist eine Kapitallebensversicherung nicht nur eine Kapitalanlage, sondern gleichzeitig eine Möglichkeit, im Todesfall die Hinterbliebenen zu versorgen. Einen Single freilich überzeugt dieses Argument wenig. In diesem Zusammenhang sollten Sie einen weiteren Hinweis beachten: Jede Kapitallebensversicherung kann mit Zusatzversicherungen kombiniert werden. Die wichtigste ist sicherlich die Berufsunfähigkeits-Zusatzversicherung, die dem Versicherten eine private Rente garantiert, sofern er durch Krankheit oder Unfall nicht mehr in der Lage ist, seinen Beruf auszuüben. Achten Sie als Versicherungsnehmer vor dem Vertragsabschluss darauf, dass im Fall der Berufsunfähigkeit keine weiteren Beiträge in Ihre Lebensversicherung mehr eingezahlt werden müssen. Beitragsfreiheit sollte deshalb auf jeden Fall mit versichert sein.

3. Bei den in der Vergangenheit abgeschlossenen Policen war die Versicherungsleistung im Todes- sowie im Erlebensfall identisch. Heute haben Sie als Verbraucher mehr Flexibilität. Sie können das Verhältnis von Todesfallsumme und Erlebensfallsumme individuell bestimmen. Sie können also zum Beispiel die Entscheidung treffen, dass die Todesfallsumme nur 10 Prozent der Erlebensfallsumme betragen soll. Diese Todesfallsumme steigt dann im Laufe der Zeit an. Eine solche Konstruktion hat zur Folge, dass die Rendite einer KLV steigt. Denn so viel ist klar: Je niedriger die versicherte Summe für den Todesfall, desto mehr Beitragsanteile kann der Versicherte in Zins bringende Geldanlagen stecken. Doch auch hier rate ich Ihnen zur Vorsicht: Anfang 1996 erließ das deutsche Finanzministerium eine Regelung, wonach mindestens 60 Prozent der während der gesamten Vertragsdauer zu zahlenden Beiträge für den Todesfallschutz aufgewendet werden müssen. Ansonsten kommt der Versicherte nicht in den Genuss der steuerlichen Vorteile, wie sie trotz der 1999 vorgenommenen Einschränkungen noch immer

bestehen (Freibetrag bei den Erträgen sowie die Absetzbarkeit der Beiträge als Versorgungsleistungen bei Selbstständigen).
4. Eine Kapitallebensversicherung wirkt »disziplinierend«. Die Prämie wird Monat für Monat vom Konto abgebucht und zählt deshalb schnell zu den »Fixkosten« eines privaten Haushalts. Es entsteht sozusagen ein schwacher Zwang, regelmäßig Sparbeiträge zu leisten – und auch dauerhaft dabei zu bleiben. Dafür sorgen schon die meist lächerlich geringen Rückkaufswerte.

Und damit komme ich schon zu den Nachteilen der Kapitallebensversicherung: Wer eine solche Police vor Ablauf der vereinbarten Frist kündigt, muss spürbare Abstriche hinnehmen. Geschieht die Kündigung schon wenige Jahre nach Vertragsabschluss, entsteht ein echter Substanzverlust, das heißt, Sie erhalten erheblich weniger zurück, als Sie eingezahlt haben. Grund für diese geringen Rückkaufswerte: Mit den Prämien der ersten Jahre decken die Unternehmen vor allem ihre Akquisitionskosten ab. Dazu gehören unter anderem die Provisionen der Außendienstmitarbeiter sowie der interne Verwaltungsaufwand.

Überdies nehmen sich die Renditen der Kapitallebensversicherung – wie bereits erwähnt – recht bescheiden aus. Das ist der Preis, den Sie als Kunde für eine besonders hohe Sicherheit zahlen. Bei der Anlage der ihnen anvertrauten Versicherungsgelder müssen die Assekuranzen vor allem auf Solidität achten. Der Kunde hat bei einer »klassischen« Lebensversicherung keinen Einfluss auf die Anlagepolitik der Gesellschaft. Eine Ausnahme stellt die fondsgebundene Lebensversicherung dar, auf die ich gleich näher eingehen werde.

Kein Ende des Steuerprivilegs

Mehrere deutsche Regierungen sind in den vergangenen Jahren in Versuchung geraten – doch jeder Vorstoß zur Besteuerung der Erträge aus Kapitallebensversicherungen schlug fehl. So bleibt es dabei, dass Sie weiterhin in den ungeschmälerten Genuss der Renditen aus einer solchen Police kommen. Vorausgesetzt, die Versicherung weist eine Mindestlaufzeit von zwölf Jahren auf. Würde der Fiskus zugreifen, büßte die Kapitallebensversicherung mit ihrer in der Regel eher schwachen Rendite viel von ihrer Attraktivität ein. Gerade in Deutschland spielt diese Police aber als Instrument der privaten Altersversorgung eine wichtige Rolle. Vermutlich sind daher bisher alle Pläne, das Steuerprivileg der Lebensversicherung abzuschaffen – was dem Staat einen beträchtlichen zusätzlichen Geldsegen beschert hätte –, am Ende fehlgeschlagen. Für Sie als Anleger ist das sicherlich erfreulich, dennoch sollten Steuervorteile allein kein Entscheidungskriterium für die Wahl der richtigen Altersversorgung sein. Ich habe Ihnen die Vor- und Nachteile einer Kapitallebensversicherung dargestellt. Falls sie Ihrem individuellen Versicherungsbedürfnis entspricht, sollten Sie nicht zögern und sich für dieses Produkt entscheiden. Sollten Sie aber bei Ihrer Altersversorgung andere Prioritäten setzen, verzichten Sie auf diese Police – trotz des schönen Steuervorteils.

Gestaltungsvielfalt der Kapitallebensversicherung

Die Kapitallebensversicherung bietet ein ganzes Spektrum von Möglichkeiten, die Ihrem persönlichen Versicherungsbedarf angepasst werden können. So ist es beispielsweise möglich, Ihre Versicherung dynamisch zu gestalten, das heißt, die Leistungen aus der Versicherung an Ihre Einkommensverhältnisse und Versorgungsbedürfnisse laufend anzupassen. Dies erreichen Sie durch die Erhöhung Ihres Versicherungsbeitrags um einen vertraglich vereinbarten Prozentsatz, zum Beispiel 5 Prozent, oder analog der Zunahme der Höchstbeiträge für die gesetzliche Rentenversicherung.

Der Vorteil dieser Dynamik ist, dass durch die automatische Anpassung die Versicherungssumme regelmäßig erhöht wird (dies geschieht im Übrigen ohne Gesundheitsprüfung), und die prozentuale Erhöhung fängt den inflationsbedingten Wertverlust auf. Wenn diese Dynamik für Sie in Frage kommt, dann sollte sie sich auch auf die

Rente aus einer eventuellen Berufsunfähigkeits-Zusatzversicherung erstrecken. Der Nachteil ist, dass jede Beitragserhöhung Ihrem Versicherungsvertreter erneute Provisionen beschert, da sie wie ein Neuabschluss gehandhabt wird. Diese Provisionen sowie der Ihrem Alter entsprechend höher angesetzte Risikoanteil Ihrer Prämie lassen die Rente schrumpfen. Deshalb sollten Sie sich gut überlegen, ob Sie die Dynamik bis zum Ende der Vertragslaufzeit durchziehen wollen oder ob Sie sie im letzten Drittel aufheben möchten.

Die Berufsunfähigkeits-Zusatzversicherung hingegen ist – wie bereits kurz erwähnt – eine sinnvolle Ergänzung Ihrer Police. Hier bieten sich zwei Möglichkeiten: Entweder lassen Sie bei eingetretener Berufsunfähigkeit die Lebensversicherung weiterlaufen bis ans geplante Ende und zahlen für diesen Zeitraum keine Beiträge mehr. Versicherungsschutz und Ablaufleistung bleiben Ihnen trotzdem erhalten. Oder aber Sie entscheiden sich für die Beitragsbefreiung plus Rente. Hierbei vereinbaren Sie eine Berufsunfähigkeitsrente in einer Höhe, die Ihren Einkommensbedarf deckt, wenn Sie wegen einer Krankheit oder eines Unfalls Ihre Arbeitskraft verlieren sollten. Natürlich müssen Sie für die Rente bei Berufsunfähigkeit um einiges tiefer in die Tasche greifen als bei einer reinen Beitragsbefreiung, dafür bietet die weiter gehende Variante aber einen überaus wichtigen Schutz, auf den vor allem Arbeitnehmer und Selbstständige in jüngerem und mittlerem Alter nicht verzichten sollten.

Die »Dread-Disease-Police«

Ein weiteres Angebot der Lebensversicherer ist seit einigen Jahren die »Dread-Disease-Police« – eine Kapitallebensversicherung für diejenigen, die an einer unheilbaren Krankheit leiden und beim regulären Ablauf ihrer Versicherung möglicherweise nicht mehr am Leben sind. Dieser Variante liegt der Gedanke zugrunde, dass besonders bei schweren Krankheiten Kosten entstehen, die von den Krankenkassen nicht ohne weiteres übernommen werden. So wird entweder ein Teil oder die ganze Versicherungssumme beim Auftreten bestimmter Krankheiten schon während der Vertragslaufzeit ausgezahlt. Der Rest des Geldes fließt nach dem Tod des Versicherten an die Hinterbliebenen.

Doch bedenken Sie: Die Versicherungssumme wird nur bei ganz präzise definierten Krankheitsbildern ausgezahlt. Dazu gehören beispielsweise bestimmte Formen von Herzinfarkt und Krebs, multipler Sklerose, Nierenversagen mit Dialysebehandlung oder Bypass-Operationen. Bei der parkinsonschen oder der Alzheimerkrankheit zum Beispiel gehen die Versicherten hingegen in der Regel leer aus. Überlegen Sie sich also sehr genau, ob Sie für einen lückenhaften Schutz wirklich Beiträge zahlen wollen. Die Mehrprämie für eine »Dread-Disease-Police« könnten Sie wahrscheinlich sinnvoller für eine Berufsunfähigkeits-Zusatzversicherung einplanen, die ja auch einspringt, wenn Sie durch eine schwere Krankheit berufsunfähig werden sollten.

Checkliste Kapitallebensversicherung

Renditechancen: *mäßig*
Risiko: *sehr gering*
Liquidität: *sehr schlecht*
Steuerliche Behandlung: *mittelmäßig*
Als Altersversorgung geeignet, wenn Hinterbliebenenschutz erwünscht

Alternative: Die private Rente

Sie wissen es bereits: Die Misere in der gesetzlichen Rentenversicherung verlangt schnelles Handeln. Je früher Sie privat vorsorgen, desto preiswerter bauen Sie sich ein zusätzliches Einkommen für die Zeit nach Ihrem Erwerbsleben auf. Doch welche Alternative bleibt den älteren Berufstätigen – den heute 50- bis 60-Jährigen?

Wenn Sie zu dieser Altersgruppe gehören, werden Sie zwar vermutlich noch nicht die volle Wucht der Rentenkrise zu spüren bekommen, um aber im Ruhestand den gewohnten Lebensstandard halten zu können, sollten Sie sich schon jetzt eine zweite, verlässliche Einnahmequelle für das Alter sichern.

Für Arbeitnehmer oder Selbstständige, die in absehbarer Zeit in den Ruhestand wechseln werden, kommt eine private Rentenversicherung in Frage. Dabei zahlt der Versicherte einmalig einen größeren Betrag ein und erhält von seiner Assekuranz fortan bis zu seinem Tod Monat für Monat eine private Rente ausgezahlt. Diese so genannte Sofortrente eignet sich vor allem dann, wenn der angehende Ruheständler etwa durch den Verkauf einer Immobilie, durch Erbschaft oder die Fälligkeit einer Kapitallebensversicherung eine höhere Summe erwartet. Um größere Versorgungslücken auszugleichen, sollten Sie jedoch schon etwa 200 000 DM investieren. Wenn Sie dann mit 65 Jahren in den Ruhestand treten, können Sie sich einschließlich der Überschussbeteiligung über eine zusätzliche Monatsrente von rund 1 800 DM freuen. Für den Fall eines frühen Todes können Sie eine Garantiezeit vereinbaren, in der die Rente in jedem Fall gezahlt wird. Wenn Sie früher sterben, zahlt die Assekuranz für die Restlaufzeit des Vertrages die Rente an Ihre Hinterbliebenen.

Es gibt vier Gründe, warum Sie vor dem Eintritt in den Ruhestand eine private Rentenversicherung abschließen sollten: Im Gegensatz zu einer »klassischen« Lebensversicherung ersparen Sie sich eine Gesundheitsprüfung. Außerdem erwirtschaftet eine Rentenpolice eine höhere Rendite als die Kapitallebensversicherung, weil in der Regel keine Hinterbliebenenversorgung im Todesfall vorgesehen ist (es sei denn, der Versicherte wünscht dies ausdrücklich). Drittens erhalten Sie im Ruhestand sofort eine fest kalkulierbare Zusatzrente, ohne sich um die Geldanlage kümmern zu müssen. Und schließlich ist die private Rente steuerlich mit der gesetzlichen gleichgestellt. Das heißt, der Fiskus beteiligt sich nur am so genannten Ertragsanteil der Bezüge. Bei einem Rentenbeginn mit 65 Jahren liegt dieser Anteil bei 27 Prozent. Da außerdem noch die Freibeträge berücksichtigt werden müssen, zahlen die meisten Rentner gar keine Steuern.

Aber auch für »eingefleischte Singles« oder für Personen, die ihre Angehörigen bereits anderweitig versorgt haben, kann eine Rentenpolice interessant sein. Für jüngere Menschen ist vor allem die aufgeschobene private Altersrente geeignet. Sie unterscheidet sich von der Sofortrente eigentlich nur dadurch, dass der Betrag nicht auf einmal, sondern über einen bestimmten Zeitraum mit monatlich festen Beiträgen eingezahlt wird. Am Ende der Laufzeit kann sich der Versicherte dann den Gesamtbetrag einschließlich Gewinnbeteiligung auszahlen lassen (Kapitalabfindung), oder aber er entscheidet sich für eine lebenslange Rente.

Selbstständige, die ihre Versorgungsfreibeträge noch nicht ausgeschöpft haben, können die Prämien für eine aufgeschobene Rentenversicherung zudem von der Steuer absetzen.

Einer der überzeugendsten Vorteile der privaten Rentenversicherung besteht freilich darin, dass sie mit der gesetzlichen Altersversorgung eigentlich nur den Namen gemeinsam hat. Im Gegensatz zu der staatlichen Rente funktioniert die private Rente nicht nach dem Umlageverfahren, sondern nach dem Kapitaldeckungsprinzip. Anders gesagt: Sie lebt nicht nach dem Motto »von der Hand in den Mund«, sondern baut eine solide Substanz auf. Daher verwundert es kaum, dass die Rentenpolice in Deutschland immer mehr Zuspruch findet. Weit über fünf Millionen Bundesbürger haben bereits eine solche Versicherung abgeschlossen – fünfmal mehr als noch 1990.

Checkliste private Rentenversicherung

Renditechancen: *befriedigend bis gut*
Risiko: *gering*
Liquidität: *schlecht*
Steuerliche Behandlung: *gut*
Als Altersversorgung geeignet

Die fondsgebundene Lebensversicherung

In Großbritannien ist sie seit langem gang und gäbe – in Deutschland fasst sie erst nach und nach Fuß: Die fondsgebundene Lebensversicherung konnte sich in den vergangenen Jahren zwar Marktanteile sichern und von dem Wunsch der Kunden nach höheren Renditen profitieren, doch den großen Durchbruch hat sie noch nicht geschafft. Die so genannte Fondspolice ist grundsätzlich für den renditeorientierten Anleger mit höherem Risikobewusstsein geeignet, obgleich sie in der Regel mit hohen Kosten verbunden ist.

Wo liegen die Unterschiede zwischen einer Fondspolice und einer klassischen Kapitallebensversicherung? Kurz gesagt: in der Transparenz. Die fondsgebundene Lebensversicherung ist sozusagen eine »gläserne Police«. Wie eine Kapitallebensversicherung funktioniert, wissen Sie. Sie schließen mit einer Assekuranz einen Vertrag und zahlen fortan Monat für Monat einen bestimmten Betrag an das betreffende Unternehmen, von dem Sie nicht wissen, wie er intern verwendet wird. So viel ist immerhin klar: Nur ein Teil Ihrer Beiträge dient dem Vermögensaufbau. Ein anderer Teil fließt in die eigentliche Versicherung (Todesfallschutz), und der dritte Teil wird für den allgemeinen Verwaltungsaufwand der Versicherungsgesellschaft genutzt. Sie als Anleger wissen nicht einmal, wie die Assekuranz den Kapital bildenden Anteil Ihrer Prämien investiert. Mit anderen Worten: Sie schenken dem Unternehmen geradezu blindes Vertrauen.

Die fondsgebundene Lebensversicherung löst den unmittelbaren Zusammenhang von Risiko- und Altersvorsorge, wie er bei der Kapitallebensversicherung besteht, wieder auf. Die Gesellschaft garantiert dem Kunden vielmehr den Risikoschutz bei vorzeitigem Ableben. Das heißt, in diesem Fall wird die Versicherungssumme ausgezahlt. Jener Teil der Beiträge aber, der zur Geldanlage verwendet wird, fließt in einen Investmentfonds. Sei es in einen Aktienfonds, seien es Renten- oder Immobilienfonds. Die Spargelder der Kunden müssen getrennt vom Vermögen der Versicherungsgesellschaft als Sondervermögen geführt werden.

Was bedeutet nun die erwähnte Transparenz konkret für Sie?

Die Fondspolice räumt Ihnen Mitbestimmungsrechte ein. Sie als Kunde können je nach Ihrer individuellen Sicherheitsvorstellung und Ihrem Renditebewusstsein zwischen unterschiedlichen Investmentfonds wählen (siehe Seite 259 ff.). Und Sie müssen auch keine Entscheidung für die Ewigkeit treffen, sondern haben die Möglichkeit, später den Fonds zu wechseln.

Der Vorteil der Fondspolice besteht vor allem darin, dass Sie selbst die Anlagestrategie wählen und somit im Vergleich zur Kapitallebensversicherung eine wesentlich höhere Rendite erzielen können. Aber Sie wissen ja: keine Chance ohne Risiko. Das, was Sie am Ende der Laufzeit aus einer Fondspolice erhalten, kann erheblichen Schwankungen unterliegen. Es könnte ja sein, dass Sie sich für eine Anlage in Aktienfonds entschieden haben und ausgerechnet zu dem Zeitpunkt, da Sie sich in den Ruhestand zurückziehen und Ihre Versicherungsleistung in Anspruch nehmen möchten, die Aktienkurse in den Keller gehen. In diesem Fall lässt sich aber die Laufzeit in der Regel um bis zu fünf Jahre verlängern. Und länger dauert meistens kein Kurssturz. Beachten sollten Sie aber auf jeden Fall, dass Beiträge zu einer fondsgebundenen Lebensversicherung steuerlich nicht als Sonderausgabenabzug für Selbstständige anerkannt werden.

Außerdem – es sei nicht verschwiegen – gibt es eine preiswerte Alternative zur Fondspolice: Sie schließen eine Risikolebensversicherung ab, um Ihre Hinterbliebenen zu versorgen, und zahlen parallel dazu monatliche Beiträge in einen Investmentfonds Ihrer Wahl ein. Dadurch sparen Sie nicht nur Geld (Fondspolicen sind nicht eben billig), sondern Sie können frei entscheiden, in welchen Fonds Sie investieren.

Die indexgebundene Lebensversicherung

Die indexgebundene Lebensversicherung – ein relativ junges Angebot auf dem Markt der privaten Altersvorsorge – folgt dem gleichen Prinzip wie die fondsgebundene Lebensversicherung. Das heißt, auch in diesem Fall wird die Versicherung für den Todesfall von der Kapital bildenden Komponente getrennt. Der Unterschied besteht darin, dass der in den Vermögensaufbau fließende Teil der Beiträge in Wertpapiere investiert wird, die sich auf einen bestimmten Aktienindex beziehen – zum Beispiel auf den DAX oder den Euro-Stoxx-50-Index. Ihre Rendite steigt oder fällt also parallel zum Index. Legt etwa der DAX innerhalb einen Jahres um 20 -Prozent zu, dürfen auch Sie sich über einen 20-prozentigen Leistungszuwachs freuen. Fällt das deutsche Aktienbarometer, müssen Sie hingegen Einbußen hinnehmen.

Doch bedenken Sie bitte: Die in einem Index enthaltenen Aktien sind unterschiedlich gewichtet. Der DAX beispielsweise wird dominiert von der Deutschen Telekom AG. Geraten einige dieser Schwergewichte unter Druck – zum Beispiel, weil die aktuellen Unternehmensdaten nicht überzeugen –, zieht dies auch den Index nach unten. Auf der anderen Seite gewinnen Indexzertifikate (siehe Seite 374 ff.) immer mehr an Bedeutung – und zwar sowohl bei in- wie auch bei ausländischen Investoren. Um die Indizes im Verhältnis 1:1 abzubilden, müssen die Fondsmanager die entsprechenden Aktien kaufen. Die daraus resultierende Nachfrage lässt die Kurse steigen und gibt auch dem betreffenden Index eine positive Dynamik.

Checkliste fonds-/indexgebundene Lebensversicherung

Renditechancen: *gut bis sehr gut*
Risiko: *überdurchschnittlich*
Liquidität: *schlecht*
Als Altersvorsorge geeignet

Steuersparend vorsorgen mit Direktversicherungen

In den vergangenen Jahren hat die betriebliche Altersversorgung viel von ihrer früheren Bedeutung eingebüßt. Angesichts ohnehin schon sehr hoher Lohnnebenkosten und des zunehmenden internationalen Wettbewerbsdrucks sind immer weniger Unternehmen bereit, ihren Mitarbeitern eine Betriebsrente zu zahlen. Doch unter bestimmten Umständen kann es für Sie als Arbeitnehmer von Vorteil sein, sich Ihre betriebliche Altersversorgung selbst zu finanzieren. In diesem Fall nämlich zahlen Sie Ihre Beiträge aus Ihrem Bruttogehalt. Privat abgeschlossene Versicherungsverträge indessen belasten Ihr Nettogehalt. Mit anderen Worten: Bei einer selbst finanzierten Betriebsrente sparen Sie Steuern.

Die gängigste Form der arbeitgeberfinanzierten betrieblichen Altersversorgung stellt die Direktversicherung durch Gehaltsumwandlung dar. Zwar ist diese Form der Vorsorge heute nicht mehr in dem Umfang steuerbegünstigt wie noch vor einigen Jahren, dennoch möchte ich Ihnen diese Versicherungsvariante vorstellen. Prüfen Sie, ob eine Direktversicherung für Sie in Frage kommt. Interessant erscheint eine solche Lösung vor allem, wenn Sie bis zum Eintritt in Ihren Ruhestand noch 25 oder 30 Jahre in Ihre Police einzahlen können.

Was ist eine Direktversicherung?

Zunächst dürfen Sie diese Versicherungsform nicht mit jenen Assekuranzen verwechseln, die ihre Produkte direkt – also ohne Außendienst – anbieten. Diese Unternehmen nennen sich zwar ebenfalls Direktversicherer, doch das hat mit der betrieblichen Altersversorgung nichts zu tun. Bei einer Direktversicherung handelt es sich um eine normale Lebensversicherung (entweder Kapital bildend, fondsgebunden oder als private Rentenversicherung). Diese Versicherung schließt Ihr Arbeitgeber in Ihrem Namen mit einem Versicherungsunternehmen ab.

Wer zahlt die Prämien?

Bei einer arbeitnehmerfinanzierten Direktversicherung müssen Sie für die Prämien aufkommen. Das heißt, Ihr Arbeitgeber zieht den Versicherungsbeitrag Monat für Monat von Ihrem Bruttogehalt ab und überweist die Prämien an die Versicherung. Wichtig: Rechtlich gesehen ist somit Ihr Arbeitgeber der Versicherungsnehmer. Welche Rechtsform das Unternehmen hat, spielt keine Rolle. Es kann sich um eine Aktiengesellschaft mit mehreren Tausend Mitarbeitern handeln, es kann eine GmbH, ein Einzelkaufmann oder auch eine Ärztin sein, die als Freiberuflerin zwei Assistentinnen beschäftigt und somit als Arbeitgeberin gilt.

Welche Nachteile entstehen mir durch eine Direktversicherung?

Wie bereits erwähnt ist Ihr Arbeitgeber der eigentliche Versicherungsnehmer. Das bedeutet zum Beispiel, dass er die Versicherung verändern, kündigen oder beleihen kann. Sie als Arbeitnehmer haben in dieser Hinsicht normalerweise keine Rechte. Sie dürfen also nicht etwa die auf Ihr Leben abgeschlossene Versicherung als Sicherheit für ein Darlehen einsetzen. In der Praxis wird der Arbeitgeber von diesen Rechten jedoch keinen Gebrauch machen.

Inwieweit lassen sich Steuern sparen?

Als Arbeitnehmer haben Sie die Möglichkeit, jährlich bis 3 408 DM in eine Direktversicherung einzuzahlen. Wie gesagt wird dieser Betrag in der Regel in monatlichen Raten von Ihrem Bruttogehalt abgezogen. Diese Prämien unterliegen derzeit einer Pauschalbesteuerung von 20 Prozent. Singles oder Arbeitnehmer mit überdurchschnittlichem Einkommen weisen hingegen eine wesentlich höhere individuelle Steuerlast auf. Angenommen, Ihr persönlicher Steuersatz liegt bei 32 Prozent, so sparen Sie für die in Ihre Versicherung investierten Prämien unter dem Strich 12 Prozent. Der steuersparende Effekt erhöht sich noch, wenn Ihr Arbeitgeber die Versicherungsbeträge auf einmal aus Sonderzahlungen wie Weihnachts- oder Urlaubsgeld zahlt.

Allerdings haben sich die steuerlichen Rahmenbedingungen für Direktversicherungen – kaum wahrgenommen von der Öffentlichkeit – zum 1. April 1999 verschlechtert. Seither mindert die vom Arbeitnehmer gezahlte 20-prozentige Pauschalsteuer nicht mehr die steuerliche Bemessungsgrundlage. Mit anderen Worten: Sie als Arbeitnehmer müssen – so paradox das klingen mag – die nun nicht mehr absetzbare Pauschalsteuer (maximal 20 Prozent von 3408 DM = 680 DM) noch einmal mit Ihrem persönlichen Steuersatz belasten lassen. Damit hat die Direktversicherung weiter an Attraktivität eingebüßt. Dennoch bleibt ein kleiner Steuervorteil.

Was passiert, wenn ich den Arbeitgeber wechsle?

Da Sie Ihre Direktversicherung aus der eigenen Tasche zahlen, besteht sofort nach Abschluss ein so genanntes »unwiderrufliches Bezugsrecht«. Wechseln Sie also nach zwei oder drei Jahren Ihren Arbeitgeber, so haben Sie drei Möglichkeiten:

- Sie übernehmen den Vertrag und führen ihn privat weiter. Dann allerdings müssen Sie Ihre Beiträge fortan aus Ihrem Nettoeinkommen bestreiten.
- Sie lassen die Direktversicherung durch Gehaltsumwandlung von Ihrem neuen Arbeitgeber fortführen (die Bereitschaft dazu ist in den meisten Fällen vorhanden).
- Sie lassen den Versicherungsvertrag beitragsfrei weiterführen.

Für wen ist eine solche arbeitnehmerfinanzierte Direktversicherung empfehlenswert?

Für alle abhängig Beschäftigten (also nicht für freie Mitarbeiter), deren individueller Steuersatz deutlich über 20 Prozent liegt. Aber auch hier rate ich Ihnen zur Vorsicht: Eine Direktversicherung allein reicht zur Altersversorgung nicht aus. Sie müssen zusätzlich vorsorgen, zum Beispiel durch Fondssparen.

Checkliste Direktversicherung

Renditechancen: *mittelmäßig*
Risiko: *gering*
Liquidität: *schlecht*
Steuerliche Behandlung: *gut bis mäßig*
Als Altersversorgung nur geeignet, wenn eine zusätzliche Absicherung besteht

Sparpläne mit und ohne Bonus

Die einfachste Art der Altersvorsorge ist die monatliche Einzahlung in einen Sparvertrag. Sie lassen von Ihrer Bank jeden Monat einen bestimmten Betrag von Ihrem Konto abbuchen und zinsbringend anlegen. Der Vorteil für Sie: Im Gegensatz zum Wertpapiersparen (also der monatlichen Investition in einen Aktien- oder Rentenfonds) haben Sie keine Kursschwankungen zu befürchten. Der Nachteil ist, dass Ihre Rendite recht bescheiden ausfällt. Dennoch: Steter Tropfen höhlt den Stein. Dank des Zinseszins-Effektes bleibt am Ende dennoch ein erfreulicher Zugewinn. Zumal dann, wenn Ihnen die Bank am Ende der Laufzeit einen Bonus gewährt. Doch natürlich müssen Sie auch diesen Bonus versteuern. Je nachdem, wie sich Ihre steuerliche Belastung darstellt, kann es sinnvoller sein, auf eine Bonuszahlung zu verzichten und dafür eine etwas höhere Verzinsung vorzuziehen. Diesen Aspekt sollten Sie mit Ihrem Bank- oder Steuerberater besprechen.

Lohnt sich ein solcher Sparvertrag überhaupt? Urteilen Sie selbst. Der nachfolgenden Tabelle können Sie entnehmen, was am Ende bei einer monatlichen Einzahlung von 100 DM bei unterschiedlichen Laufzeiten und Zinssätzen herauskommt.

Spardauer in Jahren / Verzinsung p.a.	3,5 %	4 %	4,5 %	5 %	5,5 %
10	14 302	14 670	15 048	15 436	15 836
15	23 524	24 466	25 451	26 482	27 562
20	34 477	36 384	38 416	40 580	42 887
25	47 485	50 885	54 572	58 573	62 916
30	62 935	68 527	74 706	81 538	89 093

Alle Angaben in DM. Bei höheren monatlichen Einzahlungen sind die Ergebnisse entsprechend zu multiplizieren (bei 200 DM x 2; bei 300 DM x 3 usw.).

Checkliste Sparbriefe

Renditechancen: *schlecht*
Risiko: *nicht vorhanden*
Liquidität: *je nach Vertragsbestimmungen gut bis mäßig*
Steuerliche Behandlung: *schlecht (Zinsen werden versteuert)*
Als Altersversorgung nur sehr bedingt geeignet

Altersvorsorge: Mythen und Realitäten

Die Frage, wovon wir im Ruhestand leben werden, ist von so existenzieller Wichtigkeit, dass Sie sich von falschen Vorstellungen und Hoffnungen befreien sollten. Vor allem sollten Sie sich selbst mit der Materie vertraut machen, um sozusagen auf gleicher Ebene mit Ihrem Anlageberater sprechen zu können. Seien Sie schließlich skeptisch gegenüber allen Politiker-Beteuerungen. Denn ganz gleich, welche Reformschritte bei der gesetzlichen Rentenversicherung letztlich durchgesetzt werden – eines ist klar: Nur wer privat optimal vorsorgt, kann seinen dritten Lebensabschnitt wirklich genießen und endlich alles das tun, wofür während der Erwerbstätigkeit keine Zeit blieb.

Mythos: Wer 40 Jahre arbeitet und regelmäßig in die gesetzliche Rentenkasse einzahlt, kann im Alter sorgenfrei leben.

Realität: Das mag in Deutschland für frühere Generationen gegolten haben. Die Bevölkerungsentwicklung sowie die steigende Lebenserwartung indessen machen auch in Ihrem Land tiefe Einschnitte in das Rentensystem unvermeidbar. Natürlich werden auch die heute 20- bis 45-Jährigen in ihrem Ruhestand noch eine Rente beziehen. Diese dürfte jedoch nur einen Teil der Lebenshaltungskosten abdecken. Betrachten Sie die gesetzliche Rentenversicherung daher lediglich als *einen* Baustein für Ihre Altersversorgung.

Mythos: Im Alter kommt man mit weniger Geld aus.

Realität: Die älteren Menschen von heute sind aktiver denn je. Für sie ist der Ruhestand längst kein Warten auf den Tod mehr, sondern ein erlebnisorientierter Lebensabschnitt. Jetzt können sie nachholen, worauf sie jahrzehntelang verzichten mussten. Dank der gestiegenen Lebenserwartung bleibt ausreichend Zeit, bei relativ guter Gesundheit den Ruhestand zu genießen. Als Frau, die heute mit 62 Jahren »in Rente gehen« kann, werden Sie – statistisch gesehen – immerhin noch 18 Jahre leben. Für diese Zeit müssen Sie finanziell ausreichend versorgt sein. Denn nicht nur die Freizeitgestaltung kostet Geld, sondern auch die Gesundheit. Moderne Medikamente und High-Tech-Medizin haben ihren Preis – und die Kassen werden vermutlich immer weniger zahlen. Deshalb brauchen Sie im Ruhestand etwa ein vergleichbar hohes Nettoeinkommen wie während Ihrer Erwerbszeit. Es sei denn, Sie wohnen mietfrei in einer eigenen, abgezahlten Immobilie. In diesem Fall ziehen Sie von Ihrem letzten Monatsgehalt etwa 25 Prozent ab, um zu einer realistischen Einschätzung Ihrer finanziellen Bedürfnisse im Ruhestand zu gelangen.

Mythos: Eine Kapitallebensversicherung ist immer noch die beste Altersvorsorge.

Realität: Die Kapitallebensversicherung ist im Vergleich zu anderen Anlageformen renditeschwach. Regelmäßige Einzahlungen zum Beispiel in einen Aktienfonds bringen Ihnen bessere Ergebnisse. Für Singles oder andere Menschen, die keine Hinterbliebenen zu versorgen haben, ist eine Kapitallebensversicherung absolut überflüssig. In diesem Fall zahlt man nämlich für ein Risiko, das überhaupt nicht besteht.

Mythos: Die Kapitallebensversicherung ist ein anachronistisches Produkt.

Realität: Auch dieses Pauschalurteil stimmt nicht. Die Kapitallebensversicherung ist sicher und einigermaßen kalkulierbar. Zwar kann Ihnen niemand die tatsächliche Ablaufleistung garantieren, doch ist die Gefahr starker Schwankungen erheblich geringer als beispielsweise bei Aktienfonds. Gleichzeitig besteht Versicherungsschutz für Ihre Familie.

Mythos: Nur wer auf Aktien setzt, erwirtschaftet ein ausreichendes Vermögen, um davon im Alter sorgenfrei leben zu können.

Realität: Aktien beziehungsweise Aktienfonds als Renditerenner gehören zweifellos in jedes Vorsorge-Portfolio. Doch sollten Sie auf jeden Fall auch andere Geldanlegeformen nutzen. Eine wirklich optimale Altersversorgung stützt sich sowohl auf Aktien als auch auf sichere Anleihen, Immobilien und gegebenenfalls eine Versicherung (wenn Angehörige zu versorgen sind).

Mythos: Wer jung ist, will leben. Wer mag schon mit 25 Jahren an die Rente denken?

Realität: Je früher Sie die Weichen für Ihre private Altersversorgung stellen, desto preiswerter wird es für Sie. Selbst wer nur 100 DM monatlich erübrigen kann und 35 Jahre in einen Aktienfonds einzahlt, darf sich mit 65 Jahren über ein sechsstelliges Vermögen freuen. Generell gilt: Spätestens Anfang 30 sollten Sie Ihre Altersversorgung unter Dach und Fach haben, denn für einen risikoarmen Vermögensaufbau müssen Sie etwa 30 Jahre einkalkulieren. Natürlich können Sie sich auch mit 40 oder 50 Jahren noch eine vernünftige private Altersvorsorge aufbauen. Das erfordert dann allerdings höhere Beiträge.

Mythos: Angesichts der Misere der gesetzlichen Rente muss man eigentlich jede gesparte Mark in die private Altersvorsorge investieren.

Realität: Eine ausreichende private Altersversorgung ist nur *ein*, wenn auch ein sehr wichtiger Motivationsfaktor für den Aufbau Ihres Vermögens. Daneben gibt es eine Reihe weiterer lohnender Ziele: Unabhängigkeit, das Erfüllen lang gehegter Wünsche, die eigenen vier Wände oder was auch immer. Mit anderen Worten: Denken Sie daran, dass der Aufbau einer privaten Altersversorgung für Sie langfristig *bezahlbar* sein muss. Lassen Sie sich nicht von Anlageberatern oder Versicherungsvertretern Produkte andrehen, die Sie über Jahre hinweg erheblich belasten und Ihre finanziellen Spielräume stark einschränken. Wer jeden Pfennig zweimal umdrehen muss und sich nichts mehr leisten kann, wird sehr schnell die Lust am systematischen Aufbau eines Vermögens verlieren. Vergessen Sie nicht, schon *heute* Ihr Leben zu genießen, denn langfristig werden wir alle unter der Erde liegen.

Kapitel 19
Aktien und Anleihen

Wer in Aktien investiert, kann gut essen, wer Anleihen vorzieht, kann gut schlafen. So wird gemeinhin der Unterschied zwischen beiden Wertpapierformen charakterisiert. Grundsätzlich mag diese simple Formel sogar stimmen. Sie als Anleger sollten aber sorgfältig differenzieren. Denn es ist zwar richtig, dass Anleihen im Allgemeinen weniger starken Schwankungen unterliegen als Aktien. Ob diese verzinslichen Wertpapiere, wie sie häufig genannt werden, allerdings wirklich sicherer sind, hängt einzig und allein vom Emittenten ab, das heißt von demjenigen, der die Anleihen ausgibt. Wer US-amerikanische oder deutsche Staatspapiere kauft, kann sich beruhigt zurücklehnen. Wer hingegen wegen der höheren Verzinsung zum Beispiel Anleihen des ukrainischen Staates ersteht, geht damit sicherlich ein höheres Risiko ein als bei einer Investition in die Aktie eines angesehenen Unternehmens. Lauten die Anleihen auf eine fremde Währung, müssen Sie zusätzlich noch das Wechselkursrisiko einkalkulieren. Nicht gerade einfach, denn niemand weiß, wie das Verhältnis des Euro zum US-Dollar in zwei oder drei Jahren sein wird.

Dennoch ist es natürlich richtig: Wer in Anleihen erstklassiger Emittenten investiert – seien es nun große Industrieunternehmen, Banken oder Staaten –, geht ein geringeres Risiko ein als der Käufer von Aktien. Eine gute Mischung verschiedener Anlageformen enthält sowohl das eine als auch das andere. Sie sollten also beides in Ihrem Depot haben. Je nachdem, wie sich die internationalen Kapitalmärkte entwickeln, können Sie dann Ihren Aktien- oder Anleihenbestand reduzieren oder aufstocken. In einem Jahr gehören die Aktien zu den Gewinnern, im anderen die Anleihen.

Doch wer sagt Ihnen, mit welcher dieser beiden grundsätzlich verschiedenen Wertpapierarten Sie in bestimmten Situationen am besten fahren? Ihr Anlageberater? Mag sein – wenn Sie Glück haben. Besser ist es jedoch, wenn Sie selbst über eine feine Antenne für die Entwicklung auf den Kapitalmärkten verfügen. Achten Sie dabei vor allem auf das Zinsniveau, das ganz wesentlich darüber entscheidet, ob nun Aktien oder Anleihen attraktiver sind.

Was passiert, wenn die Zinsen steigen?

Steigen die Zinsen, haben Aktionäre in aller Regel schlechte Karten. Schon die Aussicht auf Leitzinsanhebungen durch die führenden Zentralbanken lässt die Kurse an den Aktienmärkten fallen. Dafür gibt es zwei einfache Gründe:

1. Kaum ein Unternehmen arbeitet heute zu 100 Prozent mit Eigenkapital. Gerade die High-Tech-Unternehmen, die vor einem gewaltigen Investitionsaufwand stehen, müssen in hohem Maße Fremdkapital aufnehmen. Oder denken Sie an ein DAX-Schwergewicht wie die Deutsche Telekom: Vor seinem ersten Börsengang hatte der Exmonopolist höhere Schulden als die Türkei. Doch wie Sie am erfolgreichen Kursverlauf der T-Aktie nachvollziehen können, muss dies nicht unbedingt von Nachteil sein. Investiert ein Unternehmen in die Zukunft, sprich: in neue Märkte, Innovationen und Produkte, ist das Fremdkapital gut angelegt. Dennoch gilt: Schulden müssen verzinst werden. Ist das allgemeine Zinsniveau so niedrig wie in der zweiten Hälfte der neunziger Jahre, so hält sich der Aufwand für das Unternehmen in Grenzen. Steigt hingegen das Zinsniveau und besteht keine langfristige Zinsfestschreibung, drücken die höheren Kapitalkosten den Gewinn der Aktiengesellschaft erheblich. Die

logische Folge: Die Aktienkurse fallen. Daraus ergibt sich, dass gerade die in starkem Umfang auf Fremdkapital angewiesenen jungen Wachstumsunternehmen, wie sie zum Beispiel in Deutschland am Neuen Markt gehandelt werden, von einer Zinserhöhung besonders betroffen sind.
2. Je höher die Zinsen steigen, desto interessanter wird für Sie ein Investment in Anleihen, Geldmarktfonds oder sogar in konventionellen Sparbriefen. Sie bekommen dann halbwegs akzeptable Renditen, ohne die Risiken einer Aktienanlage eingehen zu müssen. Der Aktienboom in den neunziger Jahren war denn auch nicht zuletzt die Folge eines »Anlagenotstands«: Weil die Zinsen rekordverdächtig niedrig waren, blieb den privaten Anlegern im Grunde gar keine andere Alternative, als in Aktien zu investieren.

Bonds, festverzinsliche Wertpapiere, Renten, Anleihen, Schuldverschreibungen – wo liegen nun die Unterschiede?

Tatsächlich haben Anleihen verschiedene Namen, was häufig für Verwirrung sorgt. Doch ob Sie nun von Bonds, Rentenpapieren oder Schuldverschreibungen reden, letztlich handelt es sich um dieselbe Kategorie von Wertpapieren: Im Gegensatz zu Aktien erwerben Sie mit Anleihen keine Unternehmensanteile (= Sachwert), sondern Sie leihen dem Emittenten des Wertpapiers Ihr Geld (= Geldwert). Letztlich macht der Ausgeber der Anleihe – sei es nun der Staat oder ein Unternehmen – bei Ihnen Schulden. Dafür bekommen Sie entweder jährlich oder am Ende der Laufzeit Zinsen überwiesen. Zum Fälligkeitstag zahlt Ihnen der Schuldner Ihr Geld zu 100 Prozent zurück.

Sind Hochzinsanleihen zu empfehlen?

Das hängt ganz von Ihrem individuellen Risikoprofil ab.

Höhere Zinsen stellen immer einen Ausgleich für höhere Gefahren dar. Wenn Sie sich auf solche Papiere einlassen, sollten Sie den Emittenten (Schuldner) sehr genau beurteilen können. Das ist indessen in aller Regel nicht möglich. Oder trauen Sie sich zu, die Bonität Uruguays oder Moldawiens langfristig beurteilen zu können? Hände weg, wenn Sie Geld für Ihre Altersvorsorge anlegen möchten. Möglicher Ausweg: Sie investieren in einen Rentenfonds, dessen Anlageschwerpunkt auf Hochzinsanleihen liegt.

Kann ich Anleihen schnell verkaufen, wenn ich Geld brauche?

Ja, Sie können Ihre Anleihen börsentäglich verkaufen, müssen dann aber – wie bei Aktien – den aktuellen Kurs in Kauf nehmen. Der kann unter dem Einstiegspreis liegen. Rentenpapiere, die nicht börsennotiert sind (zum Beispiel Bundesschatzbriefe), weisen häufig eine eingeschränkte Liquidität auf. Bundesschatzbriefe etwa können Sie im ersten Jahr gar nicht, danach jeweils nur im Wert von 10 000 DM pro Monat verkaufen. Dafür entfällt aber das Kursrisiko.

Fremdwährungsanleihen versprechen höhere Renditen. Sollte man einsteigen?

Nur wenn Sie das zusätzliche Risiko genau einschätzen können. Ausländische Währungen können erheblich schwanken (schauen Sie sich das Verhältnis des US-Dollars zum Euro an). Selbst eine 20-prozentige Verzinsung bringt Ihnen wenig, wenn die Währung, auf die Ihre Papiere lauten, um 30 Prozent abgewertet wird. Umgekehrt steckt in diesem Risiko natürlich auch eine zusätzliche Gewinnchance, denn schließlich kann die Anleihewährung auch steigen.

Wie sind Anleihen aus steuerlicher Sicht zu beurteilen?

In Deutschland gilt: Kursgewinne aus Wertpapiergeschäften sind nach Ablauf der zwölfmonatigen Spekulationsfrist steuerfrei. An Zinseinnahmen müssen Sie den Fiskus aber entsprechend Ihrem individuellen Steuersatz beteiligen, sofern Sie die Freigrenzen (3 100 DM bei Ledigen, 6 200 DM bei Verheirateten) überschreiten. Wer in Anleihen investiert, setzt vor allem auf Zinseinnahmen, den Kurssteigerungen kommt hingegen kaum Bedeutung zu. Aus steuerlicher Sicht stellen sich Anleihen somit ungünstiger dar als Aktien, bei denen Sie lediglich die vergleichsweise niedrigen Dividendenerträge versteuern müssen.

Weshalb die Kurse schwanken

Nun erscheint die Frage sicher berechtigt, weshalb Anleihen von Emittenten erstklassiger Bonität überhaupt schwanken. Wer zum Beispiel Staatsanleihen westlicher Industrienationen kauft, hat praktisch kein Ausfallrisiko. Dass die Papiere dennoch mal zu höheren, mal zu niedrigeren Kursen gehandelt werden, hängt mit der Zinsentwicklung zusammen. Die meisten Anleihen sind festverzinslich, das heißt, Sie als Anleger können Jahr für Jahr mit einem festen Zusatzeinkommen in Form von Zinserträgen rechnen.

Angenommen, Ihr Schuldner zahlt Ihnen auf Ihre Anleihen jährlich 4,5 Prozent Zinsen. Nach zwei oder drei Jahren steigt das allgemeine Zinsniveau beträchtlich, sodass neu emittierte Anleihen nicht mehr mit 4,5, sondern mit 6,5 Prozent rentieren. Würden Sie nun Ihre Papiere verkaufen wollen, blieben Sie darauf sitzen wie auf »sauer Bier«. Denn niemand käme auf die Idee, Ihre Anleihen mit niedriger Verzinsung zu kaufen, wenn die neuen Papiere pro Jahr immerhin zwei Prozentpunkte mehr bringen. Da der Zins bei

Anleihen aber in den meisten Fällen festgeschrieben ist (daher die Bezeichnung »festverzinsliche Wertpapiere«), reagiert die niedrig verzinste Anleihe über den Kurs. Das Papier wird an der Börse mit einem Abschlag gehandelt, weil seine Verzinsung unter dem aktuellen Niveau liegt.

Oder der umgekehrte Fall: Sie haben eine Anleihe mit einer Verzinsung von 6,5 Prozent in Ihrem Depot. Plötzlich sinken die Zinsen – mit der Folge, dass neu emittierte »Festverzinsliche« nur noch 4,5 Prozent bringen. Somit werden die Anleger eher die »gebrauchten« Papiere kaufen, weil sie sich dadurch einen deutlich höheren Zinsertrag sichern. Die Kurse für Ihre Anleihen werden daher steigen.

Was Sie beachten sollten

Steigen die Zinsen, fallen die Kurse für Anleihen.
Fallen die Zinsen, steigen die Kurse.
Fragen Sie Ihre Bank nach Anleihen mit kurzen Restlaufzeiten. Sicherlich finden Sie Papiere von solventen Emittenten, die nach einem Jahr oder zwei Jahren fällig sind und dann zu 100 Prozent zurückgezahlt werden. Das reduziert Ihre Kursrisiken, da Sie die Papiere bis zum Fälligkeitstag mit großer Wahrscheinlichkeit nicht mehr verkaufen.

Grundsätzliches zum Wertpapiergeschäft

Egal, ob Sie Anleihen, Aktien oder Fondsanteile kaufen, in jedem Fall handelt es sich um ein Wertpapiergeschäft. Und das heißt konkret: Sie brauchen ein Depot, in dem Ihre Papiere verwahrt werden. Heute ist die Girosammelverwahrung in Depots gang und gäbe. Kaum noch jemand legt sich seine Wertpapiere zu Hause in den Tresor. Ein solches Depot ist sicher und bequem (Ihre Zinsen werden Ihnen automatisch gutgeschrieben), kostet Sie aber Gebühren.

Informieren Sie sich, bevor Sie Ihr erstes Wertpapiergeschäft tätigen. Falls Sie Bundeswertpapiere kaufen, haben Sie die Möglichkeit, ein kostenloses Depot bei der Bundesschuldenverwaltung in Bad Homburg eröffnen zu lassen (Bahnhofstraße 16–18, 61352 Bad Homburg, Telefon: 0 61 72/10 80, Fax: 0 61 72/10 84 50).

Viele Banken und Sparkassen reagieren etwas unwirsch, wenn Sie den Wunsch äußern, Bundeswertpapiere bei der Bundesschuldenverwaltung deponieren zu lassen. Andere erfinden abenteuerliche Argumente, um Sie von diesem Schritt abzuhalten. Das Motiv ist nachvollziehbar: Die Banken wollen zunächst ihre eigenen Produkte verkaufen. Und wenn sich der Kunde schon für Bundeswertpapiere entscheidet, dann sollen diese zumindest in einem gebührenpflichtigen Depot der Bank verwahrt werden. Beenden Sie alle Diskussionen mit dem klaren Hinweis, dass Sie auf einer Übertragung der Papiere an die Bundesschuldenverwaltung definitiv bestehen. Die Geldinstitute sind verpflichtet, diesen Wunsch zu respektieren (schließlich erhalten sie auch beim Verkauf von Bundeswertpapieren Provisionen).

Noch einige weitere grundsätzliche Überlegungen, die am Anfang eines Wertpapier-Engagements stehen sollten: Jede Form der Geldanlage bewegt sich im magischen Dreieck aus Sicherheit, Liquidität und Rentabilität. »Magisch« ist dieses Dreieck deshalb, weil es Ihnen niemals gelingen dürfte, bei allen drei Kriterien wirklich optimale Ergebnisse zu erzielen. Das heißt, Sie sind zu Kompromissen gezwungen, müssen zum Beispiel Abstriche bei der Sicherheit machen, um eine höhere Rentabilität zu erzielen – oder umgekehrt. Doch ich möchte mit Ihnen einzelne Anlagekriterien etwas genauer anschauen, weil sie sowohl bei der Auswahl von Anleihen als auch beim Kauf von Aktien eine wichtige Rolle spielen.

Sicherheit

Sicherheit bedeutet vor allem Substanzwahrung. Das angelegte Vermögen soll auf jeden Fall erhalten bleiben. Ob dies gelingt, hängt von der Größe der eingegangenen Risiken ab: Weist der Emittent der Anleihe wirklich eine sehr gute Bonität auf? Besteht ein Kursrisiko? Müssen Sie mit Währungsrisiken rechnen? Eine bewährte Strategie besteht darin, die Risiken zu streuen, indem Sie Ihr Vermögen auf mehrere Anlageformen verteilen (Asset Allocation, wie es im Fachjargon heißt).

Liquidität

Liquidität bedeutet die Möglichkeit, investiertes Kapital schnellstmöglich wieder in Bargeld oder Bankguthaben umzuwandeln. Börsennotierte Wertpapiere (wie Aktien, die meisten Anleihen sowie Optionsscheine) weisen eine hohe Liquidität auf. Sie können sogar per Mausklick am heimischen PC im Handumdrehen verkauft werden. Allerdings muss der Anleger dann den jeweils aktuellen Kurs in Kauf nehmen – und der kann erheblich unter dem Einstandspreis liegen.

Rentabilität

Unter Rentabilität ist das Verhältnis des jährlichen Ertrags (Zinsen, Dividendenzahlungen, Kurssteigerungen) zum Kapitaleinsatz zu verstehen. Aussagekräftig ist allerdings nur die Nettorendite – also das, was übrig bleibt, wenn Sie die Steuern abziehen. Kapitalerträge sind seit dem 1. Januar 2000 nur bis zur Höhe von jährlich 3 100 DM bei Ledigen und 6 200 DM bei Verheirateten steuerfrei. Alles, was darüber hinausgeht, müssen Sie versteuern. Steuerfrei sind – wie schon erwähnt – lediglich Kursgewinne, sofern zwischen Kauf und Verkauf der Papiere die Spekulationsfrist von zwölf Monaten verstrichen ist. Da Sie als Käufer von Anleihen vor allem von Zinserträgen profitieren, ist die steuerliche Belastung bei diesen Papieren höher als bei Aktien, bei denen der Gewinn vor allem auf Kurssteigerungen beruht.

Achten Sie auf gute Bonität

Beim Kauf von Anleihen sollten Sie nicht anders vorgehen als im Umgang mit guten Freunden: Sie werden normalerweise nur demjenigen oder derjenigen etwas leihen, von dem/der Sie wissen, dass Sie Ihr Geld mit Sicherheit zurückbekommen. Einem Bekannten, von dem Sie wissen, dass er sicher nicht zurückzahlen wird, werden Sie hingegen kaum mit größeren Geldbeträgen aushelfen.

Bevor Sie in Anleihen investieren, sollten Sie ebenfalls auf die Bonität Ihres Schuldners achten. Hierfür gibt es so genannte Bonitätskriterien (Ratings), die regelmäßig von den beiden Agenturen »Standard & Poor's« und »Moody's« vergeben werden. In Restaurantführern werden erste Adressen mit Sternen und Kochmützen ausgestattet, im Geld- und Finanzsektor geschieht dies mit einer nüchternen Buchstabenfolge. Um im Bild zu bleiben: Die Auszeichnung mit AAA oder Aaa (»triple A«) entspricht fünf Sternen, zeugt also von höchster Qualität.

Im Übrigen werden natürlich auch Banken mit solchen Auszeichnungen bedacht, wobei unter anderem ihre Kreditpolitik als Kriterium gilt. Denn vergibt ein Institut in größerem Umfang Geld für waghalsige Projekte oder engagiert es sich stark in politisch instabilen Ländern, besteht zumindest das erhöhte Risiko von Kreditausfällen. Eine solche Bank dürfte sich niemals mit AAA schmücken. Nicht einmal mit AA, das immerhin noch als Chiffre für sehr hohe Qualität steht. Ein einfaches A deutet ebenfalls noch auf eine gute, weit überdurchschnittliche Bonität hin. BBB steht für Mittelmaß, ab BB wird es dann bedenklich. C bedeutet auf jeden Fall »Finger weg« und D »notleidend«. Zur Feinabstimmung stehen zudem Zahlen und Zeichen zur Verfügung, die Sie ein wenig an die Schulzeit erinnern werden. Ein BB+ entspricht etwa einer 3 – 4.

Bonitätskriterien: von »erste Adresse« bis »notleidend«

Moody's	Standard & Poor's
Unbedenkliche Ratings	Unbedenkliche Ratings
Aaa	AAA
Aa1	AA+
Aa2	AA
Aa3	AA-
A1	A+
A2	A
A3	A-
Baa1	BBB+
Baa2	BBB
Baa3	BB-
Spekulativ bis bedenklich	Spekulativ bis bedenklich
Ba1	BB+
Ba2	BB
Ba3	BB-
B1	B+
B2	B
B3	B-
Caa	CCC+
Ca	CCC
D	CCC-
	CC
	C
	C1
	D

Die wichtigsten Anleihen im Überblick

Hinter dem Begriff Anleihe verbirgt sich eine Vielzahl höchst unterschiedlicher Anlageinstrumente, mit deren Besonderheiten Sie sich als Kunde auskennen sollten, bevor Sie sich mit Ihrem Bankberater unterhalten. Nachfolgend finden Sie eine Zusammenstellung der wichtigsten Arten von Anleihen.

Festverzinsliche Anleihen

Festverzinsliche Anleihen – auch Straight Bonds genannt – gelten als die Klassiker unter den Zinspapieren. Der Anleger ersteht eine Anleihe mit festem Nominalzins und erhält jährlich – im Ausland zum Teil auch halbjährlich – seine Zinsen gutgeschrieben. Nur bei dieser Form von Anleihen lässt sich zutreffend das häufig zu hörende Synonym »festverzinsliche Wertpapiere« verwenden.

Floater

Floater unterscheiden sich von den festverzinslichen Anleihen in dem wesentlichen Punkt, dass ihre Verzinsung variabel ist (anders ausgedrückt: sie ist »fließend« – daher die Bezeichnung »Floater«). Nach Ablauf einer bestimmten Zinsperiode, zum Beispiel nach sechs oder zwölf Monaten, teilt der Schuldner seinem Gläubiger den neuen Zinssatz mit. Dieser orientiert sich wiederum an Leitzinsen, zum Beispiel an den Geldmarktsätzen. In Phasen tendenziell steigender Zinsen profitiert der Anleger von solchen Floatern. Ist hingegen ein sinkendes Zinsniveau absehbar, liegt der Vorteil auf Dauer beim Emittenten.

Reverse Floater

Reverse Floater werden ebenfalls variabel verzinst, wobei der jeweils aktuelle Zinssatz der Differenz zwischen einem vereinbarten Zins und einem Referenzzinssatz entspricht. Ein Beispiel: Angenommen, der vereinbarte Zins macht 10 Prozent aus. Der Referenzzinssatz (zum Beispiel der britische Geldmarktsatz LIBOR) liegt bei 4,5 Prozent. Daraus ergibt sich folgende Rechnung: 10 Prozent minus 4,5 Prozent gleich 5,5 Prozent Verzinsung für den Reverse Floater.

Nullkupon-Anleihen

Nullkupon-Anleihen – sehr häufig auch Zero Bonds genannt – werden während ihrer Laufzeit nicht verzinst. Die Rendite des Anlegers liegt in der Differenz zwischen dem Rückzahlungs- und dem Ausgabekurs. Bei Einführung der neuen Zinsbesteuerung im Jahr 1993 glaubten noch einige Anleger, mit Hilfe von Zero Bonds dem Fiskus ein Schnippchen schlagen zu können: Wo keine Zinsen fließen, so ihre Überlegung, können auch keine Steuern anfallen. Das Finanzministerium sah das anders und schob diesem kurzzeitigen Steuersparmodell einen Riegel vor: Die am Ende der Laufzeit vom Anleger vereinnahmte Differenz zwischen Rückzahlungs- und Ausgabekurs wertet das Finanzamt als Zinsertrag. Falls der Anleger seine Nullkupon-Anleihen während der Laufzeit verkauft, wird die Differenz zwischen Anschaffungs- und Verkaufskurs in die beiden Komponenten Zinsertrag und Wertsteigerung aufgeschlüsselt. Die Zinsen muss der Anleger versteuern.

Fremdwährungsanleihen

Fremdwährungsanleihen lauten – wie der Name schon vermuten lässt – weder auf DM noch auf Euro, sondern auf eine ausländische Währung, zum Beispiel US-Dollar oder tschechische Kronen. Diese Papiere unterliegen gleichzeitig einem Kurs- und einem Währungsrisiko. Das heißt, der Anlageerfolg hängt zum einen von der Zinsentwicklung und zum anderen von der Stärke der betreffenden Währung ab. Insofern sind solche Papiere nur für sehr risikobereite und erfahrene Anleger geeignet. Doppelwährungsanleihen reduzieren dieses Risiko etwas, indem die Zinszahlungen sowie die Kapitalrückzahlung in unterschiedlichen Währungen vereinbart werden (zum Beispiel Rückzahlung in Dollar, Zinsen in Euro).

Wandelanleihen

Wandelanleihen werden von Aktiengesellschaften ausgegeben. Sie räumen dem Investor das Recht ein, seine Anleihen zu einem bestimmten Zeitpunkt oder innerhalb eines bestimmten Zeitraums in einem festgelegten Verhältnis in Aktien der betreffenden AG umzutauschen. Macht der Anleger von diesem Umtauschrecht keinen Gebrauch, bleibt sein Wertpapier bis zum Ende der Laufzeit eine verzinste Anleihe. Wer von vornherein nicht daran denkt, seine Anleihen in Aktien umzutauschen, sollte nicht in Wandelanleihen investieren. Denn das Umtauschrecht muss meist mit einer geringeren Verzinsung »bezahlt« werden.

Auslandsanleihen

Auslandsanleihen werden am Kapitalmarkt eines bestimmten Emissionslandes ausgegeben und lauten auf die Währung des betreffenden Staates. Das ist zum Beispiel der Fall, wenn ein amerikanischer Schuldner in den Mitgliedsländern der Europäischen Währungsunion Anleihen platziert, die auf Euro lauten. Wichtig ist, dass Euroanleihen (oder Euro-Bonds) nicht zwangsläufig etwas mit der neuen europäischen Gemeinschaftswährung zu tun haben. Vielmehr sind darunter Anleihen zu verstehen, die auf eine international anerkannte Währung lauten (zum Beispiel auf US-Dollar) und in mehreren Staaten außerhalb des Heimatlandes des Schuldners gehandelt werden. So zum Beispiel, wenn ein deutscher Emittent Anleihen auf Dollar-Basis ausgibt und diese ausschließlich im Ausland platzieren lässt.

Bundeswertpapiere

Bundeswertpapiere gehören zu den Schuldverschreibungen der öffentlichen Hand – neben den Anleihen von Sondervermögen (zum Beispiel der Post) und Gebietskörperschaften (hierzu zählen Bundesländer, Städte und Gemeinden). Bei den Bundeswertpapieren muss grundsätzlich zwischen zwei Kategorien unterschieden werden. Die mit Festzinsen ausgestatteten Bundeschatzbriefe des Typs A (Laufzeit: sechs Jahre) und des Typs B (Laufzeit: sieben Jahre) sowie die kurzfristigen Finanzierungsschätze (Laufzeit: ein oder zwei Jahre) werden nicht an der Börse gehandelt. Sie unterliegen somit keinem Kursrisiko und sind für sicherheitsbewusste Anleger besonders zu empfehlen. Die Verzinsung der Bundesschatzbriefe steigt nach einer zuvor festgelegten Staffel Jahr für Jahr. Je länger der Anleger diese Papiere im Depot behält, desto interessanter werden sie. Bei den Finanzierungsschätzen des Bundes erfolgt die Verzinsung durch Zinsabzug vom Nennwert. Das heißt, diese Papiere werden unter ihrem Nennwert ausgegeben und am Ende der Laufzeit zu 100 Prozent zurückgenommen.

Bundesanleihen (lange Laufzeiten) sowie Bundesobligationen (mittlere Laufzeiten) werden hingegen an der Börse gehandelt. Beide Anleiheformen weisen einen festen Nominalzins auf.

Bankschuldverschreibungen

Bankschuldverschreibungen sind Schuldpapiere, die von Kreditinstituten ausgegeben werden. Zu unterscheiden sind gedeckte von sonstigen Schuldverschreibungen. Zu den gedeckten Schuldverschreibungen gehören zum Beispiel die von Hypothekenbanken ausgegebenen Pfandbriefe, die durch erstrangige Grundpfandrechte abgesichert sind. Unter den »sonstigen Bankschuldverschreibungen« sind alle sonstigen Anleihen zu verstehen, die von Banken und Sparkassen emittiert werden, ganz gleich, ob sie an der Börse gehandelt werden oder nicht.

Industrieobligationen

Industrieobligationen sind Anleihen, die von Industrieunternehmen emittiert werden. Der Begriff »Industrie« führt dabei allerdings etwas in die Irre. Tatsächlich können nämlich auch große Handelsunternehmen Anleihen auf den Markt bringen und sich dadurch Kapital besorgen.

Aktienanleihen

Aktienanleihen erfreuen sich vor allem in Zeiten niedriger Zinsen großer Beliebtheit. Das mag nicht weiter verwundern, garantieren sie den Anlegern doch Renditen, die das normale Zinsniveau mitunter um das Drei- oder Vierfache übertreffen. Hohen Zinsen, das ist bekanntermaßen das kleine Einmaleins der Geldanlage, stehen aber immer auch höhere Risiken gegenüber. Die Aktienanleihe macht dabei keine Ausnahme, weshalb dieses Papier vor allem bei Verbraucherschützern nicht unumstritten ist.

Das Risiko einer Aktienanleihe besteht darin, dass sich der Emittent – im Regelfall eine Bank – vorbehält, das vom Anleger investierte Kapital nicht bar, sondern in Aktien jenes Unternehmens zurückzuzahlen, auf das die Anleihe lautet. Ob der Anleger sich nun über Cash freuen darf oder mit Aktien vorlieb nehmen muss, hängt davon ab, wie die Aktie an einem im Voraus bestimmten Tag steht. Dieser Termin wird vom Anleger ebenso akzeptiert wie die Festlegung eines Aktienkurses und eines Bezugsverhältnisses.

Angenommen, Sie investieren 10 000 DM in eine Aktienanleihe der Moneymaker-Bank. Die Anleihe basiert auf Aktien der XY-AG. Sollte zum Tag X der Kurs dieser Papiere über 20 Euro liegen, erhalten Sie Ihre 10 000 DM sowie 14 Prozent Zinsen (also 1 400 DM) bar ausgezahlt. Liegt der Kurs hingegen unter 20 Euro, so dürfen Sie zwar ebenfalls 14 Prozent Zinsen kassieren (denn die sind garantiert), statt Bargeld bekommen Sie aber 250 Aktien der XY-AG. Die Folge ist, dass Sie einen Verlust einfahren, denn der Wert der Aktien macht bei einem Kurs knapp unter 20 Euro rund 9 800 DM aus. Da Sie aber 1 400 DM Zinsen erhalten, haben Sie immer noch ein gutes Geschäft gemacht. Recht trübe sieht es indessen aus, wenn der Aktienkurs zum Beispiel auf zwölf Euro gefallen ist. Dann beträgt der Gegenwert von 250 Aktien nicht einmal 5900 DM. Selbst wenn Sie die Zinsen in Höhe von 1 400 DM hinzuaddieren, bleibt Ihnen ein stattlicher Verlust von über 2 700 DM.

Aktienanleihen können eine interessante Anlageform sein. Seien Sie sich aber der Tatsache bewusst, dass es sich um ein spekulatives Termingeschäft auf Aktien handelt. Sie gehen das Risiko ein, im schlimmsten Fall erhebliche Substanzverluste hinnehmen zu müssen. Außerdem sollten Sie nur in Aktienanleihen investieren, denen starke DAX-Titel mit relativ geringer Volatilität (= Schwankungsintensität) zugrunde liegen. Bezieht sich die Aktienanleihe auf Papiere des Neuen Marktes, dann ist das Risiko besonders hoch.

Danach sollten Sie fragen:

- Wie sind die Ausstattungsmerkmale der Anleihe (Laufzeit, Tilgung, Verzinsung, Währung)? Lassen Sie sich im Zweifelsfall die Emissionsbedingungen vorlegen.
- Wie ist die Bonität des Emittenten einzuschätzen?
- Welche Gebühren entstehen beim Kauf der Anleihe?
- Welche Gebühren entstehen für die Depotverwaltung?
- Bietet die Anleihe steuerliche Vorzüge?
- Gibt es Alternativen im Bereich von Anleihen mit überschaubaren Restlaufzeiten?

- Und nicht vergessen: Bundesschatzbriefe, Finanzierungsschätze, Bundesobligationen, Bundesanleihen sowie die meisten Emissionen der Deutschen Ausgleichsbank werden von der Bundesschuldenverwaltung in Bad Homburg kostenlos verwahrt.

Checkliste Anleihen

Renditechancen: *mäßig*
Risiko: *gering bis mäßig*
Liquidität: *bei börsennotierten Anleihen gut, ansonsten mäßig*
Steuerliche Behandlung: *schlecht (Zinsen müssen versteuert werden)*
Als Altersvorsorge bedingt geeignet; besser geeignet zum Substanzerhalt nach dem Eintritt ins Ruhestandsalter

Aktien: Mehr Risiko, aber höhere Chancen

Die Börsen leben von ihrer Volatilität, wie dies die Experten ausdrücken. Mit anderen Worten: Zu den Charakteristika der Börsen gehört das Auf und Ab der Kurse. Bei einem Crash sind Einbrüche um 30 oder 40 Prozent nichts Ungewöhnliches. Sie als Anleger müssen nervenstark genug sein, dies auszuhalten. Denn eines ist sicher: Kein Crash dauert ewig. Die anschließende Erholung brachte in schöner Regelmäßigkeit neue Höchststände. Und die Börsengeschichte des 20. Jahrhunderts zeigt, dass die Phasen zwischen einem Crash und dem beginnenden Aufschwung immer kürzer wurden. Dauerte es nach dem »Schwarzen Freitag« des Jahres 1929 noch zehn Jahre, bis sich der amerikanische Aktienindex Dow Jones wieder auf seinem alten Niveau befand, so währte die kräftige Korrektur im Herbst 1998 nur wenige Wochen. Anschließend begann eine atemberaubende Aufholjagd, die den Dow Jones sogar über die 11 000-Marke hievte.

Auch der Deutsche Aktienindex DAX hat sich in den vergangenen Jahren gut geschlagen. Immerhin lag das Börsenbarometer zwischen 1987 und 1999 bezogen auf das jeweilige Jahresende nur dreimal (1990, 1992 und 1994) unter dem Vorjahresstand. Wer 1980 auf den DAX setzte, konnte innerhalb von 18 Jahren sein Vermögen verzehnfachen. Und das trotz der markanten Einbrüche in den Jahren 1987 und 1998. Langfristig gesehen erweisen sich die Aktien von renommierten Wachstumsunternehmen immer als Renditerenner.

Dennoch ist die Aktienkultur in Deutschland ungeachtet des in der zweiten Hälfte der neunziger Jahre ausgebrochenen Börsenfiebers noch weit vom US-amerikanischen Niveau entfernt. Ob Sie sich für ein Aktieninvestment entscheiden, bleibt allein Ihnen überlassen. Als Aktionär müssen Sie mit dem Risiko leben – aber werden dafür häufig mit deutlich höheren Renditen belohnt. Allerdings müssen Sie auch darauf gefasst sein, einmal Geld zu verlieren. Das passiert Anfängern ebenso wie Profis. Wenn diese Vorstellung für Sie eine Belastung sein sollte, legen Sie sich keine Aktien ins Depot. Falls Sie jedoch bereit sind, ein überschaubares Risiko einzugehen, greifen Sie zu, denn ein großes Vermögen können Sie nur mit Aktien aufbauen.

Halten Sie sich als Aktieninvestor bitte stets drei wichtige Erkenntnisse vor Augen:

1. Aktienverluste entstehen zunächst nur auf dem Papier. Nur wer in schwierigen Zeiten die Nerven verliert und verkauft, erleidet einen echten Vermögensschaden. Bleiben Sie in einem solchen Fall bitte ruhig und bewahren Sie Ihren Mut.
2. Auch Immobilien unterliegen den Schwankungen des Marktes. Wer in einer Boomphase zu überhöhten Preisen einsteigt, dürfte beim nächsten Einbruch ins Minus rutschen. Nur: Die Immobilienpreise werden nicht täglich notiert. Der Eigentümer kann also die Entwicklung seines Investments nicht kontinuierlich verfolgen. Letztlich birgt jede Anlage Risiken.
3. Die Aktienanlage ist ein langfristiges Investment. Der Anleger schichtet sein Depot nur selten um. Im Gegensatz dazu steht der »Trader«, der durch kurzfristige Käufe und Verkäufe von den Tagesschwankungen der Börse profitieren möchte. Es gibt mit-

hin Anleger und Spekulanten. Den Begriff »Spekulant« will ich nicht negativ verstanden wissen. Es ist legitim und häufig auch lukrativ, kurzfristige Trends auszunutzen. Wer allerdings ein Vermögen aufbauen und für sein Alter vorsorgen möchte, der sollte sich eher als Anleger verstehen.

Von Frauen lernen

Sie werden vielleicht staunen, aber Frauen sind an der Börse im Durchschnitt erfolgreicher als Männer. Das haben Untersuchungen immer wieder belegt – zuletzt auch in Deutschland, wo eine Direktbank den Anlageerfolg beider Geschlechter unter die Lupe genommen hat. Fragt man nach den Gründen, kommt man zu interessanten Schlussfolgerungen:

- Frauen investieren vorsichtiger. Sie sammeln gezielt Informationen, lassen sich beraten und entscheiden rational. Sie investieren nur in Aktien von Unternehmen, die sie kennen.
- Sie schichten ihr Depot selten um. »Strategie statt Aktionismus« lautet ihr Motto.
- Andererseits trennen sich Frauen sehr viel schneller von Aktien, deren Kursverlauf enttäuscht. Während manche Männer dazu neigen, ihre Papiere auch nach starken Kursverlusten zu halten, weil sie auf eine Erholung hoffen, handeln Frauen nach der Devise »Lieber ein Ende mit Schrecken« und nehmen dafür auch Verluste in Kauf.

Dies sind keine schlechten Ratschläge, um Ihr Depot auf den richtigen Erfolgskurs zu bringen – auch, wenn Sie ein Mann sind!

Die Aktie als Altersvorsorge?

Nach allem, was Sie bisher hier zum Thema Aktien gelesen haben, mögen Sie vielleicht gelinde Zweifel hegen, ob diese Wertpapiere wirklich für die Altersversorgung geeignet erscheinen. Leider lässt sich diese Frage nicht eindeutig, sondern nur nach dem Schema »Einerseits-andererseits« beantworten. Ob ein Aktienengagement als Teil der Altersvorsorge in Frage kommt, hängt also ganz vom individuellen Fall ab.

Einerseits können Aktienbesitzer immer nur hoffen. Sie hoffen, dass die betreffende Aktiengesellschaft sich wirtschaftlich gut entwickelt und dass die Börsenkurse steigen. Denn im Kursgewinn – und nicht etwa in den eher mageren Dividenden – stecken die eigentlichen Chancen der Aktien. Wie gesagt: Der Aktienbesitzer hofft, der Anleihenbesitzer hingegen weiß, dass er einmal pro Jahr die vereinbarten Zinsen erhält.

Andererseits bringen Aktien langfristig deutlich höhere Renditen als Anleihen. Und außerdem: Auch festverzinsliche Wertpapiere sind, wie bereits erwähnt, vor Kursrückschlägen nicht gefeit.

Sind Aktien also für Sie interessant? Zunächst sollten Sie als Anleger über einen größeren Betrag verfügen, von dem Sie sich auch längere Zeit trennen können. Unter dem Begriff »größerer Betrag« vesteht natürlich jeder etwas anderes. Allerdings sollten Sie schon mit mindestens 10 000 DM einsteigen, denn nur so können Sie Ihr Risiko splitten, sprich: verschiedene Aktien kaufen. Erfolgt die Investition mit Blick auf eine zusätzliche Versorgung im Alter, sollten Sie maximal 30 Prozent Ihres Vermögens in Aktien investieren.

Unterscheiden Sie zudem sehr sorgfältig zwischen zwei Anlagezielen:

1. Ziel: Vermögensaufbau
2. Ziel: Vermögenserhalt

Zum Aufbau eines Vermögens erweisen sich Aktien und Aktienfonds als unverzichtbar. Später jedoch, wenn Sie in den Ruhestand eintreten, ist Ihnen vor allem am Erhalt Ihres Vermögens gelegen. Und sichern können Sie Ihr Geld nur, wenn Sie das Risiko von Substanzverlusten weitgehend ausschließen und sicherstellen, dass sich

Ihr Vermögen nach Abzug von Inflation und Steuern zumindest nicht verringert. Ihre Nettorendite muss also mindestens null sein. Das freilich gilt nur rein theoretisch, denn natürlich wünschen Sie sich gerade im Alter eine angemessene Verzinsung als zusätzliches Einkommen. Das heißt, auch in der Phase des Vermögenserhalts dürfen Sie sich nicht mit 2 oder 3 Prozent Bruttorendite zufrieden geben.

Unabhängig davon kann ich Ihnen nur ans Herz legen, kurz vor dem Eintritt in das Ruhestandsalter den Aktienbestand in Ihrem Depot zu reduzieren und verstärkt in sichere Anleihen beziehungsweise Rentenfonds zu investieren.

Aktie ist nicht gleich Aktie

Per definitionem sind Aktien verbriefte Anteile am Grundkapital einer Aktiengesellschaft. Die Beteiligung wird in Form einer Urkunde festgehalten. Ohne Urkunde keine Beteiligung. Das macht die Urkunde zum Wertpapier. Sie garantiert dem Besitzer seinen Anteil am Gewinn des Unternehmens, sofern das Unternehmen einen Gewinn erzielt hat.

Inhaber- und Namensaktien

In Deutschland werden Aktien normalerweise als Inhaberaktien gehandelt. Das bedeutet, wer die Aktie in Händen hält, ist der Besitzer, ganz ähnlich wie beim Fahrzeugbrief. Daneben gibt es Namensaktien. Hier wird der Aktionär namentlich in das Aktienregister des betreffenden Unternehmens eingetragen. In letzter Zeit geht der Trend eindeutig in Richtung Namensaktie. Die Unternehmen erhalten auf diese Weise die Möglichkeit, direkt mit ihren Aktionären zu kommunizieren (Investor Relations).

Stamm- und Vorzugsaktien

Namens- und Inhaberaktien sind normalerweise Stammaktien. Sie garantieren Ihnen eine Beteiligung am Gewinn des Unternehmens in Form einer Dividende. Sie haben das Recht, an der Hauptversammlung der Aktionäre teilzunehmen und dort Ihr Stimmrecht auszuüben. Weiterhin haben Sie ein Recht auf Auskunft und Information über die wirtschaftliche Lage des Unternehmens durch den Vorstand, das Recht auf den Bezug »junger Aktien« und im schlimmsten Fall auf einen Anteil am Liquidationserlös – allerdings in der Rangfolge erst nach den Gläubigern. Vorzugsaktien hingegen schließen das Stimmrecht auf der Hauptversammlung aus. Sie dürfen nicht mitbestimmen, bekommen dafür aber eine höhere Dividende, sprich: Sie werden in dieser Hinsicht bevorzugt (daher die Bezeichnung Vorzugsaktie).

»Junge Aktien«

Junge Aktien erhalten Sie, indem Sie Ihr Bezugsrecht ausüben, auf das Sie als Altaktionär einen Anspruch haben. Relevant ist dies im Zusammenhang mit einer Kapitalerhöhung, für die das Unternehmen zusätzlich neue Aktien herausgibt. Mehrere alte Aktien berechtigen zum Bezug einer »jungen«. Das Bezugsrecht dient dazu, den prozentualen Anteil des Aktionärs am Unternehmen zu wahren. Selbstverständlich können Sie bei einer Kapitalerhöhung auch »junge Aktien« kaufen, ohne zuvor Aktionär des Unternehmens gewesen zu sein. Ist die Nachfrage nach dem betreffenden Papier allerdings größer als das Angebot, müssen Sie unter Umständen eine quotierte Zuteilung akzeptieren. Gratisaktien werden nach einem ähnlichen Modus ausgegeben, sind aber eine rein bilanztechnische Korrektur. Sie erhöhen zwar das sichtbare Eigenkapital in der Bilanz, führen dem Unternehmen jedoch kein frisches Geld zu.

Blue Chips, Mid oder Small Caps?

Früher erschien die Sache noch recht einfach. Aktiengesellschaften waren fast ausnahmslos Großunternehmen – die Chemiegiganten, die Kaufhauskonzerne, die Automobilhersteller und die Banken, um nur ein paar Beispiele zu nennen. Fast alle dieser großen Standardwerte sind in den führenden Börsen-Indizes der Welt zu finden – im Dow Jones ebenso wie im DAX, im europäischen Dow Jones Euro Stoxx 50 oder im Nikkei.

Die großen Standardwerte zeichnen sich im Allgemeinen durch eine gewisse Behäbigkeit aus, was nicht ausschließt, dass auch solche Aktien bei schlechten Nachrichten oder einer scharfen Korrektur an den Kapitalmärkten in die Knie gehen können. Normalerweise halten sich die Kursschwankungen aber in engeren Grenzen, einfach, weil zu viele dieser Aktien im Umlauf sind. Das heißt, die Marktteilnehmer müssen schon große Mengen der betreffenden Aktie kaufen oder verkaufen, um die Kurse zu bewegen.

Seit einigen Jahren kommen aber zunehmend mittelständische und kleinere Unternehmen an die Börse. »Going public« lautet die Devise. Die Aktien dieser Firmen (Mid beziehungsweise SmallCaps) zeichnen sich durch eine zum Teil sehr hohe Schwankungsintensität aus. Hieraus ergeben sich wiederum höhere Risiken, aber auch höhere Gewinnchancen für den Anleger.

Am Wachstumssegment der Deutschen Börse – dem Neuen Markt – sind zum Großteil junge Unternehmen vertreten, die sich noch im Aufbau befinden und häufig rote Zahlen schreiben. Als Anleger investieren Sie dort also in sehr hohem Maße zukunftsbezogen, ohne dass Sie die früheren Leistungen des Unternehmens bewerten können, denn in der Regel sind die AGs erst seit wenigen Jahren am Markt. Risiken und Chancen erscheinen daher gleichermaßen hoch.

Für den langfristigen Aufbau Ihrer Altersversorgung empfehle ich Ihnen vor allem die größeren Standardwerte. Eine sinnvolle Alternative besteht darin, in Aktienfonds oder Indexzertifikate zu investieren.

Wie Sie Verluste begrenzen können

Als Anleger können Sie die mit einem Börsenengagement zwangsläufig verbundenen Risiken begrenzen, indem Sie Ihrer Bank eine »Stop-Loss-Order« erteilen. Sinkt die betreffende Aktie unter den vom Anleger festgelegten Kurs, so muss die Bank die Papiere verkaufen. Doch Vorsicht: Fällt eine Aktie extrem stark, ist eine »Stop-Loss-Order« keine Garantie, dass Sie auch wirklich den vereinbarten Mindestpreis erzielen. Denn zum Zeitpunkt des Verkaufs kann die Aktie schon sehr viel tiefer notieren. Und zweitens kann niemand verlässlich voraussagen, wie sich der Kurs der Aktie mittelfristig weiterentwickelt. In vielen Fällen dürfte sie sich wieder erholen. Haben Sie Ihre Wertpapiere aber verkauft, weil Sie ein weiteres Abrutschen der Kurse befürchteten, so entsteht Ihnen ein unmittelbarer Verlust. Es wäre doch sehr ärgerlich, wenn die abgestoßene Aktie nach einer Woche wieder deutlich über ihrem Verkaufskurs notiert würde.

Checkliste Aktien

Renditechancen: *gut bis sehr gut*
Risiko: *überdurchschnittlich, deutliche Substanzverluste möglich*
Liquidität: *sehr gut*
Steuerliche Behandlung: *gut (Kursgewinne nach einem Jahr steuerfrei)*
Als Altersversorgung bedingt geeignet

Kapitel 20
Mit Fonds und Zertifikaten ein Vermögen schaffen

Wer mit Wertpapieren ein Vermögen aufbauen möchte, braucht nicht nur den richtigen »Riecher«, gefragt sind vor allem viel Zeit und der Zugang zu wichtigen Informationen. Die so genannten »Geheimtipps« erweisen sich bei näherem Hinsehen als Mogelpackung, denn natürlich ist ein Tipp spätestens ab dem Zeitpunkt nicht mehr »geheim«, da er in den Medien veröffentlicht wird. Bevor Sie sich also auf das glatte Parkett der internationalen Finanzwelt begeben, sollten Sie sich selbstkritisch folgende Fragen stellen:

- Können Sie täglich mindestens eine Stunde Zeit aufbringen, um sich mit den aktuellen Trends und Tendenzen an den internationalen Aktien- und Rentenmärkten zu befassen und gegebenenfalls Ihr Depot der neuen Situation anzupassen?
- Sind Sie bereit, für wirklich gute Informationen Geld zu investieren (renommierte Fachzeitschriften und Börsenbriefe sind teuer – und sogar für brauchbare Tipps aus dem Internet müssen Sie häufig in die Tasche greifen)?
- Verstehen Sie die von Anglizismen durchsetzte Fachsprache von Kapitalmarktexperten und Analysten?

Sollten Sie in dieser Hinsicht Bedenken haben, überlassen Sie die Investition Ihres Geldes am besten erfahrenen Fondsmanagern. Vor allem dann, wenn Sie eine private Altersvorsorge aufbauen möchten. Beim Fondsinvestment setzen Sie nicht auf Einzelwerte, indem

Sie zum Beispiel bestimmte Aktien oder Anleihen kaufen, sondern Sie zahlen Ihr Geld in einen Fonds ein. Dieser legt das bei den Anlegern »eingesammelte« Kapital entsprechend dem Investitionsschwerpunkt des Fonds (zum Beispiel deutsche Aktien) an. Das Fondsmanagement verfolgt intensiv das Geschehen an den internationalen Kapitalmärkten und schichtet entsprechend um. Erscheint eine Aktie nicht mehr viel versprechend, werden die vom Fonds gehaltenen Bestände zurückgefahren und andere Wertpapiere gekauft. Der Fonds baut also Positionen auf beziehungsweise ab, wie es im Fachjargon heißt. Je nach der aktuellen Markteinschätzung werden Wertpapierbestände unter- oder übergewichtet – und wenn sich die Finanzmärkte wieder einmal launisch geben und kein Trend auszumachen ist, gehen die Fondsmanager auch schon mal »in Cash«, das heißt, sie warten mit ihrer Investitionsentscheidung ab und parken das Geld bis dahin in verzinsten, sofort verfügbaren Anlageformen.

Sie als Anleger können sich bequem zurücklehnen und auf die Erfahrung der Fondsmanager bauen, die untereinander unter starkem Wettbewerbsdruck um die beste Performance (also den besten Wertzuwachs) konkurrieren. Richtig ist aber auch: Es gibt gut und schlecht gemanagte Fonds. Die folgenden Seiten sollen Ihnen dabei helfen, die Spreu vom Weizen zu trennen.

Fonds stehen bei den Anlegern hoch im Kurs – ganz gleich, ob es sich nun um Aktien-, Renten- oder Immobilienfonds handelt. Nach einer Statistik des Bundesverbandes Deutscher Investmentgesellschaften in Frankfurt waren 1998 über 403 Milliarden DM in deutschen Publikumsfonds und weitere 162 Milliarden in ausländischen Fonds mit deutscher Provenienz investiert. Institutionelle Anleger (also Versicherungen, Banken, Unternehmen und so weiter) hatten im selben Jahr den so genannten Spezialfonds über 722 Milliarden DM anvertraut.

Zu dem Siegeszug der Fonds hat sicherlich beigetragen, dass sie von den Bankberatern bevorzugt angeboten werden, vor allem dann, wenn es sich um Produkte des eigenen Hauses handelt. Denn beim Verkauf von Fondsanteilen gibt es viel zu verdienen.

Neben den Depotkosten und den laufenden Gebühren stellt vor allem der Ausgabeaufschlag eine spürbare Belastung des Anlegers dar. Was die Höhe dieser »Einstiegsprämie« angeht, so gelten für die einzelnen Fondsgattungen unterschiedliche Prozentsätze. Rentenfonds schlagen normalerweise mit 3, Aktienfonds hingegen mit 5 Prozent oder mehr zu Buche. Das ist sicher nicht gerade wenig. Einmal angenommen, Ihr Bankberater überredet Sie, für 50 000 DM Anteile an einem hauseigenen Aktienfonds zu kaufen. Der Ausgabeaufschlag macht somit 2 500 DM aus. Auf dem Weg nach Hause kommen Ihnen Bedenken. Sie gehen zurück zur Bank und verkaufen Ihre Anteile. Mit einem Schlag sind Sie um 2 500 DM ärmer. Die Bank allerdings hat in dieser kurzen Zeit mindestens 1 500 DM an Provision verdient, denn der Löwenanteil des Ausgabeaufschlags fließt in den Vertrieb. Mit anderen Worten: Die Bank hält beim Fondskauf zunächst einmal beide Hände auf.

Gehen wir von einem Aktienfonds mit einem Ausgabeaufschlag von 5 Prozent aus. Der Rücknahmepreis (Fondsvermögen dividiert durch die Zahl der ausgegebenen Anteile) beträgt 50 DM. In der Praxis sind solche »runden« Beträge zwar selten, sie erleichtern aber dieses Rechenbeispiel.

Angenommen, Sie möchten für 10 000 DM Fondsanteile kaufen. Pro Anteil zahlen Sie somit 50 DM (aktueller Rücknahmepreis) plus 2,50 DM (5 Prozent von 50 DM). Insgesamt müssen Sie für einen Fondsanteil somit 52,50 DM berappen. Das bedeutet eben auch: Der im Rücknahmepreis ausgedrückte Wert eines Zertifikats muss erst einmal um über 2,50 DM steigen, damit Sie überhaupt einen Gewinn verzeichnen können. In guten Börsenjahren ist das kein Problem. Die trägeren Rentenfonds hingegen tun sich außerordentlich schwer, bereits im ersten Jahr einen Gewinn zu erwirtschaften.

Es gibt eine recht einfache Formel, mit deren Hilfe Sie schnell feststellen können, wie viel Geld Sie tatsächlich anlegen, wenn Sie einen bestimmten Betrag in Fonds investieren. Dazu bedarf es einer einfachen Dreisatzrechnung:

10 000 DM (Anlagekapital) = 105 Prozent
(einschließlich Ausgabeaufschlag)
X DM (wirklich angelegtes Kapital) = 100 Prozent

Rechenweg

$$\frac{10\,000\,\text{DM} \times 100\,\text{Prozent}}{105\,\text{Prozent}} = 9\,523{,}81\,\text{DM}.$$

Mit anderen Worten: Sie zahlen beim Kauf zwar 10 000 DM, erhalten aber lediglich einen echten Gegenwert von 9 523,81 DM. Sie starten also mit einem Handikap.

Jonathans Geschichte

Meine Eltern waren für mich immer die Größten. Ich bin behindert, sitze im Rollstuhl und kann nicht arbeiten, aber das Wichtigste für die beiden war stets, dass für mich gesorgt war. Sie haben ihr Leben lang hart gearbeitet, und das zum großen Teil nur deshalb, damit ich genug Geld hätte, wenn sie einmal nicht mehr dasein sollten. Mein Vater starb zuerst und meine Mutter dann vier Jahre später. Erstaunlicherweise hinterließen sie mir die stolze Summe von 540 000 DM.

Es war mir natürlich klar, dass dieses Geld dazu da war, mir mein Einkommen zu sichern und meine Behindertenrente aufzustocken. Meine Eltern waren so stolz, weil sie dachten, dass es genug sein würde. Ich ging zu ihrem Finanzberater, der einen Aktienfonds für mich anlegte, und für eine Weile ging es mir tatsächlich gut damit. Ich bekam 4 050 DM pro Monat und kam damit bestens aus. Nach einer Weile jedoch fielen die Zinssätze in den Keller, und ich bekam nur noch 2 700 DM pro Monat, und dann sogar weniger als das. Mein Vermieter verkaufte das Gebäude, in dem ich lebte, und damit fing alles an. Ich beschloss mir ein eigenes kleines Heim zu kaufen, sodass mich niemand mehr vertreiben könnte, und wollte folglich aus dem Fonds raus, um das Geld für das Haus ausgeben zu können, aber zu diesem Zeitpunkt waren nur noch 450 000 DM im Fonds. Ich war wie vor den Kopf geschlagen, wie das nur möglich sein konnte, weil mir beim Kauf des Fonds gesagt wurde, dass, falls die Zinssätze fallen sollten, der Wert des Fonds steigen würde. Also sitze ich jetzt mit einem Fonds fest, der weniger Geld wert ist, als ich am Anfang hatte.

Wenn Sie mit der Zeit über genügend Basis-Know-how verfügen und auf eine gezielte Beratung verzichten können, kaufen Sie Ihre Fondsanteile am besten bei einem Discount-Broker (in Deutschland zum Beispiel bei ConSors, der Comdirect-Bank, Fimatex, Entrium) oder bei einer Direktbank (Allgemeine Deutsche Direktbank, Advance Bank, Direkt Anlage Bank usw.). Die Ausgabeaufschläge fallen dort in der Regel sehr viel niedriger aus als beim Kauf in einer Filialbank.

No-load-Fonds: Nur für kurzfristig orientierte Anleger

Entscheiden Sie sich für einen so genannten No-load-Fonds (auch Tradingfonds genannt), so zahlen Sie überhaupt keinen Ausgabeaufschlag. Doch hüten Sie sich davor, Äpfel mit Birnen zu vergleichen. Bei No-load-Fonds werden Sie nämlich an anderer Stelle zur Kasse gebeten: Statt eines Ausgabeaufschlags zahlen Sie laufende Gebühren – und die sind in der Regel recht happig. Geeignet sind solche Fonds für den »Trader«, also für Anleger, die Wertpapiere kaufen und nach relativ kurzer Zeit wieder verkaufen. Für den langfristig orientierten Anleger hingegen ergeben No-load-Fonds wenig Sinn. Für ihn werden die hohen laufenden Gebühren dieser Fonds am Ende teurer als der einmalige Ausgabeaufschlag, der umso weniger ins Gewicht fällt, je länger der Investor die Fondsanteile im Depot behält.

Wie Fonds mit Ihrem Geld arbeiten

Die deutsche Investmentbranche hatte 1998 sage und schreibe 5 551 Fonds aufgelegt. Da verliert man schnell den Überblick. Es gilt, zwischen einer Vielzahl höchst unterschiedlicher Fondsarten zu unterscheiden. Mit der nachfolgenden allgemeinen Einleitung möchte ich vor allem dem Einsteiger die Orientierung erleichtern.

Was passiert, wenn Sie in einen Fonds investieren? Sie erwerben Anteile an einem Fonds mit einem bestimmten Anlageschwerpunkt. Die Fondsgesellschaft wiederum investiert das »eingesammelte« Geld entsprechend der Ausrichtung des Fonds in Wertpapiere oder Immobilien und schüttet die Erträge jährlich an Sie aus.

Dieses Geld wird entweder auf das Konto des Anlegers überwiesen oder aber automatisch sofort wieder angelegt – beim letztgenannten Fall handelt es sich um thesaurierende Fonds. Natürlich kann man auch ausgeschüttete Erträge selbst sofort wieder anlegen.

Somit müssen Sie als Anleger zunächst zwischen thesaurierenden und ausschüttenden Fonds unterscheiden. Für Ihren systematischen Vermögensaufbau – vor allem auch für die Altersvorsorge – erscheinen thesaurierende Fonds besser geeignet. Denn dadurch, dass die Erträge immer wieder angelegt werden, kommen Sie in den Genuss eines Zinseszins-Effektes. Das heißt, das angelegte Kapital wächst stetig um Zinsen und Zinseszinsen, sodass sich die Ertragsaussichten erhöhen.

Eine andere Situation entsteht, wenn Sie zum Beispiel die Erträge aus Ihrem Investment in Ihrem Budget eingeplant haben. Nehmen wir also an, Sie betrachten die Rendite Ihres angelegten Kapitals als zusätzliches Weihnachts- oder Urlaubsgeld. In diesem Fall sollten Sie sich für einen Ausschüttungsfonds entscheiden.

Im Allgemeinen aber bringen thesaurierende Fonds dem Anleger mehr Vorteile. So spart die Fondsgesellschaft zum Beispiel die Kosten für die Ausschüttung der Rendite. Das führt in der Regel zu einer besseren Wertentwicklung des Fonds. Überdies kann die Gesellschaft besser planen – und damit investieren. Immerhin weiß sie, dass die erwirtschafteten Erträge komplett wieder angelegt werden können, sofern der Kunde seine Fondsanteile nicht verkauft. Diese Planungssicherheit erleichtert den Fondsmanagern die Arbeit. Und wer längerfristig planen kann, erzielt normalerweise die besseren Renditen. Schließlich sparen auch Sie als Anleger. Denn wenn Sie die erwirtschafteten Erträge nicht sofort wieder ausgeben möchten (wovon wir im Interesse eines stetigen Vermögensaufbaues abraten), werden Sie nicht umhinkommen, die gerade ausgezahlte Summe wieder anzulegen. Zwar räumt Ihnen die Fondsgesellschaft in diesem Fall einen günstigen Wiederanlagerabatt auf den Ausgabeaufschlag ein, dennoch entstehen Ihnen natürlich Kosten, die Sie bei thesaurierenden Fonds sparen können.

Flexibel bleiben Sie auf jeden Fall, egal, ob Sie sich für die Thesaurierung oder die Ausschüttung entscheiden. Ein hohes Maß an Liquidität ist bei beiden Varianten sichergestellt. Verkaufen Sie zum Beispiel Ihre Anteile an thesaurierenden Fonds, werden Ihnen die bis zu diesem Tag aufgelaufenen Gewinne ausgezahlt.

Bunte Fonds-Vielfalt: Wenn die Wahl zur Qual wird

Ein weiteres Differenzierungsmerkmal besteht in der Ausrichtung des Fonds:

- *Investmentfonds* investieren in Wertpapiere, vorzugsweise in Anleihen (Rentenfonds) oder in Aktien (Aktienfonds).
- *Immobilienfonds* sind eigentlich auch Investmentfonds, werden aber im allgemeinen Sprachgebrauch als selbstständige Gruppe gehandhabt. Sie investieren, wie der Name sagt, in Immobilien.

Ich möchte Ihnen hier ausschließlich die in Wertpapiere investierenden Fonds erläutern. Auch hier gilt es, zwischen zwei Hauptgruppen zu unterscheiden: Die Rentenfonds sind aufgrund ihrer überschaubaren Entwicklung vor allem bei vorsichtigen Anlegern sehr beliebt. Sie stellen den Löwenanteil der Fonds und werden gern als Ersatz für das Sparbuch genutzt. Allerdings ist die Rendite relativ gering. Aktienfonds sind zunehmend im Kommen. In den letzten Jahren waren die Zuwachsraten im Großen und Ganzen zuverlässig und die Rendite beträchtlich höher als bei Rentenfonds. Der markante Börsencrash von 1998 – damals fiel der DAX von über 6 000 auf rund 3 800 Punkte – hat bei den Anlegern jedoch Spuren hinterlassen. Im Jahr 1999 ging der Mittelzufluss in Aktienfonds teilweise um bis zu 50 Prozent zurück.

Rentenfonds haben nichts mit der bekannten Rente für den Altersruhestand zu tun, obwohl es möglich ist, die Ertragsausschüttung als Rente in monatlichen Raten auszahlen zu lassen. Rentenfonds werden auch Anleihenfonds genannt, denn diese Fonds legen Geld in festverzinslichen Wertpapieren an. Eine Untergruppe der Rentenfonds sind die Geldmarktfonds. Diese investieren in Geldmarktpapiere mit kurzen Laufzeiten und können eine Alternative zu Festgeldkonten darstellen.

Rentenfonds intelligent auswählen

Vertrauen Sie nicht unbedingt Ihrem Bankberater, sondern verfolgen Sie selbst in der Wirtschaftspresse und im Fernsehen die aktuelle Zinsdiskussion. Die dabei gewonnenen Erkenntnisse erleichtern Ihnen die Entscheidung, ob Sie in einen klassischen Rentenfonds oder in einen so genannten geldmarktnahen Rentenfonds investieren sollten. In den klassischen Rentenfonds sind Papiere mit unterschiedlichen Laufzeiten zu finden – bis hin zu 30-jährigen Staatsanleihen. Lange Laufzeiten versprechen höhere Renditen, wenn Sie mit einem mittelfristig sinkenden Zinsniveau rechnen (den Zusammenhang von Zinshöhe und Anleihenkursen habe ich Ihnen im vorhergehenden Kapitel erklärt). Falls Sie aber davon ausgehen, dass die Zinsen eher sinken dürften, sollten Sie einen geldmarktnahen Rentenfonds vorziehen, in dem nur Papiere mit Restlaufzeiten zwischen einem und drei Jahren enthalten sind. Je kürzer die Laufzeiten, desto weniger wirken sich steigende Zinsen auf die Kurse aus.

Was Sie beachten sollten

Sie erwarten steigende Zinsen: Investieren Sie in Rentenfonds mit so genannten Kurzläufern (geldmarktnahe Rentenfonds).

Sie erwarten fallende Zinsen: Investieren Sie in den klassischen Rentenfonds, in dem auch Anleihen mit langen Laufzeiten enthalten sind.

Ohne Risiko nur magere Renditen

Wenn Sie zu den weniger risikofreudigen Anlegern zählen (Anlageberater sprechen in diesem Fall von »risiko-aversen« Kunden) und in Fonds investieren, die das Vermögen ihrer Kunden ausschließlich in Papieren ohne Bonitäts- und Währungskursrisiko anlegen, brauchen Sie vor allem eines: einen langen Atem. Denn die Renditen liegen zwar über dem klassischen Sparbuch (das ist freilich auch keine Kunst), aber eben häufig am unteren Ende der mit dem Risikograd steigenden Renditeskala. Nach einem Jahr stellen die meisten Anleger enttäuscht fest, dass Sie mit solchen sicherheitsbetonten Fonds entweder gar nichts verdient oder sogar einen Verlust eingefahren haben, obwohl der Fonds ein positives Ergebnis vorlegt.

Wie kommt das? Nehmen wir an, Sie investieren in einen Fonds, dessen Anlageschwerpunkt auf deutschen Anleihen von Emittenten mit höchster Bonität liegt. Nach einem Jahr erhalten Sie eine Rendite von 5 Prozent. Nicht viel im Vergleich zu Aktienfonds, dafür konnten Sie aber ruhig schlafen. Gehen wir – zu Ihren Gunsten – davon aus, dass Sie Ihren Zinsfreibetrag von 3 100 beziehungsweise 6 200 DM noch nicht ausgeschöpft haben und so in den vollen Genuss Ihrer Zinserträge kommen. Nun müssen Sie von Ihrer 5-prozentigen Rendite zunächst den 3-prozentigen Ausgabeaufschlag abziehen, den Sie vor einem Jahr beim Kauf Ihrer Fondsanteile zahlen mussten. Bleiben 2 Prozent – ein dürftiges Ergebnis, da werden Sie mir zustimmen. Doch damit nicht genug: Bei diesen

2 Prozent handelt es sich noch dazu um die Bruttorendite. Sie müssen also die Inflationsrate abziehen. Liegt diese bei moderaten 2 Prozent, bleibt am Ende nichts mehr für Sie übrig. Ihr Investment erweist sich nach einem Jahr als Nullsummenspiel. Liegt die Preissteigerungsrate noch höher, rutschen Sie sogar unversehens in die roten Zahlen.

Einziger Trost: Im zweiten Jahr dürften Sie eine höhere Rendite erwirtschaften, da dann der Ausgabeaufschlag nicht mehr so stark ins Gewicht fällt.

Renaissance der Rentenfonds

Dass der Bundesverband Deutscher Investmentgesellschaften in seinem Jahresbericht 1999 eine »Renaissance der Rentenfonds« ausmacht, mag nur jene überrascht haben, die glaubten, allein mit Aktienfonds reich werden zu können. Was würden Sie sagen, wenn ich Ihnen verrate, dass es in den USA Rentenfonds gibt, die eine höhere jährliche Rendite erzielen als Aktienfonds? Wahrscheinlich denken Sie jetzt an hochriskante Anlageformen, an ukrainische oder senegalesische Anleihen – oder an andere gefährliche Exoten mit hohem Ausfallrisiko. Doch damit liegen Sie falsch. Tatsächlich entsteht im Euro-Raum ein neuer Markt für Hochzinsanleihen. Dabei handelt es sich um Papiere von zum Teil hoch innovativen und zukunftsträchtigen Unternehmen, die freilich noch rote Zahlen schreiben und deshalb nur ein schlechtes oder gar kein Kreditrating bekommen. Dennoch brauchen diese Firmen Geld, um ihre Innovationen umsetzen und expandieren zu können. Die Lösung: Sie geben hoch verzinste Industrieanleihen aus. Für sein höheres Risiko erhält der Anleger eine bessere Verzinsung. In den USA wurden entsprechende Erfahrungen mit Rentenfonds gemacht, die in die Papiere solcher Unternehmen investieren. Das Ergebnis ist beeindruckend: Es wurden Renditen von etwa 20 Prozent pro Jahr erzielt. Vergleichbare Fonds dürfte es in Kürze auch im Euro-Raum und somit in Deutschland geben.

Aktienfonds als Renditerenner

Aktienfonds investieren ihr Kapital ausschließlich in Unternehmensanteile (Aktien). Es gibt Aktienfonds, die in Blue Chips anlegen, und solche, die in Aktien kleinerer Unternehmen (Small Caps) investieren, zum Beispiel in Unternehmen am Neuen Markt. Die Aktien der ersten Gruppe werden als Standardwerte, die der zweiten Gruppe als Spezial- oder Nebenwerte bezeichnet. Standardwerte sind die Aktien der großen, als stabil betrachteten Konzerne, wie sie beispielsweise dem DAX zugrunde liegen, Spezial- oder Nebenwerte beziehen sich eher auf die kleineren, unbekannteren Firmen, die deswegen aber nicht weniger stabil sein müssen.

Branchenfonds

Daneben gibt es Fonds, die nur in bestimmten Branchen aktiv sind, zum Beispiel in der Energieversorgung, im Rohstoffbereich oder im Umweltschutz. Eine Investition in einen solchen Fonds verringert die Möglichkeit, durch Streuung auf verschiedene Branchen das Risiko zu vermindern. Der Anleger ist vollständig vom Geschick der Branche abhängig. Solche Branchenfonds sind daher allenfalls als Depotbeimischung zu empfehlen.

Länderfonds

Egal, ob Renten- oder Aktienfonds, jeder Fonds kann national oder international aktiv sein, wobei jeweils gemäß der Satzung des Fonds festgelegte Proportionen einzuhalten sind. Auch die Begrenzung auf einzelne Länder oder Kontinente ist möglich. Mit Blick in die nahe Zukunft werden hohe Erwartungen in osteuropäische Aktien gesetzt, auch amerikanische Aktien warfen in den letzten Jahren hervorragende Renditen ab.

Beachten Sie aber die besonderen Risiken von Länderfonds: Etliche operieren in Landeswährung, zum Beispiel in Yen oder US-Dollar. Dies kann Vorteile mit sich bringen, jedoch ist bei der Ertragsabschätzung auch das Risiko der Währungsentwicklung und der Inflation mit zu berücksichtigen. Generell ist eine Zukunftsabschätzung für ferne Länder schwieriger vorzunehmen, da das Wissen über steuerliche, konjunkturelle und politische Bedingungen fehlt.

Offene Immobilienfonds

Offene Immobilienfonds investieren ihre Einlagen in verschiedene Objekte, geschlossene Immobilienfonds in ein bestimmtes Objekt oder Projekt. Da Immobilien in der Regel keinen hohen Wertschwankungen unterworfen sind, können offene Immobilienfonds als relativ risikoarme Anlage betrachtet werden, zum Beispiel für eine Altersversorgung.

Geschlossene Immobilienfonds

Bei geschlossenen Immobilienfonds ist das Risiko weit höher, denn bei einer Flaute auf dem Immobilienmarkt, bei fallenden Preisen oder auch schlechter Vermarktung beziehungsweise Kalkulation des Objekts kann es für Sie als Anleger durchaus unerfreulich aussehen. Erweist sich das Objekt, für das der Fonds gegründet wurde, als unrentabel, wird es für Sie schwierig. Für geschlossene Immobilienfonds gibt es nämlich so gut wie keinen Zweitmarkt. Ein Anleger, der sich von seinem Anteil trennen möchte, findet nur schwer einen Käufer, selbst dann, wenn die Immobilie eine gute Rendite abwirft. Das wichtigste Hindernis für einen Verkauf dürfte wohl der abgelaufene Steuervorteil sein.

Erwähnt seien aus Gründen der Vollständigkeit noch die spekulativen Future-Fonds, die sich auf die etwas in Verruf geratenen Warentermingeschäfte (Commodities) sowie Finanztermingeschäfte stützen. Risiko und auch Ertragschancen sind dabei extrem hoch.

Genaueste Marktkenntnis ist absolut erforderlich, wenn Sie sich für einen solchen Fonds entscheiden.

Fonds-Innovationen

Das am 1. April 1998 in Kraft getretene dritte Finanzmarktförderungsgesetz brachte deutschen Anlegern eine Reihe neuer Fondstypen, die einer näheren Betrachtung durchaus wert sind – nicht zuletzt mit Blick auf die private Altersversorgung.

Altersvorsorge-Sondervermögen (AS-Fonds)

Altersvorsorge-Sondervermögen (AS-Fonds) sind Fondssparpläne mit einer Mindestlaufzeit von 18 Jahren (alternativ: bis zum 60. Lebensjahr des Anlegers). Das heißt, einmal im Monat fließt ein vom Anleger festgelegter Geldbetrag in einen Fonds, der vorrangig in Sachwerte – also Immobilien und Aktien – investiert. Der Sachwertanteil muss mindestens 51 Prozent ausmachen. Die Fondsgesellschaft darf maximal 30 Prozent des Fondsvermögens in Immobilien und höchstens 75 Prozent in Aktien sowie in stillen Beteiligungen anlegen. Die erwirtschafteten Erträge werden nicht ausgeschüttet, sondern wieder angelegt.

Mischfonds

Mischfonds eröffnen dem Anleger die Chance, innerhalb eines Fonds sowohl in Wertpapiere als auch in Immobilien zu investieren. Früher mussten diese Bereiche getrennt werden. Das Management eines Mischfonds darf bis zu 30 Prozent des Fondsvermögens entweder in Immobilien oder wiederum in offenen Immobilienfonds anlegen.

Dachfonds

Dachfonds investieren ihr Vermögen in andere offene Investmentfonds (Fonds-Picking-Prinzip). Je nach Profil des Dachfonds fließt das Geld der Anleger zum Beispiel in andere Aktien-, Renten-, Immobilien- oder Mischfonds. Das Management darf maximal 10 Prozent des Fondsvermögens in einem einzelnen Fonds anlegen.

Aktien-Laufzeit-Fonds

Aktien-Laufzeit-Fonds geben, wie der Name schon sagt, dem Anleger eine klare zeitliche Perspektive: An einem bestimmten Tag X werden die Anteilsscheine des Fonds zurückgenommen. In der Regel garantieren die Gesellschaften zu diesem Termin zumindest die Rückzahlung des investierten Kapitals. Die Fondsgesellschaften lassen sich die Risiken durch Termingeschäfte absichern (»hedgen«, wie es im Fachjargon heißt). Doch Vorsicht: Solche Sicherungsgeschäfte sind teuer und mindern die Performance des Fonds.

Fondsaktien

Fondsaktien (auch Closed-end-Funds genannt) werden an der Börse gehandelt. Die Fondsgesellschaft tritt mithin als börsennotierte Aktiengesellschaft auf. Durch die Preisbildung an der Börse entstehen für den Anleger höhere Gewinnchancen, aber auch höhere Verlustrisiken.

Fondssparen als Altersversorgung

Wie erwähnt, können Sie in Deutschland in Altersvorsorge-Sondervermögen investieren und sich auf diese Weise Ihre eigene private Rente aufbauen. Das ist eine Möglichkeit. Die andere: Sie wählen einen Investmentfonds aus, der Ihrer Anlagementalität entspricht, und zahlen monatlich einen bestimmten Betrag ein – zum Beispiel 100 oder 200 DM. Dabei sollten Sie sich für einen thesaurierenden Fonds entscheiden, der Ihre Renditen immer wieder anlegt, sprich: neue Fondsanteile dafür kauft, ohne dass Sie Ausgabeaufschläge zahlen müssten. Nehmen wir an, Sie zahlen monatlich nur 100 DM ein und erzielen eine durchschnittliche Rendite von 7 Prozent, was gewiss nicht zu hoch gegriffen ist. Wenn Sie 30 Jahre durchhalten, stehen Ihnen zu Beginn Ihres Ruhestandes immerhin 116 945 DM zur Verfügung.

Aber vielleicht haben Sie bereits die 50 überschritten und stellen fest, dass Ihre bisherige Altersvorsorge einfach nicht ausreicht, um Ihren gewohnten Lebensstandard im Alter fortsetzen zu können. In solchen Fällen gibt es kaum Alternativen: Investieren Sie monatlich in einen soliden Aktienfonds (keine Experimente wie Emerging-Market-Fonds oder ähnliches) – je mehr, desto besser. Je länger, desto besser.

Angenommen, Sie möchten im Alter von 50 Jahren eine zusätzliche Altersversorgung aufbauen. Von Ihrem derzeitigen Einkommen können Sie ohne größere Einschränkungen monatlich 350 DM abzweigen und in einen Aktienfonds einzahlen. Wenn wir wiederum von einer nur 7-prozentigen Rendite ausgehen, verfügen Sie zu Beginn Ihres Ruhestands mit 65 Jahren über 108 885 DM).

Der Cost-Average-Effekt: Lassen Sie sich nicht blenden!

Wetten, dass...? Wenn Sie Ihrem Bankberater von Ihrem Plan berichten, einen Vertrag über Fondssparen abschließen zu wollen, wird er Ihren mehr oder minder feststehenden Entschluss sicher mit dem Hinweis auf den so genannten Cost-Average-Effekt bestärken. Dieser besagt schlicht und einfach, dass Sie während der Laufzeit dieses Sparplans (den Sie übrigens jederzeit beenden oder unterbrechen können) mal teurer und mal billiger einkaufen. Das bedeutet, dass Sie für Ihre 350 DM mal mehr Fondsanteile (wenn die Kurse gerade gesunken sind) bekommen, mal weniger (bei gestiegenen Kursen). Unter dem Strich, so die flotte Rechnung der Bankberater, ergibt sich daraus ein günstiger Durchschnittspreis – eben der Cost-Average-Effekt. Im Großen und Ganzen mag dies sogar stimmen. Befinden sich die Aktienmärkte allerdings in einer jahrelangen Hochstimmung mit steigenden Kursen, ändert auch der Cost-Average-Effekt nichts daran, dass Sie Ihre Fondsanteile immer teurer einkaufen.

Es gibt viele gute Gründe, um mit gezieltem Fondssparen fürs Alter vorzusorgen. Der Cost-Average-Effekt indessen sollte Ihnen nicht als Entscheidungskriterium dienen.

Indexzertifikate – eine Alternative?

Neben den Investmentfonds erfreuen sich die Indexzertifikate wachsender Beliebtheit bei den Anlegern. Mit dem Kauf eines solchen Aktienindexzertifikats beteiligt sich der Investor an der Kursentwicklung aller in dem entsprechenden Index enthaltenen Aktien. Er setzt also nicht auf Einzeltitel, sondern auf einen ganzen Korb von Dividendenpapieren. So besteht zum Beispiel die Möglichkeit, Zertifikate (auch Partizipationsscheine genannt) auf den Deutschen Aktienindex (DAX) zu kaufen. Der Anleger kann aber natürlich auch andere Börsensegmente vorziehen, etwa Aktienkörbe, in denen nur die Papiere bestimmter Branchen enthalten sind, oder ausländische Indizes.

Wie bei jedem anderen Wertpapiergeschäft ordert der Anleger die gewünschten Zertifikate bei seiner Depotbank. Wichtig: Dafür zahlt er nur die üblichen Bankspesen, wie sie auch beim Kauf von Einzelaktien anfallen. Ausgabeaufschläge wie bei Investmentfonds werden nicht erhoben. Der Wert des Zertifikats steigt oder fällt mit dem betreffenden Index.

Angenommen, der Kurs eines DAX-Index-Zertifikats liegt bei 53 Euro. In den darauf folgenden Monaten steigt der Deutsche Aktienindex um 10 Prozent. Ergebnis: Der Kurs des Zertifikats steigt ebenfalls um 10 Prozent und liegt dann bei 58,30 Euro. Fällt der DAX freilich, verlieren auch die Partizipationsscheine. Ähnlich wie Fondsanteile können Indexzertifikate an jedem Börsentag wieder verkauft werden.

Der entscheidende Unterschied zwischen beiden Anlagemöglichkeiten besteht darin, dass Fonds aktiv gemanagt werden. Selbst wenn sich ein Fonds zum Beispiel am DAX orientiert, bleibt dem Fondsmanagement die Entscheidungsfreiheit, bestimmte im Index enthaltene Aktien unter- oder überzugewichten. Der Fondsmanager kann zum Beispiel verstärkt Aktien von Automobilherstellern kaufen, während er den Anteil an Bankpapieren zurückfährt. Ziel dieser Strategie ist es, am Ende ein besseres Ergebnis zu erreichen als der Index. Dafür sind Fondsanteile entsprechend teurer, vor allem aufgrund des Ausgabeaufschlags, also des Unterschieds zwischen Verkaufs- und Rücknahmepreis. Indexzertifikate stellen hingegen ein passives Investment dar. Der Anleger akzeptiert den Index so, wie er ist; ein Fondsmanagement ist nicht erforderlich.

Besonderheiten der Zertifikate

Bei manchen Indexzertifikaten ist die Kursentwicklung nach oben begrenzt, das heißt, es wird ein »Cap« vereinbart. Steigt der Kurs über diese Obergrenze hinaus, hat der Anleger Pech gehabt. Danach sollte man vor dem Kauf unbedingt fragen.

Indexzertifikate weisen nur eine bestimmte Laufzeit auf. Werden die Wertpapiere fällig, bieten die ausgebenden Institute in der Regel Anschlusslösungen an.

Vor- und Nachteile für den Anleger

⊕ Breite Streuung der Anlage (nur relativ selten gehen alle in einem Index enthaltenen Aktien gemeinsam in den Keller).

- ⊕ Preisgünstige Anlageform, da ohne Ausgabeaufschlag. Dadurch haben Sie die Chance, häufiger zu wechseln und Ihr Investment strategisch neu auszurichten.
- ⊕ Indexzertifikate können börsentäglich verkauft werden.
- ⊖ Die Performance dieser Scheine hängt allein von der Indexentwicklung ab.
- ⊖ In Zeiten stark fallender Kurse können die Verluste nicht durch aktives Fondsmanagement verringert werden.
- ⊖ Manche Zertifikate sind in ihrer Wertentwicklung nach oben limitiert.
- ⊖ Die Laufzeit der Papiere ist begrenzt.

Der Kauf von Fondsanteilen

Anteile an einem Investmentfonds können Sie natürlich bei jeder Bank erwerben – ebenso wie Aktien oder Anleihen. Billig ist das jedoch nicht. Banken pochen in der Regel auf ihre Mindestprovisionen. Das bedeutet: Je weniger Sie anlegen, desto teurer wird das Ganze. Über Direktbanken und Discount-Broker geht es meist preiswerter. Der Kostenvorteil bei einem Auftrag von etwa 5 000 DM kann gegenüber einer Filialbank bis zu 60 Prozent ausmachen. Doch Vorsicht: Wer Fondsanteile »online« kauft, erhält keine Beratung. Sie sollten also ganz genau wissen, was Sie wollen, und müssen sich unbedingt aus seriösen Quellen informiert haben.

Doch auch die Beratung bei einer Bank ist etwas zwiespältig. Die meisten Institute haben selbst mehrere Fonds aufgelegt und sind in erster Linie daran interessiert, ihre eigenen Produkte zu verkaufen. Eine objektive Beratung wird dadurch naturgemäß schwierig. Dagegen hilft nur eines: Lassen Sie sich bei mehreren Banken beraten. Das ist zwar ein etwas zeitaufwändiges Verfahren, es stellt jedoch sicher, dass Sie nicht in einen Fonds investieren, der eine schlechte Rendite hat, aber eben von Ihrer Hausbank aufgelegt wurde.

Haben Sie sich entschieden, in welchen Fonds Sie investieren möchten, geben Sie Ihrer Bank oder Sparkasse den Auftrag zum Kauf der Anteile. Die Bank führt Ihre Order entsprechend aus und löst später rechtzeitig die Ertragsscheine ein. Dieser Service kostet zwischen 0,5 und 1 Prozent der Anlagesumme, und manchmal auch mehr.

Alternativ zur Bank können Sie Ihre Anteile auch in so genannten Fonds-Shops und Fonds-Boutiquen kaufen. Diese schießen seit einiger Zeit wie Pilze aus dem Boden. Im Grunde genommen basieren die Fonds-Shops auf dem Fonds-Picking-Prinzip, das heißt, freie Finanzberater oder -makler bieten ihren Kunden eine Auswahl von verschiedenen Fonds an. Die Mitarbeiter beraten, sind bei der Auswahl und der Führung des Fondsdepots behilflich. Dieser Service kostet natürlich Gebühren. Viele Fonds-Shops sind allerdings deutlich günstiger als eine Bank.

Leider gibt es auch in diesem Bereich manches schwarze Schaf. Es gilt daher sehr genau zu prüfen,

- wer hinter dem Fonds-Shop steckt,
- welche Fonds angeboten werden,
- mit welcher Depotbank der Fonds zusammenarbeitet,
- wie hoch die Gebühren für die einzelnen Dienstleistungen sind.

Investmentkonto als preisgünstige Alternative

Wenn Sie sehr gut informiert sind und exakt wissen, was Sie wollen, können Sie »an Ihrer Hausbank vorbei« bei der betreffenden Fondsgesellschaft ein Investmentkonto eröffnen. Dieses bietet Ihnen eine Reihe von Vorteilen. So können Sie innerhalb der Fondsfamilie entweder kostenlos oder gegen eine vergleichsweise geringe Gebühr wechseln, also »switchen«. Das bedeutet konkret: Zehrt der Aktienfonds zum Beispiel zu sehr an Ihren Nerven, können Sie etwa in einen Rentenfonds der gleichen Fondsgesellschaft umsteigen. In den meisten Fällen wird dabei nur die Differenz zwischen den Ausgabeaufschlägen fällig.

Wer häufiger zwischen den Fonds wechseln möchte, profitiert darüber hinaus vom Teilliquidationsrecht, das Fondsgesellschaften in der Regel einräumen, wenn der Anleger dort ein Investmentkonto einrichten lässt. Sie haben die Möglichkeit, bis zu 90 Prozent des investierten Kapitals zurückzuziehen und es später wieder in Fonds der betreffenden Gesellschaft ohne Ausgabeaufschlag einzuzahlen. Auf diese Weise lässt sich zum Beispiel auch kurzfristiger Kapitalbedarf abdecken.

Was Sie beachten sollten

1. Geben Sie sich nicht mit dem Fonds zufrieden, den der Anlageberater/die Anlageberaterin Ihnen anbietet. Vergleichen Sie die Angebote. Die einschlägigen Anlegermagazine *(FinanzTest, Capital, DM* und so weiter) veröffentlichen regelmäßig entsprechende »Hitlisten«.

2. Was zählt, ist nicht die erbrachte Leistung des vergangenen Jahres, sondern die längerfristige Rendite des Fonds (mindestens während der zurückliegenden fünf Jahre). Schauen Sie sich bitte auch an, wie der Fonds in schlechteren Börsenzeiten abgeschnitten hat.

3. Lassen Sie sich unbedingt den Prospekt des betreffenden Fonds vorlegen und lesen Sie ihn aufmerksam durch.

4. Erkundigen Sie sich nach dem aktuellen Inventar des Fonds – also danach, in welche Papiere investiert wurde.

5. Fragen Sie nach Ausgabeaufschlägen, laufenden Gebühren und eventuellen Rabatten (zum Beispiel bei der Wiederanlage der Erträge).

Teil VI
Der Mut zum Reichtum

Kapitel 21
Der Mut, richtig zu geben

Es ist unsere Aufgabe, dafür zu sorgen, dass die Welt bei unserem Tod schöner ist als bei unserer Geburt! Dieser Gedanke sollte Sie Ihr ganzes Leben hindurch leiten. Denken Sie an all das Gute, das Sie tun können: Sie können eine glückliche Welt für sich selbst erschaffen, in der das Glück auch auf die Menschen ausstrahlt, die Ihnen viel bedeuten; Sie können Ihr Kind zu einem anständigen, verantwortungsbewussten und tüchtigen Menschen erziehen; ein Stück Land bestellen; ein liebevoller Freund sein; in Ihrer Gemeinde mitarbeiten; im Beruf gute Arbeit leisten und sich dabei nach ethischen Grundsätzen richten; Fremden helfen, die in Not sind; für das eintreten, an das Sie glauben, und sich freiwillig dafür melden; Organisationen beitreten, die Bedürftigen helfen, oder Geld spenden.

Jede unserer Handlungen ist eine Gabe an die Welt. Wenn Sie Müll in der Natur verstreuen, ist das eine Gabe, und wenn Sie Abfall aufheben, auch, aber eine ganz andere. Wenn Sie ein Kind anbrüllen und wenn Sie sich die Zeit nehmen, mit einem Kind geduldig zu sein, wenn Sie im ganz alltäglichen Umgang mit anderen kurz angebunden oder freundlich sind, sind das Gaben an die Welt. Wir erzählen der Welt jeden Tag Tausende von Malen, wer wir sind – unsere Gedanken, Worte und Handlungen wirken sich nicht nur auf uns selbst aus, sondern auch auf andere. Ob unser Leben in dieser Hinsicht reich ist oder arm, hängt überhaupt nicht davon ab, wie viel Geld wir besitzen. Haben Sie schon einmal einem Menschen, den Sie gar nicht kannten, Ihre Hilfe angeboten, ohne sich etwas davon zu versprechen, einfach nur, weil Sie gerade da waren? Hat diese Tat Ihnen nicht ein Gefühl der Zufriedenheit für den ganzen Tag gebracht? Für ein mutiges und reiches Leben genügen Freundlichkeit und Güte allerdings nicht.

Wir verlassen uns auf viele Gewissheiten – dass wir morgens wieder aufwachen werden, wenn wir uns abends schlafen legen; dass unser Auto uns dort hinbringt, wo wir hin wollen; dass Aspirin gegen Kopfschmerzen hilft. Die Rhythmen unseres Lebens werden durch solche Gewissheiten bestimmt, die uns von einem Tag zum nächsten auf unserem Kurs vorantreiben, und sie führen zu der größten Gewissheit überhaupt: dass wir uns sicher und geborgen fühlen. Wenn es aber um unser Geld geht, das doch ein so wichtiges Thema ist, sind die meisten von uns nicht in der Lage, die Voraussetzungen zu schaffen, zu nutzen oder gar an sie zu glauben, die uns wirklich Sicherheit gewähren können: dass wir für unser Geld alles getan haben, was in unserer Macht stand, sodass unser Geld alles für uns tun wird, was in seiner Macht steht; dass wir immer genug haben werden; dass wir den Kurs zum Reichtum eingeschlagen haben. Darum geht es beim Mut zum Reichtum: die Voraussetzungen zu schaffen und an sie zu glauben. Wenn es Ihnen gelingt, genauso an sich selbst und Ihr Geld zu glauben, wie Sie daran glauben, dass die Sonne jeden Morgen aufgehen wird, werden Sie reich sein. Sobald Sie die Zweifel zerstreut und durch neue finanzielle Voraussetzungen, Gewissheiten und Überzeugungen ersetzt haben, werden Sie für ein anderes, ein reiches Leben frei sein.

Ich habe Ihnen gezeigt, wie Sie Geld benutzen können, um Ihre Beziehungen zu anderen auf eine höhere Ebene zu stellen; wie Sie Ihr Geld schätzen, es klug ausgeben, es anlegen und sich um es kümmern können. Das alles sind großzügige Handlungen, allerdings nur in Ihrem unmittelbaren Lebensumfeld. Jetzt müssen Sie noch lernen, mutig genug zu sein, Ihr Geld in die Welt hinausfließen zu lassen.

Der Geist des Gebens

> **GELDGESETZ**
>
> *Wenn Sie Ihre Hände öffnen, um der Welt eine Gabe darzubringen, ziehen Sie die Welt in sich hinein.*

In der hinduistischen Tradition gibt es Lakschmi, die Göttin des materiellen und spirituellen Überflusses. Sie wird immer auf einer Lotosblüte, der Blume der Erleuchtung, dargestellt. Aus ihren Händen strömen Goldmünzen in den Ozean des Daseins. Dahinter steht natürlich die Vorstellung, dass wir uns befreien müssen, indem wir Gaben darbringen, indem wir einen Teil unseres Geldes in die Welt zurückströmen lassen, wenn wir im materiellen und im spirituellen Bereich eine höhere Ebene erreichen wollen. Wir haben im Leben die Pflicht, unser Geld immer im Fluss zu halten, denn in diesem Fluss sind Reinheit und letztendlich auch Reichtum. Wenn man sein Geld hortet, staut man diesen Fluss auf. Wer nicht bereit ist zu geben, bringt ihn zum Stillstand und verhindert damit wahren Reichtum.

Was Ihr Geld Ihnen geben kann? Es gibt Ihnen in vielfacher Hinsicht Ihren Platz in der Welt. Wenn aber der Reichtum und der Überfluss der Welt einen Platz in Ihrem Inneren haben sollen, müssen Sie Geld weggeben.

Ich möchte Sie bitten, darüber nachzudenken, ob Sie nicht jeden Monat mehr Geld weggeben können, und zwar nicht nur um der Welt willen, sondern auch um Ihretwillen. Immer wenn Geld hereinfließt – selbst wenn es nur ein ganz schwaches Rinnsal ist –, müssen Sie es großzügig und selbstlos in die Welt zurückschicken.

Das hat einen ganz einfachen Grund: Sie können nicht reich werden, wenn Ihre Handlungen durch Gedanken der Armut bestimmt werden. Wenn Sie es hassen, Ihre Rechnungen zu bezahlen, und sich niedergedrückt und arm fühlen, zeigen Sie sich selbst und anderen ein Verhalten, das ebenfalls knauserig und arm ist. Wenn Sie dagegen jeden Monat zusammen mit den Überweisungen für Ihre Rechnungen eine Überweisung in angemessener Höhe an eine Wohltätigkeitsorganisation ausschreiben, wird Ihr Verhalten großzügig und offen sein, und Sie werden bereit sein, Reichtum zu empfangen. Sie sollten das als eine private Transaktion zwischen Ihnen und einer Sache, an die Sie glauben, betrachten, um dieser Sache und um Ihrer selbst willen. Sie werden sich leichter fühlen, wenn Sie die Überweisungen in den Briefkasten werfen, und Ihre Gedanken werden reicher sein. Es war Ihnen in diesem Monat möglich, etwas zu tun, um zu helfen.

Dieser Denkprozess wird dazu führen, dass Sie offener für Chancen sind, und deshalb werden sich Ihnen auch mehr Chancen bieten. Sie dürfen nicht geben, um Ihrerseits etwas zu bekommen, aber Sie können mit der Gewissheit geben, dass Ihnen jede Gabe vergolten wird. Jeden Monat auf diese Weise etwas zu spenden ist eine Möglichkeit, am Fluss der Fülle in der Welt teilzuhaben und ihn zu verstärken. Sie haben etwas, also geben Sie – und dann werden Sie früher oder später in irgendeiner Form alles empfangen, was für Sie bestimmt ist.

Wie viel soll ich geben?

Alle religiösen Einrichtungen und Wohltätigkeitsorganisationen sind auf Spenden angewiesen. Trotzdem setzen sich nur wenige von uns hin und rechnen aus, was sie im Monat mit der Welt teilen können, was sie angesichts dessen, was sie haben, der Welt zurückgeben sollten. Wie hoch dieser Betrag sein soll, muss jeder von uns selbst entscheiden, und dabei dürfen wir nicht nur unseren Geldbeutel oder nur unser Herz sprechen lassen, sondern müssen einen guten Mittelweg finden. Wichtig ist, dass Sie jeden Monat Geld spenden, egal, wie viel oder wie wenig Sie heute haben.

Die traditionelle Formel für Spenden ist der »Zehnte«. 10 Prozent also. Sind diese 10 Prozent aber immer der richtige Betrag?

Dabei muss man bedenken, dass die Kirchensteuer im Allgemeinen viel niedriger ist – sie beträgt beispielsweise bei einem Ehepaar mit einem zu versteuernden Jahreseinkommen von 33 500 DM nur etwa 212 DM.

Die emotional ärmsten Menschen, mit denen ich gearbeitet habe, waren diejenigen, die nichts oder zu wenig gaben – oder die, die viel zu viel gaben. Die neuesten Statistiken zeigen, dass die US-Amerikaner zumindest kein Volk der 10-Prozent-Geber sind. 1995 spendeten 69 Prozent der amerikanischen Haushalte Geld, also eine deutliche Mehrheit. Der Prozentsatz der Spenden war bei den Haushalten mit einem Einkommen von weniger als 20 000 DM am höchsten, er betrug 4,3 Prozent des Einkommens. Bei den Haushalten mit einem Einkommen von 76 000 bis 95 000 DM war er dagegen viel niedriger: 1,3 Prozent. Bei den Haushalten mit einem Einkommen von mehr als 190 000 DM lag er wieder höher, bei 3,4 Prozent, war aber immer noch niedriger als bei den Haushalten mit einem Einkommen von weniger als 20 000 DM.

Obwohl diese Zahlen die alte Erkenntnis bestätigen, dass diejenigen, die weniger haben, mehr geben, helfen sie uns bei der Frage, wie viel Sie oder ich geben sollten, kaum weiter. Jeder der Haushalte, die Geld spenden, ist ja anders, seine Mitglieder haben ihre individuellen Bedürfnisse, Sorgen, Werte und Verpflichtungen. Nachdem ich mit so vielen Menschen und ihrem Geld gearbeitet habe, bin ich zu der Überzeugung gekommen, dass es keine feste Formel gibt. Sie müssen selbst entscheiden, was Sie geben können und wollen; es muss aber ein Betrag sein, durch den Sie Achtung beweisen. Ich bin dafür, dass man so viel geben soll, wie man kann – keinen Pfennig weniger und auch keinen Pfennig mehr.

Claudias Geschichte

Es war uns ja auch vorher nicht besonders gut gegangen, aber vor drei Jahren, nachdem mein Mann gestorben war, wurde es wirklich schlimm. Nach den Pflegekosten und den Kosten für die Beerdigung bin ich finanziell nicht mehr auf die Beine gekom-

men. Ich verdiene zwar 45 000 DM im Jahr, aber ich habe auch 38 000 DM Schulden bei Kreditkartenfirmen. Früher habe ich immer viel Geld ausgegeben, doch jetzt habe ich damit aufgehört und beschränke mich auf das Nötigste – und trotzdem kann ich mich nur mit Mühe über Wasser halten. Kurz bevor Peter krank wurde, hatten wir uns ein neues Auto gekauft, und das Autohaus hat es sich zurückgeholt. Jetzt will ich unser Haus verkaufen; ich habe es auch schon in die Zeitung gesetzt und will dann zu meiner Tochter ziehen, um Geld zu sparen, aber ich werde wohl nicht einmal genug dafür bekommen, um die Hypothek abzuzahlen.

In meiner Verzweiflung habe ich mir einen Termin bei einem Anwalt geben lassen, den ich mir aus dem Telefonbuch herausgesucht hatte. Ich wollte ihn fragen, ob ich nicht Privatkonkurs anmelden könne, aber dann sagte ich den Termin wieder ab. Ich wohne in einer Kleinstadt, und es wäre furchtbar für mich, wenn das jemand erfahren würde.

Ich weiß einfach nicht, was ich tun soll. Ich starre auf meine Rechnungen und sehe keine Möglichkeit, noch sparsamer zu leben. Ich schalte ja schon immer das Licht aus, wenn ich aus einem Zimmer gehe, und manchmal zünde ich ein großes Feuer im Kamin an, um Heizkosten zu sparen. In Restaurants oder ins Kino gehe ich gar nicht mehr, meinen Kabelanschluss habe ich gekündigt, und Bücher hole ich mir aus der Bücherei, statt sie mir zu kaufen. Das einzig Erfreuliche ist, dass ich es immer noch schaffe, meiner Kirche 375 DM im Monat zu geben – ich gehöre nämlich einer Kirche an, für die der Staat keine Kirchensteuer einzieht. Bisher habe ich noch keine einzige Zahlung ausgelassen!

Zu viel geben

Ich habe schon sehr viele Briefe bekommen, in denen Leute mir Geschichten erzählten, die der von Claudia ähnelten. Leute, die keinen Pfennig besaßen, die kurz davor standen, Konkurs anzumelden, aber immer noch jeden Monat 10 Prozent an ihre Kirche abführten oder spendeten. Ob das wirklich sinnvoll ist? Das glaube ich nicht!

Ich bin zwar noch nicht auf der ganzen Welt herumgekommen, aber überall, wo ich gewesen bin, fiel mir eines ganz besonders auf: Kirchen, Tempel, Synagogen und Moscheen sind immer prachtvoll. Selbst in den ärmsten Regionen der Welt wohnt Gott in Pracht, zumindest im Vergleich zu den Umständen, unter denen die Gläubigen leben. Sagt aber nicht jede Religion der Welt, dass Gott nicht nur in seinem eigenen Haus wohnt, sondern auch im Haus und im Herzen eines jeden von uns? Ist es daher angebracht, dass jemand mehr gibt, als er tatsächlich geben kann? Dass Sie voller Angst sind, weil Sie Ihre Rechnungen nicht bezahlen können? Dass Ihre Kinder im Schmutz leben, während die Kirche vergoldet ist?

In der Bibel steht nirgendwo, dass man arm bleiben muss, wenn man gottgefällig leben will. Allerdings schlagen viele von uns sich immer noch mit der Vorstellung herum, dass schon dem Wunsch nach Geld etwas Böses anhaftet. In Wirklichkeit stimmt das aber gerade nicht: Je mehr Sie haben, desto mehr Gutes können Sie tun – den Menschen, die Sie lieben, Ihrer Kirche oder Gemeinde, Bedürftigen, die Sie gar nicht kennen. Wer arm bleiben will, damit andere reich werden, erweist sich selbst und damit auch Gott einen schlechten Dienst.

Ich persönlich glaube, dass wir alle genug geben sollten, um uns großzügig und reich zu fühlen, aber nie so viel, dass wir dadurch arm werden.

> ## Geldgesetz
>
> *Sie müssen geben, um sich reicher zu fühlen – Sie dürfen nie geben, um ärmer zu werden!*

Wenn Sie so viel Geld geben, dass Sie Ihre eigene finanzielle Sicherheit gefährden, werden Sie zu einer Belastung für die Welt. Denn es kann sein, dass schließlich der Staat und vielleicht auch Ihre Kinder für Sie sorgen müssen. Ist das die Gabe, die Sie der Welt machen wollen? Ist das eine Botschaft von wahrer Großzügigkeit? Wenn Sie sich selbst gegenüber nicht großzügig sein können, sind Sie es auch der Welt gegenüber nicht und haben keine Achtung vor ihr. Wenn Ihre Gabe sich als Last für Sie selbst erweist, ist sie nicht großzügig oder achtungsvoll. Wer Schulden hat und mehr gibt als einen kleinen Betrag im Monat, gibt nicht sein eigenes Geld weg, sondern das seiner Gläubiger.

Was ist nun ein angemessener, ein achtungsvoller Betrag? Das wird bei jedem anders sein. Falls Sie sich in einer ähnlichen Situation befinden wie Claudia, könnten es 10 bis 20 DM im Monat sein, bei anderen aber auch viel mehr. Spenden Sie aus Ihrem Herzen heraus – einen Betrag, der Ihnen nicht so leicht fällt, dass Ihre Spende nur eine fast gedankenlose Geste ist, aber einen, der es Ihnen noch ermöglicht, Ihre Rechnungen zu bezahlen. Wer keine Schulden hat, sollte einen Betrag wählen, durch den er sich dessen würdig erweist, was er hat.

Anitas Geschichte

Ich wollte schon immer Anwältin werden. Als ich Jura studierte, hatte ich großes Glück, denn damals gab es an der juristischen Fakultät viel weniger Frauen als heute, und alle wollten (oder mussten!) Anwältinnen einstellen. In meiner Firma war ich die erste Frau, die Partnerin wurde. Ich bin eigentlich immer ein Workaholic gewesen und habe meine ganze Energie in die Arbeit gesteckt, aber das lag vor allem daran, dass mir gar nichts anderes übrig blieb. Ich bin viel unterwegs und kaum zu Hause, aber das macht mir nichts aus, denn ich liebe meine Arbeit, und meistens habe ich nicht das Gefühl, mich für sie aufzuopfern. Außerdem darf ich mich ja nicht beklagen – ich verdiene ausgesprochen gut, über 250 000 DM im Jahr, und gebe nur einen kleinen Teil davon aus. Ich habe viel Geld in Aktien gesteckt und für mein Alter angelegt.

Als ich letztes Jahr wegen meiner Steuererklärung zu meiner Steuerberaterin ging, fragte sie mich nach Spenden, die ich ge-

macht hätte. Das war mir sehr peinlich, denn ich hatte kaum etwas vorzuweisen. Sie sah mich vorwurfsvoll an und sagte, dass Spenden an Wohltätigkeitsorganisationen doch Steuerabzüge brächten. Dann ging sie zum nächsten Punkt über, aber ich wusste, was sie dachte: Ich verdiente so viel Geld und hatte nichts gespendet außer den 1 000 DM, als mein Onkel gestorben war. Es ist ja nicht so, dass ich gierig oder egoistisch wäre – ich habe einfach immer so viel zu tun und hatte deshalb noch nie richtig darüber nachgedacht. Diese Sache hatte in meinem Leben bis dahin keine Rolle gespielt.

Trotz ihres vielen Geldes und ihres großen beruflichen Erfolgs ist Anita nicht reich. Sie sagt selbst, dass ihr ganzes Leben sich nur um ihre Arbeit dreht, und sie hat Recht – sie hat wirklich Glück, dass sie ihre Arbeit liebt und gut dafür bezahlt wird. Es fällt aber auf, dass die Reaktion ihrer Steuerberaterin auf ihre mangelnde Spendenbereitschaft ihr sehr peinlich war. Das deutet darauf hin, dass hinter ihrem intelligenten, energiegeladenen Äußeren eine Person steckt, die mit Scham lebt und sich dabei unwohl fühlt. Eine Person, die weiß, dass sie ihre Gaben nicht auf angemessene Weise mit der Welt geteilt hat. Erinnert Anitas Geschichte Sie nicht an eine der Geschichten aus Kapitel 1? Ich bin sicher, wenn Anita tief in sich selbst und ihre Vergangenheit hineinblicken würde, könnte sie dort die Ursache für ihre Scham finden, die dazu führte, dass sie das, was sie hat, hortet und sich daran klammert.

Wenn Sie sich wegen dem, was Sie geben, schämen, werden Sie durch Ihre Handlungen kleiner. Wenn Sie dagegen so viel geben, wie Sie können, werden Sie durch diese hochherzige Handlung größer.

Zu wenig geben

Wenn Sie keine großen Geldsummen besitzen, ist es eine reiche und mutige Handlung, eine Überweisung auszustellen und einen angemessenen Betrag – ob nun 10, 20, 30 DM oder mehr – zu spenden. Sie wissen dann, dass Sie sich Ihre Spende leisten konnten und dass

Geben unabhängig von der Höhe des Betrags eine großzügige Handlung ist. Das damit verbundene positive Gefühl und die Hoffnung, die im Geben zum Ausdruck kommt, sind zweifellos zwei der Gründe dafür, dass in unserer Gesellschaft diejenigen, die am wenigsten haben, den höchsten Prozentsatz ihres Einkommens spenden. Was soll man aber tun, wenn man mehr Geld hat?

Den richtigen Betrag geben

Wenn Ihr Einkommen steigt und Sie mehr haben, kann es Ihnen immer schwerer fallen, entsprechend großzügigere Überweisungen zu schreiben und bei dem gleichen monatlichen Prozentsatz zu bleiben. Es ist nämlich viel leichter, bei einem Jahreseinkommen von 50 000 DM jeden Monat etwa 400 DM zu spenden, als 4 000 DM, wenn man 500 000 DM im Jahr verdient, oder 40 000 DM bei 5 000 000 DM im Jahr. Mit all den Nullen sehen 10 Prozent plötzlich nach enorm viel aus!

Pamelas Geschichte

Ich muss sagen, dass ich eigentlich nie damit gerechnet hatte, viel Geld zu verdienen. Ich bin Künstlerin, und meiner Ansicht nach bedeutete das Armut. In den ersten 20 Jahren meiner künstlerischen Arbeit war ich tatsächlich arm. Doch dann sah ein einflussreicher Kunstkritiker meine Bilder bei einer Gruppenausstellung. Er schrieb eine sehr positive Beurteilung, und plötzlich verkauften sie sich glänzend. Nach zwei Jahrzehnten mühevoller Plackerei in völliger Unbekanntheit war ich über Nacht »entdeckt« worden! Eine wichtige Galerie gab mir eine eigene Ausstellung. Das alles war so aufregend, der Traum, den ich seit 20 Jahren gehegt hatte, war wahr geworden! Viele meiner Werke gingen schon vor der Eröffnung weg, und von diesem Zeitpunkt an schwamm ich im Geld.

Zuerst gab ich es einfach nur aus. Ich kaufte mir ein Haus, ein

Auto und Kleider, doch dann machte mir das keinen rechten Spaß mehr. Es war mir richtig unheimlich, dass ich so viel mehr Geld hatte, als ich jemals gedacht hätte. Ich mochte es nicht, ein »Star der Kunstszene« zu sein. Irgendwie hatte ich das Gefühl, dass ich das Gleichgewicht verloren hatte, und die Bilder, die ich malte, gefielen mir nicht. Meine Galerie war beunruhigt, ich spürte den ganzen Druck, der auf mir lastete, und schien mich über nichts mehr freuen zu können. Allmählich wurde mir klar, dass das Geld zu einer Belastung für mich geworden war. Ich musste mein Leben wieder ins Gleichgewicht bringen!

Eines Tages blätterte ich in einem Wirtschaftsmagazin herum (natürlich im Wartezimmer meines Zahnarztes!) und stieß dabei auf einen Artikel, in dem stand, dass man sein Geld systematisch weggeben solle. Ich hatte das Gefühl, dass er exakt für mich geschrieben worden war. Ich habe schon immer Geld gespendet, 100 DM hier, 100 DM dort, aber jetzt wurde mir klar, dass ich mehr geben musste, weil ich ja auch mehr hatte. Also fing ich an, jeden Monat Geld zu spenden, wie es in dem Artikel gestanden hatte. Missverstehen Sie mich bitte nicht – ich übertrieb das nicht. Ich behielt viel, und ich legte viel an. Aber ich beschloss, dass ich mehr tun konnte. Die erste Überweisung betrug 1 000 DM, und das erschreckte mich fast, aber ich schickte sie ab. Bald darauf verkaufte ich ein Bild für mehr Geld, als ich je bekommen hatte, und spendete 2 000 DM. Das machte mir richtig Spaß, und gleichzeitig hatte ich das Gefühl, wieder mehr Kontrolle über mein Leben zu haben. Ich weiß, dass das seltsam klingt, aber ich hatte wirklich ein besseres Gefühl im Hinblick auf meine Arbeit, und meine Bilder wurden tatsächlich besser. Das fiel auch anderen Leuten auf, es war also nicht nur mein persönlicher Eindruck.

Letztes Jahr habe ich dann zu Weihnachten zwei Konten für meine Neffen eröffnet, die für ihre Ausbildung bestimmt sind. Das gab mir ein unglaubliches Machtgefühl, und da verstand ich endlich, dass man Geld wie jede andere Form der Macht richtig einsetzen muss. Und damit sind wir wieder beim Gleichgewicht: Wenn man zu viel behält, senkt sich die eigene Waagschale; wenn man dagegen einen Teil weggibt, fühlt man sich erleichtert und befreit.

Sehen Sie, was für eine Lehre darin steckt? Jede wohltätige Handlung macht Sie größer, ohne das, was Sie haben, zu vermindern. Was passierte nämlich nach Pamelas großer Spende? Sie verkaufte ein Bild für mehr Geld, als sie jemals gehabt hatte, ihre Gabe kam also zu ihr zurück. Als Dank machte sie eine noch größere Spende, und diese Spende stellte sowohl ihre innere als auch ihre finanzielle Harmonie wieder her. Sie hatte den Mut zum Reichtum gefunden.

Egal, wie schwer Ihnen das fällt – Sie müssen Ihren inneren Widerstand überwinden und so viel geben, wie Sie können. Sobald Sie und Ihre Familie mehr Geld haben, als Sie jemals brauchen werden, müssen Sie Ihre Dankbarkeit für alles, was Sie haben und was Sie geben können, durch Spenden zum Ausdruck bringen. Dabei brauchen Sie sich nicht auf 10 Prozent zu beschränken, es dürfen auch 30 Prozent oder noch mehr sein. Wenn Ihre Spende gut überlegt ist, Achtung für die Welt zeigt und beweist, dass Sie das schätzen, was Sie besitzen, haben Sie sich für den richtigen Betrag entschieden – und sich gleichzeitig am weltweiten Fluss der Fülle beteiligt. Sie haben etwas gegeben und werden dafür belohnt werden. Gedanken, Worte und Handlungen des Reichtums – und reiche Gaben. Dann ist Ihr Leben wirklich reich.

Kapitel 22
Der Mut zum Reichtum

Die Leistungen von Profisportlern lassen sich durch Zahlen erfassen: wie viel Tore sie im letzten Bundesligaspiel geschossen haben, wie schnell sie die 1 500 Meter gelaufen sind, ob sie beim Golfturnier den Cut geschafft haben – und wie viel man ihnen dafür bezahlt. Wer seinen Lebensunterhalt (wie ich früher) damit verdient, das Geld anderer Leute anzulegen, kann seinen beruflichen Wert daran messen, wie hoch ihre Gewinne waren und was diese Gewinne ihm selbst eingebracht haben. Wenn man viele Jahre im gleichen Beruf bleibt, nimmt man das Geld, das man verdient, zum Maßstab, das Einkommen in diesem Jahr im Vergleich zu den Vorjahren und die Geschwindigkeit, mit der die Praxis oder Kanzlei wächst. Es gibt natürlich auch Leistungen, die die meisten von uns nicht in Zahlen fassen können – der Lehrer, der sich intensiv um einen aufsässigen Schüler kümmert, der Arzt, der seinen Patienten besonders viel Zeit widmet, der Kassierer an der Auffahrt zur Fähre, der für alle Autofahrer, die an seiner Kasse halten, ein freundliches Wort hat, oder der Busfahrer, der jede Fahrt für seine Fahrgäste zu einem Vergnügen macht. Im Allgemeinen besteht aber, wenn wir uns nicht dagegen wehren, ein ganz enger Zusammenhang zwischen dem, was wir verdienen, und unserem Selbstwertgefühl: Was wir sind, machen wir an der Höhe unseres Einkommens fest.

Ich hoffe, dass Ihre eigene Botschaft anders lautet, nachdem Sie dieses Buch gelesen haben: Das Wichtigste ist nicht, wie viel Sie haben, sondern was Sie sind! Wenn Sie sich selbst, Ihr Geld und das, was Geld bedeutet, achten und immer berücksichtigen, wie Ihr Umgang mit Ihrem Geld sich auf die Mitmenschen auswirken kann, werden Sie reich sein. Wie viel Sie verdienen ist längst nicht so wichtig wie das, was Sie mit diesem Geld tun. Jedes Vermögen beginnt bei einem Stand von null, und man kann aus sehr wenig großen Reichtum machen.

Wir alle kennen Geschichten von Menschen aus ärmlichen Verhältnissen, die am Ende reicher waren, als irgendjemand sich hätte vorstellen können, und zum Beispiel Wohltätigkeitsorganisationen enorme Summen hinterließen. Sie hatten sich trotz ihrer bescheidenen Lebensweise schon immer sicher und reich gefühlt, sie waren stolz auf das gewesen, was sie hatten, und dankbar dafür. Sie hatten den Mut zum Reichtum aufgebracht, sie waren reich, und zwar nicht nur in finanzieller Hinsicht.

Das Leben ist eine Reise, und wenn Sie sich den Chancen öffnen, die es bietet, kann es Sie in ganz unerwartete Richtungen führen. Ein reiches Leben bedeutet nicht unbedingt, dass Sie bei dieser Reise in Kaschmir gehüllt oder mit Gold behängt sind oder in der ersten Klasse sitzen. Sie brauchen sich mit niemand anders zu messen. Ihr Leben gehört Ihnen allein!

Meine Geschichte

Der Mut zum Reichtum – ich habe ihn, aber woher ist er gekommen? Ich denke an meinen Vater und meine Mutter und an alles, was sie zu tun versuchten – mal mit Erfolg, mal ohne –, und das ist ein großer Teil davon. Auch wenn es nicht immer Grund zur Freude gab, hatten sie doch Mut, und sie taten, wie die meisten Eltern, immer ihr Bestes für meine Brüder und mich. Sie gaben uns, auch wie die meisten Eltern, widersprüchliche Botschaften mit auf den Lebensweg. Wie die meisten Kinder mussten meine Brüder und ich schließlich selbst unseren jeweiligen Weg in der Welt finden. Und wir haben es geschafft.

Ich habe schon an anderer Stelle erzählt, dass ich nach dem College viele Jahre lang in der Buttercup-Konditorei gearbeitet und mich dort sehr wohl gefühlt habe. Damals konnte ich mir nicht vorstellen, dass ich es einmal besser haben würde. Aber dann bot sich mir die Chance für ein besseres Leben (jedenfalls glaubte ich das damals), als ich zu Merrill Lynch und später dann zu Prudential-Bache ging. Ich erinnere mich nicht gern daran, dass jeder dieser Schritte furchtbar für mich war. Jedes Mal, wenn ich in eine neue Firma kam, hatte ich große Angst – Angst, dass herauskommen würde, dass ich die kleine Suze Orman war, die doch eigentlich nicht das Recht hatte, dort zu arbeiten. Ich hatte wirklich immer viel größere Angst, wenn ich nach mehr griff, als wenn ich mich mit weniger zufrieden gab.

Die ganze Zeit über, von der Wall Street über die Eröffnung meiner eigenen Firma bis zu dem Verbrechen einer Frau, das mich fast in den Ruin getrieben hätte, hatte ich Angst. Es war so schwer, zu lernen, nach mehr zu greifen. Ganz zu schweigen davon, Bücher zu schreiben! Der Gedanke, mich in die Welt des gedruckten Wortes zu wagen, war für mich noch beängstigender als damals die Wall Street, denn solange ich mit Geld arbeitete, hatte ich es wenigstens mit Zahlen zu tun, und dabei habe ich mich schon immer auf sicherem Boden gefühlt. Lange Zeit führte jede großzügige Handlung meinerseits dazu, dass ich mich nicht reicher fühlte, sondern kleiner, ärmer, voller Angst davor, dass ich alles verlieren könnte. Oft hatte ich den brennenden Wunsch, den Rückzug anzutreten, wieder dorthin zurückzugehen, wo ich hergekommen war – aber ich tat es nicht. Ich machte weiter, als ob ich von einer Kraft vorangetrieben wurde, die viel größer war als ich.

Während dieser ganzen Reise bemühte ich mich nicht nur wie jeder von uns, möglichst viel Geld zu verdienen, sondern versuchte auch, in dem Geld einen Sinn zu sehen, ihm eine Bedeutung zu geben. Natürlich sind viele Leute der Ansicht, dass es bei Geld keinen emotionalen oder spirituellen Aspekt gibt, dass es nur darum geht, es zu verdienen, anzulegen und auszugeben – aber das reichte mir einfach nicht. Ich beschäftigte mich mit alten Schriften, ich besuchte Kurse und Seminare, und ich fing an, das, was ich lernte, in meine Arbeit einfließen zu lassen. Allmäh-

lich verstand ich, dass Geld keinen wahren Reichtum bringen kann, wenn es lediglich von einer Hand in die andere wandert; es muss auch durch unser Herz fließen! Ich habe viele Menschen kennen gelernt, die mehr als genug Geld hatten und trotzdem arm waren, und andere, die viel weniger Geld hatten, aber ein Leben führten, das man nur als reich bezeichnen konnte. Natürlich will ich nicht sagen, dass ich Geld für unwichtig halte – es ist sehr wichtig! Es ist sogar so wichtig, dass es auch viele andere Reichtümer in Ihr Leben bringen wird, sobald Sie die richtigen Voraussetzungen geschaffen haben.

Sie haben gesehen, was es bedeutet, diese Voraussetzungen zu schaffen: Es bedeutet, dass man die Menschen über das Geld stellt und das Geld über die Dinge, dass man Geld den richtigen Platz in seinem Herzen zuweist und es richtig anlegt, dass man sich seinem Geld zuwendet und einen Teil davon für wohltätige Zwecke spendet. Doch so wichtig Geld auch ist – Geld allein kann uns nie wirklich reich machen.

Die fünf Gesetze des Lebens

Durch meine spirituelle Suche allein hätte ich nie gelernt, wie man mit Geld umgehen muss, wie man es ausgeben, anlegen und benutzen muss, um Beziehungen zu vertiefen. Umgekehrt hätte ich nur durch meine Arbeit mit Geld nie gelernt, wie die Geldgesetze und die Gesetze des Lebens in so perfekter Harmonie zusammenwirken und wahren Überfluss erzeugen können.

Vor ungefähr zwölf Jahren besuchte ich ein Seminar über die fünf Gesetze des Lebens; ich weiß noch, dass ich damals dachte, dass das doch ein sehr einfacher Weg sei, um sich zu vergewissern, dass man alles richtig macht – nur fünf Gesetze! Doch die Lehren, die sich bei jenem Seminar herauskristallisierten, waren keineswegs einfach, sie waren vielmehr Lehren vom wahren Reichtum – von einem Reichtum jenseits von Geld, von einem Reichtum der Seele. Damals fing ich an zu begreifen, wie unsere Gedanken, Worte und Handlungen unser Schicksal bestimmen. Ich lernte die »Lehre von der Einheit«, wie ich sie noch heute nenne, und ich lernte sie wirklich. Um ein in jeder Hinsicht reiches Leben führen zu können, muss alles an Ihnen eins sein, in die gleiche Richtung zielen und in reiner Harmonie stehen. Das hat mich sehr beeindruckt, denn meiner Ansicht nach erklärt es, dass jeder von uns für die Welt so wichtig ist. Es ist nicht leicht gewesen, diese Lehre in meinem Leben umzusetzen, denn wenn man in jeder Hinsicht reich sein will, braucht man ungeheuer viel Mut – Mut, den wir alle jeden Tag aufbringen müssen.

Dieses Seminar war ein Schlüsselerlebnis für mich, denn bis dahin war ich davon überzeugt gewesen, dass spirituelle Bestrebungen im Privaten stattfanden, weit entfernt vom Geschäftsleben draußen. Nun lernte ich, dass das nicht stimmt, sondern dass unsere Seelen Tag für Tag präsent sind. Jeder von uns, ob er nun reich ist oder arm, bringt seine täglichen Opfer, jeder hinterlässt einen viel größeren Eindruck in der Welt, als er glaubt.

Die Gesetze, die ich damals lernte und mir zu Herzen nahm – und die auch Sie von jetzt an befolgen sollten –, lauten:

Die fünf Gesetze des Lebens

1. *Jeder Gedanke, den du denkst, soll mit Feuer auf den Himmel geschrieben werden, sodass die ganze Welt ihn sehen kann, denn so ist es.*

2. *Jedes Wort, das du sprichst, soll gesprochen werden, als ob jeder auf der Welt es hören kann, denn so ist es.*

3. *Alles, was du tust, soll auf dich zurückfallen, denn so ist es.*

4. *Alles, was du anderen wünschst, soll ein Wunsch für dich selbst sein, denn so ist es.*

5. *Alles, was du tust, soll so getan werden, als ob Gott selbst es täte, denn so ist es.*

Ihr Leben wird viele andere Leben berühren. Wie es das tut, müssen Sie entscheiden, und davon wird es abhängen, welches Erbe Sie der Welt hinterlassen. Verstehen Sie diese Gesetze bitte als ein Geschenk und sorgen Sie dafür, dass Ihr Erbe reich wird.

Die Belohnung für Mut

Unsere Reise hat ja mit der Handlung des Verzeihens angefangen, dem ersten Schritt auf dem Weg zur Einheit von Gedanken, Worten und Handlungen. Ich hoffte, dass Sie dadurch die Klarheit und die Kraft finden würden, mit Mut und Hoffnung auf die Zukunft zu blicken. Nur wenn diese Kette harmonisch ist, können wir das erreichen, was wir uns erträumen. Nun fehlt noch der letzte Schritt, denn ich bin überzeugt, dass die Gesamtheit unserer Handlungen unseren Charakter bildet und dass unser Charakter unser Schicksal bestimmt. Gedanken, Worte, Handlungen, Charakter, Schicksal – wenn sie alle harmonieren, ist Ihr Leben frei von Unsicherheit und Unordnung, im ethischen Bereich wie im emotionalen, im finanziellen und in allen anderen Bereichen. Wenn aber nur zwei Elemente dieser Gruppe im Widerspruch zueinander stehen, kann Ihr Leben aus dem Gleichgewicht geraten. Deshalb war es mir so wichtig, an den Anfang dieses Buchs Übungen zur Reinigung Ihrer Gedanken zu stellen, denn die Reise, die Sie schließlich zu Ihrem Schicksal bringt, beginnt ja mit Ihren Gedanken.

Ich hoffe, dass Sie sich das, was Sie aus diesem Buch gelernt haben, zu Herzen nehmen, dass Sie den Ballast wegräumen, der verhindert, dass mehr in Ihr Leben kommt, dass Sie von nun an die Menschen über alles andere und Geld über die Dinge stellen. Geben Sie Ihr Geld bitte klug aus, egal, ob Sie sich ein Haus kaufen, Dinge, die Sie benötigen, oder Luxusartikel! Denken Sie immer an die Summen von morgen, wenn Sie sich überlegen, was Sie heute wollen. Sie haben auch gelernt, wie Sie für Ihre Zukunft vorsorgen können, wie Sie Ihr Geld sicher anlegen und sich richtig informieren können. Das wird es Ihnen ermöglichen, für sich selbst und die Menschen, die Sie lieben, zu sorgen – heute, morgen und vielleicht auch noch lange nach Ihrem Tod.

Sie wissen jetzt auch, wie Sie Ihr Geld wirklich schätzen und annehmen und wie Sie großherzig geben können, indem Sie es durch Ihr Herz und Ihre Hände in die Welt hinausfließen lassen, damit sie besser wird. Schließlich haben Sie auch die Geldgesetze und die Gesetze des Lebens kennen gelernt, die so ungeheuer wichtig sind. Wenn Sie sie vertrauensvoll befolgen, werden sie weder Sie noch Ihr Geld jemals im Stich lassen.

Handeln Sie bitte mutig, trauen Sie sich, reich zu werden, denn die Belohnungen des Reichtums sind groß und die Entbehrungen der Armut lähmend und oft ganz unnötig. Denken Sie über das Heute hinaus an das Morgen, über sich selbst hinaus an die Menschen, die Ihnen viel bedeuten. Denken Sie daran, was Sie aus dem erschaffen können, was Sie haben, und machen Sie sich dann ans Werk. Sehen Sie die Welt klar, sowohl vom materiellen als auch vom spirituellen Standpunkt aus. Wenden Sie sich jetzt Ihrem Geld zu, so viel oder so wenig Sie auch haben mögen, denn mit Mut können Sie dafür sorgen, dass es wächst und genug wird, sogar mehr als genug. Streben Sie nach Überfluss, dann werden Sie Überfluss bekommen. Das ist meine Botschaft an Sie, und ich hoffe, dass Sie sie an jedem Tag Ihres Lebens beherzigen werden.

Ich wünsche Ihnen, dass Sie immer den Mut haben, große Gedanken zu denken und kleine Schätze zu genießen.

Danksagung

Nach diesem – meinem dritten – Buch weiß ich ganz sicher, dass niemand ein Buch in einem Vakuum schreibt, dass der Prozess an sich schon reich und mutig ist und sehr viele Menschen daran beteiligt sind. Ich möchte allen danken, deren Namen ich kenne, und auch all denen, die hinter den Kulissen an das Buch glaubten und zu seinem Entstehen beitrugen.

Als Erstes möchte ich meiner lieben Freundin und Mitarbeiterin Cheryl Merser danken, die mehr in das Projekt einbrachte, als sie sich vorher hätte vorstellen können, und den Kurs die ganze Zeit über mit steuerte. Auch ihre Familie, Michael und Jenna Shnayerson, gehörte auf ihre Art sehr stark zu diesem Prozess, und dafür möchte ich ihr danken. Ich wünsche mir, dass wir für immer Freundinnen bleiben und auch in Zukunft zusammenarbeiten werden.

Auch als Erstes geht mein Dank an meine Lektorin, Julie Grau, die mehr Verstand, Herz und Durchhaltevermögen hat als fast alle anderen Menschen, die ich kenne. Dieses Buch ist eigentlich dein Buch, liebe Freundin, und deshalb hoffe ich, dass du stolz darauf bist. Du bist die Beste, und ich bin froh darüber, dass ich mit dir zusammenarbeiten durfte.

Binky Urban, meine Agentin und Mentorin, hat mich auf dieser wirklich anregenden Reise unbeirrt geführt. Ich mag dich so gern und achte dich so sehr. Ich weiß, dass Gott mich liebt, denn er hat mich zu dir geschickt.

Sandi Mendelson, meine Verlegerin und Kameradin, hat von

Anfang an hinter mir gestanden und stärkt mir immer noch den Rücken. Ich weiß das zu schätzen! Du bist die Beste, meine Liebe, und ich hoffe, dass du das nie vergessen wirst.

Den Leuten bei Riverhead möchte ich für ihre Fürsorge, ihre Aufmerksamkeit auch bei den kleinen Dingen und für ihr Engagement danken – all das hat mich wirklich überwältigt. Dank an Phyllis Grann, Susan Petersen, Marilyn Ducksworth, Cathy Fox, Barbara O'Shea und all die Leute aus der Vertriebs- und Marketingabteilung, die daran beteiligt waren, das Buch bekannt zu machen; an Hanya Yanagihara, Elizabeth Wagner, Kim Seidman, Tricia Martin, Catharine Lynch, Ann Spinelli, Kiley Thompson, Lisa Amoroso, Claire Vaccaro, Bill Peabody, Rachel Krieger und all die anderen talentierten, hart arbeitenden Leute, die mit der Gestaltung und Herstellung dieses Buches zu tun hatten.

Dem Harpo-Team kann ich gar nicht genug dafür danken, dass es meine Botschaft in Millionen von Häusern und Wohnungen geschickt hat. Dank an das kreativste und mutigste Produktionstalent der Welt, Dianne Atkinson Hudson, an Katy Murphy Davis, Kelly Groves-Olson, Ray »Bug« Dotch, Garrett Moehring und Suzanne Hayward, und vor allem an Oprah selbst, die mein Leben wirklich für immer verändert hat.

Unendlich viel von Herzen kommender Dank gebührt meiner QVC-Familie – all den Moderatoren und jedem bei QVC und Q Direct, der mich von Anfang an unterstützt hat, vor allem Karen Fonner, meiner lieben, lieben Freundin, die schon immer an mich geglaubt hat, lange bevor andere das taten.

Außerdem möchte ich meinem PBS-Team danken: Alan Foster, Gerry Richman, Larkin McPhee, Tedd Tramaloni, Erika Herrmann und allen bei KTCA, die an meinen PBS-Specials mitgearbeitet und dabei geholfen haben, die Worte meiner Bücher ins Fernsehen zu bringen.

Dank an Carol Bruckner von ICM Lecture, einen Menschen, den ich besonders gern mag. Ich hoffe, dass wir noch oft zusammenarbeiten werden! Und an Jenna Lamond von ICM, mit der man Pferde stehlen kann.

Dank an Anne Heller, meine Freundin und Redakteurin bei der Zeitschrift *Self*, die meinen Worten und Gedanken jeden Monat Leben einhaucht. Anne, du bist so ein kluger Kopf!

Mein ganz besonderer Dank gilt denen, die das Manuskript gelesen und Verbesserungs- und Ergänzungsvorschläge gemacht haben: Janet Dobrovolny, Gail Mitchell, Barry Pickers, Frederick Hertz und John Claghorn; Ann C. Diamond von Bronstein, Van Veen & Bronstein, die den Teil »Liebe und Geld« so aufmerksam gelesen hat; Kenneth Grau und Edward T. Braverman von Braverman & Associates und Howard Grossman von Goldstick, Weinberger, Feldman & Grossman, die mich bei »Ein Haus kaufen« beraten haben; und Ira G. Bogner von Proskauer Rose LLP für seine Ratschläge zu »Vorsorge für die Zukunft«.

Vielen Dank auch den Menschen, deren Geschichten ich in diesem Buch geschildert habe oder die mich zu meinen Beispielen angeregt haben. Ich hoffe, dass ich ihnen helfen konnte.

Dank an die wunderbaren Leute bei The Literary Guild, Doubleday Book Club und Bantam Audio, die den Mut hatten, das Buch zu unterstützen.

Dank an Esther Margolis von Newmarket Press, die den Ball ins Rollen brachte, und an Chip Gibson und alle bei Crown, die ihn annahmen und weiterspielten.

Dank an meine Brüder, die mir so viel bedeuten. Wenn ich an euch beide denke, kann ich nur sagen, dass ich euch für eure Liebe und Unterstützung danke. Ihr sollt wissen, dass ich sie immer spüre.

Dank an Melissa Howden, die mir zur Seite gestanden und mir im Laufe der Jahre geholfen hat, Mut zu schöpfen und auf das wahre Ziel konzentriert zu bleiben. Und an Mary Bourn, deren ansteckendes Lachen und goldenes Herz alle anrühren, die das Glück haben, sie zu kennen, vor allem mich selbst.

Schließlich möchte ich noch meinen Freunden und Freundinnen danken, die immer für mich da waren und auch in Zukunft für mich da sein werden: Noni Colhoun, Suhasini, Laurie und Jim Nayder, Woody Simmons, Kai Ekhammer, Karen McNeil, Ruth Carnovsky,

Catherine, Bill und Suzanne Parrish, Pat Holt, Marilyn Golden, Liz Brown, Bobbie Birleffi, Beverly Kopf, Gloria Weiner, Arina Isaacson, Linda Gottlieb und Rob Tessler, Caryn Dickman, Peggy Kiss, Carol Nockold, Connie Palmore, Kimi Beaven und meiner lieben Laura Duggan.

Sachregister

Abbuchung 106
Abfindung, finanzielle 210
Ablaufleistung 312, 316, 320, 333
Abschiedszeremonie, Bestattungszeremonie 219
Abschlagszahlungen, monatliche 266
Adoptionsurkunde 131
Akquisitionskosten 318
Aktien 130, 147, 163 f., 243, 287, 291, 307, 333 f., 335-342, 347, 349-358, 360, 369, 371, 374, 376, 388
   alte 356
   -anlage 352
   -anleihen 349 f.
   -besitzer 354
   -bestand 335, 355
   Bezugsrecht 356
   Blue Chips 369
   Crash 351
   -index 326, 351, 374 f.
   -investment 352
   junge 356 f.
   -körbe 374
   -kultur 352
   -kurse 325 f., 337, 349 f., 358

   Kursgewinne 301, 339, 342, 354, 358
   Kursverlauf 353
   Kursverluste 353
   Liquidität 358
   -markt 54, 224, 336, 359, 374
   Mid Caps 357
   Mindestpreis 358
   Nebenwerte 369
   -register 355
   Renditechancen 358
   Renditen 352, 354
   Risiko 351 f., 354, 357 f.
   Small Caps 357, 369
   Spezialwerte 369
   Standardwerte 357, 369
   steuerliche Behandlung 358
   Stop-Loss-Order 358
   Trader 352
   Urkunde 355
   Verkaufskurs 358
   -verluste 352
   -volatilität 350 f.
Aktienanleihen 349 f.
   Bezugsverhältnis 349
   Emittent 349
   Renditen 349

Aktienfonds 63, 162, 324 f., 330, 333 f., 357, 360 ff., 365 f., 368 f., 372 f., 378
　Branchenfonds 369
　Depotbeimischung 369
　Länderfonds 369
Aktiengesellschaften 347, 355, 357
　börsennotierte 372
　Grundkapital 355
　Hauptversammlung 356
　Kapitalerhöhung 356
　kleine 296
　Liquidationserlös 356
　Vorstand 356
Aktien-Laufzeit-Fonds 372
　Anteilsscheine 372
　Performance 372
Aktionär 352, 355 f.
　Stimmrecht 356
Alimente 147
Alleinverdiener 158
Altbau 256
Alterspyramide 312
Altersrente, aufgeschobene private 323
　Gewinnbeteiligung (Kapitalabfindung) 323
　Laufzeit der 323
Altersruhestand 366
Alterssicherung 311
Altersversorgung 309 f., 312, 315, 319, 321, 323, 326, 330 ff, 334, 354, 357 f., 370, 372 f.
　arbeitgeberfinanzierte, betriebliche 327 f.
　gesetzliche 311, 323
　private 319, 325, 334, 371
Altersvorsorge 13, 166, 193, 286, 289, 330, 332 f., 338, 351, 353, 364, 373

　betriebliche 122, 226
　gemeinsame 167
　private 74, 128, 147, 334, 359
Altersvorsorge-Sondervermögen (AS-Fonds) 371 f.
　Mindestlaufzeit 371
　Sachwertanteil 371
Anfangsvermögen 155, 157
Anfangszinssatz 270, 273
Angst, finanziell bedingte 30 f., 35 ff., 38 f., 41, 58
Anlageberater, Vermögensberater 215, 230 ff., 295, 297, 307, 332, 334, 336, 378
Anlageformen 287, 291, 307 f., 316, 333, 335, 342, 350, 360, 376
　sichere 288
Anlageinstrumente 345
Anlagekapital 362
Anlagekriterien 341
　Liquidität 341 f.
　Rentabilität 341 f.
　Sicherheit 341
Anlagementalität 373
Anlagemöglichkeiten 310
Anlagen, festverzinsliche 310; *siehe auch* Anleihen; Bonds
Anlagestrategie 325
Anlageziele 354
　individuelle 315
Anleger 303 f., 311, 319, 324, 339 f., 342, 345-349, 353 f., 357 f., 360 f., 363-372, 374 f., 378
Anlegermagazine 378
Anleihen 243, 307, 310, 334, 335-340, 342 f., 345, 347-351, 354 f., 360, 367 f., 376
　Ausfallrisiko 368
　-besitzer 354

-bestand 335
Einstiegspreis 338
Emittenten 335, 338 f., 345, 348, 350, 367
Fälligkeitstag 340
festverzinsliche 345
Gebühren 350
-kurse 366
Laufzeit 311, 350, 367
Liquidität 351
Renditechancen 351
Restlaufzeiten 340, 350
Risiko 351
steuerliche Behandlung 351
Tilgung 350
verzinste 340
Verzinsung 350
Währung 338, 350
Anleihenfonds 366; *siehe auch* Rentenfonds
Anwaltshonorare 223
Anwaltskosten 195
Anwaltszwang 209
Anwartschaften 203
Anzahlung 124 f., 265
Arbeitgeber 92, 327 ff.
-darlehen 243, 252 f.
Arbeitnehmer 320, 322, 327 f.
Arbeitnehmerzulage 64
Asset Allocation 342
Aufenthaltsbestimmungsrecht 209
Auflassungsvormerkung 281
Ausfallrisiko 339
Ausgabeaufschlag 82, 295 f., 299, 301, 361 f., 363, 365, 367 f., 373-376, 378
Ausgaben 93, 101, 182, 207 f., 234, 258, 273, 287, 314

feste 270
Ausgabenkreislauf 89
Ausgangszinssatz 277
Auslandsanleihen 347
Emissionsland 347
Auszahlung 316
»Autobanken« 302
Autokauf 124
Autokosten 253
Autokredit 123 ff., 189, 274

Bafög 111
-Darlehen 141
-Schulden 112
Bankauszüge, Kontoauszüge 47, 73, 116, 129 ff., 182, 207
Bankautomaten, Geldautomaten 122, 130
Bankberater 310, 331, 345, 360 f., 366, 374
Banken 63 f., 104, 106 f., 114 f., 117 f., 242, 244, 257 f., 267, 270, 277 ff., 286, 289 f., 295 f., 298 ff., 306, 330, 335, 340 f., 343, 349, 357, 361, 376 f.
Bankguthaben 342
Bankkonto, Konto 23, 105 ff., 114, 130, 171, 295, 302 f., 318, 330, 364, 391
eigenes 222
Bankschulden 111
Bankschuldverschreibungen 348 f.
Bankspesen 374
Bargeld 109, 148, 171, 218, 290 f., 302, 342
Baudarlehen 244, 254, 282, 285 f.
öffentliche 243, 252
Baufinanzierung 276
Baukosten 240, 253, 255

Baukredit 277
Baumängel 264
Bausparguthaben 243
Bausparkassen 267
Bausparverträge 171, 209, 277
Bearbeitungsgebühr 283, 291
Behandlungen, ärztliche 131
Behindertenrente 362
Beiträge (Lebensversicherung) 317,
 319 f., 325 f., 334
  Dynamik der 319 f.
Beitragsanteile 317
Beitragsbefreiung 320
Beitragsbemessungs-Grenze (gesetzl. Rentenversicherung) 313
Beitragsfreiheit 317
Belastung, steuerliche 331, 342
Beleihungswertberechnung 284
Bereitstellungszinsen 283
Berufsunfähigkeit 317
Berufsunfähigkeitsrente 320
Berufsunfähigkeits-Zusatzversicherung 317, 320 f.
Besitz 187, 295
  gemeinsamer 201
Bestattung, Beerdigung, Beisetzung 216-220, 222, 227, 386
Bestattungsinstitut 217, 219
Besuchsrecht 156, 208 f.
Betriebsprüfer 129
Betriebsrente 226, 327
Bezugsrecht, unwiderrufliches 329
Bilanz 356
Bio- und Gentechnologie 313
Bonddarlehen 271
Bonds 337; *siehe auch* Anleihen
Bonität 339, 342, 350, 367
  -srisiko 367
  -skriterien (Ratings) 343 f.

Börse 348 f., 351 f., 372
Börsencrash 366
Börsenindizes 357
Börsenkurse 354
Broker-Unternehmen 299
Bruttoeinkommen 274, 314
Bruttogehalt 328
Bruttorendite 355, 368
Bundesanleihen 271, 348, 351
Bundesverband Deutscher Investmentgesellschaften 360, 368
Bundesobligationen 348, 351
Bundesschatzbriefe 338, 348, 351
Bundesschuldenverwalung 341, 351
Bundeswertpapiere 341, 348
Bürgschaft 115, 172

Cash-Bestände 298
Cash-Management 298
Closed End Funds, *siehe* Fondsaktien
Commodities, *siehe* Warentermingeschäfte

Dachfonds 372
Darlehen 48, 112, 228, 250 f., 257, 269, 273, 275, 279, 283, 289, 328
  von Familienangehörigen 244
  zinsloses 128
Darlehensrate 250
Darlehenssumme 253, 283
Darlehensvertrag 277 f.
Datenschutzbeauftragter 115
DAX (Deutscher Aktienindex) 326, 336, 351 f., 357, 366, 369, 374 f.
DAX-Index-Zertifikate 374
DAX-Titel 350
Debit-Cards 302

407

Depot 335, 340 f., 348, 352 f., 355, 359, 363
Depotauszüge 104, 130
Depotbank 374, 377
Depotgebühren 301 f., 340, 350
Depotwerte 115
Deutsche Ausgleichsbank 351
Deutsche Börse 357
Direktbanken 299, 302, 353, 363, 376
Direktversicherer 316, 327
Direktversicherung (betriebl. Altersvorsorge) 326-330
 Liquidität 330
 Renditechancen 330
 Risiko 330
 steuerliche Behandlung 330
Direktversicherungen 316
Disagio 278
Discount-Broker 363, 376
Disporahmen 117
Dispositionskredit 117, 291
Dividenden 354, 356
Dividendenerträge 339
Dividendenpapiere 374
Dividendenzahlungen 342
Doppelwährungsanleihen 347
Dow Jones (Aktienindex) 351, 357
Dow Jones Euro Stoxx 50-Index 326, 357
Dread-Disease-Police 320 f.

EC-Karte 117, 122, 182, 302
Ehe 61, 95, 130, 144, 153 ff., 157-160, 164-173, 175, 177, 179 ff., 186, 189-192, 196-200, 202 f.
 Zerrüttung der 203
Ehegatte, -partner 46, 167 f., 257
 früherer 141

Eheschließung 167
Ehevertrag 140, 154, 161, 163-169, 172, 180, 190, 201
 notarieller 171
Eigenheim 242
Eigenheimzulage 248, 255 f., 287
Eigenkapital 103, 218, 238, 241-247, 249, 252, 258, 336
 -anteil 243, 246
 -ausstattung 258
 -decke 244
 -ersatz 244
 -formel 244
 sichtbares 356
Eigentum, gemeinsames 158, 163, 167 f., 170, 174
 gemeinschaftliches 171
Eigentumsanteil 143
Eigentumsformen (Wohneigentum) 280
Eigentumswohnung 92 f., 173, 176, 265 f., 279, 286
Eigenvorsorge 309
Einkommen 115, 130, 140 f., 144, 147, 165, 181, 184 f., 202, 205, 208, 248, 273, 288 ff., 313, 321, 355, 362, 385, 390, 393
 festes 270
 verfügbares 288
Einkommens- und Renditedefizite 168
Einkommensgrenzen 256
Einkommensquelle 147
Einkommensteuer 205
Einkommensteuererklärung 59, 71, 155, 205, 207, 222
Einkommensverhältnisse 319
Einlagensicherungsfonds 28
Einnahmen 13, 93, 129, 253, 258, 277

Einrichtungen, religiöse 384
Einstandspreis 342
Einstandszins 272
Einzahlungen 104, 330 f., 333
Einzelkonto 172 f.
Emerging-Market-Fonds 373
Enterbung 157
Erbbaurecht 280 ff.
   Laufzeit des 281 f.
   -sgeber 281
   -snehmer 281
Erbbauzins 281
Erbe 44, 222, 398
Erben 223, 297
Erbfolge, gesetzliche 220
Erbschaften 167, 173, 322
Erbschaftsrecht 221
Erbschaftssteuer 223
Erbschein 221
Erlebensfall 315, 317
   -summe 317
Ersatzdienst 131
Ersparnisse 13, 25, 110, 246, 288 f., 298
Erträge, steuerrelevante 301
Erwerbsleben 321
Erwerbstätigkeit 332
Erwerbsunfähigkeitsrente 227
Erwerbszeit 333
Euroanleihen 347; *siehe auch* Euro-Bonds
Euro-Bonds 347; *siehe auch* Euroanleihen

Fahrzeugbrief 131
Familiendarlehen 252
Familiengericht 210
Familienrichter 209
Festgeldkonten, 64, 243, 306, 366
   gemeinsame 190
Festzinsdarlehen 270, 272
Festzinsen 271, 287
Festzinshypothek 272 f.
Filialbank 363
Finanzamt 71, 127-130, 155, 244, 256 ff., 316, 346
Finanzberater, Finanzberaterin 21 f., 47, 49, 51, 153 f., 224, 362
   freie 377
Finanzierung 242, 244, 257 f., 282 f., 286
Finanzierungsbedürfnisse 281
Finanzierungsschätze 351
   des Bundes 304, 348
   kurzfristige 348
   Laufzeit 348
   Nennwert 348
Finanzierungszinsen 228
Finanzmärkte 360
Finanzmarktförderungsgesetz 371
Finanzministerium 317, 346
Finanztermingeschäfte 370
Fiskus 301, 322, 339, 346
Fixkosten 318
Floater 345
Folgebelastung 282
Fonds 295 ff., 299, 301, 325, 359-372, 375-378
   Anlageschwerpunkt 364, 367
   -anteile 340, 360 f., 363, 365, 367, 373 ff., 375 ff.
   -arten 364
   ausschüttende 364
   Ausschüttung 365
   -boutiquen 377
   -depot 301, 377
   Depotkosten 361
   Ertragsscheine 377

Erträge 364 f., 378
-familie 377
Future-Fonds 370
-gattungen 361
Gebühren 361, 363, 377 f.
gemischte 307
-gesellschaft 301, 364 f., 371 f., 377 f.
-innovationen 371
Inventar 378
-investment 359
-kauf 361
Liquidität 365
-management 301, 360, 375 f.
-manager 359 f., 365, 375
No-load-Fonds, siehe Tradingfonds
Performance (Wertzuwachs) 360
Tradingfonds 363
Publikumfonds 360
-prinzip 299
Prospekt 378
Renditen 373, 378
Rücknahmepreis 361
-Shops 377
-sparpläne 371
Spezialfonds 360
thesaurierende 364 f., 373
Thesaurierung 365
Trader 363
-typen 371
-vermögen 361, 371 f.
Fondsaktien 372
Fonds-Picking-Prinzip 372, 377
Fondspolice 324 f.; *siehe auch* fondsgebundene Lebensversicherung
  Laufzeit 325
  Liquidität 326
  Renditechancen 326
  Risiko 326
Fondssparen 330, 372-374
  Cost-Average-Effekt 373 f.
  Laufzeit 373
Förderungen, staatliche 255
Förderwege 252, 257

Freigrenzen (Zinseinnahmen) 339
Fremdkapital 336 f.
Fremdwährungsanleihen 338, 346

Garantie 260
-scheine 260
Gebietskörperschaften 348
Gebühren (Immobilienkauf) 283-286
Gebühren (Investmentfonds) 296, 301
Geburtsurkunde 131
Gehalt 21, 55, 148, 180, 186, 245, 298
  variabler Anteil 243
Gehaltserhöhung 32, 92, 134
Gehaltsüberweisung 297
Gehaltsumwandlung 327, 329
Geldanlagen, 286, 307, 315, 317, 322, 324, 341
  sonstige 163
  kurzfristige 271
Geld,
  Einstellung zum 90, 105, 146, 175, 179
  Umgang mit 90, 147
Geldautomaten 182
Geldeintreiber 148
Geldgeber 284 f.
Geldgeschenk 278
Geldgesetz, 98, 262, 297, 383, 387, 396, 399

erstes 78, 102, 105, 138, 181, 234
 nach einem Verlust 230
Geldinstitute 341
Geldmarkt 299
 -papiere 299, 306
Geldmarktfonds 231, 233, 243, 288 ff., 298-306, 337, 366
Geldmarktpapiere 366
Geldnöte 11
Geldreserven 300
Geldverschwendung 38
Geldwert 337
Gemeinschaft, eheähnliche 156
Gemeinschaftskonto 172, 174
Genossenschaftsanteile 243
Gerichtskosten 223
Gesamtkosten, monatliche 274
Geschäftskonten 131
Geschiedenenrente 203
Gesundheitsprüfung 319, 322
Gewohnheiten, reflexartige 90 ff.
Girokonto 104 f., 113, 115, 117 f., 177, 180, 186, 233, 243, 295, 298-300, 302
 eigenes 188, 207
 gemeinsames 188, 207
 -schulden 113
Girosammelverwahrung 340
Gläubiger 356, 388
Gleitzinsdarlehen (b.a.w. Kondition) 270
Gold 307
 -fonds 307
Gottesdienst, Gedenkgottesdienst 219
Grabstätte 219
Gratisaktien 356
Grundbuch 281, 284
Grundbuchamt 252, 281, 284

Grundbuchgebühren 284
Grunderwerbssteuer 252, 281, 284
Grundpfandrechte 349
Grundschuld 281
Grundschuldbestellung 284
Grundsteuer 238, 249
Grundstück 240, 265, 281
Gütergemeinschaft 169-174
Güterrecht 169
Güterstand, ehelicher 157, 167 f., 169 ff.
Gütertrennung 157, 161, 169 ff., 173
Guthaben 115, 302

Haus 103, 112, 130, 133, 237-246, 248 f., 255, 258-267, 275 f., 279, 283, 285-291, 295, 303, 362, 386, 390, 398
 eigenes 112, 237 f., 259, 280, 291
 gemeinsames 204
 Mietentschädigung 204
 Mietvertrag 204
 Nutzungsrecht 204
 Wohnrecht 204
Hausbank 377
Haushaltshilfe 188
Haushaltskosten 253
Haushaltspauschale 254
Haushaltsrechnungen 207
 monatliche 256
Hauskauf 265
Hausrat 158, 167
Hausratsgegenstände 171
Hausratsteilung 210
Hausstand, gemeinsamer 168
Heiratsurkunde 131
Hindernisse,
 emotionale 24
 finanzielle 22

Hinterbliebenenschutz 321
Hinterbliebenenversorgung 322
Hochzinsanleihen 337 f., 368
Hypothek 13, 107, 143, 175 f., 180,
 184, 187, 228, 238, 242 ff., 246 f.,
 249 f., 252, 254, 257 f., 265, 267-
 278, 282 f., 286-291, 386
 mit Festzins 268-271, 273
 mit variablem Zins 268, 271
 Zinssätze für 238
Hypothekenbanken 267, 349
Hypothekendarlehen 267
Hypothekenkredit 112
Hypothekenrate 266, 268, 273,
 289 ff.
Hypothekenrestschuld 289
Hypothekensumme 286
Hypothekentilgung 274
Hypothekentyp 270, 272
Hypothekenzinsen 274

Immobilien 131, 165, 171, 208, 238,
 252-255, 265, 278, 280, 284 ff.,
 307, 322, 334, 352, 364 f., 370 f.
 eigengenutzte 278
Immobilienanzeigen 239 f.
Immobilienberater 208
Immobilienbesitz 280
Immobilieneigentum 281
Immobilienfinanzierung 252
Immobilienfonds 324, 360, 365,
 372
 geschlossene 370
 offene 370 f.
 Zweitmarkt 370
Immobilienmakler 239, 241, 249,
 256, 261 ff., 265, 279, 285, 309;
 siehe auch Makler
Immobilienmarkt 239 f., 370
Immobilienpreise 239, 282, 352

Indexzertifikate 326, 357, 374 ff.;
 siehe auch indexgebundene
 Lebensversicherung
 Liquidität 326
 Renditechancen 326
 Risiko 326
Industrieanleihen 368
Industrieobligationen 349
Inflation 355, 370
Inflationsrate 368
Inhaberaktien 355
Insolvenzberatungsstelle 118
Internet 117, 257, 267, 279, 359
 -zugang 272
Investitionen 60, 67, 101, 123 f.,
 129, 330, 335, 354
Investmentfonds 64, 82, 177, 243,
 296, 324 f., 365, 373 f., 376
 offene 228, 372
Investmentgesellschaften 299
Investmentkonto 377 f.
 Teilliquidationsrecht 378
Investmentsparkonto 178
Investor 299
Investor Relations 355

Jahreseinkommen 390
Jahreszins, effektiver 283

Kapital 287, 301, 311 f., 324, 326,
 342, 349, 362, 364
 -abfindung, *siehe* Altersrente,
 aufgeschobene private
 -anlage 317
 -aufstockungen 131
 -bedarf 378
 -deckungsverfahren, -deckungs-
 prinzip 311, 323
 -einsatz 342

-ertragssteuer 233
-erträge 129, 342
investiertes 378
-kosten 336
-märkte 357, 360
-stock 311
Kapitallebensversicherungen (KLV) 171, 315-322, 324 f., 333
klassische 324
Liquidität der 321
Risiko der 321
steuerliche Behandlung der 321
Vertragslaufzeit 320 f.
Kartenorganisationen 302
Kaufangebot 259
Kaufansprüche 280
Kaufvertrag 142 f., 145, 265, 280, 284
Kaufvertrag (Haus) 131
Kinderbetreuung 159, 204
Kindererziehung 164 f., 167 f.
finanzielle Aspekte der 141
Kindergeld 253, 256
Kindesunterhalt 156, 202, 208 ff.
Kirchensteuer 385 f.
Kombinationsdarlehen 273
Kombinationshypothek 273
Kombinationskredit 273
Konkurs 118 f., 141, 227, 386
-anmeldung 119 f.
Konsumgüter 80
Konsumkultur 80
Konto
des Verstorbenen 221
-eröffnung 115
-führungsgebühren 284, 298
gemeinsames 177, 181, 183 f., 186, 189 f., 207, 221
-inhaber 172

-nummer 105
-stand 74, 89, 95
Kosten, gemeinsame 184
Kostenpauschale (Auto) 254
Kostenübernahme (Therapie bei Scheidung) 201
Krankenkasse 201, 320, 333
gesetzliche 222
Kredit 80, 92, 112, 115, 118, 123 ff., 134, 205, 221, 244, 250, 253, 257, 283, 290 f.
-antrag 114
-aufnahme 253
-ausfall 343
-belastung 253
-betrag 302
-geber 258 f., 268, 271, 273 f., 276, 281-285
gemeinsam aufgenommener 209
-institute 111 f., 118, 299, 348
-konto 284
-laufzeit 244, 249, 251, 255, 268 ff., 273-278
-nehmer 270
-rate 245, 250, 253 f., 259, 278, 282
-rating 368
-rückzahlung 277
-summe 244, 250, 254, 285
-vermittlungsgebühr 286
-verpflichtung 115
-vertrag 172 f., 205, 277, 283
-zinsen 250 ff., 254 f.
Kreditanstalt für Wiederaufbau (KfW) 257
Kreditkarten 14, 30 f., 65, 67, 96, 109, 115, 118, 148, 172, 178, 226, 302
-firmen, -unternehmen 74, 104, 107-109, 247, 302, 386

413

-konten 115
-limit 96
-rechnungen 96, 148, 207, 227
-schulden 108, 111, 117, 141, 289
Kursrisiko 338, 340, 342, 347 f.
Kursschwankungen 330, 357
Kurssteigerungen 339, 342

Leasing, leasen 124 f.
  -gebühren 125
  -raten 125, 253
  -verträge 115
Lebenserwartung 312, 332
Lebenshaltung 253
  -skosten 245, 305
Lebensstandard 81, 259, 314, 322, 373
Lebensversicherer 320, 324
Lebensversicherung 193, 203, 209, 214 f., 218, 222, 224, 226, 233, 277, 311, 318 ff., 327, 334
  »klassische« 322
  fondsgebundene 318, 324 ff.
  indexgebundene 325 f.
Leibrente,
  Kauf auf 280, 282
  private 311
  -nbetrag 282
Leichenschau 217
Leitzinsen 345
  -anhebungen 336
  Geldmarktsätze 345 f.
  LIBOR 346
Life Science 312
Liquidität 298, 338
  -sengpässe 299
  überschüssige 299
Lohnnebenkosten 327

Lohnsteuerausgleich, jährlicher 222
Lottogewinn 278
Luxusartikel, Luxusprodukte 80 ff., 398
Luxusgegenstände 147

Mahnbescheid 115
Mahngebühren 59
Makler 12, 231 f., 246, 308; *siehe auch* Immobilienmakler
  -provision 252, 285
Medikamente 131
Miete 106, 143, 175, 184, 238, 246, 248
Mieteinnahmen 173
Mietzahlungen 173 f.
Mindestlaufzeit 319
Mindestprovisionen 376
Mindesttilgung 255
Mischfonds 371 f.
Mitbestimmungsrechte 325
Moody's 343 f.

Nachlass 220, 222 f.
  -verwaltung 13
Namensaktien 355
Nebenkosten 130, 253 f., 259, 281, 283
Nettoeinkommen, 190, 253, 314, 329, 333
  gemeinsames 185
Nettolohn, -gehalt 190
Nettorendite 342, 355
Neubau 255 f.
Neuer Markt 337, 350, 357, 369
Niedrigenergiehäuser 257
Nikkei (Aktienindex) 357
Nominalzins 345, 348

Notar 252, 265, 280 f., 284
-gebühren 284
Nullkupon-Anleihen 346
Laufzeit 346
Rendite 346
Ausgabekurs 346
Rückzahlungskurs 346

Optionsscheine 342
Organsspenderausweis 216

Partizipationsscheine 374 f.; *siehe auch* Indexzertifikate
Partnerschaftsvertrag 156, 163
Pauschalbesteuerung 328
Pauschalkosten 253
Pauschalsteuer 329
Pfandbriefe 349
Pflegekosten 385
Pflichtteil (Erbe) 157
Portfolio 63, 165, 215
Privatbanken 298
Provisionen 215, 295, 316, 318, 320, 341, 361

Ratenzahlung 206, 275
Rating-Agenturen 343; *siehe auch* Moody's
Ratings 344; *siehe auch* Bonitätskriterien
Ratings (Hypothek) 273
Realsplitting 205
Rechnungen 18, 25, 38, 48, 59 f., 62, 65, 70, 73 f., 89, 91, 103 f., 106-109, 130 f., 113, 118, 139 ff., 145 f., 148, 158, 163, 175 ff., 182 ff., 207, 220, 222, 225 ff., 247, 258, 288, 383 f., 387 f.
Fälligkeit der 106, 108

gemeinsame 185 f., 207
Referenzzinssatz 346
Reichtum 379, 382 ff., 392 ff., 396, 399
Rendite 190, 271, 287 f., 296 ff., 300, 303, 311, 315-319, 322, 324 ff., 330, 337 f., 364 f., 367 f., 370, 377
-bewusstsein 325
-chancen 321, 323, 326, 330 f.
Rente 131, 268, 270, 288 f., 310, 313 f., 320, 322, 332, 334, 366
gesetzliche 311, 314, 334
lebenslange 323
private 317, 321 ff., 372
staatliche 323
Renten- und Krankenversicherung
Beiträge 131, 184, 190, 204, 312
Rentenalter 288 f.
Rentenansprüche 203
Rentenfonds 231, 288, 307, 310, 324, 330, 338, 355, 360 f., 365-369, 372, 378
Ertragsausschüttung 366
geldmarktnahe 366 f.
klassische 366 f.
mit variablem Zins 307
Rendite 365 f., 368
Rentenkasse 312
gesetzliche 332
Rentenmärkte 359
Rentenpapiere 310, 337 f.
Rentenpolice 322 f.; *siehe auch* private Rentenversicherung
steuerliche Freibeträge 323
Rentenversicherung 203, 313
Beiträge 313
Ertragsanteil der Bezüge der privaten 322

gesetzliche 289, 310, 312 f., 319, 321, 332
Laufzeit der 311
Liquidität 323
private 311, 314, 322 f., 327
Renditechancen 323
Risiko 323
steuerliche Behandlung 323
-snummer 131
-sträger 131
Rentner 270, 290
Reparaturen (Haus) 264
Restlaufzeit 289, 322
Restschuld 287
Reverse Floater 346
Risikobewusstsein 324
Risikolebensversicherung 325
Risikoprofil, individuelles 337
Risikoschutz 324
Risikoversicherungen 285
Risikovorsorge 315
Rückkaufswerte 318
Rücklagen 310
Rückzahlungsvereinbarung 277
Ruhestand 288, 314 f., 322, 325, 327, 332 f., 354, 373
-salter 351, 355

Sachverständiger (Haus) 265
Sachwert 337, 371
Scham, finanziell bedingte 28 ff.., 35-39, 41, 58
Schätzgebühren 284
Scheck 29, 59, 62
Scheidung 130, 144, 154-157, 164 ff., 169 f., 178, 190-196, 198-201, 204 f., 208 ff., 224, 230 f.
-sablauf, formaler 208
-santrag 203, 208

-sfolgen 209
-skosten 210
-sverbund 209
-svereinbarung 201
-sverfahren 202
-szeitpunkt 203
Schenkung 157, 167, 173
echte 157
ssteuer 244
SCHUFA (Schutzgemeinschaft für Allgemeine Kreditsicherung) 114 f.
Schuld- und Sachenrecht 158
Schulden 14, 23-26, 36 f., 43, 47 ff., 53 f., 58, 67, 73, 79, 89, 93, 103 f., 106, 108-114, 116-119, 134, 145, 167, 173, 178, 195, 205 ff., 221, 229, 250, 336 f., 386, 388
»gute« 111 f.
»schlechte« 111
des Partners 154 f., 172 f.
langfristige 274
Schuldgefühle 98-101
Schuldner 337 ff., 343, 348
-beratungsstelle 67, 118
Schuldverschreibungen 337, 348
der öffentlichen Hand 348
gedeckte 348
sonstige 348 f.
Selbstachtung 116
Selbstdisziplin 275
Selbstmord 218
Selbstständige 318, 320, 322 f., 325
Versorgungsfreibeträge 323
Selbstwertgefühl 95, 98, 101, 108, 393
Sicherheit, finanzielle 17, 24, 387
Sicherungsgeschäfte 372
Singlehaushalt 254

Sofortrente 322 f.
Solaranlagen 257
Sonderausgabenabzug 325
Sondertilgung 277 f.
Sondervermögen 324, 348
Sorge- und Besuchsrecht 156, 202
Sorgerecht 155 f., 208
   alleiniges 208
   gemeinsames 208
Sozialamt 227
Sozialsysteme 309
Sparbeiträge 318
Sparbriefe 243
Sparbuch 365, 367
Sparbücher 64, 298 ff., 302
   mit gesetzlicher Kündigungsfrist 300
Spardauer 331
Spareinlagen 298 f.
Sparen 54, 67, 95, 183
Sparerfreibetrag 301 f.
Sparkassen 114, 267, 298, 341, 349, 377
Sparkonto 64, 109, 214, 218, 243, 296, 305
   gemeinsames 110
Sparpläne, Sparbriefe 330 f., 337, 373
   Bonuszahlung 331
   Laufzeit 330 f.
   mit Bonus 330 f.
   ohne Bonus 330
   Renditechancen 331
   Risiko 331
   Liquidität 331
   Steuerliche Behandlung 331
Sparvertrag 331
Spekulanten 353
Spekulationsfrist 301, 339, 342

Spekulationsgewinne 130
Spenden 71, 101, 384 f., 388 f., 391 f.
Spendenbereitschaft 389
Spendenquittung 72
Spesenkonto 148
Splittingtabelle 155
Staat 315, 319, 337, 386, 388
Staatsanleihen 339, 366
Staatspapiere
   deutsche 335
   US-amerikanische 335
Staatsverschuldung 226
Stammaktien 356
Standard & Poor's, *siehe* Rating-Agenturen
Standesamt 221
Sterbegeld 222
Sterbeurkunde 131, 221
Steuerabschreibungen 126
Steuerabzüge 129, 131, 389
Steuerberater 61 f., 128, 207 f., 257 f., 279, 331, 388 f.
Steuerbescheid 129
Steuererklärung 126-131, 388
   getrennte 155
Steuerersparnis 290
Steuergesetze 128
Steuerhinterziehung 130
Steuerhöhe 203
Steuerklasse 128
Steuerlast 205, 289, 329
Steuern 100, 126 f., 129 f., 143, 176, 181, 184, 274, 289, 314, 323, 342, 346, 355
Steuerplus 205
Steuerprivileg 318 f.
Steuerprüfer 127
Steuerprüfung 130
Steuerrückzahlung 128, 78

417

Steuersatz 329
  persönlicher 329 f., 339
Steuerschuld 155, 222
Steuersparmodell 346
Steuervorteile 155, 278 f., 287, 317, 319, 329, 370
Steuerzahler 119
Steuerzahlungen 104
Stiftung Warentest 272, 300
Stipendien 48
Stop-Loss-Order, *siehe* Aktien
Straight Bonds, *siehe* festverzinsliche Anleihen
Stromkosten 247
Studium 111
Stundungseffekt 302
Substanzerhalt 351
Substanzverlust 318, 350, 354
Substanzwahrung 341

Tagesgeldkonten 302, 304, 306
Taschengeld 158, 188
Teilzahlungsaufschläge 285
Telefonrechnung 34
Termingeschäfte (»hedgen«) 350, 372
Testament 157, 210, 220, 222
  -svollstrecker 222
Tilgung 250 f., 268 f., 276 f.
  -santeil 268
  -slaufzeit 276
  -svariante 276
  -ssätze 277
Tod des Partners 212, 214
Todesfall 214, 230 ff., 315, 317, 322, 326
  -risiko 315
  -schutz 317
  -summe 317

Todesfälle 160, 193, 212
Todesfallschutz 324
Tradingfonds 363
Travellerschecks 302
Trennungsfrist (Ehe) 203
Trennungszeitpunkt 203
Trinkgeld 29, 147

Überschussbeteiligung 312, 316, 322
Überweisungen 106 f., 147 f., 162, 182, 188, 246, 281, 295, 384, 389 ff., 391
  ungedeckte 147
Überweisungsdurchschläge 129
Umlagen 266
Umlageverfahren 311 f., 323
Umzugskosten 207, 253
Unterhalt 144, 167, 205
  für den Ehegatten 208 ff.
  für den Partner 202
Unterhaltspflicht, -verpflichtung 155, 158 f.
Unterhaltszahlungen 155, 195, 205
  als Sonderausgaben 205
Unternehmensanteile 369; *siehe auch* Aktien
Urlaubsgeld 243, 329, 364

Veranlagung, getrennte 155
Verbindlichkeiten
  des Ehepartners 172
Verbraucherinsolvenzrecht 119
Verbraucherschützer 349
Verbraucher-Zentrale 115, 117 f.
Verfügungsberechtigung 105
Vergünstigungen, steuerliche 126
Vermieter 362
Vermietung einer Wohnung, Einnahmen aus der 173 f.

Vermietungen 129, 279
Vermögen 89, 91, 167, 187, 334,
　341 f., 352 f., 354 f., 359, 367, 394
-saufbau 324, 326, 354, 364 f.
-saufstellung 209
-saufteilung 209 f.
-sausgleich 170
-serhalt 354
-swerte 199, 207 f., 221, 230
Vermögens- und Hausratslisten
　171 f.
Verpflichtungen, langfristige 274
Versandhausschulden 111
Versicherungen 106 f., 114, 143,
　160, 176, 216, 221, 225, 227, 238,
　249, 267, 274, 324, 328 f.
Versicherungsansprüche 310
Versicherungsbeträge 329
Versicherungsleistung 317, 325
Versicherungsnehmer 317, 328
Versicherungspolicen 131, 318 ff.,
　327
Versicherungsprämien 104, 318,
　324, 328 f.
Versicherungsraten 207
Versicherungsschutz 333
Versicherungssumme 316, 319 ff.,
　324
Versicherungstarife 285
Versicherungsvertrag 329
Versicherungsvertreter 334
Versorgungsausgleich 167 ff., 209 f.
Versorgungsbedürfnisse 319
Versorgungslücken 313, 322
Vertragsurkunden 221
Verwaltungsgebühren (Fonds)
　301 f.
Verzinsung 300, 302, 306, 310, 331,
　335, 338 ff., 346 ff., 355, 368

variable 345
Volks- und Raiffeisenbanken 298
Vorsorge, private 314
Vorsorge-Portfolio 333
Vorzugsaktien 356

Währung, 347
　ausländische 338, 346
　fremde 335
Währungsentwicklung 370
Währungsrisiken 342, 347
Wall Street 395
Wandelanleihen 347
　Umtauschrecht 347
　Laufzeit 347
Warentermingeschäfte 370
Wärmepumpen 257
Warmmiete 247
Wechselkursrisiko 335
Wehrdienst 131
Weihnachtsgeld 243, 329, 364
Wertesystem 79
Wertgegenstände 167
Wertpapierarten 336
Wertpapierbestände 360
Wertpapierdepot 222
Wertpapiere 171, 222, 326, 337,
　340, 342, 353 ff., 360, 363 ff.,
　371, 375
　Emittenten 337, 341
　festverzinsliche 287, 310, 340,
　345, 366
　verzinsliche 335
Wertpapier-Engagement 341
Wertpapierformen 335
Wertpapiergeschäfte 339 f., 374
Wertpapierhandel 306
Wertpapiermakler 12
Wertpapiersparen 330

419

Wiederanlage 378
  automatische 82
Wiederanlagerabatt 365
Wiederverheiratung 166
Wirtschaftsgeld 158
Wissen, finanzielles 22
Witwenrente 203
Wohltätigkeitsorganisationen 384, 389, 394
Wohnung 238, 240 f., 245, 247, 255, 258, 262, 266, 281, 283, 285 f., 295
  eigene 237, 280
Wut, finanziell bedingte 32-36, 38 f., 41, 58

Zahlungsverpflichtungen 281
  laufende 253
Zentralbanken 336
Zero Bonds, *siehe* Nullkupon-Anleihen
Zertifikate 359, 361, 374 ff.
  »Cap« 375
  Indexzertifikate 326, 357, 374 ff.
  Laufzeit 375 f.
  Performance 376
Zins, variabler 268, 278
Zinsaufschlag 244
Zinsbesteuerung 346
Zinsbindungsfrist 271
Zinseinnahmen 339
Zinsen 67, 89, 107, 128, 134, 250, 257, 268-271, 278, 283 f., 291, 296, 298 ff., 306, 312, 317, 331, 336-340, 342, 345 ff., 349 ff., 354, 366 f.
Zinsentwicklung 268, 271, 273, 339, 347
Zinsermäßigung 277
Zinserträge 301 f., 339 f., 342, 346, 367
Zinseszins-Effekt 330, 364
Zinseszinsen 89, 132, 134
Zinsfestschreibung 268
Zinsfreibetrag 367
Zinshöhe 366
Zinsmarkt, kurzfristiger 271
Zinsniveau 257, 270, 300, 336, 339, 345, 366
Zinspapiere 345
Zinsperiode 345
Zinssätze 244, 249 f., 254, 267 f., 270 f., 273-277, 286, 331, 345, 362 f.
  variable 271
Zinstermin 310
Zinszahlungen 111
Zugewinnausgleich 157, 178
Zugewinngemeinschaft 154, 157, 169 ff., 173
Zusageprovision 283
Zusatzrente 322
Zusatzversicherungen 317
Zusatzversorgung, private 313
Zuwendungen 157
  ehebedingte 157
  finanzielle 243
Zwangsverkauf 259

Die Million ist machbar

Bodo Schäfer
**Der Weg zur
finanziellen Freiheit**
In sieben Jahren
die erste Million
13. Aufl., 2000. 308 Seiten
ISBN 3-593-36027-6

Bodo Schäfer weist Ihnen in seinem Bestseller den Weg zu Wohlstand, finanzieller Freiheit und Sicherheit. Sie erfahren verblüffend einfache, aber sofort wirksame Techniken zum gewinnbringenden Umgang mit Geld: Wie man seine Einstellung zu Geld positiv verändert, sein persönliches Einkommen steigert, Schulden systematisch abbaut und schließlich von den Zinsen seines Kapitals leben kann.

»Wer von diesem Buch nicht begeistert ist, der ist höchstwahrscheinlich weder wohlhabend noch reich – und wird es auch mit Sicherheit niemals werden.«
                                                                    Die Welt

Gerne schicken wir Ihnen unsere aktuellen Prospekte:
Campus Verlag · Heerstr. 149 · 60488 Frankfurt/M.
Hotline: 069/97 65 16-12 · Fax -78 · www.campus.de

Frankfurt / New York

Lassen Sie Ihr Geld arbeiten

Werner Schwanfelder
**Vermögensaufbau
für Einsteiger**
Wie Sie aus wenig
viel machen
2. Aufl., 1999. 232 Seiten
ISBN 3-593-36165-5

Vermögensaufbau will gekonnt sein. Erfolgsautor Werner Schwanfelder vermittelt in *Vermögensaufbau für Einsteiger* alle notwendigen Voraussetzungen und das entsprechende Knowhow. Er zeigt, wie Sie den ersten Spargroschen am gewinnbringendsten anlegen, wie Sie im Anschluss das Wachstum ihres Vermögens gezielt beschleunigen können und wie das Gewonnene im späteren Lebensalter am besten gesichert werden kann.
Dazu beschreibt er ausführlich alle relevanten Anlageformen und bewertet sie nach strategischen wie individuellen Kriterien. Wer ein bisschen Zeit, die richtige Mentalität und etwas Risikobereitschaft mitbringt, ist auf dem besten Weg zur finanziellen Unabhängigkeit.

Gerne schicken wir Ihnen unsere aktuellen Prospekte:
Campus Verlag · Heerstr. 149 · 60488 Frankfurt/M.
Hotline: 069/97 65 16-12 · Fax -78 · www.campus.de

Einfach mehr Geld

Sabine Theadora Ruh
Schluss mit dem Geld verschenken
2000. 260 Seiten
ISBN 3-593-36394-1

Parken auch Sie Ersparnisse auf dem Girokonto, obwohl Sie wissen, dass diese dort nicht hingehören? *Schluss mit dem Geld verschenken* zeigt Ihnen, wie man sich einen schnellen Überblick über seine Finanzen verschafft und Sparpotenziale optimal nutzt. Vom gebührenpflichtigen Girokonto über Sinn und Unsinn von Kredit- und Kundenkarten bis hin zu den verschiedenen Kreditformen findet man hier wichtige Informationen, um das verfügbare Geld aktiv zu managen und so die unfreiwilligen Verluste zu verhindern. Die individuelle Planung von Existenzsicherung, Vermögensaufbau und Altersvorsorge wird in diesem praktischen Ratgeber ebenso erklärt wie sinnvolle Anlagemöglichkeiten und deren steuerliche Aspekte, die Risiken von Konsumschulden und die beste Beratung.

Gerne schicken wir Ihnen unsere aktuellen Prospekte:
Campus Verlag · Heerstr. 149 · 60488 Frankfurt/M.
Hotline: 069/97 65 16 -12 · Fax - 78 · www.campus.de

Frankfurt / New York

Lesen bildet Meinung.

Mit uns garantiert.

Die Zeitung zwei Wochen zum Nulltarif.
☎ 08 00 / 8 666 8 66

Frankfurter Rundschau
Unabhängige Tageszeitung